Tax

"十三五"普通高等教育应用型规划教材

财税系列

税法（第七版）学习指导书

SHUIFA (DI-QI BAN)
XUEXI ZHIDAOSHU

主 编 梁俊娇 副主编 王怡璞

中国人民大学出版社
·北京·

前言

《税法（第七版）学习指导书》（“十三五”普通高等教育应用型规划教材·财税系列）是与梁俊娇主编的《税法（第七版）》相配套的学习指导用书。本书在章节安排上与主教材的顺序保持一致，第一章到第十章的内容均包括学习目的与要求、重点与难点、关键术语、习题、答案与解析五个部分。本书最大的特点是“新”“活”，同时结合最新的税收制度，根据各税种的特点灵活地设计题型，并为练习题提供了详细的解析。此外，本书还用第十一章编写了涵盖多税种的综合性习题，以便提高学生理解和掌握税法综合知识的能力。通过学习本书，能够培养和提高学生的理解能力及专业技能。本书由梁俊娇教授担任主编，王怡璞担任副主编，陈颖、杨丹艺、陈军宇参与了本书的编写工作。

编者

目　录

第一章
税法概述

一、学习目的与要求

本章是税法学习的基础，包括税法的定义、税法的分类、税法的构成要素、我国现行的税制体系等内容，旨在让学生对税法的基本概念以及我国的税制体系有基本的了解。通过对本章的学习，学生应了解我国税法的定义、税法的分类和我国的税收管理体制，重点掌握税法的构成要素和我国现行的税制体系。

二、重点与难点

（一）税法的定义、分类和构成要素

1. 税法的定义

税收是国家为了向社会提供公共产品、满足社会共同需要，依照法律的规定，参与社会产品的分配，强制、无偿取得财政收入的一种规范形式。税法是国家制定的、用以调整国家与纳税人之间在征纳税方面的权利和义务关系的法律规范的总称。

2. 税法的分类

按税法内容的不同，可以将税法分为税收实体法、税收程序法、税收处罚法、税收

救济法和税务行政法。按照税法效力的不同，可以将税法分为税收法律、税收法规、税收规章等。

3. 税法的构成要素

(1) 纳税人。纳税人是指税法规定的直接负有纳税义务的单位和个人，它规定了税款的直接承担者。每一税种都有关于纳税人的规定。负税人是指实际负担税款的单位和个人。

(2) 征税对象。征税对象是指征税的直接对象或国家征税的标的物。征税对象说明了对什么征税的问题，规定了每一种税的征税界限，是一种税区别于另一种税的主要标志。征税范围，即税法规定的征税对象的具体内容或范围，也就是课征税收的界限。税目，即税法规定的应征税的具体项目，是征税对象的具体化。计税依据，即计算应纳税额所依据的标准，是指根据税法规定所确定的用以计算应纳税额的依据，也就是据以计算应纳税额的基数。

(3) 税率。税率是指应纳税额与征税对象数额之间的法定比例，是计算应纳税额和税收负担的尺度，体现征税的程度。税率既是税收制度的中心环节，也是税制中最活跃、最有力的因素。税率可分为比例税率、累进税率、定额税率三种形式。

(二) 我国现行的税制体系

(1) 税制体系是指一国在进行税制设置时，根据本国的具体情况，将不同功能的税种进行组合配置，形成主体税种明确、辅助税种各具特色、作用和功能互补的税种体系。由于税制体系涉及的主要是税收的结构模式问题，所以又称税制结构或税收体系。

我国现行的税制体系是以货物劳务税制及所得税制为重点的多税种、多次征、主次分明的复合式税制体系。

(2) 按照事权与财权相结合的原则，把各项税收划分为中央税、中央与地方共享税和地方税。

中央政府固定收入包括国内消费税、车辆购置税、关税、船舶吨税、海关代征的进口增值税和消费税等。

地方政府固定收入包括房产税、城镇土地使用税、土地增值税、车船税、烟叶税、耕地占用税、契税、环境保护税等。

三、关键术语

税收实体法是规定税收法律关系主体的实体权利和义务的法律规范的总称。

税收程序法是税收实体法的对称，是指以国家税收活动中所发生的程序关系为调整对象的税法，是规定国家征税权行使程序和纳税人纳税义务履行程序的法律规范的总称。

超额累进税率是指按征税对象的绝对数额划分征税级距，就纳税人征税对象全部数额中符合不同级距部分的数额，分别按与之相应的各级距税率计征的一种累进税率，即一定征税对象的税额会同时适用几个等级的税率。

超率累进税率是指按征税对象的相对比例划分征税级距，就纳税人的征税对象全部数额中符合不同级距部分的数额，分别按与之相应的各级距税率计征的一种累进税率。

名义税率是指税法规定的税率。

实际税率是指实际负担率，即纳税人在一定时期内实际缴纳税额占其征税对象实际数额的比例。

价内税是指税款构成价格组成部分的税种。

价外税是指税款不包含在价格中的税种。

直接税是指纳税人直接负担的各种税收。

间接税是指纳税人能将税负转嫁给他人负担的各种税收。

四、习　题

（一）术语解释

1. 边际税率
2. 平均税率
3. 从价税
4. 从量税
5. 扣缴义务人

（二）填空题

1. 税收的本质是一种______关系。
2. 按税法内容的不同，可以将税法分为______、______、______、______和______。
3. 我国税收管理职能部门包括______、______、______。
4. 累进税率可以分为______、______、______、______和______。

（三）判断题

1. 税收程序法是规定税收法律关系主体的实体权利和义务的法律规范的总称。（　　）

2. 税收法规是指国家最高行政机关根据其职权或国家最高权力机关的授权，依据宪法和税收法律，通过一定法律程序制定的有关税收活动的实施规定或办法。（　　）

3. 税收通则法是指对税法中的共性问题加以规范，对具体税法具有约束力，在税法

体系中具有最高法律地位和最高法律效力的税法。（　　）

4. 国际税法的效力低于国内税法。（　　）

5. 征税对象既是税收制度的中心环节，也是税制中最活跃、最有力的因素。（　　）

6. 在比例税率条件下，边际税率等于平均税率。（　　）

7. 当纳税人的收入达到或超过免征额时，就其收入全额征税；当纳税人的收入超过起征点时，只就超过的部分征税。（　　）

8. 税收管理体制是指在中央与地方以及地方各级政府之间划分税收管理权限的一种制度，是税收管理制度的重要组成部分。税收管理权限包括税收立法权和税收管理权两个方面。（　　）

（四）单项选择题

1. 在下列权力中，作为国家征税依据的是（　　）。

A. 管理权力　　B. 政治权力

C. 财产权力　　D. 社会权力

2. 在下列税法要素中，能够区别一种税与另一种税的重要标志是（　　）。

A. 纳税地点　　B. 纳税环节

C. 征税对象　　D. 纳税义务人

3. 税收管理体制的核心内容是（　　）。

A. 税权的划分　　B. 事权的划分

C. 财权的划分　　D. 收入的划分

4. 在下列各项税收法律法规中，属于税收程序法的是（　　）。

A.《中华人民共和国个人所得税法》　　B.《中华人民共和国税收征收管理法》

C.《中华人民共和国车船税法》　　D.《中华人民共和国企业所得税法》

5. 下列说法不正确的是（　　）。

A. 征税对象是区分不同税种的重要标志

B. 纳税人是直接负有纳税义务的单位和个人

C. 税率是衡量税负轻重的唯一标准

D. 起征点是征税对象达到一定数额后开始征税的起点

6. 我国税收制度按照构成方法和形式分类属于（　　）。

A. 简单型税制　　B. 复合型税制

C. 直接型税制　　D. 间接型税制

7. 我国现有 18 个税种，区分不同税种的主要标志是（　　）。

A. 纳税义务人　　B. 征税对象

C. 适用税率　　D. 纳税环节

8. 在下列税种中，适用超额累进税率的是（　　）。

A. 企业所得税　　B. 个人所得税

C. 城市维护建设税　　D. 教育费附加

9.《中华人民共和国个人所得税法》在税法不同类型中属于（　　）。

A. 既是实体法，又是程序法
B. 既是实体法，又是普通法
C. 既是实体法，又是基本法
D. 既是程序法，又是普通法

10. 有权制定税收法律的机关是（　　）。
A. 全国人民代表大会及其常务委员会
B. 全国人民代表大会及其财经委员会
C. 国务院
D. 财政部、税务总局

（五）多项选择题

1. 在下列关于税法要素的表述中，不正确的是（　　）。
A. 并非所有税种都需要规定税目
B. 税目是对征税对象量的规定
C. 税目体现征税的深度
D. 消费税规定税目

2. 我国现行税制中采用的累进税率有（　　）。
A. 全额累进税率
B. 超率累进税率
C. 超额累进税率
D. 超倍累进税率

3. 下列属于税收法律关系主体的有（　　）。
A. 税务机关
B. 海关
C. 履行纳税义务的外国企业
D. 履行纳税义务的自然人

4. 税收的特征包括（　　）。
A. 固定性
B. 无偿性
C. 强制性
D. 共有性

5. 税收实体法的主要内容包括（　　）。
A. 纳税主体
B. 税目
C. 税率
D. 征税客体

6. 在下列各项中，属于我国现行税法的有（　　）。
A. 税收基本法
B. 企业所得税法
C. 进出口关税条例
D. 中央与地方共享税条例

7. 下列属于中央与地方共享收入的税种有（　　）。
A. 印花税
B. 增值税
C. 消费税
D. 企业所得税

8. 下列不属于全国人民代表大会及其常务委员会授权立法的法规是（　　）。
A.《个人所得税法》
B.《消费税暂行条例》
C.《税收征收管理法实施细则》
D.《税务代理试行办法》

9. 在下列税种中，采用比例税率的有（　　）。
A. 契税
B. 企业所得税
C. 土地增值税
D. 资源税

10. 按税收分类的不同标准，增值税属于（　　）。
A. 中央与地方共享税
B. 流转税
C. 地方税
D. 中央税

（六）简答题

1. 简述税制体系的类型以及我国现行的税制体系。
2. 简述影响税制体系的因素。
3. 简述税收管理体制的概念及内容。
4. 简述边际税率与平均税率的关系。

（七）综合题

1. 假定甲、乙、丙三人的征税对象数额分别为甲 1 500 元、乙 1 700 元、丙 5 000 元，请按照下列要求分别计算三人的税额：

级数	征税对象级距	税率（%）
1	1 500 元以下（含）	3
2	1 500～4 500 元（含）	10
3	4 500～9 000 元（含）	20

（1）按照全额累进税率计算税额的方法，分别计算甲、乙、丙三人的应纳税额。

（2）按照差额累进税率计算税额的方法，分别计算甲、乙、丙三人的应纳税额。

（3）先简述速算扣除数，再计算出（2）中的速算扣除数。

2. 指出税制体系的类型并分析各类税制体系的优缺点。

五、答案与解析

（一）术语解释

1. 边际税率是指在征税对象增加一些数额时，增加的这部分数额所纳税额与增加数额之间的比例。
2. 平均税率是指全部税额与全部征税对象的实际数额之比。
3. 从价税是以征收对象的价格为计税依据的税种。
4. 从量税是以征税对象的数量、重量、容积或体积等自然单位为计税依据的税种。
5. 扣缴义务人是指按照税法的规定，负有代扣代缴税款义务的单位和个人。

（二）填空题

1. 分配

2. 税收实体法 税收程序法 税收处罚法 税收救济法 税务行政法
3. 财政部 国家税务总局 海关总署
4. 全额累进税率 超额累进税率 全率累进税率 超率累进税率 超倍累进税率

（三）判断题

1. ×【解析】税收实体法是规定税收法律关系主体的实体权利和义务的法律规范的总称。税收程序法是规定国家征税权行使程序和纳税人纳税义务履行程序的法律规范的总称。

2. √

3. √

4. ×【解析】国际税法的效力一般高于国内税法。

5. ×【解析】税率既是税收制度的中心环节，也是税制中最活跃、最有力的因素。

6. √

7. ×【解析】当纳税人的收入达到或超过起征点时，就其收入全额征税；当纳税人的收入超过免征额时，只就超过的部分征税。

8. √

（四）单项选择题

1. B
2. C
3. A
4. B
5. C【解析】税率是影响税负轻重的重要标准，但不是唯一标准，税基大小、税收优惠的力度等都会影响税负轻重。
6. B
7. B
8. B
9. B
10. A

（五）多项选择题

1. BC【解析】选项B：税目是对课税对象质的界定；选项C：税目体现征税的广度。
2. BC
3. ABCD
4. ABC
5. ABCD

6. BC【解析】企业所得税法和进出口关税条例都是我国现行税法体系的组成部分。我国目前没有税收基本法，也不存在中央与地方共享税条例。

7. ABD【解析】证券交易印花税收入归中央所有，其他印花税收入归地方所有，消费税收入归中央所有。

8. ACD【解析】《个人所得税法》属于全国人民代表大会及其常务委员会制定的法律；《税收征收管理法实施细则》属于国务院制定的税收行政法规；《税务代理试行办法》属于税收部门规章。

9. ABCD

10. AB

（六）简答题

1.【解析】税制体系是指一国在进行税制设置时，根据本国的具体情况，将不同功能的税种进行组合配置，形成主体税种明确、辅助税种各具特色、作用和功能互补的税种体系。由于税制体系涉及的主要是税收的结构模式问题，所以又称税制结构或税收体系。

税制体系的分类：①以货物劳务税为主体的税制体系。货物劳务税是以货物或劳务流转额为征税对象的税种的统称。这类税制体系的特征是：在税制体系中，货物劳务税居主体地位，在整个税制中发挥主导作用，其他税居次要地位，在整个税制中只起辅助作用。②以所得税为主体的税制体系。所得税是以所得额为征税对象的税种的统称。这类税制体系的特征是：在税制体系中，所得税居主体地位，在整个税制中发挥主导作用。③以资源税为主体的税制体系。资源税是以资源的绝对收益和级差收益为征税对象的税种的统称。这类税制体系的特征是：在税制体系中，资源税居于主体地位，在整个税制中发挥主导作用。

我国现行的税制体系是以货物劳务税和所得税为主体的双主体复合式税制体系。

2.【解析】影响税制体系的因素包括：

（1）社会经济发展水平。社会经济发展水平是影响并决定税制体系的最基本因素，这里的社会经济发展水平主要是指社会生产力发展水平以及由社会生产力发展水平所决定的经济结构。

（2）国家政策取向。税制体系的具体设置，一方面要体现税收的基本原则，另一方面也要为实现国家的税收政策目标服务。税收作为国家宏观经济政策的一个主要工具，除了其特有的财政收入职能外，与其他许多宏观经济政策工具一样，要发挥调控职能，需要通过具体税种的设置对社会经济起到调节作用。

（3）税收管理水平。一国的税收管理水平对该国税制体系的设置也会产生影响。一般来说，由于货物劳务税是对货物销售或劳务服务所取得的收入进行征税，征收管理相对较为简单。而所得税是对纳税人取得的各项所得进行征税，涉及税前扣除、具体的会计制度等许多细节问题，征收管理相对较为复杂。因此，如果一国采用以所得税为主体的税收体系，必须有较高的税收管理水平作为基础。

3.【解析】税收管理体制是指在中央与地方以及地方各级政府之间划分税收管理权

限的一种制度，是税收管理制度的重要组成部分。

税收管理权限包括税收立法权和税收管理权两个方面。税收立法权是指国家最高权力机关依据法定程序赋予税收法律效力时所具有的权力。税收立法权包括税法制定权、审议权、表决权和公布权。税收管理权是指贯彻执行税法所拥有的权限，它实质上是一种行政权力，属于政府及其职能部门的职权范围。税收管理权包括税种的开征与停征权、税法的解释权、税目的增减与税率的调整权、减免税的审批权等。

4.【解析】边际税率是指在征税对象增加一些数额时，增加的这部分数额所纳税额与增加数额之间的比例。平均税率是指全部税额与全部征税对象的实际数额之比。在比例税率条件下，边际税率等于平均税率。在累进税率条件下，边际税率往往要大于平均税率。边际税率的提高还会带动平均税率的上升。边际税率上升的幅度越大，平均税率的提高就越多。

（七）综合题

1.【解析】(1) 按照全额累进税率计算税额：

甲的应纳税额＝1 500×3％＝45（元）

乙的应纳税额＝1 700×10％＝170（元）

丙的应纳税额＝5 000×20％＝1 000（元）

(2) 按照差额累进税率计算税额：

甲的应纳税额＝1 500×3％＝45（元）

乙的应纳税额＝1 500×3％＋200×10％＝65（元）

丙的应纳税额＝1 500×3％＋3 000×10％＋500×20％＝445（元）

(3) 速算扣除数是为简化计税程序而按全额累进税率计算超额累进税额时所使用的扣除数额，反映的具体内容是按全额累进税率和超额累进税率计算的应纳税额的差额。

$$\text{本级速算扣除数}=\text{上一级最高所得额}\times\left(\text{本级税率}-\text{上级税率}\right)+\text{上一级速算扣除数}$$

第2级速算扣除数＝1 500×(10％－3％)＝105(元)

第3级速算扣除数＝4 500×(20％－10％)＋105＝555(元)

2.【解析】(1) 以货物劳务税为主体的税制体系。

货物劳务税是以货物或劳务流转额为征税对象的税种的统称。这类税制体系的特征是：在税制体系中，货物劳务税居主体地位，在整个税制中发挥主导作用，其他税居次要地位，在整个税制中只起辅助作用。其优点是：货物劳务税具有征税范围广、税源充裕、取得税收收入及时和稳定以及征管简便等优点，而且在实行价内税的情况下，该类税的税额又是价格的组成部分，能够与价格杠杆配合，调节生产、消费和在一定程度上调节企业的盈利水平。其缺点是：由于该类税制只是在生产与流通领域形成收入的过程中对国民收入进行调节，所以其调节功能相对较弱，而且容易产生税负转移，其中有些税种还存在累退性以及重复征税等缺陷。

(2) 以所得税为主体的税制体系。

所得税是以所得额为征税对象的税种的统称。这类税制体系的特征是：在税制体系中，所得税居主体地位，在整个税制中发挥主导作用。其优点是：由于这类税制体系以纳税人的所得额为计税依据，对社会所有成员普遍征收，即不仅对生产经营者征税，也对非生产经营但有收入的人征税；与此同时，所得税还可与累进税率配合，具有按负担能力大小征收、自动调节经济和公平分配的优点。其缺点是：这类税制体系也存在收入不稳定、计算复杂、要求相应的社会核算程度较高、征管难度较大等缺陷。

（3）以资源税为主体的税制体系。

资源税是以资源的绝对收益和级差收益为征税对象的税种的统称。这类税制体系的特征是：在税制体系中，资源税居主体地位，在整个税制中发挥主导作用。其优点是：具有保护资源、促进合理配置资源、调节资源级差收入和课税一般不受成本、费用变化影响等优点。其缺点是：由于世界上大多数国家的资源分布都有不均匀的现象，因而它适用的范围有限。

第二章

增值税

一、学习目的与要求

增值税是我国现行税制结构体系中的主体税种。通过对本章理论知识和案例的学习，学生要重点掌握增值税征收范围和征税项目的划分、不同征税项目增值税政策的微妙差异、增值税的优惠政策、增值税的一般计税方法纳税人与简易计税方法纳税人的划分、"营改增"后增值税复杂的税率及征收率的运用、应纳税额的计算、进出口货物的相关税收问题，同时要熟悉增值税的纳税义务发生时间、纳税期限、纳税地点、增值税专用发票的使用与管理等问题。

二、重点与难点

（一）增值税的纳税人与征税对象

1. 增值税的纳税人

在境内发生应税交易且销售额达到增值税起征点的单位和个人，以及进口货物的收货人，为增值税的纳税人。增值税的起征点为季销售额 30 万元。销售额未达到增值税起征点的单位和个人，不是税法规定的纳税人；销售额未达到增值税起征点的单位和个人，可以自愿选择依照税法规定缴纳增值税。

在应税交易行为中，单位是指企业、行政单位、事业单位、军事单位、社会组织及其他单位；个人是指个体工商户和自然人。

其中，“境内”的具体含义为：销售货物的起运地或者所在地在境内；销售服务、无形资产（自然资源使用权除外）的，销售方为境内单位和个人，或者服务、无形资产在境内消费；销售不动产、转让自然资源使用权的，不动产、自然资源所在地在境内；销售金融商品的，销售方为境内单位和个人，或者金融商品在境内发行；进口货物是指货物的起运地在境外，目的地在境内。

2. 增值税的扣缴义务人

中华人民共和国境外（以下简称“境外”）单位和个人在境内发生应税交易，以购买方为扣缴义务人。

3. 增值税的征税对象

（1）应税交易。增值税的应税交易是指销售货物、服务、无形资产、不动产和金融商品。销售货物是指有偿转让货物的所有权。其中，货物是指有形动产，包括电力、热力、气体在内。销售服务是指提供加工、修理修配服务，交通运输服务，邮政服务，电信服务，建筑服务，金融服务，现代服务，生活服务。销售无形资产是指转让无形资产所有权或者使用权的业务活动。无形资产是指不具有实物形态，但能带来经济利益的资产，包括技术、商标、著作权、商誉、自然资源使用权和其他权益性无形资产。销售不动产是指转让不动产所有权的业务活动。不动产是指不能移动或者移动后会引起性质、形状改变的财产，包括建筑物、构筑物等。销售金融商品是指转让外汇、有价证券、非货物期货和其他金融商品所有权的业务活动。

（2）进口货物。根据税法的规定，申报进入中华人民共和国海关境内的货物，均应缴纳增值税。

4. 一般计税方法纳税人和简易计税方法纳税人的划分标准

增值税纳税人按照其经营规模大小及会计核算是否健全划分为一般计税方法纳税人和简易计税方法纳税人。

简易计税方法纳税人的标准是：

（1）年应征增值税销售额为500万元及以下。

（2）年应税销售额超过规定标准的自然人不属于一般计税方法纳税人。

（3）不经常发生应税交易行为的单位和个体工商户可选择按照简易计税方法纳税人纳税。

（4）兼有销售货物、服务、无形资产、不动产和金融商品，且不经常发生销售货物、服务、无形资产、不动产和金融商品的单位及个体工商户，可选择按照简易计税方法纳税人纳税。

（5）简易计税方法纳税人偶然发生的转让不动产的销售额，不计入年销售额。

一般计税方法纳税人是指年应税销售额超过财政部、国家税务总局规定的简易计税方法纳税人标准的企业和企业性单位。除国家税务总局另有规定外，纳税人一经登记为一般计税方法纳税人后，不得转为简易计税方法纳税人。

年应税销售额未超过财政部、国家税务总局规定标准的纳税人，会计核算健全，能够提供准确税务资料的，可以向主管税务机关申请办理一般计税方法纳税人登记。

(二) 增值税的征收范围

(1) 销售货物。货物是指有形动产，包括电力、热力、气体在内。

(2) 销售服务。

1) 加工、修理修配服务。

2) 交通运输服务。

3) 邮政服务。

4) 电信服务。

5) 建筑服务。

6) 金融服务。

7) 现代服务。

8) 生活服务。

(3) 销售无形资产。

(4) 销售不动产。

(5) 销售金融商品。

(6) 视同应税交易行为。下列情形视同应税交易，应当按照规定缴纳增值税：

1) 单位和个体工商户将自产或者委托加工的货物用于集体福利或个人消费。

2) 单位和个体工商户无偿赠送货物，但用于公益事业的除外。

3) 单位和个人无偿赠送无形资产、不动产或者金融商品，但用于公益事业的除外。

4) 财政部和国家税务总局规定的其他情形。

(7) 混合交易行为。如果一项应税交易涉及两个以上税率或者征收率，为混合交易行为。纳税人发生混合交易行为，从主适用税率或者征收率。从事货物的生产、批发或零售的单位和个体工商户的混合交易行为，按照销售货物缴纳增值税；其他单位和个体工商户的混合交易行为，按照销售服务、无形资产、不动产和金融商品缴纳增值税。

(8) 兼营。纳税人发生适用不同税率或者征收率的应税交易，应当分别核算适用不同税率或者征收率的销售额；未分别核算的，从高适用税率。

(三) 增值税销项税额的计算

销项税额的计算：

销项税额＝销售额×适用税率

销售额是指纳税人发生应税交易取得的与之相关的对价，包括全部价款和价外费用。

价外费用包括价外收取的手续费、补贴、基金、集资费、返还利润、奖励费、违约金、滞纳金、延期付款利息、赔偿金、包装费、包装物租金、储备费、优质费、运输装卸费、代收款项、代垫款项以及其他各种性质的价外收费。

对于视同销售征税而无销售额的，按下列顺序确定其销售额：

（1）按纳税人最近时期发生同类应税交易行为的平均价格确定。

（2）按其他纳税人最近时期发生同类应税交易行为的平均价格确定。

（3）按组成计税价格确定。组成计税价格的计算公式为：

组成计税价格＝成本×(1＋成本利润率)

对于既征收增值税又征收消费税的货物，其组成计税价格中应加计消费税税额，相应的组成计税价格的计算公式为：

组成计税价格＝成本×(1＋成本利润率)＋消费税税额

或

$$组成计税价格=成本\times\frac{1+成本利润率}{1-消费税税率}$$

（四）增值税应纳税额的计算

（1）一般计税方法纳税人应纳税额的计算。纳税人购进与应税交易相关的货物、服务、无形资产、不动产或金融商品支付或者负担的增值税税额为进项税额。应纳税额的计算公式为：

应纳税额＝销项税额－进项税额

（2）简易计税方法纳税人应纳税额的计算。简易计税方法的应纳税额是指按照销售额和征收率计算应纳税额的简易计税方法，不得抵扣进项税额。应纳税额的计算公式为：

应纳税额＝销售额×征收率

销售额是指纳税人发生应税交易取得的与之相关的对价，包括全部价款和价外费用，但不包括按3%的征收率收取的增值税税额。

此外，对于简易计税方法纳税人（含个人）来说，他们在计算应纳税额的时候还需要考虑增值税起征点。

（五）进项税额转出的情形

购进货物改变用途是指将购进的本来用于应税交易的货物转用于非应税交易，包括用于集体福利、个人消费等，其购进时已得到抵扣的进项税额要做转出处理。

在此，需要注意的是：

第一，如果购进货物用于对外投资、无偿赠送他人及分配利润，要视同销售处理，按其对外售价计算销项税额，其进项税额可以进行抵扣。

第二，如果购进货物直接用于非应税交易（不包括以上三项，下同），则不能计提进项税额，在购进货物时所支付的增值税税款直接计入非应税交易的成本之中。

第三，如果购进货物是作为应税交易购进的，由于其进项税额已得到了抵扣，若改变用途用于非应税交易，需要做进项税额转出处理。

第四，在进行进项税额转出时，其负担的运费所计提的进项税额也应一并转出。

（六）出口退税的处理办法

对不具有生产能力的出口企业（以下简称“外贸企业”）或其他单位出口货物、劳务，免征增值税，相应的进项税额予以退还。

外贸企业出口货物、劳务的增值税退（免）税，按下列公式计算。

（1）外贸企业出口委托加工、修理修配货物以外的货物：

增值税应退税额＝增值税退(免)税计税依据×出口货物退税率

（2）外贸企业出口委托加工、修理修配货物：

$$\text{增值税应退税额}=\text{委托加工、修理修配的增值税退(免)税计税依据}\times\text{出口货物退税率}$$

（3）退税率低于适用税率的，相应计算出的差额部分的税款计入出口货物的劳务成本。

（七）税率与征收率

1. 税率

（1）13％税率。一般计税方法纳税人销售或者进口除适用9％税率以外的货物，提供加工、修理修配和有形动产租赁服务，税率一律为13％。

（2）9％税率。

1）一般计税方法纳税人销售或者进口下列货物，按9％的税率计征增值税：农产品（含粮食）、自来水、暖气、石油液化气、天然气、食用植物油、冷气、热水、煤气、居民用煤炭制品、食用盐、农机、饲料、农药、农膜、化肥、沼气、二甲醚、图书、报纸、杂志、音像制品、电子出版物。

2）一般计税方法纳税人提供交通运输业服务、邮政业服务、基础电信服务、建筑服务、不动产租赁服务以及销售不动产、转让土地使用权，适用税率为9％。

（3）6％税率。一般计税方法纳税人提供增值电信服务、金融服务、现代服务（租赁服务除外）、生活服务，销售无形资产、金融商品，适用税率为6％。

纳税人兼营不同税率的项目，应当分别核算不同税率项目的销售额。未分别核算销售额的，从高适用税率。

需要注意的是，增值税纳税人（包括一般计税方法纳税人和简易计税方法纳税人）进口货物按照13％或9％的税率计算缴纳进口环节的增值税。

（4）零税率。纳税人出口货物、提供财政部和国家税务总局规定的跨境应税行为，税率为零；但是，国务院另有规定的除外。例如，境内的单位和个人提供的国际运输服务、向境外单位提供的研发服务和设计服务，适用增值税零税率。

2. 征收率

（1）简易计税方法纳税人适用的征收率。简易计税方法纳税人的经营规模小，而且会计核算不健全，难以按增值税税率计税和使用增值税专用发票抵扣进项税款，因此实行按销售额与征收率计算应纳税额的简易计税方法。简易计税方法纳税人按照简易计税方法计税的销售不动产、不动产经营租赁服务、提供劳务派遣选择差额纳税（除"营改增"试点前开工的高速公路的车辆通行费），征收率为5%；在其他情况下，简易计税方法纳税人发生应税交易行为的征收率为3%。征收率的调整，由国务院决定。

简易计税方法纳税人（自然人除外，下同）销售自己使用过的固定资产和旧货，减按2%的征收率征收增值税；销售自己使用过的除固定资产以外的物品，应按3%的征收率征收增值税。旧货是指进入二次流通的具有部分使用价值的货物（含旧汽车、旧摩托车和旧游艇），但不包括自己使用过的物品（下同）。

简易计税方法纳税人销售自己使用过的固定资产和旧货，应开具普通发票，不得由税务机关代开增值税专用发票，其销售额和应纳税额按以下公式计算：

销售额＝含税销售额÷(1＋3%)

应纳税额＝销售额×2%

(2) 一般计税方法纳税人适用的征收率。除了简易计税方法纳税人适用征收率外，对于一些特殊情况，一般计税方法纳税人也适用简易计税方法按照征收率计算缴纳增值税。

1) 销售自己使用过的物品。

2) 销售旧货。

一般计税方法纳税人销售旧货，按照简易计税方法依照3%的征收率减按2%征收增值税。对于此类业务，纳税人应开具普通发票，不得开具增值税专用发票。

3) 销售服务、无形资产、不动产。

①一般计税方法纳税人可选择5%征收率的情形有：

第一，出租、销售2016年4月30日前取得的不动产。

第二，提供劳务派遣服务、安全保护服务（含提供武装守护押运服务）选择差额纳税的。需要注意的是，向用工单位收取用于支付给劳务派遣员工工资、福利和为其办理社会保险及住房公积金的费用，不得开具增值税专用发票，可以开具普通发票。

第三，收取"营改增"试点前开工的一级公路、二级公路、桥、闸通行费。

第四，提供人力资源外包服务。需要注意的是，向委托方收取并代为发放的工资和代理缴纳的社会保险、住房公积金，不得开具增值税专用发票。

第五，转让2016年4月30日前取得的土地使用权，以取得的全部价款和价外费用减去取得该土地使用权的原价后的余额为销售额。

第六，2016年4月30日前签订的不动产融资租赁合同。

第七，以2016年4月30日前取得的不动产提供的融资租赁服务。

第八，中外合作油（气）田开采的原油、天然气，按5%的征收率征收增值税。

第九，房地产开发企业出租、销售自行开发的房地产老项目。

②一般计税方法纳税人可选择3%征收率的有：

第一，销售自产的用微生物、微生物代谢产物、动物毒素、人或动物的血液或组织制成的生物制品。

第二，寄售商店代销寄售物品（包括居民个人寄售的物品在内）。

第三，典当业销售绝当物品。

第四，销售自产的县级及县级以下小型水力发电单位生产的电力。

第五，销售自产的自来水。

第六，销售自产的建筑用和生产建筑材料所用的砂、土、石料。

第七，销售自产的以自己采掘的砂、土、石料或其他矿物连续生产的砖、瓦、石灰（不含黏土实心砖、瓦）。

第八，销售自产的商品混凝土（仅限于以水泥为原料生产的水泥混凝土）。

第九，单采血浆站销售非临床用人体血液。需要注意的是，不得开具增值税专用发票。

第十，药品经营企业销售生物制品。

第十一，光伏发电项目发电户销售电力产品。

第十二，资管产品管理人运营资管产品过程中发生的增值税应税行为，暂适用简易计税方法，按照3%的征收率缴纳增值税。

第十三，兽用药品经营企业销售兽用生物制品。

第十四，公共交通运输服务，包括轮客渡、公交客运、地铁、城市轻轨、出租车、长途客运、班车。

第十五，经认定的动漫企业为开发动漫产品提供的服务以及在境内转让动漫版权。

第十六，电影放映服务、仓储服务、装卸搬运服务、收派服务和文化体育服务（含纳税人在游览场所经营索道、摆渡车、电瓶车、游船等取得的收入）。

第十七，以纳入“营改增”试点之日前取得的有形动产为标的物提供的经营租赁服务。

第十八，纳入“营改增”试点之日前签订的尚未执行完毕的有形动产租赁合同。

第十九，以清包工方式提供的、为甲供工程提供的、为建筑工程老项目提供的建筑服务。需要注意的是，建筑工程总承包单位为房屋建筑的地基与基础、主体结构提供工程服务，建设单位自行采购全部或部分钢材、混凝土、砌体材料、预制构件的，适用简易计税方法计税（不是可选择）。

第二十，一般计税方法纳税人在销售电梯的同时提供安装服务，其安装服务可以按照甲供工程选择适用简易计税方法计税。

第二十一，提供物业管理服务的纳税人，向服务接受方收取的自来水水费，以扣除其对外支付的自来水水费后的余额为销售额，按照简易计税方法依3%的征收率计算缴纳增值税。

第二十二，公路经营企业收取“营改增”试点前开工的高速公路的车辆通行费。

第二十三，中国农业发展银行总行及其各分支机构提供涉农贷款取得的利息收入。

第二十四，农村信用社、村镇银行、农村资金互助社、由银行业机构全资发起设立的贷款公司、法人机构在县（县级市、区、旗）及县以下地区的农村合作银行和农村商业银行提供金融服务取得的收入。

第二十五，对中国农业银行纳入“三农金融事业部”改革试点的各省、自治区、直辖市、计划单列市分行下辖的县域支行和新疆生产建设兵团分行下辖的县域支行（又称县事业部）提供农户贷款、农村企业和农村各类组织贷款取得的利息收入。

第二十六，提供非学历教育服务。

第二十七，提供教育辅助服务。

第二十八，非企业性单位中的一般计税方法纳税人提供的研发和技术服务、信息技术服务、鉴证咨询服务以及销售技术、著作权等无形资产。

第二十九，非企业性单位中的一般计税方法纳税人提供技术转让、技术开发和与之相关的技术咨询、技术服务。

第三十，拍卖行受托拍卖增值税应税货物，向买方收取的全部价款和价外费用，按照3%的征收率计算缴纳增值税。

第三十一，自2018年5月1日起，一般计税方法纳税人生产销售和批发、零售抗癌药品，可选择按照简易计税方法依照3%的征收率计算缴纳增值税。

上述纳税人选择简易计税方法计算缴纳增值税后，36个月内不得变更。

（八）纳税义务发生时间

（1）纳税人发生应税交易，其纳税义务发生时间为收讫销售款项或者取得索取销售款项凭据的当天；先开具发票的，为开具发票的当天。

1）纳税人销售服务、无形资产或者不动产，其纳税义务发生时间为收讫销售款项或者取得索取销售款项凭据的当天；先开具发票的，为开具发票的当天。

收讫销售款项是指纳税人销售服务、无形资产或者不动产过程中或者完成后收到款项。

取得索取销售款项凭据的当天是指书面合同确定的付款日期；未签订书面合同或者书面合同未确定付款日期的，为服务、无形资产转让完成的当天或者不动产权属变更的当天。

2）纳税人提供租赁服务采取预收款方式的，其纳税义务发生时间为收到预收款的当天。

3）纳税人从事金融商品转让，其纳税义务发生时间为金融商品所有权转移的当天。

（2）纳税人发生应税交易，其纳税义务发生时间为视同发生应税交易完成的当天。

（3）增值税扣缴义务发生时间为纳税人增值税纳税义务发生的当天。

前述对应税交易纳税义务发生时间的确定，明确了企业在计算应纳税额时，对"当期销项税额"时间的限定，是增值税计税和征收管理中重要的规定。目前，一些企业没有按照前述规定的纳税义务发生时间将实现的销售收入及时入账并计算纳税，而是采取延迟入账或不计销售收入等做法，以拖延纳税或逃避纳税，这些做法都是错误的。企业必须按上述规定的时限及时、准确地记录销售额和计算当期销项税额。

（九）农产品核定扣除办法

试点纳税人以购进农产品为原料生产货物的，农产品的增值税进项税额可按照以下方法核定：

（1）投入产出法。参照国家标准、行业标准（包括行业公认标准和行业平均耗用值）确定销售单位数量货物耗用外购农产品的数量（以下简称"农产品单耗数量"）。

当期允许抵扣农产品增值税进项税额依据当期农产品耗用数量、当期销售货物数量、农产品平均购买单价（含税，下同）和农产品增值税进项税额扣除率（以下简称“扣除率”）计算。其计算公式为：

$$\text{当期允许抵扣农产品增值税进项税额}=\text{当期农产品耗用数量}\times\text{农产品平均购买单价}\times\frac{\text{扣除率}}{1+\text{扣除率}}$$

$$\text{当期农产品耗用数量}=\text{当期销售货物数量（不含采购除农产品以外的半成品生产的货物数量）}\times\text{农产品单耗数量}$$

对于以单一农产品原料生产多种货物或者以多种农产品原料生产多种货物的，在核算当期农产品耗用数量和农产品平均购买单价时，应依据合理的方法归集和分配。

农产品平均购买单价是指购买农产品期末平均买价，不包括买价之外单独支付的运费和入库前的整理费用。期末平均买价的计算公式为：

$$\text{期末平均买价}=\left(\text{期初库存农产品数量}\times\text{期初平均买价}+\text{当期购进农产品数量}\times\text{当期买价}\right)\Big/\left(\text{期初库存农产品数量}+\text{当期购进农产品数量}\right)$$

（2）成本法。依据试点纳税人年度会计核算资料，计算确定耗用农产品的外购金额占生产成本的比例（以下简称“农产品耗用率”）。当期允许抵扣农产品增值税进项税额依据当期主营业务成本、农产品耗用率以及扣除率计算。其计算公式为：

$$\text{当期允许抵扣农产品增值税进项税额}=\text{当期主营业务成本}\times\text{农产品耗用率}\times\frac{\text{扣除率}}{1+\text{扣除率}}$$

$$\text{农产品耗用率}=\frac{\text{上年投入生产的农产品外购金额（含税）}}{\text{上年生产成本}}$$

农产品外购金额（含税）不包括不构成货物实体的农产品（包括包装物、辅助材料、燃料、低值易耗品等）和在购进农产品之外单独支付的运费、入库前的整理费用。

对于以单一农产品原料生产多种货物或者以多种农产品原料生产多种货物的，在核算当期主营业务成本以及核定农产品耗用率时，试点纳税人应依据合理的方法进行归集和分配。

农产品耗用率由试点纳税人向主管税务机关申请核定。

年度终了，主管税务机关应根据试点纳税人本年实际对当年已抵扣的农产品增值税进项税额进行纳税调整，重新核定当年的农产品耗用率，并将其作为下一年度的农产品耗用率。

（3）参照法。新举办的试点纳税人或者试点纳税人新增产品的，试点纳税人可参照所属行业或者生产结构相近的其他试点纳税人确定农产品单耗数量或者农产品耗用率。次年，试点纳税人向主管税务机关申请核定当期的农产品单耗数量或者农产品耗用率，并据此计算确定当年允许抵扣的农产品增值税进项税额，同时对上一年的增值税进项税额进行调整。核定的进项税额超过实际抵扣增值税进项税额的，其差额部分可以结转下期继续抵扣；核定的进项税额低于实际抵扣增值税进项税额的，其差额部分应按现行增值税的有关规定做进项税额转出处理。

（十）简易计税方法应纳税额的计算

简易计税方法的应纳税额是指按照销售额和征收率计算的增值税税额，不得抵扣进项税额。应纳税额的计算公式为：

应纳税额＝销售额×征收率

简易计税方法的销售额不包括其应纳税额，纳税人采用销售额和应纳税额合并定价方法的，按照下列公式计算销售额：

$$销售额=\frac{含税销售额}{1+征收率}$$

纳税人提供的适用简易计税方法计税的应税服务，因服务中止或者折让而退还给接受方的销售额，应当从当期销售额中扣减。扣减当期销售额后仍有余额造成多缴的税款，可以从以后的应纳税额中扣减。

（十一）特殊销售方式的处理

1. 折扣销售（商业折扣）

对于折扣销售来说，如果销售额和折扣额在同一张发票上的“金额”栏分别注明，可以按折扣后的销售额征收增值税；如果将折扣额仅在发票上的“备注”栏注明，不得从销售额中减除折扣额。

不过，折扣额另开红票也是可以扣除的。

提示：实物折扣按视同销售中的“无偿赠送”处理。

2. 销售折扣（现金折扣）

对于销售折扣来说，不得从销售额中减除现金折扣额，现金折扣应计入“财务费用”。

3. 销售折让

对于销售折让来说，可以从销售额中减除折让额，纳税人发生销售折让或者服务折让时，依据退回的增值税专用发票或购货方主管税务机关开具的《开具红字增值税专用发票通知单》，按退货或折让金额冲减原销售额。需要注意的是，要用红字贷记销项税额。

4. 以旧换新

（1）对于一般货物，应按新货物的同期销售价格确定销售额，不得扣减旧货物的收购价格。

（2）对于金银首饰，可以按销售方实际收取的不含增值税的全部价款征收增值税。

提示：消费税的计算也按此原则理解。

5. 还本销售

对于还本销售来说，不得从销售额中减除还本支出，还本支出应计入财务费用或销售费用。

6. 以物易物

（1）根据税法的规定，双方均作购销处理，以各自发出的货物核算销售额并计算销项税额，以各自收到的货物核算购货额并计算进项税额。

提示：在以物易物交易中，双方应分别开具合法的票据，如果收到的货物不能取得相应的增值税专用发票或其他合法票据，则不能抵扣进项税额。

（2）根据新会计准则的规定，非货币性资产交换同时满足有商业实质和公允价值能够可靠计量的，作为购销处理；不能满足规定条件的，将换出资产的价值减去可抵扣的增值税，加上支付的相关税费作为换入资产的实际成本。

（十二）进口环节的增值税核算

我国税法规定，纳税人进口货物，按照组成计税价格和税法规定的增值税税率计算应纳税额，不得抵扣任何税额（在计算进口环节的应纳增值税税额时，不得抵扣发生在我国境外的各种税金）。组成计税价格和应纳税额的计算公式为：

$$组成计税价格=关税计税价格+关税+消费税$$

$$应纳税额=组成计税价格\times税率$$

需要注意的是，进口货物增值税的组成计税价格中包括已缴纳的关税税额，如果进口货物属于消费税应税消费品，其组成计税价格中还要包括进口环节已缴纳的消费税税额。

进口增值税的计算公式为：

$$进口增值税=\frac{关税计税价格+关税}{1-消费税税率}\times增值税税率$$

（十三）房地产业增值税应纳税额的计算

纳税人转让其取得的不动产，包括以直接购买、接受捐赠、接受投资入股、自建以及抵债等各种形式取得的不动产，适用以下规定（房地产开发企业销售自行开发的房地产项目除外）：

（1）一般计税方法纳税人转让其在2016年4月30日前取得（不含自建）的不动产，可以选择适用一般计税方法计税，也可以选择适用简易计税方法计税，计税规则归纳如下：

来源	税率或征收率	计税依据
直接购买、接受捐赠、接受投资入股以及抵债	选择适用简易计税方法计税的，征收率为5%	以取得的全部价款和价外费用扣除不动产购置原价或取得不动产时的作价后的余额为销售额
	选择适用一般计税方法计税的，销售不动产的增值税税率为9%	以取得的全部价款和价外费用为销售额
自建	选择适用简易计税方法计税的，征收率为5%	以取得的全部价款和价外费用为销售额
	选择适用一般计税方法计税的，销售不动产的增值税税率为9%	以取得的全部价款和价外费用为销售额

（2）一般计税方法纳税人转让其2016年5月1日后取得（不含自建）的不动产，适用一般计税方法，其销售不动产的增值税税率为9%，以取得的全部价款和价外费用为销售额计算应纳税额。

（十四）个人转让其购买的住房的计税办法

个人将购买不足2年的住房对外销售的，按照5%的征收率全额缴纳增值税。个人将购买2年以上（含2年）的住房对外销售的：

（1）个人购买及转让的是普通住宅，免征增值税。

（2）个人购买及转让的是非普通住宅，对于北、上、广、深之外的地区，免征增值税；而对于北、上、广、深地区，则以取得的全部价款和价外费用扣除购买住房价款的余额作为销售额，征收率为5%。

相应政策如下表所示。

政策范围	住房		
	普通住房	非普通住房	
	全国	北、上、广、深之外地区	北、上、广、深
购买不足2年	全额纳税（5%）		
购买2年（含）以上	免税		差额纳税（5%）

（十五）房地产开发企业销售自行开发的房地产项目的销售额计算方法

房地产开发企业中的一般计税方法纳税人销售自行开发的房地产项目，适用一般计税方法计税，以取得的全部价款和价外费用，扣除受让土地时向政府部门支付的土地价款后的余额为销售额。销售额的计算公式如下：

$$\text{销售额}=\frac{\text{全部价款和价外费用}-\text{当期允许扣除的土地价款}}{1+10\%}$$

当期允许扣除的土地价款按照以下公式计算：

$$\text{当前允许扣除的土地价款}=\frac{\text{当期销售房地产项目建筑面积}}{\text{房地产项目可供销售建筑面积}}\times\text{支付的土地价款}$$

此外，扣除的土地价款不得超过纳税人实际支付的土地价款。一般计税方法纳税人选择适用简易计税方法计税的，以取得的全部价款和价外费用为销售额，不得扣除对应的土地价款。

三、关键术语

销项税额是指增值税纳税人发生应税交易，按照销售额乘以规定的税率计算的增值税税额。销项税额的计算公式为：

$$\text{当期销项税额}=\text{当期销售额}\times\text{适用税率}$$

进项税额是指纳税人购进与应税交易相关的货物、服务、无形资产、不动产或金融商品支付或者承担的增值税税额。购进货物、服务、无形资产、不动产或金融商品包括外购（含进口）货物或者接受服务、无形资产、不动产或金融商品，以物易物换入货物，抵偿债务收入货物，接受投资转入的货物，接受捐赠转入的货物以及在购销货物过程中支付的运费。

进项税额转出是指企业购进的货物发生非正常损失（非经营性损失）以及将购进货物改变用途（如用于非应税交易、免征增值税项目、集体福利或个人消费等），需要将相应货物的进项税额做转出处理。

出口退税，又称出口货物退税，其基本含义是对出口货物退还其在国内生产和流通环节实际缴纳的增值税及特别消费税。出口货物退税制度是一国税收的重要组成部分。出口退税主要是通过退还出口货物的国内已纳税款来平衡国内产品的税收负担，使本国产品以不含税成本进入国际市场，并与国外产品在同等条件下进行竞争，从而增强出口产品的竞争力，进而扩大出口创汇。

视同应税交易行为。下列情形视同应税交易，应当依照规定缴纳增值税：

（1）单位和个体工商户将自产或者委托加工的货物用于集体福利或者个人消费。

（2）单位和个体工商户无偿赠送货物，但用于公益事业的除外。

（3）单位和个人无偿赠送无形资产、不动产或者金融商品，但用于公益事业的除外。

（4）财政部和国家税务总局规定的其他情形。

销售无形资产是指转让无形资产所有权或者使用权的业务活动。

销售不动产是指转让不动产所有权的业务活动。

折扣销售，又称商业折扣，是指销货方在发生应税销售行为时，因购买方购买数量较大等原因而给予购买方的价格优惠。

销售折扣是指销货方在发生应税销售行为后，为了鼓励购买方及早付款而协议许诺给予购买方的一种折扣优待。

还本销售是指纳税人在销售货物后，到一定期限由销售方一次或分次向购货方退还全部或部分价款的一种销售方式。

关税计税价格是指海关根据有关规定对进出口货物进行审定或估定后，通过估价确定的价格，它是海关征收关税的依据。

价外费用是指销售方向购买方收取的手续费、补贴、基金、集资费、返还利润、奖励费、违约金、滞纳金、延期付款利息、赔偿金、代收款项、包装费、包装物租金、储备费、优质费、运输装卸费、代垫款项以及其他各种性质的价外收费。

四、习 题

（一）术语解释

1. 价外费用

2. 混合交易
3. 兼营
4. 免、抵、退税
5. 销售折扣

（二）填空题

1. 全面“营改增”后，建筑服务具体包括______、______、______、______和其他建筑服务。

2. 转贷业务，以______，按照贷款服务缴纳增值税。

3. 水路运输的光租业务、航空运输的干租业务，属于______。

4. 一般计税方法纳税人应向______主管税务机关办理纳税登记事项。

5. 纳税人年应税销售额超过规定标准的，在申报结束后______个工作日内按规定办理资格登记手续或身份选择手续。

6. 基础电信服务适用______的税率，增值电信服务适用______的税率。

（三）判断题

1. 一般计税方法纳税人将外购货物用于对外投资，其进项税额不得进行抵扣。（　）

2. 未逾期的白酒包装物押金，不计算增值税。（　）

3. 纳税人销售货物且提供运输服务，属于混业经营。（　）

4. 境外的单位或个人在境内发生应税交易，但在境内未设立经营机构的，其应纳税额以代理人为扣缴义务人；没有代理人的，以购买方为扣缴义务人。（　）

5. 单位或者个体工商户向其他单位或者个人无偿提供服务，需要征收增值税，但用于公益事业或者以社会公众为对象的除外。（　）

6. 单位和个人将不动产无偿赠予他人，因未取得收入，所以不征增值税。（　）

7. 转贷业务是指金融机构将吸收的单位和个人的存款或自有资金贷给他人使用。（　）

8. 融资租赁业务的营业额为租赁收入减去设备价款后的余额。（　）

9. 增值税的纳税人兼营不同税目的应税项目，未分别核算销售额的，应按平均税率计税。（　）

10. 境内单位向国内海关特殊监管区域内的单位提供的研发服务，适用增值税零税率。（　）

（四）单项选择题

1. 在下列收入中，应当征收增值税的是（　）。

A. 增值税纳税人收取的会员费收入

B. 融资性售后回租业务中承租方出售资产取得的收入

C. 对供电企业进行电力调压并按电量向电厂收取的并网服务费收入

D. 燃油电厂从政府财政专户取得的发电补贴收入

2. 甲服装厂为一般计税方法纳税人，9 月销售给乙企业 300 套服装，不含税价格为 700 元/套，甲服装厂给予乙企业 7 折的优惠，并按原价开具增值税专用发票，折扣额在同一张发票的“备注”栏注明。甲服装厂当月的销项税额为（　　）元。

A. 24 900　　B. 27 300

C. 26 890　　D. 47 600

3. 以下不符合“营改增”试点行业销售额规定的是（　　）。

A. 存款利息，以利息收入全额为销售额

B. 贷款业务，以提供贷款服务取得的全部利息及利息性质的收入为销售额

C. 金融商品转让，按照卖出价格扣除买入价格的余额为销售额

D. 航空运输企业的销售额，不包括代收的机场建设费和代售其他运输企业客票而代收转付的价款

4. 在下列关于纳税义务发生时间的表述中，正确的有（　　）。

A. 采用赊销或分期收款方式销售货物的，其纳税义务发生时间为收到货款的当天

B. 采用赊销或分期收款方式销售货物的，其纳税义务发生时间为货物发出的当天

C. 采用赊销或分期收款方式销售货物的，其纳税义务发生时间为合同规定的收款日期的当天

D. 采用赊销或分期收款方式销售货物的，其纳税义务发生时间为全部价款收到的当天

5. 其他个人提供建筑服务，纳税地点为（　　）。

A. 机构所在地　　B. 居住地

C. 建筑服务发生地　　D. 建筑所在地

6. 某企业对已使用三年的不动产进行改建，该不动产原值为 500 万元，改建增加了不动产价值 300 万元，改建中发生进项税额 20 万元。该改建工程当月完工，则以下说法中正确的是（　　）。

A. 该企业的此项业务不能抵扣进项税额

B. 该企业的此项业务在当月可抵扣进项税额 20 万元

C. 该企业的此项业务在当月可抵扣进项税额 8 万元

D. 该企业的此项业务在当月可抵扣进项税额 8 万元

7. 5 月，某工业企业（一般计税方法纳税人）同时生产免税甲产品和应税乙产品，本期外购燃料柴油 50 吨。已知该批次柴油外购时取得的增值税专用发票上注明的价款为 87 300 元，增值税税额为 11 349 元。当月实现产品不含税销售收入总额为 250 000 元，其中甲产品收入 100 000 元。已知乙产品适用 9%的税率，该企业当月应缴纳的增值税税额为（　　）元。

A. 17 659.0　　B. 13 563.6

C. 4 659.0　　D. 6 690.6

8. 某航空公司（一般计税方法纳税人）具有国际运输经营资质。6 月，该公司购进

飞机配件取得的增值税专用发票上注明的价款为650万元，税额为84.5万元；开展航空服务（开具普通发票）取得的收入为1 651.1万元（其中，国内运输收入为1 362.5万元），国际运输收入为288.6万元，飞机清洗消毒收入为127.2万元。6月，该公司应缴纳的增值税为（　　）万元。

A. 26.75　　B. 50.54

C. 62.80　　D. 68.21

9. 2019年，甲公路经营企业（一般计税方法纳税人）收取其经营的A高速公路的车辆通行费700万元，A高速公路于2013年3月建成通车。针对该经济业务，甲企业需要缴纳增值税（　　）万元。

A. 20.00　　B. 33.33

C. 20.39　　D. 21.00

10. 在下列项目中，属于文化体育服务征税范围的是（　　）。

A. 电台播放广告　　B. 电影院放电影

C. 体育馆出租后办展览　　D. 影剧院卖音像碟片

11. 在下列项目中，不属于增值税价外费用的是（　　）。

A. 价外收取的基金　　B. 价外收取的手续费

C. 支付给客户的广告费　　D. 价外收取的集资费

12. 在一般计税方法纳税人的下列行为中，涉及进项税额不得从销项税额中抵扣的是（　　）。

A. 将外购的货物用于抵偿债务　　B. 将外购的货物用于交际应酬

C. 将外购的货物无偿赠送给外单位　　D. 将外购的货物用于对外投资

13. 4月，某汽车生产企业进口小汽车成套配件一批，境外成交价格为68万美元，运抵中国境内输入地点起卸前的运输费为5万美元、保险费为1万美元。小汽车成套配件进口的关税税率为25%，人民币兑美元的中间价为6.1∶1。该汽车生产企业进口小汽车成套配件应缴纳增值税（　　）万元。

A. 88.15　　B. 94.63

C. 95.92　　D. 73.35

14. 某自营出口的生产企业（一般计税方法纳税人）出口货物的征税率为13%，退税率为13%。6月，购进原材料一批，取得的增值税专用发票上注明的金额为500万元、税额为65万元。6月，内销货物取得不含税销售额150万元，出口货物取得销售额折合人民币200万元，5月的增值税留抵税额为10万元。该企业当期免、抵、退税不得免征和抵扣税额为（　　）万元。

A. 0　　B. 20　　C. 6　　D. 24

15. 以下不适用“营改增”相关免税政策的是（　　）。

A. 个人转让著作权

B. 个人转让商标权

C. 残疾人员本人为社会提供的服务

D. 个人销售自建自用住房

16. 某副食品商店为简易计税方法纳税人。8月，该商店销售副食品取得含税销售额

66 950 元，销售自己使用过的固定资产取得含税销售额 17 098 元。该商店应缴纳的增值税税额为（　　）元。

A. 2 282.00　　B. 2 477.88
C. 2 291.96　　D. 2 448.00

17. 出租车公司向使用该公司自有出租车的出租车司机收取管理费用，对此进行征收的增值税项目是（　　）。

A. 有形动产租赁服务　　B. 物流辅助服务
C. 陆路运输服务　　D. 管道运输服务

18. 5 月，某酒厂（一般计税方法纳税人）销售白酒和啤酒给副食品公司。其中，销售白酒开具增值税专用发票，收取不含税价款 50 000 元，另收取包装物押金 3 000 元；销售啤酒开具普通发票，收取价款合计 22 600 元，另收取包装物押金 1 500 元。副食品公司按照合同约定，于当年 9 月将白酒、啤酒包装物全部退还给酒厂，并取回全部押金。对于此项业务，该酒厂 5 月的增值税销项税额为（　　）元。

A. 11 900.00　　B. 12 117.95
C. 9 445.13　　D. 12 553.85

19. 商业企业（一般计税方法纳税人）零售下列货物，可以开具增值税专用发票的是（　　）。

A. 烟酒　　B. 食品
C. 化妆品　　D. 办公用品

20. 5 月，某金店（一般计税方法纳税人）采取以旧换新方式向消费者销售金项链 20 条，每条新项链的零售价格为 2 500 元，每条旧项链作价 800 元，每条项链取得差价款 1 700 元；当月取得首饰修理费价税合计金额 2 260 元。该金店上述业务应缴纳增值税（　　）元。

A. 4 940.17　　B. 4 171.50
C. 7 264.96　　D. 7 594.79

21. 7—9 月某简易计税方法纳税人提供劳务派遣服务，取得销售收入 21 万元，开具普通发票。代用工单位支付给劳务派遣员工的工资、福利和为其办理的社会保险及住房公积金共计 10.5 万元。下列说法正确的有（　　）。

A. 简易计税方法纳税人若选择差额纳税，应纳税额为 0.31 万元
B. 简易计税方法纳税人若选择差额纳税，应纳税额为 1 万元
C. 简易计税方法纳税人若选择简易计税方法纳税，应纳税额为 0.61 万元
D. 简易计税方法纳税人只能选择差额计税

22. 5 月 20 日，某广告公司（一般计税方法纳税人）购进办公大楼一栋，该大楼用于公司办公，计入固定资产，并于次月开始计提折旧。5 月 25 日，该纳税人取得该大楼的增值税专用发票 1 张，增值税专用发票上注明的金额为 10 000 000 元。5 月，该公司取得销售收入并全部开具增值税专用发票，共计 15 张，增值税专用发票上注明的金额为 5 000 000 元、税额为 300 000 元。5 月，该公司应缴纳的增值税为（　　）元。

A. 0　　B. 400 000　　C. －300 000　　D. 600 000

23. 5 月，某企业（一般计税方法纳税人）买入 A 上市公司股票，买入价为 280 万

元，支付手续费 0.084 万元。当月卖出其中的 50%，发生亏损 10 万元。6 月，该企业卖出剩余的 50%，卖出价为 200 万元，支付手续费 0.06 万元，印花税为 0.2 万元。6 月，该企业应缴纳的增值税为（　　）万元。（以上价格均为含税价格。）

A. 3.00　　B. 3.38　　C. 2.81　　D. 2.83

24. 以下适用 13%增值税税率的是（　　）。

A. 不动产的租赁业务　　B. 船舶的程租业务

C. 飞机的干租业务　　D. 融资性售后回租

25. 对于“营改增”企业，在下列选项中可以抵扣进项税额的是（　　）。

A. 将外购的货物用于集体福利或个人消费的进项税额

B. 用于正常损失货物的进项税额

C. 用于适用简易计税方法计税项目的进项税额

D. 用于旅客运输服务的进项税额

（五）多项选择题

1. 在下列行为中，应视同应税交易的有（　　）。

A. 将购进货物无偿赠送他人　　B. 将购进货物用于分配股利

C. 将购进货物用于职工福利　　D. 将购进货物用于在建工程

2. 现行增值税税率包括（　　）。

A. 13%　　B. 9%　　C. 3%　　D. 6%

3. 征收增值税同时又征收消费税的货物，其组成计税价格的计算公式为（　　）。

A. 组成计税价格＝成本＋利润

B. 组成计税价格＝成本＋利润＋消费税

C. 组成计税价格＝成本＋利润＋增值税

D. 组成计税价格$=\dfrac{\text{成本}+\text{利润}}{1-\text{消费税税率}}$

4. 以 1 个季度为纳税期限的规定适用于（　　）。

A. 银行　　B. 财务公司

C. 信托公司　　D. 信用社

5. 以下属于税法规定的免税项目有（　　）。

A. 销售古旧图书

B. 外国企业无偿赞助进口物资

C. 百货公司进口的残疾人轮椅

D. 其他个人销售自己使用过的物品

6. 未列入金融服务征税范围的项目是（　　）。

A. 融资租赁　　B. 买卖股票

C. 外汇买卖　　D. 金融商品转让

7. 在下列收入中，属于增值税计税依据的是（　　）。

A. 工业加工收取的加工费收入（不含税）

B. 金融商品转让，卖出价扣除买入价后的余额
C. 经营娱乐服务向顾客收取的全部费用
D. 企业买卖有价证券，以卖出价减去买入价的余额

8. 下列行为不应列入增值税征税范围的是（　　）。
A. 俄罗斯注册的一家M公司向中国境内N公司销售一项专利技术，该专利技术在美国使用
B. 单位聘用的员工为本单位提供的取得工资的服务
C. 存款利息
D. 被保险人获得的保险赔付

9. 在下列行为中，需要缴纳增值税的有（　　）。
A. 销售商品房　B. 自建办公用房
C. 单位将房产无偿赠予他人　D. 单位将房产投资入股

10. 销售额是纳税人向对方收取的全部价款和价外费用。价外费用包括（　　）。
A. 手续费　B. 优质费　C. 基金　D. 集资费

11. 在经营项目中，属于增值税应税项目的有（　　）。
A. 建筑安装工程作业　B. 加工、修理修配服务
C. 商业零售业务　D. 商业运输劳务

12. 甲、乙合作建房，甲以土地使用权换取乙的房屋所有权，则（　　）。
A. 甲按转让无形资产缴纳增值税　B. 甲按销售不动产缴纳增值税
C. 乙按转让无形资产缴纳增值税　D. 乙按销售不动产缴纳增值税

13. 在下列业务中，不征收增值税的是（　　）。
A. 贷款利息
B. 存款利息
C. 燃油电厂从政府的财政专户取得的发电补贴
D. 被保险人获得的保险赔付

14. 在下列增值税应税行为中，以收到预收款当天作为增值税纳税义务发生时间的有（　　）。
A. 以托收承付方式销售货物　B. 建筑服务
C. 租赁服务　D. 进口货物

15. 以下适用5%征收率的是（　　）。
A. 简易计税方法纳税人销售自建或者取得的不动产
B. 一般计税方法纳税人收取“营改增”试点前开工的一级公路、二级公路、桥、闸通行费，选择适用简易计税方法的
C. 简易计税方法纳税人提供劳务派遣服务选择差额纳税的
D. 一般计税方法纳税人提供劳务派遣服务选择差额纳税的

16. 根据“营改增”的规定，在下列各项中，应该按照金融服务征收增值税的有（　　）。
A. 金融商品持有期间取得的非保本收益　B. 人身保险服务
C. 融资性售后回租取得的利息收入　D. 理财产品的转让

（六）简答题

1. 简述一般计税方法纳税人和简易计税方法纳税人的划分标准。
2. 简述增值税的优点。
3. 简述有关增值税征税范围的一般规定。
4. 简述零税率和免税的区别。
5. 简述适用免、抵、退税方法的企业及具体情况分析和适用免、退税方法的企业及具体情况分析。

（七）计算题

1. 某广告公司取得的广告业务收入为 94 万元，营业成本为 90 万元，支付给某电视台的广告发布费为 25 万元（含税），支付给某报社的广告发布费为 18 万元（含税），并取得了增值税专用发票，款已支付。经主管税务机关审核，认为其广告收费明显偏低，且无正当理由，又无同类广告可比价格，于是决定重新审核其计税价格（核定的成本利润率为 16%）。该广告公司为一般计税方法纳税人。

试计算该广告公司当月应缴纳的增值税。

2. A 房地产企业（一般计税方法纳税人）自行开发了 B 房地产项目，该项目施工许可证注明的开工日期是 2015 年 3 月 15 日，2016 年 1 月 15 日开始预售房地产，至 2016 年 4 月 30 日共取得预售款 5 250 万元，已按照营业税规定申报缴纳营业税。A 房地产企业对上述预收款开具收据，未开具营业税发票。该企业 2016 年 5 月又收到预售款 5 250 万元。2016 年 6 月共开具了增值税普通发票 10 500 万元（含 2016 年 4 月 30 日前取得的未开票预售款 5 250 万元和 2016 年 5 月收到的 5 250 万元），同时办理房产产权转移手续。

试计算该纳税人在 7 月申报期应申报多少增值税？

3. 某服务公司（一般计税方法纳税人）主要从事人力资源中介服务，6 月发生以下业务（以下数据均含税）：

（1）提供人力资源咨询服务，取得收入 40 万元。

（2）提供会议服务，取得收入 30 万元。

试计算：

（1）提供人力资源咨询服务应缴纳的增值税。

（2）提供会议服务应缴纳的增值税。

4. 5 月 1 日，某娱乐公司开业，其经营范围包括娱乐、餐饮及其他服务，当年的收入情况如下：

（1）门票收入 220 万元，歌舞厅收入 400 万元，游戏厅收入 100 万元。

（2）保龄球馆自 7 月 1 日开馆，截至当年底取得收入 120 万元。

（3）非独立核算的小卖部销售收入 60 万元。

（说明：该娱乐公司为一般计税方法纳税人，上述收入均开具增值税普通发票。）

试根据上述资料，计算该娱乐公司应缴纳的增值税。

5. 2013 年，北京海淀区某纳税人（一般计税方法纳税人）购买了位于天津的一层商铺用于出租，购买时的价格为 500 万元，取得不动产销售统一发票。纳税人每月收到的租金为 10 万元。假设该纳税人 2019 年 5 月其他业务的增值税应纳税额为 25 万元。

在 2019 年 6 月申报期，纳税人应如何计算 5 月所属申报期的增值税应纳税额？应如何申报纳税？

6. 8 月，某食品厂（一般计税方法纳税人）从农民手中购进小麦，收购发票上注明买价 5 万元。支付运费，取得增值税专用发票，注明金额 0.6 万元，以上小麦用于生产 13%税率的货物。本月销售黄豆制品等，取得不含税销售额 20 万元。假定取得的相关票据符合税法规定并在当月抵扣进项税额，试计算该厂当月应缴纳的增值税

7. 某进出口公司当月进口 120 辆小轿车，每辆小轿车的到岸价格为 7 万元。该公司当月销售了 110 辆小轿车，每辆小轿车的零售收入为 22.6 万元。已知小轿车的关税税率为 25%，消费税税率为 9%。试计算该公司应缴纳的增值税。

8. 某企业的产品价目表列明：A 产品的不含税销售价格为每件 200 元；一次购买 200 件以上，可获得 5%的商业折扣；一次购买 400 件以上，可获得 10%的商业折扣。在开具发票时，折扣额与销售额在同一发票上的“金额”栏列示。该企业 4 月对外销售 A 产品 350 件，规定对方的付款条件为 2/10，1/20，N/30，购货单位已于 8 天内付款。试计算该销售业务的销项税额。

9. 7 月，A 生产企业（一般计税方法纳税人）进口一批货物，海关审定的关税计税价格为 500 万元，关税税率为 10%。海关代征了进口环节的增值税，A 生产企业取得了海关进口增值税专用缴款书。A 生产企业从国内市场购进原材料支付的价款为 800 万元，取得的增值税专用发票上注明的增值税税额为 104 万元。外销货物的出口离岸价格为 1 000 万元人民币，内销货物的不含税销售额为 1 200 万元。A 生产企业出口货物适用免、抵、退税的税收政策，适用退税率为 10%，上期留抵税额为 50 万元。试计算当期缴纳或应退的增值税税额及免、抵税额。

10. 9 月，某电器商城（一般计税方法纳税人）发生以下经济业务：

（1）购入冰柜 500 台，增值税专用发票上注明的价款和税款分别为 100 万元和 13 万元。另外，该电器商城支付运费 2 万元，承运单位开具了增值税专用发票。

（2）采取以旧换新方式销售微波炉 464 台，每台微波炉的零售价为 0.1 万元，另支付给顾客的每台旧微波炉的收购价为 0.05 万元。

（3）商场将 8 月购进的自动榨汁机 50 台作为福利发给职工，增值税专用发票上注明的价款和税款分别为 4 万元和 0.52 万元。

试计算该电器商城 9 月应缴纳的增值税。

11. 某房地产开发公司（一般计税方法纳税人）于 8 月预售上一年度开工但尚未开发完毕的房地产项目。该项目预计可供销售建筑面积 20 000 平方米，当期销售 16 000 平方米，开具普通发票，发票上价税合计 1 000 万元。另外，该公司收取选号费 90 万元。该开发项目总计支付政府土地出让费 400 万元，支付拆迁户部分拆迁费 100 万元。该房地产项目在销售时采用一般计税方法。试计算该公司需要预缴的税额以及正式申报的应纳税额。

12. 2015 年 6 月，张某购入位于广州的非普通住房一套，支付的全部价款和价外费

用共计 70 万元。由于现金周转需要，张某于 2019 年 8 月转让该套住房，取得含税价款 154 万元。试计算张某转让该住房应缴纳的增值税。

13. 甲公司是位于北京的一般计税方法纳税人，8 月在北京销售货物取得含税收入 1 695 000 元，当月购进原材料的含税价格为 226 000 元。甲公司在河北省还有一处办公用房（购于 2016 年 8 月），当月将其出租取得的含税月租金为 109 000 元。试计算甲公司当月在北京和河北省应缴纳的增值税。

14. 5 月，某企业（一般计税方法纳税人）的增值税留抵税额为 2 000 元，6 月洽谈了一项业务：将该企业的电梯广告位出租给某广告公司用于发布广告，收取含税广告占用费 50 000 元。该建筑在 2015 年 6 月取得。该企业对此项业务选择适用简易计税方法计税，试计算该企业当月应缴纳的增值税。

15. 4 月 1 日，某建筑公司（一般计税方法纳税人）以清包工方式承接一个工程项目。5 月 30 日，发包方按工程进度支付工程价款 320 万元。该项目当月发生的工程成本为 120 万元，其中购买材料、动力、机械等取得的增值税专用发票上注明的金额为 45 万元。该建筑公司对此项目选用简易计税方法计算应纳税额。试计算该建筑公司 6 月应缴纳的增值税。

（八）综合题

1. 甲企业（一般计税方法纳税人）为某市一家酒厂，生产各种酒类产品。2019 年 5 月，甲企业发生下列经营业务：

（1）购进一批原材料，取得的增值税专用发票上注明的价款为 23 000 元，增值税为 2 990 元。委托某运输企业（一般计税方法纳税人）将原材料运回企业，支付不含税运费 1 300 元，取得增值税专用发票。

（2）销售边角废料，取得不含税收入 62 000 元；销售自己使用过的小汽车 1 辆，取得含税收入 40 680 元（小汽车于 2017 年 2 月购进，账面价值为 80 000 元）。

（3）从某一般计税方法纳税人处购进生产检测设备，取得的增值税专用发票上注明的价款为 14 000 元。

（4）销售白酒和啤酒给丁商场。其中，销售白酒开具增值税专用发票，收取不含税价款 120 000 元，另外收取包装物押金 27 120 元；销售啤酒开具普通发票，收取价税合计款 169 500 元，另外收取包装物押金 37 120 元。双方合同约定，丁商场于 2019 年 7 月将白酒、啤酒包装物全部退还给酒厂，可取回全部押金。

（5）用自产的白酒换取丙企业不含税价相等的原材料用于酿造白酒。已知换出白酒的市场不含税价为 36 000 元，双方互开了增值税专用发票。与此同时，甲企业用市场含税价为 97 180 元的自产红酒换取了一家水泥厂生产的水泥，双方互开了增值税专用发票，当月将全部水泥投入本厂生产厂房的维修。

（6）月末进行盘点时发现，因管理不善导致 4 月购进的原材料（已抵扣进项税额）霉烂变质，账面成本为 8 800 元。

要求：根据上述相关资料，按顺序回答下列问题，如有计算，还需要计算出合计数。

（1）计算该企业当期准予抵扣的进项税额。

(2) 计算该企业当期应确认的增值税销项税额。

(3) 计算该企业当期应缴纳的增值税。

2. 8月，甲企业（一般计税方法纳税人）发生下述生产经营业务：

(1) 为生产免税产品，购入一批原材料，取得的增值税专用发票上注明的价款为15 000元，增值税为1 950元；支付运输企业（简易计税方法纳税人）不含税运输费10 000元，取得税务机关代开的增值税专用发票。

(2) 组织优秀员工外出旅游，支付铁路运费20 000元，未取得增值税发票，但取得注明旅客身份信息的车票及相应的运输凭证。

(3) 对外出租自己的一台生产设备，租赁合同中约定租赁期限为5个月，8月一次性收取全部不含税租金收入18 000元。

(4) 采取直接收款方式销售一台A型号自产机器设备，取得价税合计金额24 860元。该设备当月尚未发出。

(5) 将2台A型号自产机器设备投资于乙企业，取得乙企业10%的股权；此外，将B型号自产机器设备赠送给丙企业，该型号机器设备无同类市场销售价格，生产成本为13 000元，成本利润率为10%。

(6) 因管理不善，丢失一批以前月份购入的食用植物油（已抵扣进项税额），账面成本为5 200元。

（说明：上期留抵税额为5 000元。）

根据上述资料，按照下列序号回答问题，每问均需计算出合计数。

(1) 计算该企业当月应确认的增值税销项税额。

(2) 计算该企业当月应缴纳的增值税。

3. 5月，某经销公司A（一般计税方法纳税人）发生以下业务：

(1) A公司用自己价值10万元（不含税，下同）的水果存货，换取价值8万元的货架，双方互开了增值税专用发票。

(2) A公司用水果换取了农民李某的土豆，李某开具了收购凭证，注明价款1.09万元。A公司开具了农产品收购发票，金额也是1.09万元。

(3) A公司用水果换购了古旧图书，开具增值税专用发票，金额为1万元。

(4) A公司用10万元的水果换购了水泥厂价值20万元的水泥，双方互开了增值税专用发票，并支付了差价款。当月，A公司把换进的一半水泥用作本公司职工食堂的建设。

试计算A公司5月应缴纳的增值税。

4. 5月，A市甲酒店发生以下业务：

(1) 酒店的住宿服务收入为1 060万元，餐厅饮食收入为848万元，内部超市的商品销售收入为113万元，内部保龄球馆的娱乐收入为106万元，均开具了增值税普通发票。

(2) 采购酒店用品，取得的增值税专用发票上注明的价格为200万元。

(3) 餐厅从农场手里采购了农产品等原料，成本为90万元。

(4) 支付电梯等设备的维修保养费用，取得的增值税专用发票上注明的价税合计额为21.2万元。

(5) 支付宽带费用，取得的增值税专用发票上注明的价税合计额为6.54万元。

(6) 支付了酒店物业管理公司的物业费，取得的增值税专用发票上注明的价税合计额为31.8万元。

（7）支付了美国的酒店品牌使用费，代扣代缴增值税20万元。

根据上述资料计算下列问题，每问均需计算出合计数。

（1）计算该企业当月应确认的增值税销项税额。

（2）计算该企业当月应确认的增值税进项税额。

（3）计算该企业当月应缴纳的增值税。

5. 8月，某公司销售了100 000吨巴氏杀菌羊乳，其主营业务成本为60 000万元，农产品耗用率为60%，原乳单耗数量为1.08，原乳平均购买价为4 000元/吨。9月，公司购进10 000吨原乳，每吨的购买价为6 000元，其中一半直接对外销售，但在销售过程中损耗了200吨。另一半全部耗用于企业生产经营，但未构成货物实体。

根据上述资料计算下列问题，每问均需计算出合计数。

（1）该企业在投入产出法下可以抵扣的增值税进项税额。

（2）该企业在成本法下可以抵扣的增值税进项税额。

（3）纳税人购进农产品直接对外销售的，当期允许抵扣的农产品增值税进项税额。

（4）纳税人购进农产品用于生产经营且不构成货物实体的，当期允许抵扣的农产品增值税进项税额。

6. 某市有国际运输资质的运输公司为一般计税方法纳税人，6月的经营情况如下：

（1）从事运输服务，开具的增值税专用发票上注明的运输费为320万元、装卸费为36万元。

（2）从事仓储服务，开具的增值税专用发票上注明的仓储收入为110万元、装卸费为18万元。

（3）从事国内运输服务，价税合计272.5万元；运输至香港、澳门，价税合计51.06万元。

（4）出租客货两用车，取得含税收入60.84万元。

（5）销售使用过的未抵扣进项税额的固定资产，开具的普通发票上注明的价款为3.09万元。

（6）进口货车，成交价为160万元。此外，支付的境外运费为12万元、保险费为8万元。

（7）国内购进汽车，取得的增值税专用发票上注明的价款为80万元、增值税为10.4万元；销售接受运输服务，取得的增值税专用发票上注明的价款为6万元、增值税为0.54万元。

（8）购买矿泉水，取得的增值税专用发票上注明的价款为8万元、增值税为1.04万元，其中60%赠送给客户、40%用于职工福利。

已知关税税率为20%。

试计算：

（1）业务（1）的销项税额。

（2）业务（2）的销项税额。

（3）业务（3）的销项税额。

（4）业务（4）的销项税额。

(5) 业务(5)的增值税税额。

(6) 进口业务应缴纳的增值税。

(7) 6月的进项税额。

(8) 6月应缴纳的增值税。

7. 某自营出口货物的生产企业为一般计税方法纳税人，适用的增值税税率为13%、退税率为10%。6月和7月该企业的生产经营情况如下：

6月的业务：

(1) 外购原材料，取得的增值税专用发票上注明的价款为400万元、增值税税额为52万元。本月生产领用80%，企业不动产在建工程领用5%；外购动力，取得的增值税专用发票上注明的价款为200万元、增值税税额为26万元；为了生产出口货物，从国内购进免税材料(非免税农产品)，支付价款20万元，并且当期领用且生产的货物全部出口。

(2) 采用分期收款方式内销货物，合同规定的不含税金额共计300万元，本月应收回60%的货款，其余货款于7月10日前收回；出口货物离岸价折合人民币500万元。

(3) 将自产的新产品分配给投资者，该批产品的成本为3万元，成本利润率为10%。

7月的业务：

(1) 本月在国内购进各种原材料，取得的增值税专用发票上注明的增值税税额共计26万元。

(2) 内销货物1 200件，开具普通发票，取得不含税销售额300万元；将与内销货物相同的自产货物400件用于本企业招待所，货物已移送。

(3) 收回6月采用分期收款方式内销货物所剩余的40%的货款。

根据上述资料，试计算下列问题，而且均需计算出合计数。

(1) 6月准予抵扣的进项税额。

(2) 6月出口货物的免、抵、退税额。

(3) 6月应缴纳的增值税。

(4) 7月应缴纳的增值税。

8. 甲企业为生产企业，乙企业为运输企业，丙企业为商业零售企业。甲企业、乙企业、丙企业均为一般计税方法纳税人，它们适用的销售货物税率为13%，乙企业适用的运输劳务税率为9%。9月，三家企业分别发生以下业务：

(1) 甲企业售给丙企业一台设备用于自用，采用委托银行收款方式结算，货已发出并办妥托收手续。开具的防伪税控系统增值税专用发票上注明的销售额为30万元、税额为3.9万元；丙企业当月支付总价的60%，其余款项下月付清。该货物由乙企业负责运输，乙企业收取不含税运输费用0.5万元并开具增值税专用发票。按合同规定，该款项应由丙企业承担，但由甲企业代垫运费，甲企业将抬头为丙企业的增值税专用发票转交给丙企业，丙企业已将运费付给了甲企业。

(2) 甲企业当月购进一批生产用原材料，由乙企业负责运输，已支付货款和运费，取得的防伪税控系统增值税专用发票上注明的货物销售额为20万元、税额为2.6万元，货已入库，取得的乙企业开具的增值税专用发票上注明的运输费为0.7万元。

(3) 甲企业从丙企业购进货物，取得的防伪税控系统增值税专用发票上注明的销售额为5万元、税额为0.65万元。在国庆节前，甲企业将上月购进的已抵税外购成本4万元（含0.2万元的运费成本）的货物发给职工使用。

（4）因质量问题，丙企业退回上月从甲企业购进的货物50件，每件货物不含税价为0.08万元（已抵扣过进项税额），丙企业取得税务机关开具的进货退出证明单，退货手续符合规定。

（5）9月10日，甲企业又以销售折扣方式卖给丙企业一批货物，开具的防伪税控系统增值税专用发票上注明的销售额为18万元，合同约定的折扣规定是5/10、2/20、N/30。丙企业提货后于9月18日全部付清了货款。该货物由乙企业负责运输，甲企业支付给乙企业的不含税运费为0.3万元，并取得乙企业开具的增值税专用发票。

（6）丙企业9月零售货物，取得零售收入33.9万元，当月还取得其他企业依据销售额返还的收入1.13万元。

试根据上述相关资料，计算甲企业、乙企业、丙企业各自应缴纳的增值税。

9. 8月，某空调生产企业（一般计税方法纳税人）的生产经营业务如下：

（1）采用分期收款方式销售空调，合同规定的不含税销售额共计400万元，本月应收回60%的货款，其余货款于下月10日全部收回。由于购买方本月资金紧张，实际支付不含税货款150万元。

（2）将成本为10万元的自产空调用于该企业职工宿舍。

（3）当月销售空调，收取价税合计金额540万元，另收取包装费160万元，并开具普通发票。

（4）购进生产用原材料及水、电等，取得的增值税专用发票上注明的增值税共计7.8万元。

（5）购进一批小电器，而后作为奖励发给了职工，取得的增值税专用发票上注明的增值税为0.15万元。

（6）购进生产检查设备，取得的增值税专用发票上注明的价款为30万元、增值税为3.9万元。

（7）购进一辆小汽车自用，取得的增值税专用发票上注明的价款为20万元、增值税为2.6万元。

已知成本利润率为10%。

根据上述资料，试计算下列问题，而且均需计算出合计数。

（1）该企业本月的销项税额。

（2）该企业本月准予抵扣的进项税额。

（3）该企业本月应缴纳的增值税。

10. 某房地产开发企业（一般计税方法纳税人）发生以下业务：

（1）自2016年6月开始建造的商品房已完工并开始销售，在2019年10月出售了1/3的商品房并收到价款5 000 000元，同时代收住房专项维修基金55 500元。已知该企业于2016年5月8日取得该宗土地并支付价款6 000 000元。

（2）11月，该企业决定将1/3的商品房出租，月租金为300 000元。这些商品房的出租从12月开始，租期为3年，并在12月一次性收取半年的租金。

（3）建筑安装部承接了一个工程项目。8月1日，发包方按进度支付了工程价款300

万元。该项目当月发生的工程成本为150万元，其中购买材料、动力、机械等取得的增值税专用发票上注明的金额为100万元。该工程项目适用一般计税方法计算增值税应纳税额。

根据上述资料，试计算下列问题：

(1) 该房地产开发企业因出售商品房应缴纳的增值税。

(2) 该房地产开发企业因出租商品房应缴纳的增值税。

(3) 该房地产开发企业承接工程项目应缴纳的增值税。

11. A市的甲企业（工业企业）为一般计税方法纳税人，7月发生下列业务：

(1) 转让在2015年12月25日购进的房产，取得收入1 010万元。该房产位于A市，其购进价格为800万元，甲企业选择简易计税方法。

(2) 出租其位于B市的仓库，该仓库于2016年10月购入，月租金为10.9万元。

(3) 本月购进厂房，不含税金额为500万元，并取得了合法有效的增值税扣税凭证。

(4) 本月在A市某酒店举办会议，取得的增值税专用发票上注明的金额为30万元。

(5) 取得产品销售收入400万元（不含税）。该产品适用的税率为13%，无其他进项税额可以抵扣。

试计算：

(1) 甲企业转让房产应缴纳的增值税。

(2) 甲企业出租仓库应在B市预缴的增值税。

(3) 甲企业出租仓库应在A市申报缴纳的增值税。

(4) 甲企业本月可以抵扣的进项税额。

(5) 甲企业本月应在A市缴纳的增值税总额。

12. 8月，乙企业（一般计税方法纳税人）发生如下业务：

(1) 转让该企业2014年自建的厂房，取得收入1 090万元，转让时厂房的账面价值为750万元，该企业选择适用一般计税办法计税。

(2) 将所持的债券转让，取得收入306万元。该债券的买入价为200万元。

(3) 提供仓储服务，取得收入53万元。

(4) 取得存款利息收入200万元。

(5) 购进建筑材料1 000万元，取得的增值税专用发票上注明的税款为130万元。其中，一半建筑材料用于新建厂房，另一半建筑材料用于新建职工食堂。

试计算：

(1) 该企业转让厂房应缴纳的增值税。

(2) 该企业转让债券应缴纳的增值税。

(3) 该企业提供仓储服务应缴纳的增值税。

(4) 该企业取得的存款利息收入应缴纳的增值税。

(5) 购进材料可于当月抵扣的进项税额。

(6) 该企业当月应缴纳的增值税税额。

13. 2019年8月，丁企业（一般计税方法纳税人）发生如下业务：

(1) 转让2016年8月外购的仓库，取得收入654万元，仓库购买价款为500万元。

(2) 出租2014年购入的厂房，取得收入105万元，企业选择简易计税方法。

（3）转让土地使用权，取得收入 109 万元，企业选择一般计税方法。

（4）提供信息技术服务，取得收入 530 万元。

（5）支付餐饮费 100 万元，取得增值税发票。

试计算：

（1）该企业转让仓库应缴纳的增值税。

（2）该企业出租厂房应缴纳的增值税。

（3）该企业转让土地使用权应缴纳的增值税。

（4）该企业提供信息技术服务应缴纳的增值税。

（5）餐饮费可于当月抵扣的进项税额。

（6）该企业当月应缴纳的增值税税额。

五、答案与解析

（一）术语解释

1. 价外费用是指销售方向购买方收取的手续费、补贴、基金、集资费、返还利润、奖励费、违约金、滞纳金、延期付款利息、赔偿金、代收款项、代垫款项、包装费、包装物租金、储备费、优质费、运输装卸费以及其他各种性质的价外收费。

2. 混合交易是指一项应税交易涉及两个以上税率或者征收率的。

3. 兼营是指增值税纳税人发生适用不同税率或者征收率的应税交易。

4. 免、抵、退税是指生产企业出口货物退税的一种计算方法。免税是指对生产企业出口的自产货物，免征该企业在生产销售环节的增值税。抵税是指生产企业出口自产货物所耗用的原材料、零部件、燃料、动力等所含应予退还的进项税额，抵顶内销货物的应纳税额。退税是指生产企业出口自产货物在当月内应抵顶的进项税额大于应纳税额时，对未抵顶完的部分予以退税。

5. 销售折扣是指企业采用赊销方式时，鼓励购买者在信用期限内尽快付款的销货折扣。

（二）填空题

1. 工程服务　安装服务　修缮服务　装饰服务
2. 取得的利息及利息性质的收入
3. 经营租赁
4. 机构所在地
5. 20
6. 9%　6%

（三）判断题

1. ×【解析】一般计税方法纳税人将外购货物用于对外投资，应视同应税交易计算销项税额，其进项税额可以进行抵扣。

2. ×【解析】对销售除啤酒、黄酒外的其他酒类产品而收取的包装物押金，无论是否返还以及会计上如何核算，均应并入当期销售额征税。

3. ×【解析】纳税人销售货物同时提供运输服务属于兼营。兼营是指增值税纳税人在从事应税货物销售的同时，还销售服务、无形资产、不动产或金融商品。混业经营是“营改增”过渡时期的新概念，全面“营改增”后，该术语取消。

4. ×【解析】境外的单位或个人在境内发生应税行为，在境内未设有经营机构的，以购买者为扣缴义务人。《营业税改征增值税试点实施办法》已取消了代理人扣缴增值税的规定（详见《营业税改征增值税试点实施办法》第六条）。

5. √

6. ×【解析】单位和个人将不动产无偿赠予他人，应当视同交易行为征收增值税。

7. ×【解析】转贷业务是指金融机构将借入的资金贷给他人使用。

8. ×【解析】经中国人民银行、银保监会或者商务部批准从事融资租赁业务的试点纳税人，提供融资租赁服务，以取得的全部价款和价外费用，扣除支付的借款利息（包括外汇借款和人民币借款利息）、发行债券利息和车辆购置税后的余额为销售额。

9. ×【解析】试点纳税人销售货物、服务、无形资产、不动产或金融商品适用不同税率或者征收率的，应当分别核算适用不同税率或者征收率的销售额，未分别核算销售额的，从高适用税率。

10. ×【解析】境内单位和个人向国内海关特殊监管区域及场所内的单位或个人提供的应税服务，不属于增值税零税率应税服务适用范围。

（四）单项选择题

1. C【解析】选项A和选项D：不征收增值税；选项B：在融资性售后回租业务中，承租方出售资产的行为不属于增值税的征税范围，不征收增值税。

2. B【解析】折扣销售的折扣额只有在“金额”栏体现才得以认可，对于在“备注”栏注明的折扣额不得从销售额中扣除。甲服装厂当月的销项税额为：

$$700\times300\times13\%=27\ 300(\text{元})$$

3. A【解析】选项A：存款利息不征收增值税。

4. C【解析】采用赊销或分期收款方式销售货物的，其纳税义务发生时间为合同规定的收款日期。

5. C【解析】其他个人提供建筑服务应向建筑服务发生地税务机关申报纳税。固定业户应当向其机构所在地或者居住地主管税务机关申报纳税。其他个人销售或者租赁不动产、转让自然资源使用权，应向不动产所在地、自然资源所在地税务机关申报纳税。

6. B

7. D【解析】该企业当月应缴纳的增值税税额为：

(250 000－100 000)×9%－(11 349－11 349×100 000÷250 000)＝6 690.6(元)

8. A【解析】6月，该公司应缴纳的增值税为：

1 362.5÷(1＋9%)×9%＋127.2÷(1＋6%)×6%－84.5×(1＋10%)
＝26.75(万元)

9. A【解析】公路经营企业中的一般计税方法纳税人收取“营改增”试点前开工的高速公路的车辆通行费，可以选择适用简易计税方法，减按3%的征收率计算应纳税额。

甲公司应缴纳的增值税为：

700÷(1＋5%)×3%＝20(万元)

10. B【解析】电台播放广告属于“文化创意服务”中的“广告服务”；体育馆出租后办展览属于“租赁服务”中的“经营租赁服务”；影剧院卖音像碟片属于销售货物。

11. C【解析】价外费用包括向对方收取的手续费、基金、集资费、代收款项、代垫款项及其他各种性质的价外收费。

12. B【解析】选项B涉及的进项税额不得从销项税额中抵扣；选项A、选项C、选项D由于所有权发生变化，需要视同销售计算销项税额，相关的进项税额可以抵扣。

13. D【解析】进口环节应纳增值税为：

(68＋5＋1)×6.1×(1＋25%)×13%＝73.35(万元)

14. A【解析】免、抵、退税不得免征和抵扣税额为：

FOB×(征税率－退税率)＝200×(13%－13%)＝0(万元)

15. B【解析】选项B：“营改增”免税政策中不包括个人转让商标权。

16. A【解析】简易计税方法纳税人销售自己使用过的固定资产，减按2%征收增值税。该商店应缴纳的增值税为：

66 950÷(1＋3%)×3%＋17 098÷(1＋3%)×2%＝2 282(元)

17. C【解析】出租车公司向使用该公司自有出租车的出租车司机收取的管理费用，按陆路运输服务征收增值税。

18. C【解析】5月，该酒厂应确认的增值税销项税额为：

50 000×13%＋(22 600＋3 000)÷(1＋13%)×13%＝9 445.13(元)

19. D【解析】商业企业一般计税方法纳税人零售的烟酒、食品、化妆品等不得开具增值税专用发票，只能开具普通发票。零售办公用品可以开具增值税专用发票。

20. B【解析】金银首饰以旧换新业务以实际收取的不含增值税的全部价款计算增值税，应缴纳的增值税为：

(20×1 700＋2 260)÷(1＋13%)×13%＝4 171.50(元)

21. C【解析】简易计税方法纳税人提供劳务派遣服务，可以选择以取得的全部价款和价外费用为销售额，按照简易计税方法依3%的征收率计算缴纳增值税；也可以选择差额纳税，以取得的全部价款和价外费用，扣除代用工单位支付给劳务派遣员工的工资、福利和为其办理社会保险及住房公积金后的余额为销售额，按照简易计税方法依5%的征收率计算缴纳增值税。

若本题中的简易计税方法纳税人选择差额纳税，应纳税额为：

$(21-10.5)\div(1+5\%)\times5\%=0.5$（万元）

若本题中的简易计税方法纳税人选择简易计税方法纳税，则其应纳税额为：

$21\div(1+3\%)\times3\%=0.61$（万元）

22. A【解析】销售额为 5 000 000 元，销项税额为 300 000 元，进项税额为 600 000 元，本年度可全额抵扣，应纳税额为 0 元，期末留抵税额为：

$600\ 000-300\ 000=300\ 000$（元）

23. D【解析】金融商品转让，按照卖出价扣除买入价后的余额为销售额，转让金融商品出现的正负差，按盈亏相抵后的余额为销售额。6 月，该企业应缴纳的增值税为：

$(200-280\times50\%-10)\div(1+6\%)\times6\%=2.83$（万元）

24. C【解析】飞机的干租业务属于有形动产租赁，适用 13%的税率；选项 A 适用 9%的低税率；选项 B 按照交通运输服务适用 9%的低税率；选项 D 按照金融服务中的贷款服务适用 6%的低税率。

25. B【解析】选项 B 可以抵扣进项税额。选项 A 是用于集体福利，选项 C 是用于简易计税方法计税，选项 D 是用于个人消费，所以选项 A、选项 C、选项 D 都不能抵扣进项税额。

（五）多项选择题

1. AB【解析】下列情形视同应税交易，应当依照规定缴纳增值税：①单位和个体工商户将自产或者委托加工的货物用于集体福利或者个人消费；②单位和个体工商户无偿赠送货物，但用于公益事业的除外；③单位和个人无偿赠送无形资产、不动产或者金融商品，但用于公益事业的除外；④财政部和国家税务总局规定的其他情形。

2. ABCD【解析】现行增值税的基本税率为 13%，简易计税方法纳税人适用 3%的征收率。在全面“营改增”之后，提供增值电信服务、金融服务、现代服务（租赁服务除外）、生活服务，税率为 6%。转让土地使用权以外的其他无形资产，税率为 6%。提供交通运输服务、邮政服务、基础电信服务、建筑服务、不动产租赁服务，销售不动产，转让土地使用权，以及销售一些特定货物的税率为 9%。

3. BD【解析】应纳消费税的货物的组成计税价格包括成本、利润和消费税。

4. ABCD【解析】以 1 个季度为纳税期限的规定适用于简易计税方法纳税人、银行、财务公司、信托公司、信用社以及财政部和国家税务总局规定的其他纳税人。

5. AD【解析】与选项 B 和选项 C 的规定相近的免税项目是：外国政府、国际组织无偿援助的进口物资和设备；由残疾人组织直接进口供残疾人专用的物品。

6. AB【解析】“融资租赁”属于“租赁服务”范围；买卖股票行为不征收增值税。

7. AB【解析】工业加工取得的加工费收入计算缴纳增值税，属于增值税计税依据；金融商品转让按照卖出价扣除买入价后的余额为销售额；经营娱乐业务向顾客收取的全部费用，必须保证不含税；金融企业买卖有价证券，以卖出价减去买入价的余额为销售额。

8. ABCD【解析】境外单位或者个人向境内单位或者个人销售完全在境外使用的无形资产，不属于在境内销售服务或者无形资产，不需要缴纳增值税；单位聘用的员工为本单位提供的劳务不属于增值税征税范围；存款利息和被保险人获得的保险赔付属于不征收增值税项目。

9. ACD【解析】自建办公用房不用缴纳增值税。

10. ABCD【解析】价外费用包括向对方收取的手续费、基金、集资费、代收款项、代垫款项及其他各种性质的价外收费。

11. ABCD【解析】“营改增”后，上述所列项目全部应缴纳增值税。

12. AD【解析】甲以土地使用权换取乙房屋所有权的行为属于增值税的征税范围，甲按转让无形资产计算缴纳增值税，乙按销售不动产计算缴纳增值税。

13. BCD

14. BC【解析】纳税人提供建筑服务、租赁服务采取预收款方式的，其纳税义务发生时间为收到预收款的当天。选项 A 的纳税义务发生时间为发出货物并办妥托收手续的当天；选项 D 的纳税义务发生时间为报关进口的当天。

15. ABCD

16. BCD【解析】金融商品持有期间取得的非保本收益不属于利息性质的收入。

（六）简答题

1.【解析】(1) 年应税销售额超过 500 万元的纳税人，应向主管税务机关申请办理一般计税方法纳税人资格登记手续。

(2) 年应税销售额未超过财政部、国家税务总局规定标准的纳税人，会计核算健全，能够提供准确税务资料的，可以向主管税务机关申请办理一般计税方法纳税人资格登记。除国家税务总局另有规定外，一经登记为一般计税方法纳税人后，不得转为简易计税方法纳税人。

2.【解析】作为一种流转税，增值税具有如下优点：

(1) 逐环节征税，逐环节扣税，避免重复征税。

(2) 拥有广泛税基，具有征收的普遍性和连续性，可为国家组织财政收入。

(3) 能够平衡税负，促进公平竞争。

(4) 有利于出口产品退税，又可避免对进口产品征税不足，增强出口产品的国际竞争力。

(5) 在税收征管上可以相互制约、交叉审计，避免发生偷税。

3.【解析】2016 年 5 月 1 日全面“营改增”之后，增值税的征税范围已经包含了生产、流通、服务领域。增值税的具体征税范围包括：销售货物；提供加工、修理修配服务；销售服务；销售无形资产；销售不动产；进口货物。

4.【解析】税率为零不同于免税，两者的区别在于：

(1) 纳税人销售零税率货物在税法规定上具有纳税的义务，但由于规定税率为零，纳税人无税可纳。免税是指国家根据政策的需要，免除纳税人缴纳税款的义务。

(2) 纳税人销售零税率货物既然有纳税义务，同样具有抵扣进项税额的权利，从形式上表现为退还纳税人在各流转环节已缴纳的税款。免税是免除了纳税人纳税的义务，同时也意味着生产销售免税货物不得抵扣进项税额，即纳税人必须放弃抵扣税款的权利。

5.【解析】(1) 以下企业适用免、抵、退税政策：

1) 符合以下条件的生产企业，包括出口自产货物和视同自产货物及对外提供加工、修理修配劳务，列名生产企业出口非自产货物，适用增值税一般计税方法的生产企业提供适用增值税零税率的应税服务和无形资产。

2) 适用一般计税方法、直接将服务或自行研发的无形资产出口的外贸企业。

3) 特殊行业企业，包括境内单位和个人提供的国际运输服务、境内单位和个人向境外单位提供的完全在境外消费的规定服务、航天运输服务参照国际运输服务，适用零税率。

(2) 符合下列条件的外贸企业或其他单位适用免、退税政策：

1) 不具有生产能力的外贸企业或其他单位出口货物和劳务。

2) 外贸企业外购研发服务或设计服务出口。

(七) 计算题

1.【解析】

$$\text{应缴纳的增值税}=90\times(1+16\%)\times6\%-25\times\frac{6\%}{1+6\%}-18\times\frac{6\%}{1+6\%}$$
$$=3.83(\text{万元})$$

其中，成本利润率是16%。

2.【解析】(1) 一般计税方法纳税人销售自行开发的房地产老项目，可以选择适用简易计税方法按照5%的征收率计税。

由于A房地产企业销售了自行开发的B房地产老项目，纳税人按照规定，可选择适用简易计税方法按照5%的征收率计税。

(2) 一般计税方法纳税人销售自行开发的房地产项目，在2016年4月30日前收取并已向主管地税机关申报缴纳营业税的预售款，未开具营业税发票的，可以开具增值税普通发票，不得开具增值税专用发票。

纳税人6月开具增值税普通发票10 500万元，其中的5 250万元属于上述规定的可以开具增值税普通发票的情形。

(3) 按照规定，纳税人在6月申报期应申报的增值税为：

$$\text{应预缴税款}=\text{预售款}\times\frac{3\%}{1+\text{适用税率或征收率}}$$

一般计税方法纳税人应在取得预售款的次月纳税申报期向主管税务机关预缴税款。

纳税人按照规定，应在6月申报期就取得的预售款5 250万元预缴税款150万元。

$$\text{应预缴税款}=5\,250\times\frac{3\%}{1+5\%}=150(\text{万元})$$

(4) 一般计税方法纳税人销售自行开发的房地产项目适用简易计税方法计税的，应按照《营业税改征增值税试点实施办法》第四十五条规定的纳税义务发生时间，以当期销售额和5%的征收率计算当期应纳税额，在抵减已预缴税款后，向主管税务机关申报纳税。未抵减完的预缴税款可以结转下期继续抵减。

按照规定，纳税人在7月申报期应申报的增值税为：

$$5\,250\div(1+5\%)\times5\%-150=250-150=100(万元)$$

3.【解析】(1) 提供人力资源咨询服务应缴纳的增值税为：

$$40\times\frac{6\%}{1+6\%}=2.26(万元)$$

(说明：人力资源咨询服务按照现代服务——鉴证咨询服务——咨询服务来征税，适用税率为6%。)

(2) 提供会议服务应缴纳的增值税为：

$$30\times\frac{6\%}{1+6\%}=1.70(万元)$$

4.【解析】(1) 门票收入应缴纳的增值税为：

$$220\times\frac{6\%}{1+6\%}=12.45(万元)$$

(说明：该公司主营娱乐业，门票收入按生活服务——旅游娱乐服务——娱乐服务计征，税率为6%。)

歌舞厅收入应缴纳的增值税为：

$$400\times\frac{6\%}{1+6\%}=22.64(万元)$$

(说明：歌舞厅收入按生活服务——旅游娱乐服务——娱乐服务计征，税率为6%。)

游戏厅收入应缴纳的增值税为：

$$100\times\frac{6\%}{1+6\%}=5.66(万元)$$

(说明：游戏厅收入按生活服务——旅游娱乐服务——娱乐服务计征，税率为6%。)

(2) 保龄球馆收入应缴纳的增值税为：

$$120\times\frac{6\%}{1+6\%}=6.79(万元)$$

(说明：保龄球馆收入按生活服务——旅游娱乐服务——娱乐服务计征，税率为6%。)

(3) 非独立核算的小卖部是兼营行为，缴纳增值税，应缴纳的增值税为：

$$60\times\frac{13\%}{1+13\%}=6.90(万元)$$

5.【解析】(1) 假设该纳税人对出租商铺业务选择适用简易计税方法计税。根据规定，纳税人出租与机构所在地不在同一县（市、区）的不动产，需要在不动产所在地预缴税款，因此该纳税人应在天津税务部门预缴的税款为：

$$10\times\frac{5\%}{1+5\%}=0.48(万元)$$

在预缴税款后，纳税人取得天津税务部门开具的完税凭证。

纳税人回机构所在地后，计算5月的增值税应纳税额：

$$10\times\frac{5\%}{1+5\%}+25=25.48(万元)$$

纳税人6月15日前向主管税务机关申报5月的应纳税额25.48万元，同时以完税凭证为合法有效凭证，扣减已在天津预缴的 0.48 万元，即纳税人应缴纳增值税 25 万元。

(2) 假设该纳税人对出租商铺业务选择适用一般计税方法计税。纳税人出租与机构所在地不在同一县（市、区）的不动产，需要在不动产所在地预缴税款，该纳税人应在天津税务部门预缴的税款为：

$$10\times\frac{3\%}{1+9\%}=0.28(\text{万元})$$

在预缴税款后，纳税人取得天津税务部门开具的完税凭证。

纳税人回机构所在地后，计算 5 月的增值税应纳税额：

$$10\times\frac{9\%}{1+9\%}+25=25.83(\text{万元})$$

由于纳税人是在 2013 年购买的不动产，因而 2019 年 5 月没有相应的不动产进项税额抵扣。

纳税人应在 6 月 15 日前向主管税务机关申报 5 月的应纳税额 25.83 万元，同时以完税凭证为合法有效凭证，扣减已经在天津预缴的 0.28 万元，即纳税人应缴纳增值税 25.55 万元（=25.83−0.28）。

6.【解析】可抵扣增值税进项税额为：

$$5\times10\%+0.6\times9\%=0.55(\text{万元})$$

应纳增值税为：

$$20\times13\%-0.55=2.05(\text{万元})$$

7.【解析】进口环节的进项税额为：

$$120\times7\times\frac{1+25\%}{1-9\%}\times13\%=150(\text{万元})$$

销售环节的销项税额为：

$$22.6\times110\times\frac{13\%}{1+13\%}=286(\text{万元})$$

应缴纳的增值税为：

$$286-150=136(\text{万元})$$

8.【解析】销项税额为：

$$350\times200\times95\%\times13\%=8\,645(\text{元})$$

9.【解析】进口环节的增值税为：

$$500\times(1+10\%)\times13\%=71.5(\text{万元})$$

出口货物当期不得免征和抵扣税额为：

$$1\,000\times(13\%-10\%)=30(\text{万元})$$

当期允许抵扣的进项税额合计为：

$$71.5+104-30+50=195.5(\text{万元})$$

当期销项税额为：

$$1\,200\times13\%=156(\text{万元})$$

当期应纳税额为：

$$156-195.5=-39.5(\text{万元})$$

当期免、抵、退税额为：

$1\,000\times10\%=100$(万元)>39.5(万元)

由于当期应退税额为 39.5 万元，因而当期免、抵税额为：

$100-39.5=60.5$(万元)

10.【解析】销项税额为：

$$464\times0.1\times\frac{13\%}{1+13\%}=5.34\text{(万元)}$$

进项税额为：

$13+2\times9\%=13.18$(万元)

应纳增值税为：

$5.34-(13.18-0.52)=-7.32$(万元)

11.【解析】一般计税方法纳税人采取预收款方式销售自行开发的房地产项目，应在收到预收款的次月纳税申报期，向机构所在地主管税务机关预缴税款，预征率为 3%；向机构所在地税务机关进行纳税申报。

当期销售额为：

$$\frac{1\,000+90}{1+9\%}=1\,000\text{(万元)}$$

预缴税额为：

$$1\,090\times\frac{3\%}{1+9\%}=30\text{(万元)}$$

当期允许扣除的土地价款为：

$$(400+100)\times\frac{16\,000}{20\,000}=400\text{(万元)}$$

该企业向机构所在地正式申报的应纳税额为：

$$(1\,090-400)\times\frac{9\%}{1+9\%}-30=26.97\text{(万元)}$$

12.【解析】对于北京、上海、广州、深圳来说，个人将购买 2 年以上的非普通住房对外销售的，应按照销售收入减去购买住房价款后的差额按照 5%的征收率缴纳增值税。

应纳税额为：

$$\frac{154-70}{1+5\%}\times5\%=4\text{(万元)}$$

13.【解析】一般计税方法纳税人出租 2016 年 5 月 1 日后取得的不动产，适用一般计税方法计税。不动产所在地与机构所在地不在同一县（市、区）的纳税人应按照 3%的预征率向不动产所在地主管税务机关预缴税款，向机构所在地主管税务机关申报纳税。

甲公司在河北省应预缴的增值税为：

$$109\,000\times\frac{3\%}{1+9\%}=3\,000\text{(元)}$$

甲公司在北京应缴纳的增值税为：

$$1\,695\,000\times\frac{13\%}{1+13\%}-226\,000\times\frac{13\%}{1+13\%}+109\,000\times\frac{9\%}{1+9\%}-3\,000$$
$$=175\,000\text{(元)}$$

14.【解析】该企业出租广告位应按照不动产经营租赁计算缴纳增值税，该企业选择简易计税方法，适用5%的征收率计税，故该企业应缴纳的增值税为：

$$50\,000\times\frac{5\%}{1+5\%}-2\,000=380.95(\text{元})$$

15.【解析】该企业选择简易计税方法，则进项税额不能抵扣，故6月应缴纳的增值税为：

$$320\times\frac{3\%}{1+3\%}=9.32(\text{万元})$$

(八) 综合题

1.【解析】(1) 业务 (1) 中准予抵扣的进项税额为：

$$2\,990+1\,300\times9\%=3\,107(\text{元})$$

业务 (3) 中准予抵扣的进项税额为：

$$14\,000\times13\%=1\,820(\text{元})$$

业务 (5) 中准予抵扣换入原材料的进项税额为：

$$36\,000\times13\%=4\,680(\text{元})$$

准予抵扣换入水泥的进项税额为：

$$97\,180\times\frac{13\%}{1+13\%}=11\,180(\text{元})$$

业务 (6) 中应转出的进项税额为：

$$8\,800\times13\%=1\,144(\text{元})$$

该企业当期准予抵扣的进项税额为：

$$3\,107+1\,820+4\,680+11\,180-1\,144=19\,643(\text{元})$$

(2) 业务 (2) 中应确认的增值税销项税额为：

$$62\,000\times13\%+40\,680\times\frac{13\%}{1+13\%}=12\,740(\text{元})$$

业务 (4) 中销售白酒收取的包装物押金，应在收取当期并入销售额征税。应确认的白酒的增值税销项税额为：

$$[120\,000+27\,120\div(1+13\%)]\times13\%=18\,720(\text{元})$$

销售啤酒收取的包装物押金应在包装物逾期未退没收押金时并入销售额征税，收取当期不征税。应确认的啤酒的增值税销项税额为：

$$169\,500\times\frac{13\%}{1+13\%}=19\,500(\text{元})$$

业务 (5) 中纳税人采取以物易物方式销售货物的，双方都应做购销处理，以各自发出的货物核算销售额并计算销项税额，以各自收到的货物核算购货金额及进项税额。应确认的换出白酒的增值税销项税额为：

$$36\,000\times13\%=4\,680(\text{元})$$

应确认的换出红酒的增值税销项税额为：

$$97\,180\times\frac{13\%}{1+13\%}=11\,180(\text{元})$$

该企业当期应确认的增值税销项税额为：

$$12\,740+18\,720+19\,500+4\,680+11\,180=66\,820(\text{元})$$

（3）该企业当期应缴纳的增值税为：

$$66\,820-19\,643=47\,177(\text{元})$$

2.【解析】（1）业务（3）中纳税人采取预收款方式提供有形动产租赁服务的，增值税纳税义务发生时间为收到预收款的当天。应确认的增值税销项税额为：

$$18\,000\times13\%=2\,340(\text{元})$$

业务（4）中纳税人采取直接收款方式销售货物的，不论货物是否发出，增值税纳税义务发生时间均为收到销售款项或者取得索取销售款项凭据的当天。应确认的增值税销项税额为：

$$24\,860\times\frac{13\%}{1+13\%}=2\,860(\text{元})$$

业务（5）中应确认的A型号机器设备增值税销项税额为：

$$24\,860\times\frac{13\%}{1+13\%}\times2=5\,720(\text{元})$$

应确认的B型号机器设备增值税销项税额为：

$$13\,000\times(1+10\%)\times13\%=1\,859(\text{元})$$

该企业当月应确认的增值税销项税额为：

$$2\,340+2\,860+5\,720+1\,859=12\,779(\text{元})$$

（2）业务（1）中外购货物用于免征增值税项目的，不得抵扣货物的进项税额和相关运费的进项税额。

业务（2）中接受的旅客运输服务可以抵扣进项税额，可抵扣进项税额为：

$$20\,000\div(1+9\%)\times9\%=1\,651.38$$

业务（6）中食用植物油适用的增值税税率为9%，应转出的进项税额为：

$$5\,200\times9\%=468(\text{元})$$

该企业当月应缴纳的增值税为：

$$12\,779-(5\,000+1\,651.38-468)=6\,595.62(\text{元})$$

3.【解析】A公司当期应纳税额为：

$$10\times9\%-8\times13\%+1.09\times\frac{9\%}{1+9\%}-1.09\times9\%+1\times9\%+10\times9\%$$
$$-20\times13\%\times50\%=-0.46(\text{万元})$$

因此，当期应纳增值税为0。

4.【解析】（1）销项税额为：

$$(1\,060+848+106)\times\frac{6\%}{1+6\%}+113\times\frac{13\%}{1+13\%}=127(\text{万元})$$

（2）进项税额为：

$$200\times13\%+90\times9\%+21.2\times\frac{6\%}{1+6\%}+6.54\times\frac{9\%}{1+9\%}+31.8\times\frac{6\%}{1+6\%}+20$$

$=57.64$(万元)

(3) 应纳税额为：

$127-57.64=69.36$(万元)

5.【解析】(1) 使用投入产出法，当期允许抵扣的农产品增值税进项税额为：

$$\text{当期农产品耗用数量}\times\text{农产品平均购买单价}\times\frac{\text{扣除率}}{1+\text{扣除率}}=100\,000\times1.08\times0.4\times\frac{9\%}{1+9\%}$$
$$=3\,566.97(\text{万元})$$

(2) 使用成本法，当期允许抵扣的农产品增值税进项税额为：

$$\text{当期主营业务成本}\times\text{农产品耗用率}\times\frac{\text{扣除率}}{1+\text{扣除率}}=60\,000\times60\%\times\frac{9\%}{1+9\%}=2\,972.48(\text{万元})$$

(3) 试点纳税人购进农产品直接销售的，当期允许抵扣的农产品增值税进项税额为：

$$\frac{\text{当期销售的农产品数量}}{1-\text{损耗率}}\times\text{农产品平均购买单价}\times\frac{9\%}{1+9\%}$$

纳税人购进农产品直接销售的，当期允许抵扣的农产品增值税进项税额为：

$$\frac{4\,800}{1-200/5\,000}\times6\,000\times\frac{9\%}{1+9\%}\times\frac{1}{10\,000}=247.71(\text{万元})$$

(4) 购进农产品用于生产经营且不构成货物实体的（包括包装物、辅助材料、燃料和低值易耗品等），当期允许抵扣的农产品增值税进项税额为：

$$\text{当期耗用的农产品数量}\times\text{农产品平均购买单价}\times\frac{9\%}{1+9\%}$$

纳税人购进农产品用于生产经营且不构成货物实体的，当期允许抵扣的农产品增值税进项税额为：

$$5\,000\times6\,000\times\frac{9\%}{1+9\%}\times\frac{1}{10\,000}=247.71(\text{万元})$$

6.【解析】(1) 业务 (1) 的销项税额为：

$320\times9\%+36\times6\%=30.96$(万元)

(2) 业务 (2) 的销项税额为：

$110\times6\%+18\times6\%=7.68$(万元)

(3) 业务 (3) 的销项税额为：

$$272.5\times\frac{9\%}{1+9\%}=22.5(\text{万元})$$

运输至香港、澳门适用零税率，所以销项税额为0。

(4) 业务 (4) 的销项税额为：

$$60.84\times\frac{13\%}{1+13\%}=7.00(\text{万元})$$

(5) 业务 (5) 应缴纳的增值税为：

$$3.09\times\frac{2\%}{1+3\%}=0.06(\text{万元})$$

(6) 进口环节的关税计税价格为：

$160+12+8=180$(万元)

关税为：

$180\times 20\% = 36$(万元)

进口环节应缴纳的增值税为：

$(180+36)\times 13\% = 28.08$(万元)

（7）6月的进项税额为：

$10.4+0.54+1.04\times 60\%+28.08=39.64$(万元)

（8）6月应缴纳的增值税为：

$30.96+7.68+22.5+7.00+0.06-39.64=28.56$(万元)

7. **【解析】**（1）6月准予抵扣的进项税额为：

$52+26-[500\times(13\%-10\%)-20\times(13\%-10\%)]=63.6$（万元）

（2）6月出口货物的免、抵、退税额为：

$(500-20)\times 10\%=48$(万元)

（3）6月应缴纳的增值税为：

$[300\times 60\%+3\times(1+10\%)]\times 13\%-63.6=-39.77$(万元)

（4）7月应缴纳的增值税为：

$300\times 40\%\times 13\%+300\times\frac{1\,200+400}{1\,200}\times 13\%-26=41.6$(万元)

8. **【解析】**（1）当期甲企业应缴纳的增值税销项税额为：

$3.9+18\times 13\%-50\times 0.08\times 13\%=5.72$(万元)

当期进项税额为：

$2.6+0.7\times 9\%+0.65-3.8\times 13\%-0.2\times 9\%+0.3\times 9\%=2.83$(万元)

应纳增值税为：

$5.72-2.83=2.89$(万元)

（2）当期丙企业应缴纳的增值税销项税额为：

$0.65+33.9\times\frac{13\%}{1+13\%}=4.55$(万元)

进项税额为：

$3.9+0.5\times 9\%+18\times 13\%-50\times 0.08\times 13\%-1.13\times\frac{13\%}{1+13\%}=5.64$(万元)

应纳增值税为：

$4.55-5.64=-1.09$(万元)

（3）当期乙企业应缴纳的增值税为：

$(0.5+0.7+0.3)\times 9\%=0.14$(万元)

9. **【解析】**（1）销项税额为：

$[400\times 60\%+10\times(1+10\%)+(540+160)\div(1+13\%)]\times 13\%$

$=113.16$(万元)

（2）准予抵扣的进项税额为：

$7.8+3.9+2.6=14.3$(万元)

（3）应纳增值税为：

$113.16-14.3=98.86$（万元）

10.【解析】(1) 该房地产开发企业出售的是自行建造的房地产新项目，采用一般计税方法，并且为房地产主管部门或者其指定机构、公积金管理中心、开发企业以及物业管理单位代收的住房专项维修基金不计征增值税。

该房地产开发企业出售商品房应缴纳的增值税为：

$$(5\ 000\ 000-6\ 000\ 000\times1/3)\times\frac{9\%}{1+9\%}=247\ 706.42\text{（元）}$$

(2) 出租 2016 年 5 月 1 日后取得的不动产适用一般计税方法，该房地产开发企业出租商品房应缴纳的增值税为：

$$300\ 000\times6\times\frac{9\%}{1+9\%}=148\ 623.85\text{（元）}$$

(3) 该房地产开发企业承接工程项目，销项税额为：

$$300\times\frac{9\%}{1+9\%}=24.77\text{（万元）}$$

进项税额为：

$100\times13\%=13$（万元）

应缴纳的增值税为：

$24.77-13=11.77$（万元）

11.【解析】(1) 按不动产的收入减买价纳税，转让房产应缴纳的增值税为：

$$\frac{1\ 010-800}{1+5\%}\times5\%=10\text{（万元）}$$

(2) 出租仓库在 B 市按 3%的预征率预缴的增值税为：

$$\frac{10.9}{1+9\%}\times3\%=0.3\text{（万元）}$$

(3) 出租仓库应在 A 市申报缴纳的增值税为：

$$\frac{10.9}{1+9\%}\times9\%-0.3=0.6\text{（万元）}$$

(4) 购进厂房及会议费可全部抵扣，本月可以抵扣的进项税额为：

$500\times9\%+30\times6\%=46.8$（万元）

(5) 甲企业本月应在 A 市缴纳的增值额总额为：

$400\times13\%+10+0.6-46.8=15.8$（万元）

12.【解析】(1) 按转让不动产的收入全额纳税，转让厂房应交的增值税为：

$$\frac{1\ 090}{1+9\%}\times9\%=90\text{（万元）}$$

(2) 按金融商品转让服务纳税，转让债券应缴纳的增值税为：

$$\frac{306-200}{1+6\%}\times6\%=6\text{（万元）}$$

(3) 按物流辅助服务纳税，提供仓储服务应缴纳的增值税为：

$$\frac{53}{1+6\%}\times6\%=3\text{（万元）}$$

（4）由于存款利息收入不征增值税，因此存款利息收入应缴纳的增值税为0元。

（5）购进建筑材料用于新建厂房的部分可全部抵扣，用于新建职工食堂的部分不能抵扣进项税额，购进建筑材料可于当月抵扣的进项税额为：

$130\times50\%=65$(万元)

（6）当月应纳增值税为：

$90+6+3-65=34$(万元)

13.【解析】(1) 按转让不动产的收入全额纳税，转让仓库应交的增值税为：

$\frac{654}{1+9\%}\times9\%=54$(万元)

（2）出租厂房应缴纳的增值税为：

$\frac{105}{1+5\%}\times5\%=5$(万元)

（3）转让土地使用权应缴纳的增值税为：

$\frac{109}{1+9\%}\times9\%=9$(万元)

（4）提供信息技术服务应缴纳的增值税为：

$\frac{530}{1+6\%}\times6\%=30$(万元)

（5）支付餐饮费的进项税额不得抵扣，餐饮费可于当月抵扣的进项税额为0元。

（6）企业当月应缴纳的增值税为：

$54+5+9+30=98$(万元)

第三章

消费税

一、学习目的与要求

消费税是世界各国普遍实行的一个税种，我国现行的消费税属于特别消费税，在调节消费结构、缓解社会分配不公方面有着重要作用。通过本章理论知识和案例的学习：首先，学生应该理解和掌握消费税的概念，重点掌握征税范围、纳税人、税目和税率；其次，学生需要通过对上述知识的学习和运用，掌握各纳税环节消费税应纳税额的计算、已纳消费税扣除的计算以及出口退（免）税和消费税的征收管理。

二、重点与难点

（一）消费税的纳税人

在中华人民共和国境内生产、委托加工和进口应税消费品的单位和个人，为消费税的纳税人。

单位是指企业、行政单位、事业单位、军事单位、社会组织及其他单位。个人是指个体工商户及自然人。消费税纳税人所指的单位和个人也包括外商投资企业、外国企业和外国公民。在中华人民共和国境内是指生产、委托加工和进口属于应当缴纳消费税的消费品的起运地或者所在地在境内。

（二）消费税的征税范围

为了方便征收管理、加强税源控制，我国消费税主要是在应税消费品生产经营的起始环节征税，具体包括：

1. 生产销售应税消费品

应税消费品的生产销售环节是征收消费税的主要环节，因为消费税大多实行单一环节征收，所以在生产销售环节征收以后，在流通环节无须再缴纳消费税。

2. 委托加工应税消费品

委托加工应税消费品是指由委托方提供原材料和主要材料，受托方只收取加工费和代垫部分辅助材料加工的应税消费品。由受托方提供原材料或其他情形的一律不能视同委托加工应税消费品。委托加工的应税消费品收回后，继续用于生产应税消费品销售的，其加工环节缴纳的消费税税款可以扣除。

3. 进口应税消费品

单位和个人进口应税消费品，应于报关进口时在海关申报缴纳消费税。

4. 批发应税消费品（卷烟）

从2009年5月1日起，在卷烟的批发环节加征一道税率为5%的从价税。自2015年5月10日起，将卷烟批发环节从价税税率由5%提高至11%，并按0.005元/支加征从量税。纳税人之间销售的卷烟不缴纳消费税，且卷烟消费税在生产和批发两个环节征收后，批发企业在计算纳税时不得扣除已含的生产环节的消费税税款。

5. 零售应税消费品

金银首饰、铂金首饰和钻石及钻石饰品在零售环节征税。

金银首饰连同包装物销售的，无论包装是否单独计价，也无论会计上如何核算，均应并入金银首饰的销售额，计征消费税。

带料加工的金银首饰，应按受托方销售同类金银首饰的销售价格确定计税依据并征收消费税。没有同类金银首饰销售价格的，按照组成计税价格计算消费税。

纳税人采用以旧换新（含翻新改制）方式销售的金银首饰，应按实际收取的不含增值税的全部价款确定计税依据并征收消费税。

《财政部、国家税务总局关于对超豪华小汽车加征消费税有关事项的通知》（财税[2016] 129号）规定，在“小汽车”税目下增设“超豪华小汽车”子税目。该子税目的征收范围为每辆零售价格在130万元（不含增值税）及以上的乘用车和中轻型商用客车，即乘用车和中轻型商用客车子税目中的超豪华小汽车。对超豪华小汽车，在生产（进口）环节按现行税率征收消费税的基础上，在零售环节加征消费税，税率为10%。

6. 自用应税消费品

纳税人自用未对外销售的应税消费品，应当依照规定缴纳消费税，在移送自用环节征收消费税。

（三）消费税的税目

按照税法的规定，自2006年3月调整后，目前已确定征收消费税的只有烟、酒、高档化妆品等15个税目，有些税目还进一步划分了若干子目。

1. 烟

凡是以烟叶为原料加工生产的产品，不论使用何种辅料，均属于本税目的征收范围，包括卷烟（进口卷烟、白包卷烟、手工卷烟和未经国务院批准纳入计划的企业及个人生产的卷烟）、雪茄烟和烟丝。

“卷烟”又分“甲类卷烟”和“乙类卷烟”。甲类卷烟是指每标准条（200支，下同）调拨价格在70元（含70元，不含增值税）以上的卷烟；乙类卷烟是指每标准条调拨价格在70元（不含增值税）以下的卷烟。

自2009年5月1日起，在卷烟批发环节加征一道从价税，在中华人民共和国境内从事卷烟批发业务的单位和个人，批发销售的所有牌号、规格的卷烟，按其销售额（不含增值税）征收5%的消费税。自2015年5月10日起，将卷烟批发环节从价税税率由5%提高至11%，并按0.005元/支加征从量税。

2. 酒

酒是酒精度在1度以上的各种酒类饮料，包括粮食白酒、薯类白酒、黄酒、啤酒和其他酒。

以蒸馏酒或食用酒精为酒基，具有国家相关部门批准的国食健字或卫食健字文号且酒精度低于38度（含）的配制酒，按《消费税税目税率表》中“其他酒”10%的适用税率征收消费税。以发酵酒为酒基，酒精度低于20度（含）的配制酒，按《消费税税目税率表》中“其他酒”10%的适用税率征收消费税。其他配制酒，按《消费税税目税率表》中“白酒”的适用税率征收消费税。对饮食业、商业、娱乐业举办的啤酒屋（啤酒坊）利用啤酒生产设备生产的啤酒，应当征收消费税。每吨啤酒出厂价格（含包装物及包装物押金）在3 000元（含3 000元，不含增值税）以上的为甲类啤酒。每吨啤酒出厂价格在3 000元（不含3 000元，不含增值税）以下的为乙类啤酒。

3. 高档化妆品

本税目的征收范围包括高档美容、修饰类化妆品，高档护肤类化妆品和成套化妆品。

高档美容、修饰类化妆品和高档护肤类化妆品是指生产（进口）环节销售（计税）价格（不含增值税）在10元/毫升（克）或15元/片（张）及以上的美容、修饰类化妆品和护肤类化妆品。

舞台、戏剧、影视演员化妆用的上妆油、卸妆油、油彩，不属于本税目的征税范围。

4. 贵重首饰及珠宝玉石

贵重首饰及珠宝玉石包括以金、银、白金、宝石、珍珠、钻石、翡翠、珊瑚、玛瑙等高贵稀有物质以及其他金属、人造宝石等制作的各种纯金银首饰及镶嵌首饰和经采掘、打磨、加工的各种珠宝玉石。

5. 鞭炮、焰火

鞭炮、焰火包括各种鞭炮、焰火。体育上用的发令纸、鞭炮药引线，不按本税目征收。

6. 成品油

本税目包括汽油、柴油、石脑油、溶剂油、航空煤油、润滑油、燃料油7个子目。

7. 小汽车

小汽车是指由动力驱动，具有四个或四个以上车轮的非轨道承载的车辆。

本税目的征收范围包括含驾驶员座位在内最多不超过9个座位（含）的、在设计和技术特性上用于载运乘客及货物的各类乘用车和含驾驶员座位在内的座位数在10～23座（含）的、在设计和技术特性上用于载运乘客及货物的各类中轻型商用客车。

电动汽车、沙滩车、雪地车、卡丁车、高尔夫球车不属于消费税的征收范围。车身长度大于7米（含），并且座位数在10～23座（含）以下的商用客车，不属于中轻型商用客车的征税范围，不征收消费税。

8. 摩托车

气缸容量在250毫升（不含）以下的小排量摩托车不征收消费税。

9. 高尔夫球及球具

高尔夫球及球具是指从事高尔夫球运动所需的各种专用装备，包括高尔夫球、高尔夫球杆及高尔夫球包（袋）等。

10. 高档手表

高档手表是指销售价格（不含增值税）每只在10 000元（含）以上的各类手表。

11. 游艇

本税目的征收范围包括艇身长度大于8米（含）小于90米（含），内置发动机，可以在水上移动的各类机动艇。

12. 木制一次性筷子

本税目的征收范围包括各种规格的木制一次性筷子。未经打磨、倒角的木制一次性筷子属于本税目的征税范围。

13. 实木地板

本税目的征收范围包括各类规格的实木地板、实木指接地板、实木复合地板及用于装饰墙壁、天棚的实木装饰板。

14. 电池

电池包括原电池、蓄电池、燃料电池、太阳能电池和其他电池。对无汞原电池、金属氢化物镍蓄电池、锂原电池、锂离子蓄电池、太阳能电池、燃料电池和全钒液流电池，免征消费税。

15. 涂料

涂料是指涂于物体表面，能形成具有保护、装饰或特殊性能的固态涂膜的一类液体或固体材料的总称。对施工状态下挥发性有机物含量低于420克/升（含）的涂料，免征消费税。

（四）消费税的税率

消费税税率的基本形式包括定额税率、比例税率、比例税率和定额税率复合计税三种，用以适应不同应税消费品的实际情况，见下表。

税目	税率
一、烟 1. 卷烟 (1) 甲类卷烟［每标准条调拨价格在70元（含）以上］ (2) 乙类卷烟（每标准条调拨价格在70元以下） (3) 批发环节 2. 雪茄烟 3. 烟丝	 56%加0.003元/支（生产环节） 36%加0.003元/支（生产环节） 11%加0.005元/支 36% 30%
二、酒 1. 白酒 2. 黄酒 3. 啤酒 (1) 甲类啤酒 (2) 乙类啤酒 4. 其他酒	 20%加0.5元/500克（或者500毫升） 240元/吨 250元/吨 220元/吨 10%
三、高档化妆品	15%
四、贵重首饰及珠宝玉石 1. 金银首饰、铂金首饰和钻石及钻石饰品 2. 其他贵重首饰和珠宝玉石	 5% 10%
五、鞭炮、焰火	15%
六、成品油 1. 汽油 2. 柴油 3. 航空煤油（暂缓征收） 4. 石脑油 5. 溶剂油 6. 润滑油 7. 燃料油	 1.52元/升 1.2元/升 1.2元/升 1.52元/升 1.52元/升 1.52元/升 1.2元/升
七、摩托车 气缸容量在250毫升（含）以上的	 10%
八、小汽车 1. 乘用车 (1) 气缸容量在1.0升（含1.0升）以下的 (2) 气缸容量在1.0升以上至1.5升（含1.5升）的 (3) 气缸容量在1.5升以上至2.0升（含2.0升）的 (4) 气缸容量在2.0升以上至2.5升（含2.5升）的 (5) 气缸容量在2.5升以上至3.0升（含3.0升）的 (6) 气缸容量在3.0升以上至4.0升（含4.0升）的 (7) 气缸容量在4.0升以上的 2. 中轻型商务客车 3. 超豪华小汽车*	 1% 3% 5% 9% 12% 25% 40% 5% 生产（进口）环节按乘用车和中轻型商用客车的规定征收，零售环节的税率为10%
九、高尔夫球及球具	10%
十、高档手表	20%

续表

税目	税率
十一、游艇	10%
十二、木制一次性筷子	5%
十三、实木地板	5%
十四、电池	4%
十五、涂料	4%

* 超豪华小汽车是指每辆零售价格为 130 万元（不含增值税）及以上的乘用车和中轻型商用客车。

(五) 消费税的计税依据

消费税应纳税额的计算分为从价计税、从量计税和复合计税三种方法。

1. 从价计税

实行从价计税方法计征消费税的消费品，其应纳税额的计算公式为：

应纳税额＝应税消费品的销售额×适用税率

因此，从价计征消费税的计税依据为应税销售额。

销售额为纳税人销售应税消费品向购买方收取的全部价款和价外费用。销售是指有偿转让应税消费品的所有权；有偿是指从购买方取得货币、货物或者其他经济利益；价外费用是指价外向购买方收取的手续费、补贴、基金、集资费、返还利润、奖励费、违约金、滞纳金、延期付款利息、赔偿金、代收款项、代垫款项、包装费、包装物租金、储备费、优质费、运输装卸费以及其他各种性质的价外收费。但是，下列项目不包括在内：

(1) 同时符合下列条件的代垫费用：

1) 承运部门的运输费用发票开具给购买方的。

2) 纳税人将该项发票转交给购买方的。

(2) 同时符合下列条件代为收取的政府性基金或者行政事业性收费：

1) 由国务院或者财政部批准设立的政府性基金，由国务院或者省级人民政府及其财政、价格主管部门批准设立的行政事业性收费。

2) 收取时开具省级以上财政部门印制的财政票据。

3) 所收款项全额上缴财政。

其他价外费用，无论是否属于纳税人的收入，均应并入销售额计算征税。

应税消费品的销售额不包括应向购货方收取的增值税税款。因此，如果纳税人应税消费品的销售额中未扣除增值税税款或者因不得开具增值税专用发票而发生价款和增值税税款合并收取的，应换算为不含增值税的销售额。换算公式为：

$$\begin{matrix}\text{应税消费品}\\\text{的销售额}\end{matrix}=\begin{matrix}\text{含增值税的销售额}\\\text{（以及价外费用）}\end{matrix}\div\left(1+\frac{\text{增值税的税率}}{\text{或征收率}}\right)$$

如果消费税的纳税人是一般计税方法纳税人，应适用 13%的增值税税率；如果消费税的纳税人是简易计税方法纳税人，应适用 3%的征收率。

实行从价定率办法计算应纳税额的应税消费品连同包装物一起销售的，无论包装物是否单独计价，也不论在会计上如何核算，均应并入应税消费品的销售额中征收消费税。如果包装物不作价随同商品销售，而是收取押金，此项押金不应并入应税消费品的销售额中征税。但是，对逾期未收回的包装物不再退还押金的或者已收取12个月以上的押金，应并入应税消费品的销售额，按照应税消费品的适用税率征收消费税。对酒类产品生产企业销售啤酒、黄酒以外的酒类产品而收取的包装物押金，无论押金是否返还以及会计上如何核算，均应并入酒类产品销售额中征收消费税。

对于既作价随同应税消费品销售，又另行收取押金的包装物押金，凡纳税人在规定的期限内没有退还的，均应并入应税消费品的销售额，按照应税消费品的适用税率缴纳消费税。

2. 从量计税

实行从量计税方法计征消费税的消费品，其应纳税额的计算公式为：

应纳税额＝应税消费品的销售数量×定额税率

因此，应纳税额的多少取决于应税消费品的销售数量和单位税额两个因素。

(1) 销售数量的确定。销售数量是指纳税人生产、加工和进口的应税消费品的数量。具体规定为：销售应税消费品的，为应税消费品的销售数量；自产自用应税消费品的，为应税消费品的移送使用数量；委托加工应税消费品的，为纳税人收回的应税消费品数量；进口的应税消费品，为海关核定的应税消费品进口征税数量。

(2) 计量单位的换算标准。黄酒、啤酒以吨为税额单位，汽油、柴油以升为税额单位。

3. 复合计税

在现行消费税的征税范围中，只有卷烟、白酒采用复合计税的方法。应纳税额等于应税销售数量乘以定额税率再加上应税销售额（不含增值税）乘以比例税率。

生产、销售卷烟和白酒的从量定额计税依据为实际销售数量。进口、委托加工、自用未对外销售卷烟和白酒的从量定额计税依据分别为海关核定的进口征税数量、委托方收回数量、移送使用数量。

4. 计税依据的特殊规定

(1) 纳税人通过自设非独立核算门市部销售的自产应税消费品，应按独立门市部对外销售额或者销售数量征收消费税。

(2) 纳税人自用未对外销售的应税消费品，按照纳税人销售的同类消费品的销售价格计算纳税；没有同类消费品销售价格的，按照组成计税价格计算纳税。

实行从价计税方法计算纳税的组成计税价格计算公式为：

组成计税价格＝(成本＋利润)÷(1－比例税率)

实行复合计税方法计算纳税的组成计税价格计算公式为：

组成计税价格＝(成本＋利润＋自用数量×定额税率)÷(1－比例税率)

(3) 白酒生产企业向商业销售单位收取的“品牌使用费”是随着应税白酒的销售而向购货方收取的，属于应税白酒销售价款的组成部分。因此，不论企业采取何种方式或以何种名义收取该价款，均应并入白酒的销售额中缴纳消费税。

(4) 纳税人兼营不同税率的应税消费品，应当分别核算不同税率应税消费品的销售额、销售数量。未分别核算销售额、销售数量，或者将不同税率的应税消费品组成成套消费品销售的，从高适用税率。

（六）销售环节应纳消费税的计算

1. 直接对外销售应纳消费税的计算

（1）从价计税方法。应纳税额的基本计算公式为：

$$应纳税额=应税消费品的销售额\times比例税率$$

（2）从量计税方法。应纳税额的基本计算公式为：

$$应纳税额=应税消费品的销售数量\times定额税率$$

（3）复合计税方法。应纳税额的基本计算公式为：

$$应纳税额=应税消费品的销售数量\times定额税率+应税消费品的销售额\times比例税率$$

（卷烟、白酒、薯类白酒）

2. 自用未对外销售的应税消费品

（1）用于连续生产应税消费品。纳税人将自产的应税消费品用于连续生产应税消费品的，不纳税。

（2）用于其他方面的应税消费品。对于纳税人自用未对外销售的应税消费品，除用于连续生产之外，凡用于其他方面，都应当纳税，并按照纳税人生产的同类消费品的销售价格计算纳税。“用于其他方面”是指纳税人将自产的应税消费品用于生产非应税消费品、在建工程、管理部门、非生产机构、提供劳务以及用于馈赠、赞助、集资、广告、样品、职工福利、奖励等方面。

（3）组成计税价格及税额的计算。对于纳税人自用未对外销售的应税消费品，凡用于其他方面且应当纳税的，按照纳税人生产的同类消费品的销售价格计算纳税。没有同类消费品销售价格的，按照组成计税价格计算纳税。

实行从价计税方法计算纳税的组成计税价格计算公式为：

$$组成计税价格=\frac{成本+利润}{1-比例税率}=成本\times\frac{1+成本利润率}{1-比例税率}$$

实行复合计税方法计算纳税的组成计税价格计算公式为：

$$组成计税价格=\frac{成本+利润+自用未对外销售的数量\times定额税率}{1-比例税率}$$

$$=\frac{成本\times(1+成本利润率)+自用未对外销售的数量\times定额税率}{1-比例税率}$$

式中，成本为应税消费品的生产成本；利润为根据应税消费品的全国平均成本利润率计算的利润。应税消费品的全国平均成本利润率由国家税务总局确定。

（七）委托加工环节应纳消费税的计算

1. 委托加工应税消费品的确定

委托加工应税消费品是指由委托方提供原材料和主要材料，受托方只收取加工费和代垫部分辅助材料加工的应税消费品；除此之外都不能称为委托加工。由受托方提供原材料，或受托方先将原材料卖给委托方然后再接受加工，以及由受托方以委托方名义购进原材料生产的应税消费品，不论纳税人在财务上是否做销售处理，都不得作为委托加工应税消费品，而应看作受托方销售自制消费品，此时消费税的纳税人为受托方。

2. 代收代缴税款的规定

为了避免税款流失，对于委托加工应税消费品的应纳消费税，我国采取了源泉控制的管理办法，即由受托方（受托方为个人的除外）向委托方交货时代收代缴消费税。纳税人委托个人（含个体工商户）加工应税消费品的，一律由委托方收回后在委托方所在地缴纳消费税。

对于受托方没有按规定代收代缴税款的，委托方必须补缴税款，对受托方则不再重复补税，但要按《中华人民共和国税收征收管理法》（以下简称《税收征管法》）的规定，对受托方处以应代收代缴税款50%以上3倍以下的罚款。

委托方将收回的应税消费品以不高于受托方的计税价格出售的，为直接出售，不再缴纳消费税；委托方以高于受托方的计税价格出售的，不属于直接出售，需要按照规定申报缴纳消费税，在计税时准予扣除受托方已代收代缴的消费税。委托方收回应税消费品后，若用于连续生产应税消费品的，已缴纳的消费税税款准予按规定抵扣。

3. 受托方代收代缴消费税的计算

对于委托加工应税消费品，应按照受托方同类消费品的销售价格计算纳税；没有同类消费品销售价格的，应按照组成计税价格计算纳税。

实行从价计税方法计算纳税的组成计税价格计算公式为：

$$\text{组成计税价格}=(\text{材料成本}+\text{加工费})\div(1-\text{比例税率})$$

实行复合计税方法计算纳税的组成计税价格计算公式为：

$$\text{组成计税价格}=\frac{\text{材料成本}+\text{加工费}+\text{委托加工数量}\times\text{定额税率}}{1-\text{比例税率}}$$

其中，“材料成本”是指委托方所提供加工材料的实际成本，委托加工应税消费品的纳税人必须在委托加工合同上如实注明（或以其他方式提供）材料成本。如果加工合同上未如实注明材料成本，受托方所在地主管税务机关有权核定其材料成本。委托方提供的“材料成本”不包括可以抵扣的增值税，但包含采购材料的运输费（也不含可以抵扣的增值税）、采购过程中的其他杂费和入库前的整理挑选费用等。

“加工费”是指受托方加工应税消费品向委托方收取的全部费用（包括代垫辅助材料的实际成本），但不包括随加工费收取的销项税额。

（八）进口环节应纳消费税的计算

进口应税消费品于报关进口时由海关代征进口环节的消费税。由进口人或其代理人向报关地海关申报纳税，自海关填发海关进口消费税专用缴款书之日起15日内缴纳税款。

1. 进口一般货物应纳消费税的计算

从价计税方法应纳税额的计算：

组成计税价格＝(关税计税价格＋关税)÷(1－消费税税率)

应纳税额＝组成计税价格×消费税税率

从量计税方法应纳税额的计算公式为：

应纳税额＝应税消费品数量×消费税定额税率

复合计税方法应纳税额的计算公式为：

$$\text{组成计税价格}=\left(\text{关税计税价格}+\text{关税}+\text{进口数量}\times\text{消费税定额税率}\right)\div\left(1-\text{消费税比例税率}\right)$$

$$\text{应纳税额}=\text{应税消费品进口数量}\times\text{消费税定额税率}+\text{组成计税价格}\times\text{消费税比例税率}$$

进口应税消费品的消费税由海关代征，除国务院另有规定外，均不得给予减免税。

2. 进口卷烟应纳消费税税额的计算

每标准条进口卷烟（200 支）确定消费税适用比例税率的价格，即

计税价格＝(关税计税价格＋关税＋消费税定额税率)÷(1－消费税税率)

式中，关税计税价格和关税为每标准条进口卷烟的关税计税价格及关税税额；消费税定额税率为每标准条进口卷烟（200 支）0.6 元（依据现行消费税定额税率折算而成）。

每标准条进口卷烟（200 支）确定适用消费税比例税率的价格≥70 元人民币的，适用的比例税率为 56%；每标准条进口卷烟（200 支）确定适用消费税比例税率的价格＜70 元人民币的，适用的比例税率为 36%。

依据上述确定的适用消费税比例税率，计算进口卷烟的消费税组成计税价格和应纳消费税税额。

（九）外购、委托加工收回的应税消费品已纳税额的扣除

为了避免重复征税，税法规定，将外购应税消费品和委托加工收回的应税消费品继续生产应税消费品销售的，可将外购应税消费品和委托加工收回应税消费品已纳的消费税予以扣除。

纳税人应凭合法有效的凭证抵扣消费税。

1. 外购应税消费品已纳税款的扣除

由于某些应税消费品是用外购已缴纳消费税的应税消费品连续生产出来的，在对这些连续生产出来的应税消费品计算征税时，税法规定应按当期生产领用数量计算准予扣除的外购应税消费品已纳的消费税税款。外购的应税消费品用于连续生产应税消费品的，符合下列情形的，已纳消费税税款准予按规定抵扣：

（1）以外购已税的烟丝生产卷烟的。

（2）以外购已税的鞭炮、焰火生产鞭炮、焰火的。

（3）以外购已税的杆头、杆身和握把生产高尔夫球杆的。

（4）以外购已税的木制一次性筷子生产木制一次性筷子的。

（5）以外购已税的实木地板生产实木地板的。

（6）以外购已税的石脑油、燃料油生产成品油的。

（7）以外购已税的汽油、柴油、润滑油分别生产汽油、柴油、润滑油的。

（8）集团内部企业间用啤酒液生产啤酒的。

（9）以外购已税的葡萄酒生产葡萄酒的。

（10）以外购已税的高档化妆品生产高档化妆品的。

除第（6）、（7）、（8）项外，上述准予抵扣的情形仅限于进口或从同税目纳税人处购进的应税消费品。

上述当期准予扣除外购应税消费品已纳消费税税款的计算公式为：

$$\begin{array}{c}\text{当期准予扣除的外购}\\\text{应税消费品已纳税款}\end{array}=\begin{array}{c}\text{当期准予扣除的外购应税消费品}\\\text{（当期生产领用数量）买价}\end{array}\times\begin{array}{c}\text{外购应税消费品}\\\text{适用税率}\end{array}$$

$$\begin{array}{c}\text{当期准予扣除的}\\\text{外购应税消费品买价}\end{array}=\begin{array}{c}\text{期初库存的外购}\\\text{应税消费品买价}\end{array}+\begin{array}{c}\text{当期购进的}\\\text{应税消费品买价}\end{array}-\begin{array}{c}\text{期末库存的外购}\\\text{应税消费品买价}\end{array}$$

“外购应税消费品买价”是指购货发票上注明的销售额，不包括增值税税额。

需要说明的是，纳税人用外购的已税珠宝玉石生产的改在零售环节征收消费税的金银首饰（镶嵌首饰），在计税时一律不得扣除外购珠宝玉石的已纳税款。批发环节的卷烟不得抵扣其生产环节已缴纳的消费税。

2. 委托加工收回的应税消费品已纳税额的扣除

对于委托加工的应税消费品来说，委托方在提取货物时已由受托方代收代缴了消费税，因此委托方收回货物后直接销售（以不高于受托方的计税价格出售）的不再缴纳消费税；如果委托方连续生产应税消费品或者以高于受托方计税价格出售的，其已纳税款准予按照规定从连续生产的应税消费品应纳消费税税额中扣除。

当期准予扣除的委托加工应税消费品已纳消费税税款的计算公式为：

$$\begin{array}{c}\text{当期准予扣除的委托加工}\\\text{应税消费品已纳税款}\end{array}=\begin{array}{c}\text{期初库存的委托加工}\\\text{应税消费品已纳税款}\end{array}+\begin{array}{c}\text{当期收回的委托加工}\\\text{应税消费品已纳税款}\end{array}-\begin{array}{c}\text{期末库存的委托加工}\\\text{应税消费品已纳税款}\end{array}$$

可抵税的项目与外购应税消费品的抵扣范围相同，而且都是按当期生产领用数量计算。同样，在零售环节缴纳消费税的金银首饰、铂金首饰、钻石及钻石饰品也不适用这一抵税政策。

（十）纳税义务发生时间

消费税的纳税义务发生时间以货款结算方式或行为发生时间分别确定。

（1）纳税人销售应税消费品的，其纳税义务发生时间为：

1）纳税人采取赊销和分期收款结算方式的，为书面合同约定的收款日期的当天，书面合同没有约定收款日期或者无书面合同的，其纳税义务发生时间为发出应税消费品的当天。

2）采取预收货款结算方式的，其纳税义务发生时间为发出应税消费品的当天。

3）采取托收承付和委托银行收款方式的，其纳税义务发生时间为发出应税消费品并办妥托收手续的当天。

4）采取其他结算方式的，其纳税义务发生时间为收讫销售款项或者取得索取销售款项凭据的当天。

(2) 委托加工应税消费品，除受托方为个人外，由受托方在向委托方交货时代收代缴税款，其纳税义务发生时间为受托方向委托方交货的当天。

(3) 自用未对外销售应税消费品的纳税义务发生时间为移送货物的当天。

(4) 进口应税消费品的纳税义务发生时间为进入关境的当天。

三、关键术语

从价计税是以征税对象的自然数量与单位价格的乘积为计税依据，按这种方法计征的税种称为从价税。实行从价计税方法计征消费税的消费品，其应纳税额的计算公式为：

应纳税额＝应税消费品的销售额×适用税率

因此，实行从价计税方法计征消费税的计税依据为应税销售额。

从量计税是以征税对象的重量、件数、容量、面积等为计税依据，按照固定税额标准计征的税收。实行从量计税方法计征消费税的消费品，其应纳税额的计算公式为：

应纳税额＝应税消费品的销售数量×定额税率

因此，应纳税额的多少取决于应税消费品的销售数量和单位税额两个因素。

复合计税是指对某应税物品既征收从价税，又征收从量税。在现行消费税的征税范围中，只有卷烟、白酒采用复合计税方法。其应纳税额等于应税销售数量乘以定额税率再加上应税销售额（不含增值税）乘以比例税率。

自用未对外销售的应税消费品是指纳税人生产应税消费品后，不是用于直接对外销售，而是用于自己连续生产应税消费品或用于其他方面。

委托加工应税消费品是指由委托方提供原材料和主要材料，受托方只收取加工费和代垫部分辅助材料加工的应税消费品；除此之外，都不能称为委托加工。

已纳消费税扣除是指为了避免重复征税，现行税法规定，将外购应税消费品和委托加工收回的应税消费品继续生产应税消费品销售的，可将外购应税消费品和委托加工收回的应税消费品已纳的消费税予以扣除。

组成计税价格是指纳税人生产的应税消费品在没有同类消费品销售价格时，按照税法规定组成专门用以计算应纳税款的价格。实行从价定率方法计算纳税的组成计税价格计算公式为：

组成计税价格＝(成本＋利润)÷(1－比例税率)

＝成本×(1＋成本利润率)÷(1－比例税率)

实行复合计税方法计算纳税的组成计税价格计算公式为：

$$组成计税价格=\frac{成本+利润+自用未对外销售数量\times定额税率}{1-比例税率}$$

$$=\frac{成本\times(1+成本利润率)+自用未对外销售数量\times定额税率}{1-比例税率}$$

四、习 题

（一）术语解释

1. 特别消费税
2. 价外费用
3. 委托加工应税消费品
4. 代收代缴
5. 已纳消费税扣除

（二）填空题

1. 消费税是世界各国普遍实行的一个税种，按______的大小，可以分为______和______。

2. 我国现行消费税制度中，只有______在商业批发环节缴纳消费税，雪茄烟、烟丝以及其他应税消费品在商业批发环节只缴纳______，不缴纳消费税。

3. 消费税税率的基本形式包括______、______、______三种，用以适应不同应税消费品的实际情况。

4. 纳税人以 1 个月或 1 个季度为一期纳税的，自期满之日起______内申报纳税；以 1 日、3 日、5 日、10 日或者 15 日为一期纳税的，自期满之日起______内预缴税款，于次月 1 日起至 15 日内申报纳税并结清上月应纳税款。纳税人进口应税消费品，应当自海关填发海关进口消费税专用缴款书之日起______内缴纳税款。

（三）判断题

1. 消费税和增值税都实行单一环节征收。（　　）

2. 酒类生产企业为销售除啤酒、黄酒以外酒类产品而收取的包装物押金，不计入销售额中征税。对逾期未收回的包装物不再退还押金的或者已收取 12 个月以上的押金，应并入应税消费品的销售额，按照应税消费品的适用税率征收消费税。（　　）

3. 纳税人兼营不同税率的应税消费品，将不同税率的应税消费品组成成套消费品销售的，从高适用税率。（　　）

4. 若受托方以委托方名义购进原材料生产应税消费品，则受托方为消费税的纳税人。（　　）

5. 外购的酒类产品用于连续生产销售的，可以将其已纳消费税予以扣除。（　　）

6. 在委托加工中，委托方收回应税消费品后，由于受托方已代收代缴了消费税，所以无须再缴纳消费税。（　　）

7. 外贸企业受非生产性的商贸企业委托，代理出口应税消费品，不能退（免）税。（　　）

8. 纳税人进口应税消费品，应于海关填发海关进口消费税专用缴款书之日起 5 日内缴纳消费税。（　　）

9. 委托加工的应税消费品应由受托方代收代缴消费税税款。（　　）

10. 消费税的征收范围包括烟叶、烟丝、卷烟、雪茄烟。（　　）

（四）单项选择题

1. 在下列选项中，不属于消费税特征的是（　　）。

A. 征税范围具有选择性　　B. 平均税率较低

C. 征收环节具有单一性　　D. 税收负担具有转嫁性

2. 在下列产品中，需要征收消费税的是（　　）。

A. 护发素　　B. 烟叶　　C. 医用酒精　　D. 电池

3. 在下列产品中，只在生产销售环节征收消费税的有（　　）。

A. 卷烟　　B. 小汽车　　C. 啤酒　　D. 金银首饰

4. 某工厂将一定数量自产高档化妆品用于抵偿债务，则其消费税的计税依据为（　　）。

A. 同类化妆品的平均售价　　B. 同类化妆品的最低售价

C. 同类化妆品的最高售价　　D. 组成计税价格

5. 委托加工收回的应税消费品以不高于受托方的计税价格出售，应该（　　）。

A. 缴纳增值税　　B. 缴纳消费税

C. 缴纳增值税和消费税　　D. 无须缴纳增值税和消费税

6. 下列情况应征收消费税的有（　　）。

A. 药厂外购已税酒精制成医用酒精、药膏后销售

B. 白酒生产企业销售白酒产品时收取“品牌使用费”

C. 化妆品厂将收回的一部分委托加工的化妆品发放给员工作为福利

D. 酒厂收回委托加工的粮食白酒后，以不高于受托方的计税价格直接出售

7. 在下列消费品中，不用缴纳消费税的是（　　）。

A. 生产实木地板　　B. 进口实木地板

C. 委托加工实木地板　　D. 购买实木地板

8. 某酒厂销售乙类啤酒 10 吨给某商场，开具税控专用发票，收取价款 35 000 元，同时收取包装物押金 4 100 元，该酒厂应缴纳的消费税为（　　）元。

A. 2 200　　B. 2 500　　C. 3 500　　D. 4 100

9. 委托加工的应税消费品在（　　）时征收消费税。

A. 加工　　B. 交付原材料　　C. 销售　　D. 受托方交货

10. 某商场将高档化妆品和护发品组成套装销售，则该套装缴纳消费税时（　　）。

A. 只有高档化妆品需要缴纳消费税　　B. 只有护发品需要缴纳消费税

C. 两者均需缴纳消费税　　D. 两者均无须缴纳消费税

11. 应税消费品的全国平均成本利润率由（　　）确定。

A. 国家税务总局　　B. 国务院

C. 财政部　　D. 省、自治区、直辖市税务局

12. 我国消费税中适用复合计税的产品是（　　）。

A. 甲类卷烟和白酒　　B. 卷烟和啤酒

C. 卷烟和白酒　　D. 卷烟和黄酒

13. 纳税人委托加工应税消费品的，纳税义务发生时间为（　　）。

A. 受托方收到委托加工原材料的当天

B. 受托方开始加工的当天

C. 委托加工收回的应税消费品销售的当天

D. 委托方提货的当天

14. 在下列各项中，外购应税消费品已纳消费税准许扣除的有（　　）。

A. 外购已税高档化妆品生产的应税高档化妆品

B. 外购已税酒生产的勾兑酒

C. 外购已税高档手表生产的高档手表

D. 外购已税汽车轮胎生产的小汽车

15. 消费税纳税人采用赊销和分期收款结算方式的，纳税义务发生时间为（　　）。

A. 签订合同的当天　　B. 收到货款的当天

C. 合同规定的收款日期当天　　D. 双方约定的任一时间

16. 纳税人委托个体经营者加工应税消费品，一律（　　）消费税。

A. 由受托人代收代缴

B. 由委托方收回后在委托方所在地缴纳

C. 由委托方收回后在受托方所在地缴纳

D. 不缴纳

17. 兼营不同税率的应税消费品，未分别核算销售额、销售数量的，或者将不同税率的应税消费品组成成套消费品销售的，应（　　）。

A. 从高适用税率纳税　　B. 减半纳税

C. 先征后退　　D. 不纳税

18. 某汽车厂为一般计税方法纳税人，某月生产并销售小轿车500辆，每辆含税销售额为22.6万元，适用的消费税税率为12%，则该月应缴纳消费税（　　）万元。

A. 1 404　　B. 1 200　　C. 1 363　　D. 1 600

19. 在下列产品价格中，可以直接用于计算消费税的是（　　）。

A. 货车出厂价　　B. 超豪华小汽车的出厂价

C. 高档手表、饰品的出厂价　　D. 名牌护发素的出厂价

20. 某商贸公司从美国进口一批粮食白酒（合计 5 000 公斤）。已知该批白酒的关税计税价格为 2 400 000 元，按规定应缴纳关税 320 000 元。粮食白酒的消费税税率为 20%，定额消费税为 0.5 元/斤。该批白酒在进口环节应缴纳的消费税为（　　）元。

A. 686 230　　B. 686 250　　C. 862 650　　D. 682 650

（五）多项选择题

1. 在下列产品中，不适用复合计税的有（　　）。

A. 白酒　　B. 医用酒精

C. 啤酒　　D. 卷烟

2. 卷烟消费税的纳税环节包括（　　）。

A. 批发环节　　B. 进口环节

C. 零售环节　　D. 生产销售环节

3. 应税消费品的销售额包括纳税人向购买方收取的全部价款，还包括（　　）。

A. 手续费　　B. 奖励费

C. 运输装卸费　　D. 包装物租金

4. 在白酒生产企业生产、销售白酒取得的下列款项中，应并入销售额计征消费税的有（　　）。

A. 包装物押金

B. 品牌使用费

C. 滞纳金

D. 代垫运费（承运部门的运费发票开具给购买方，并且该企业将该发票转交购买方）

5. 纳税人将生产的应税消费品（　　）时，应视同销售计征消费税。

A. 用于连续生产应税消费品　　B. 用于在建工程

C. 用于赞助　　D. 用于职工福利

6. 在从价征收的应税消费品中，销售额应包括（　　）。

A. 价款　　B. 增值税　　C. 消费税　　D. 价外费用

7. 委托加工应税消费品消费税的组成计税价格中应包含（　　）。

A. 委托方提供加工材料的实际成本　　B. 加工费用

C. 受托方代垫辅助材料的实际成本　　D. 受托方代收代缴的税金

8. 下列关于消费税的纳税义务发生时间，说法正确的是（　　）。

A. 自用未对外销售的应税消费品为纳税人提货的当天

B. 纳税人委托加工应税消费品的，为纳税人提货的当天

C. 采用托收承付和委托银行收款方式的，为发出应税消费品并办妥托收手续的当天

D. 采用赊销和分期收款方式销售应税消费品的，书面合同没有约定收款日期或者无书面合同的，为发出应税消费品的当天

9. 在下列各项中，不符合消费税纳税地点规定的有（　　）。

A. 委托加工的应税消费品，由委托方向所在地税务机关申报缴纳

B. 进口的应税消费品，由进口人或其代理人向报关地海关申报缴纳

C. 纳税人的总机构与分支机构不在同一县（市）的，分支机构应回总机构申报缴纳
D. 纳税人到外县（市）销售自产应税消费品的，应向机构所在地或居住地主管税务机关申报缴纳

10. 某企业以自产的10吨粮食白酒用于抵偿债务。已知同期白酒的最高售价为每吨5万元，平均售价为每吨4万元（以上售价均为不含税价，白酒适用的比例税率为20%，定额税率为每斤0.5元），则下列说法中正确的有（　　）。

A. 该企业应缴纳消费税　　B. 该企业不需要缴纳消费税
C. 该企业应缴纳消费税90 000元　　D. 该企业应缴纳消费税110 000元

（六）简答题

1. 简述消费税的基本特点。
2. 小汽车的消费税税率按照气缸容量实行差别税率的主要目的是什么?
3. 对自用未对外销售的应税消费品应如何征税?
4. 消费税和增值税在征税范围、征税环节上有何不同?
5. 对出口应税消费品的退（免）税有哪些规定?

（七）计算题

1. 某饰品公司在七夕情人节期间举办情人节戒指“以旧换新”活动，共售出不含税售价为5 000元的金戒指10枚，收回旧戒指10枚，折价2 000元（不含税）。与此同时，销售金项链20条，每条金项链不含税单价为3 000元，每条项链配备精美包装盒，另外收取精美包装盒100元/盒。已知零售环节金银首饰的消费税税率为5%。计算该饰品公司在七夕情人节当天应缴纳的消费税。

2. 5月，甲酒厂生产品牌白酒500箱，每箱12瓶，每瓶500克。每箱白酒的成本价为300元，含税市场价为550元/箱。生产甲类啤酒200吨，每吨啤酒的成本价为800元/吨，含税售价为1 200元/吨。白酒的消费税税率为20%的比例税率加征0.5元/500克的定额税率。甲类啤酒的消费税税率为250元/吨。计算该酒厂当月的消费税应纳税额。

3. 由于现金周转困难，甲化妆品厂和债权人乙贸易公司协商，甲化妆品厂决定用公允价值500万元的高档化妆品抵偿债务。该批高档化妆品当月最低售价为450万元，最高售价为600万元，上述价格均不含增值税。高档化妆品的消费税税率为15%。计算甲化妆品厂应该缴纳的消费税。

4. 某化妆品公司生产高档化妆品和护发品。为迎接国庆佳节，该公司将生产的高档化妆品和护发品组成美容套装销售。每套美容套装定价500元，当月共销售100套美容套装。另外，该公司还销售高档化妆品10万元，销售护发品5万元。上述收入均不含增值税。高档化妆品的消费税税率为15%。计算该公司当月应缴纳的消费税。

5. 某外贸公司进口一批卷烟，共50 000标准条，每条200支。该公司向国外买家支付的价格为500万元，从境外到我国境内输入点装卸前的运费为50万元，保险费为20万元。从海关运往公司所在地的运费为20万元。关税税率为25%。甲类卷烟的消费税税率

为56%加征0.003元/支，乙类卷烟的消费税税率为36%加征0.003元/支。计算该外贸公司应缴纳的消费税。

(八) 综合题

1. 某市卷烟厂为一般计税方法纳税人，某月发生如下业务：

(1) 与甲企业签订加工合同，受托加工甲类卷烟100箱，每箱250条，每条200支。甲企业提供原材料的成本为20万元，加工结束后开具增值税专用发票，注明收取加工费5万元，增值税为0.80万元。

(2) 进口一批烟丝作原材料，支付货价50万元，支付进口烟丝运抵我国输入地点起卸前的运输费用1万元、保险费0.5万元。

(3) 领用60%当月进口的烟丝生产甲类卷烟，并销售甲类卷烟100箱，每箱250条，每条200支，取得不含税销售额200万元。

本月取得的相关票据均符合税法规定，并在本月抵扣，关税税率为60%，烟丝消费税税率为30%，甲类卷烟消费税税率为56%，甲类卷烟消费税的定额税率为0.003元/支。

根据上述资料，按照下列顺序回答问题：

(1) 该卷烟厂应代收代缴的消费税。

(2) 该卷烟厂进口烟丝应缴纳的消费税。

(3) 该卷烟厂当月应向税务机关缴纳的消费税。

2. 某摩托车生产企业上半年发生的业务如下：

(1) 上半年生产气缸容量为300毫升的A牌两轮摩托车1 500辆，每辆两轮摩托车的不含税销售价为2.5万元，上半年销售1 200辆，共取得送货的不含税运输装卸费50万元。

(2) 上半年生产气缸容量为270毫升的B牌两轮摩托车3 000辆，每辆摩托车的不含税销售价为1万元，并销售了2 000辆。上半年共取得送货的不含税运输装卸费10万元。

(3) 上半年该摩托车生产企业将生产的300辆A牌两轮摩托车抵偿债务。同类摩托车的不含税市场均价为2.5万元，不含税最高售价为3万元。

(4) 上半年该摩托车生产企业将200辆B牌两轮摩托车作为职工福利奖励给员工。同类摩托车的不含税市场均价为1万元，不含税最高售价为2万元。

已知气缸容量为250毫升（含）以上的摩托车消费税税率为10%。

计算上半年该摩托车生产企业应缴纳的消费税。

3. 5月，甲厂（一般计税方法纳税人）外购一批木材，取得的增值税专用发票上注明的价款为100万元，增值税为13万元。随后，甲厂将该批木材运往乙加工厂，委托其生产实木地板，取得的增值税专用发票上注明的运费为3万元，增值税为2 700元。乙企业收取20万元的加工费并在5月20日将加工后的实木地板移交给甲企业。乙企业没有同类实木地板的销售价格。5月30日，甲企业以200万元（不含增值税）的价格将这批实木地板销售给某建材公司。实木地板的消费税税率为5%。

计算当月乙企业应代收代缴的消费税及甲公司应缴纳的消费税。

4. 某化妆品厂（一般计税方法纳税人）上半年发生的业务如下：

(1) 2月销售一批高档化妆品，不含税售价为200万元，货款已收到，货物已经发出。

(2) 5月销售一批高档护肤品，不含税销售额为100万元。另外，该化妆品厂还收取包装物押金56 500元，包装物押金单独核算。购销双方约定，当月归还包装物并退还押金，但购货方违约，因而押金不予退还。

(3) 6月进行促销，将高档化妆品与沐浴用品组成套装后成套销售，该套装的不含税售价为300元，共售出300套。该套装中高档护肤品的不含税售价为200元，沐浴用品的不含税售价为100元。

已知高档化妆品的消费税税率为15%。

计算该化妆品厂上半年缴纳的消费税总额。

5. 甲化妆品厂（一般计税方法纳税人）生产销售高档化妆品和普通护肤品。3月，该厂发生以下业务：

(1) 外购高档香精一批，取得的增值税专用发票上注明的价款为300万元，增值税48万元。当月领用60%，用于生产高档化妆品。当月生产的高档化妆品期末库存为0。

(2) 受托加工高档化妆品一批，原材料均由委托方提供，原材料不含税价值为300万元，甲化妆品厂收取不含税加工费50万元。

(3) 销售A品牌高档化妆品5箱给某商场，取得不含税销售收入500万元，另外收取包装物押金2万元（单独记账）、包装费25万元；销售B品牌普通护肤品10箱给某批发站，收取含税金额174万元。

(4) 为回馈老顾客，采取“以旧换新”方式销售高档口红5 000支，每支高档口红的市场价为225元。无论使用程度，凡顾客将以往使用过的旧口红交回的，可折价75元，即顾客可以150元/支的价格购买新款口红。

(5) 为迎接妇女节，给本企业女员工200人每人发放C品牌礼品套盒一个，内有本企业生产的高档化妆品和普通护肤品。其中高档化妆品同类不含税出厂价为300元，普通护肤品同类不含税出厂价为100元。

(6) 将新研制的一批高级香水赠送给客户，成本价为150万元，成本利润率为5%。该新型高档香水无同类产品的市场销售价格。

已知高档化妆品的消费税税率为15%。

根据上述资料，回答下列问题。

(1) 计算该企业当月可抵扣的消费税。

(2) 计算该企业当月应代收代缴的消费税。

(3) 计算该企业当月应向税务机关缴纳的消费税（不含代收代缴消费税）。

五、答案与解析

（一）术语解释

1. 特别消费税是对某些特定的消费品和消费行为的流转额进行征税。

2. 价外费用是指价外向购买方收取的手续费、补贴、基金、集资费、返还利润、奖励费、违约金、滞纳金、延期付款利息、赔偿金、代收款项、代垫款项、包装费、包装物租金、储备费、优质费、运输装卸费以及其他各种性质的价外收费。

3. 委托加工应税消费品是指由委托方提供原材料和主要材料，受托方只收取加工费和代垫部分辅助材料加工的应税消费品；除此之外都不能称为委托加工。

4. 为了避免税款流失，对于委托加工应税消费品的应纳消费税，我国采取了源泉控制的管理办法，即由受托方（受托方为个人的除外）向委托方交货时代收代缴消费税。纳税人委托个人（含个体工商户）加工应税消费品的，一律由委托方收回后在委托方所在地缴纳消费税。

5. 为了避免重复征税，税法规定，将外购应税消费品和委托加工收回的应税消费品继续生产应税消费品销售的，可将外购应税消费品和委托加工收回的应税消费品已纳的消费税予以扣除。

（二）填空题

1. 征税范围　一般消费税　特别消费税
2. 卷烟　增值税
3. 定额税率　比例税率　比例税率和定额税率复合计税
4. 15 日　5 日　15 日

（三）判断题

1. ×【解析】不同于增值税的多环节征收，消费税大多实行单一环节征收（主要是在生产、委托加工和进口环节征收）。

2. ×【解析】对酒类产品生产企业销售除啤酒、黄酒以外酒类产品而收取的包装物押金，无论押金是否返还以及会计上如何核算，均应并入酒类产品销售额中征收消费税。

3. √【解析】纳税人兼营不同税率的应税消费品，应当分别核算不同税率应税消费品的销售额、销售数量。未分别核算销售额、销售数量，或者将不同税率的应税消费品组成成套消费品销售的，从高适用税率。

4. √【解析】由受托方提供原材料，或受托方先将原材料卖给委托方然后再接受加工，以及由受托方以委托方名义购进原材料生产的应税消费品，不论纳税人在财务上是否做销售处理，都不得作为委托加工应税消费品，而应看作受托方销售自制消费品。此时，消费税的纳税人为受托方。

5. ×【解析】现行税法规定的允许抵扣的税目，从大类上看，不包括酒类、小汽车、高档手表、游艇。

6. ×【解析】委托方收回货物后直接销售（以不高于受托方的计税价格出售）的，不再缴纳消费税；如果委托方连续生产应税消费品或者以高于受托方的计税价格出售的，其已纳税款准予按照规定从连续生产的应税消费品应纳消费税税额中扣除。

7. √【解析】出口免税并退税适用于有出口经营权的外贸企业购进应税消费品直接

出口，以及外贸企业委托代理出口应税消费品。这里需要重申的是，外贸企业只有受其他外贸企业委托，代理出口应税消费品才可以办理退税；外贸企业受其他企业（主要是非生产性的商贸企业）委托，代理出口应税消费品是不能退（免）税的。

8. ×【解析】按照海关对进口环节税收的管理规则，对于纳税人进口应税消费品，应当自海关填发海关进口消费税专用缴款书之日起15日内缴纳税款。

9. ×【解析】委托加工的应税消费品，除委托个人加工外，由受托方代收代缴消费税税款。委托个人加工的应税消费品，由委托方向其机构所在地或者居住地主管税务机关申报纳税。

10. ×【解析】凡是以烟叶为原料加工生产的产品，不论使用何种辅料，均属于烟税目的征收范围。也就是说，消费税的征收范围包括卷烟、雪茄烟和烟丝，但不包括烟叶。

(四) 单项选择题

1. B【解析】为了体现国家的消费政策和产业政策，消费税的平均税率一般较高，并且各税目或子目的税率差异较大，往往对需要限制或控制消费的消费品制定较高的税率。

2. D【解析】普通护肤护发品、烟叶、医用酒精都不属于消费税的征税范围。

3. C【解析】卷烟在批发环节加征消费税；小汽车中的“超豪华小汽车”在零售环节加征消费税；金银首饰在零售环节征收消费税。

4. C【解析】纳税人用于换取生产资料、消费资料、投资入股和抵偿债务等方面的应税消费品，应当以纳税人同类应税消费品的最高销售价格作为计税依据计算消费税。

5. D【解析】委托方将收回的应税消费品以不高于受托方的计税价格出售的，为直接出售，不再缴纳消费税。该行为不涉及产品增值，无须缴纳增值税。

6. B【解析】白酒生产企业向商业销售单位收取的“品牌使用费”是随着应税白酒的销售而向购货方收取的，属于应税白酒销售价款的组成部分。因此，不论企业采取何种方式或以何种名义收取该价款，均应并入白酒的销售额中缴纳消费税。

7. D【解析】实木地板在生产、委托加工或进口环节需要缴纳消费税。

8. A【解析】乙类啤酒的税率为220元/吨。按照从量计税方法征税的已税消费品不考虑包装物押金是否纳税。

9. D【解析】对于委托加工应税消费品的应纳消费税，由受托方（受托方为个人的除外）向委托方交货时代收代缴消费税。

10. C【解析】若将应税消费品和非应税消费品组成礼品盒销售，应根据组成礼品盒的销售金额，按应税消费品中适用最高税率的消费品税率征税。

11. A【解析】国家税务总局颁发的《消费税若干具体问题的规定》明确了应税消费品的全国平均成本利润率。

12. C【解析】在我国现行消费税制度中，实行复合计税的应税消费品只有卷烟和白酒。

13. D【解析】纳税人委托加工应税消费品的，为纳税人提货的当天。

14. A【解析】允许抵扣的税目从大类上看，不包括酒类、小汽车、高档手表、游艇。允许抵扣的只涉及同一大税目中购入应税消费品的连续加工，不能跨税目抵扣。

15. C【解析】纳税人采取赊销和分期收款结算方式的，纳税义务发生时间为书面合同约定的收款日期的当天，书面合同没有约定收款日期或者无书面合同的，纳税义务发生时间为发出应税消费品的当天。

16. B【解析】纳税人委托个人（含个体工商户）加工应税消费品的，一律由委托方收回后在委托方所在地缴纳消费税。

17. A【解析】纳税人兼营不同税率的应税消费品，应当分别核算不同税率应税消费品的销售额、销售数量。未分别核算销售额、销售数量，或者将不同税率的应税消费品组成成套消费品销售的，从高适用税率。

18. B【解析】该汽车厂应纳税额为：

22.6÷(1+13%)×12%×500=1 200(万元)

19. C【解析】货车、护发品不属于消费税的征税范围；超豪华小汽车在零售环节需要加收消费税。

20. B【解析】组成计税价格为：

(2 400 000+320 000+5 000×2×0.5)÷(1−20%)=3 406 250(元)

应纳消费税为：

3 406 250×20%+5 000×2×0.5=686 250(元)

（五）多项选择题

1. BC【解析】在我国现行消费税中，只有白酒、卷烟适用复合计税。

2. ABD【解析】在消费税的纳税环节中，卷烟除了进口、生产销售环节征税外，在批发环节也要征收消费税。

3. ABCD【解析】价外费用是指价外向购买方收取的手续费、补贴、基金、集资费、返还利润、奖励费、违约金、滞纳金、延期付款利息、赔偿金、代收款项、代垫款项、包装费、包装物租金、储备费、优质费、运输装卸费以及其他各种性质的价外收费。

4. ABC【解析】选项A、选项B、选项C属于价外费用，应计入销售额中计算应纳税额。选项D属于同时符合以下条件的代垫运费，不属于价外费用，不计征消费税：①承运部门的运输费用发票开具给购买方；②纳税人将该发票转交给购买方。

5. BCD【解析】对于纳税人自用未对外销售的应税消费品，除用于连续生产外，凡用于其他方面，都应当纳税，并按照纳税人生产的同类消费品的销售价格计算纳税。“用于其他方面”是指纳税人将自产的应税消费品用于生产非应税消费品、在建工程、管理部门、非生产机构、提供劳务以及用于馈赠、赞助、集资、广告、样品、职工福利、奖励等方面。

6. ACD【解析】应税消费品的销售额包括纳税人向购买方收取的全部价款和价外费用，但不包括增值税。消费税是价内税，因此销售额中包含消费税。

7. ABCD【解析】组成计税价格包含材料成本和加工费用。“材料成本”是指委托方所提供加工材料的实际成本。委托方提供的“材料成本”不包括可以抵扣的增值税，但包含采购材料的运输费（也不含可以抵扣的增值税）、采购过程中的其他杂费和入库前的整理挑选费用等。“加工费”是指受托方加工应税消费品向委托方收取的全部费用（包括代垫辅助材料的实际成本），但不包括随加工费收取的销项税额。

8. BCD【解析】纳税人自用未对外销售应税消费品的，为移送使用的当天。

9. AC【解析】选项A错误是因为委托加工的应税消费品，由受托方而不是委托方向所在地税务机关申报缴纳。选项C错误是因为纳税人的总机构与分支机构不在同一县（市）的，应当分别向各自机构所在地的主管税务机关申报纳税。

10. AD【解析】纳税人使用应税消费品抵偿债务，应当以纳税人同类应税消费品的最高销售价格作为计税依据计算消费税。应交消费税为：

$$5\times10\ 000\times10\times20\%+10\times2\ 000\times0.5=110\ 000(\text{元})$$

（六）简答题

1.【解析】(1) 征税范围具有选择性。我国现行消费税也属于特别消费税，共设置了15个税目，有的税目进一步划分为若干子目，征税范围清晰明了，未列举的消费品和消费行为不征收消费税。

(2) 征收环节具有单一性。不同于增值税的多环节征收，消费税大多实行单一环节征收（主要是在生产销售、委托加工和进口环节征收）。这样就可以集中征收，减少纳税人的数量，降低税收成本，防范税收流失，同时也避免了重复征税。

(3) 平均税率较高且税负差异大。为了体现国家的消费政策和产业政策，消费税的平均税率一般较高，并且各税目或子目的税率差异较大，往往对需要限制或控制消费的消费品制定较高的税率。

(4) 征收方法具有灵活性。在征收方法上，消费税既可以从量计税，也可以从价计税，还可以将从价与从量计税方法相结合。在实际征收制度中，根据不同应税消费品和消费行为的具体情况，可以灵活选取、制定征收方法。

(5) 税收负担具有转嫁性。消费税的纳税人为经营和销售应税商品的人，但纳税人可以通过调整销售价格，将税收负担最终转嫁给消费者。

2.【解析】消费税有调整消费结构和产业结构的功能。由于消费税征收范围的选择性和税负的差异性，并且税负最终由消费者承担，所以消费税的设计会对人们的消费行为产生很大影响，进而影响产业结构。我国现行小汽车的消费税划分为乘用车和中轻型商用客车两个子目，并且乘用车按排气量大小分设了1%～40%的7档适用税率。其设计意图就是引导理性消费，倡导节能环保，并鼓励小排量车的研制、生产。小汽车的消费税税率按照气缸容量实行差别税率，能够通过税率引导人们购买排量较小的汽车，从而起到节能环保的作用。

3.【解析】自用未对外销售的应税消费品是指纳税人在生产应税消费品后，不是用于直接对外销售，而是用于自己连续生产应税消费品或用于其他方面。

(1) 用于连续生产应税消费品。纳税人将自产的应税消费品用于连续生产应税消费品的，不纳税。“纳税人将生产的应税消费品用于连续生产应税消费品的”是指作为生产最终应税消费品的直接材料并构成最终产品实体的应税消费品。

（2）用于其他方面的应税消费品。对于纳税人自用未对外销售的应税消费品，除用于连续生产之外，凡用于其他方面，都应当纳税，并按照纳税人生产的同类消费品的销售价格计算纳税。“用于其他方面”是指纳税人将自产的应税消费品用于生产非应税消费品、在建工程、管理部门、非生产机构、提供劳务以及用于馈赠、赞助、集资、广告、样品、职工福利、奖励等方面。“用于生产非应税消费品”是指把自产的应税消费品用于生产税目税率表所列 15 类产品以外的产品。

（3）对于纳税人自用未对外销售的应税消费品，凡用于其他方面且应当纳税的，按照纳税人生产的同类消费品的销售价格计算纳税。同类消费品的销售价格是指纳税人当月销售的同类消费品的销售价格，如果当月同类消费品各期销售价格高低不同，应按销售数量加权平均计算。如果当月无销售价格或当月未完结，应按照同类消费品上月或最近月份的销售价格计算纳税。没有同类消费品销售价格的，按照组成计税价格计算纳税。

4. **【解析】**（1）征税范围。增值税是对在中华人民共和国境内销售货物、服务、无形资产、不动产和金融商品，以及进口货物的单位和个人以其实现的增值额为征税对象而征收的一种税。消费税是以特定消费品和特定消费行为为征税对象所征收的一种税。因此，在征税范围方面，增值税是对货物和应税服务普遍征收，消费税是对特定货物征收。

（2）征税环节。增值税是对应税货物和服务的所有流转环节道道征收，消费税是以特定消费品和特定消费行为为征税对象所征收的一种税。

5. **【解析】**出口应税消费品退（免）消费税在政策上分为以下三种情况：

（1）出口免税并退税。适用于有出口经营权的外贸企业购进应税消费品直接出口，以及外贸企业委托代理出口应税消费品。

（2）出口免税但不退税。适用于有出口经营权的生产企业自营出口或生产企业委托外贸企业代理出口自产的应税消费品，依据其实际出口数量免征消费税，不予办理退还消费税。

（3）出口不免税也不退税。适用于除生产企业、外贸企业以外的其他企业，具体是指一般商贸企业，这类企业委托外贸企业代理出口应税消费品一律不予退（免）税。

（七）计算题

1. **【解析】**纳税人采用以旧换新（含翻新改制）方式销售的金银首饰，应按实际收取的不含增值税的全部价款确定计税依据并征收消费税。

“以旧换新”金戒指的应税销售额为：

$$(5\,000-2\,000)\times10=30\,000(\text{元})$$

“以旧换新”金戒指的应纳税额为：

$$30\,000\times5\%=1\,500(\text{元})$$

金银首饰连同包装物销售的，无论包装是否单独计价，也无论会计上如何核算，均应并入金银首饰的销售额，计征消费税。

金项链的应税销售额为：

$$3\,000\times20=60\,000(\text{元})$$

金项链的应纳税额为：

60 000×5％＝3 000(元)

包装盒为含税价格，应换算为不含税价后计算。

包装盒的应纳税额为：

100÷(1＋13％)×20×5％＝88.50(元)

该饰品公司当日消费税应纳税额为：

1 500＋3 000＋88.50＝4 588.5(元)

2.【解析】白酒采用复合计税，从价税率为20％，另加0.5元/500克的从量税。因此，白酒的应纳税额为：

550÷(1＋13％)×500×20％＋0.5×500×12＝51 672.57(元)

甲类啤酒采用从价计税方法，税率为250元/吨。因此，啤酒的应纳税额为：

200×250＝50 000(元)

甲酒厂5月应纳税额为：

51 672.57＋50 000＝101 672.57(元)

3.【解析】纳税人用于换取生产资料、消费资料、投资入股和抵偿债务等方面的应税消费品，应当以纳税人同类应税消费品的最高销售价格作为计税依据计算消费税。

因此，甲化妆品厂应用600万元作为该批化妆品的应税销售额，故应纳税额为：

600×15％＝90(万元)

4.【解析】纳税人将应税消费品和非应税消费品组成套装销售的，应将套装的总销售额按照应税消费品的税率计算缴纳消费税。纳税人将不同税率的应税消费品组成套装销售的，从高适用税率。

护发品为非应税消费品，单独销售护发品不征收消费税。

高档化妆品的消费税应纳税额为：

100 000×15％＝15 000(元)

美容套装的销售额为：

500×100＝50 000(元)

由于美容套装适用高档化妆品的消费税税率，所以美容套装的消费税应纳税额为：

50 000×15％＝7 500(元)

当月该厂应缴纳的消费税为：

15 000＋7 500＝22 500(元)

5.【解析】卷烟每标准条的价格为：

5 000 000÷50 000＝100(元/条)

因此，该批卷烟为甲类卷烟，适用税率为56％和0.003元/支。

关税计税价格为：

500＋50＋20＝570(万元)

关税为：

570×25％＝142.5(万元)

消费税的组成计税价格为：

(570＋142.5＋50 000×200×0.003÷10 000)÷(1－56％)＝1 626.14(万元)

消费税的应纳税额为：

50 000×200×0.003÷10 000+1 626.14×56%=913.64(万元)

(八) 综合题

1. **【解析】**(1) 该卷烟厂受托加工的组成计税价格为：

(20+5+100×250×200×0.003÷10 000)÷(1−56%)=60.23(万元)

该卷烟厂应代收代缴的消费税为：

60.23×56%+100×250×200×0.003÷10 000=35.23(万元)

(2) 进口烟丝的关税计税价格为：

50+1+0.5=51.5(万元)

关税为：

51.5×60%=30.9(万元)

消费税的组成计税价格为：

(51.5+30.9)÷(1−30%)=117.71(万元)

该卷烟厂进口烟丝应缴纳的消费税为：

117.71×30%=35.31(万元)

(3) 外购已税烟丝生产甲类卷烟进行销售，在缴纳消费税时准予扣除外购烟丝已缴纳的消费税税额。因此，当月可抵扣的外购已税烟丝消费税税额为：

35.31×60%=21.19(万元)

销售甲类卷烟应纳税额为：

200×56%+100×250×200×0.003÷10 000=113.5(万元)

该卷烟厂当月应向税务机关缴纳的消费税为：

113.5−21.19=92.31(万元)

2. **【解析】**气缸容量为250毫升（不含）以下的摩托车不征消费税，气缸容量为250毫升（含）以上的摩托车消费税税率为10%。

销售额包括收取的全部价款和价外费用（运输装卸费）。

(1)中业务的应纳税额为：

(2.5×1 200+50)×10%=305(万元)

(2)中业务的应纳税额为：

(1×2 000+10)×10%=201(万元)

(3)中业务用于抵偿债务，应当以纳税人同类应税消费品的最高销售价格作为计税依据。因此，该业务的应纳税额为：

3×300×10%=90(万元)

(4)中业务将自产的应税消费品用于职工福利，应缴纳消费税，计税价格为纳税人生产的同类消费品的销售价格。

因此，该业务的应纳税额为：

200×1×10%=20(万元)

上半年该摩托车生产企业应缴纳的消费税为：

$305+201+90+20=616$(万元)

3.**【解析】**对于委托加工的应税消费品，应按照受托方同类消费品的销售价格计算纳税；没有同类消费品销售价格的，应按照组成计税价格计算纳税。

材料成本中包含采购材料的运输费。

组成计税价格为：

$$\begin{aligned}(\text{材料成本}+\text{加工费})\div(1-\text{比例税率})&=(100+3+20)\div(1-5\%)\\&=129.47(\text{万元})\end{aligned}$$

乙企业应代收代缴的消费税为：

$129.47\times5\%=6.47$(万元)

甲企业的将委托加工物资收回后，以高于乙企业的计税价格出售，因此需要按照规定申报缴纳消费税，在计税时可扣除受托方已代收代缴的消费税。

甲企业的消费税应纳税额为：

$200\times5\%-6.47=3.53$(万元)

4.**【解析】**(1)中业务，消费税的应纳税额为：

$200\times15\%=30$(万元)

(2)中业务，由于包装物押金逾期未退回，因此包装物押金计入应税消费品的销售额，按照应税消费品的适用税率缴纳消费税。

销售的高档护肤品消费税应纳税额为：

$100\times15\%=15$(万元)

逾期未退回的包装物押金应纳税额为：

$5.65\div(1+13\%)\times15\%=0.75$(万元)

该业务应纳税额为：

$15+0.75=15.75$(万元)

(3)中业务，沐浴用品不是消费税的应税消费品，但该化妆品厂将应税消费品和非应税消费品组成成套消费品销售，应从高适用税率。因此，该业务适用15%的税率。

该业务的消费税应纳税额为：

$300\times300\times15\%\div10\,000=1.35$(万元)

该化妆品厂上半年应缴纳的消费税为：

$30+15.75+1.35=47.1$(万元)

5.**【解析】**(1) 外购的高级香精可以按生产领用数量抵扣已纳的消费税，因此当月可抵扣的消费税为：

$300\times15\%\times60\%=27$(万元)

(2) 当月代收代缴的组成计税价格为：

$(\text{材料成本}+\text{加工费})\div(1-\text{比例税率})=(300+50)\div(1-15\%)=411.76(\text{万元})$

当月应代收代缴的消费税为：

$411.76\times15\%=61.76$(万元)

(3) 当月应缴纳的消费税分别为：

在业务 (3) 中，未逾期包装物押金不计入销售额，普通护肤品无须缴纳消费税。因此，该业务的消费税应纳税额为：

[500＋25÷(1＋13%)]×15%＝78.32(万元)

在业务（4）中，一般产品采取“以旧换新”方式销售货物的，应按新货物的同期销售价格确定销售额，不得冲减旧货物的收购价格。因此，该业务的消费税应纳税额为：

225÷(1＋13%)×5 000×15%÷10 000＝14.93(万元)

在业务（5）中，将应税商品作为员工福利，应缴纳消费税。与此同时，将应税消费品与非应税消费品组成套装销售，需要从高适用税率。因此，该业务的消费税应纳税额为：

(300＋100)×200×15%÷10 000＝1.2(万元)

在业务（6）中，将自产应税消费品用于馈赠，应当缴纳消费税。由于无同类产品的市场价格，所以按照组成计税价格计算纳税。因此，新研制香水的组成计税价格为：

150×(1＋5%)÷(1－15%)＝185.29(万元)

该业务的消费税应纳税额为：

185.29×15%＝27.79(万元)

综合上述业务，该企业当月应缴纳的消费税为：

78.32＋14.93＋1.2＋27.79－27＝95.24(万元)

第四章

关　税

一、学习目的与要求

关税是海关依法对进出境货物、物品征收的一种税。通过本章理论知识和案例的学习：首先，学生应理解和掌握关税的概念及其特点，重点掌握关税的征税对象和各种情况下的关税纳税人；其次，学生需要重点掌握关税在进口、出口等各种情况下的税率；最后，学生需要通过对上述知识的理解和运用，熟练确定关税计税价格，计算关税的应纳税额，同时理解和掌握关税减免的政策以及关税的征收管理。

二、重点与难点

(一) 关税的征税对象

关税的征税对象是准许进出境的货物和物品。货物是指贸易性商品；物品是指入境旅客随身携带的行李物品、个人邮递物品、各种运输工具上的服务人员携带进口的自用物品、馈赠物品以及以其他方式进境的个人物品。

（二）关税的纳税人

关税的纳税人包括以下三种：进口货物的收货人、出口货物的发货人、进出境物品的所有人。其中，进出口货物的收、发货人是依法取得对外贸易经营权，并进口或者出口货物的法人或其他社会组织；进出境物品的所有人包括该物品的所有人和推定为所有人的人。

在通常情况下，对于携带进境的物品，推定其携带人为所有人；对分离运输的行李，推定相应的进出境旅客为所有人；对以邮递方式进境的物品，推定其收件人为所有人；对以邮递或其他运输方式出境的物品，推定其寄件人和托运人为所有人。

（三）进口关税税率

1. 税率设置

我国进口税则设有最惠国税率、协定税率、特惠税率、普通税率共四种税率，其适用范围分别为：

（1）最惠国税率适用原产于与我国共同适用最惠国待遇条款的 WTO 成员的进口货物，或原产于与我国签订有相互给予最惠国待遇条款的双边贸易协定的国家或地区的进口货物，以及原产于我国境内的进口货物。

《国务院关税税则委员会关于 2018 年关税调整方案的通知》（税委会［2017］27 号）规定：对《中华人民共和国加入世界贸易组织关税减让表修正案》附表所列信息技术产品最惠国税率自 2018 年 1 月 1 日至 2018 年 6 月 30 日继续实施第二次降税，自 2018 年 7 月 1 日起实施第三次降税。自 2018 年 1 月 1 日起对 948 项进口商品实施暂定税率，其中 27 项信息技术产品暂定税率实施至 2018 年 6 月 30 日止。

（2）协定税率适用原产于与我国签订了贸易或关税优惠协定的有关国家或地区的进口货物。

《国务院关税税则委员会关于 2018 年关税调整方案的通知》规定：对中国与格鲁吉亚自贸协定项下的部分产品开始实施协定税率，对中国与东盟、巴基斯坦、韩国、冰岛、瑞士、哥斯达黎加、秘鲁、澳大利亚、新西兰的自贸协定以及内地分别与港、澳的更紧密经贸安排（CEPA）项下的部分商品的协定税率进一步降低。

中国与东盟、智利、新加坡的自贸协定，亚太贸易协定，以及海峡两岸经济合作框架协议（ECFA）项下商品继续实施协定税率，商品范围和税率水平均维持不变。

（3）特惠税率适用原产于与我国签订了贸易或关税优惠协定、进行了双边换文以及国务院有关决定明确的国家或地区的进口货物。

《国务院关税税则委员会关于 2018 年关税调整方案的通知》规定：自 2018 年 1 月 1 日起，对有关最不发达国家继续实施特惠税率，商品范围和税率水平均维持不变。

（4）普通税率适用原产于上述国家或地区以外的其他国家或地区的进口货物。按照普通税率征税的进口货物，经国务院关税税则委员会特别批准，可以适用最惠国税率。

这四种税率由高至低为普通税率、最惠国税率、协定税率、特惠税率。适用最惠国税率、协定税率、特惠税率的国家或者地区名单，由国务院关税税则委员会决定，报国务院批准后执行。

2. 税率的计征方法

我国对进口货物主要实行从价税，即以进口货物的完税价格作为计征依据，以应征税额占货物完税价格的百分比作为税率。从 1997 年 7 月 1 日起，我国对部分货物实行从量税、复合税和滑准税。

从量税是以进口货物的长度、重量、面积、容量等计量单位为计税依据，这种计税方法的特点是税额计算简便、通关手续快捷、不受货物价格的影响，能起到抑制质次价廉货物或故意低瞒价格货物的进口。目前，我国对原油、啤酒、胶卷的进口分别以重量、容积、面积计征从量税。

复合税是对某种进口货物混合使用从价税和从量税的计征标准。复合税既能发挥从量税抑制低价货物进口的特点，又能发挥从价税税负合理、稳定的特点。目前，我国对录像机、放像机、摄像机、数字照相机和摄录一体机实行复合税。

滑准税是一种关税税率随进口货物的价格由高到低，而由低到高设置并计征关税的方法。也就是说，进口货物的价格越高，其进口关税税率越低；进口货物的价格越低，其进口关税税率越高。滑准税的主要特点是可保持征收滑准税货物的国内市场价格相对稳定，尽可能减少国际市场价格波动的影响。目前，我国对在关税配额外进口一定数量的棉花实行滑准税，具体方式如下：

（1）当进口棉花的完税价格高于或等于 15.000 元/千克时，暂定从量税率为 0.570 元/千克。

（2）当进口棉花的完税价格低于 15.000 元/千克时，暂定从价税率按下式计算：

$$R_i = 9.337 \div P_i + 2.77\% \times P_i - 1 \quad R_i \leqslant 40\%$$

式中，R_i 为暂定从价税率，对上式计算结果经四舍五入后保留前 3 位；P_i 为关税计税价格，单位为元/千克。

3. 暂定税率与关税配额税率

我国对部分进口原材料、零部件、农药原药和中间体、乐器及生产设备、燃油等进口货物实行暂定税率。暂定税率的适用优先于优惠税率和最惠国税率，按普通税率征税的进口货物不适用暂定税率。与此同时，对部分进口农产品和化肥产品实行关税配额，即一定数量内的上述进口货物适用税率较低的配额内税率，超出该数量的进口货物适用税率较高的配额外税率。对小麦、玉米等 7 种农产品和尿素等 3 种化肥产品实行关税配额管理。

《关于调整部分日用消费品进口关税的公告》（海关总署公告 2015 年第 21 号）规定：自 2015 年 6 月 1 日起，以暂定税率方式降低护肤品、西装、短筒靴、纸尿裤等日用消费品的进口关税税率。这些消费品适用的关税税率由 2015 年的最惠国税率降为更低的暂定税率。

《国务院关税税则委员会关于 2018 年关税调整方案的通知》规定：自 2018 年 1 月 1 日起，继续对小麦等 8 类商品实施关税配额管理，税率不变。其中，对尿素、复合肥、磷酸氢铵 3 种化肥的配额税率继续实施 1%的暂定税率。我国继续对配额外进口的一定数量的棉花实施滑准税。

（四）出口关税税率

我国仅对少数资源性产品及易于竞相杀价、盲目进口、需要规范出口秩序的半制成品征收出口关税。现行税则对100多种货物计征出口关税，主要是鳗鱼苗、部分有色金属矿砂等。此外，我国对其他200多种货物征收暂定税率。

《关于调整部分产品出口关税的公告》（海关总署公告2015年第16号）规定：自2015年5月1日开始，取消钢铁颗粒粉末、稀土、钨、钼等产品的出口关税；对铝加工材等产品出口实施零税率。

《国务院关税税则委员会关于2018年关税调整方案的通知》规定，自2018年1月1日起，对铬铁等202项出口商品征收出口关税或实行出口暂定税率。

（五）一般进口货物关税计税价格的确定

1. 以成交价格为基础的完税价格

根据《海关法》，进口货物以海关审定的成交价格作为基础的到岸价格（CIF）为完税价格。到岸价格包括货物的货价、货物运抵我国境内输入地点起卸前的运输及其相关费用、保险费。进口货物的成交价格是指买方为购买该货物，按《中华人民共和国海关审定进出口货物完税价格办法》（以下简称《完税价格办法》）的有关规定调整后的实付或应付价格。

如果以下费用或价值尚未包括在进口货物的实付或应付价格中，该费用或价值应当计入完税价格：由买方负担的除购货佣金以外的佣金和经纪费；由买方负担的与该货物视为一体的容器费用；由买方负担的包装材料和包装劳务费用；与该货物生产和向中华人民共和国境内销售有关的，由买方以免费或者以低于成本的方式提供并可以按适当比例分摊的料件、工具、模具、消耗材料及类似货物的价款，以及在境外开发、设计等相关服务的费用；与该货物相关并作为卖方向我国销售该货物的一项条件，应当由买方直接或间接支付的特许权使用费；卖方直接或间接从买方对该货物进口后转售、处置或使用所得中获得的收益。

如果能与该货物实付或应付价格区分，则下列费用不得计入完税价格：厂房、机械、设备等货物进口后的基建、安装、装备、维修和技术服务的费用；货物运抵境内输入地点之后发生的运输费用；进口关税及其他的国内税收；为在境内复制进口货物而支付的费用；境内外技术培训及境外考察费用。

2. 进口货物海关估价方法

进口货物的成交价格不符合《完税价格办法》相关规定的，或者成交价格不能确定的，海关经了解有关情况并与纳税人进行价格磋商后，依次按照下列方法审查确定该货物的完税价格：相同货物成交价格估价方法；类似货物成交价格估价方法；倒扣价格估价方法；计算价格估价方法；其他合理方法。如果进口货物的收货人提出要求并提供相关资料，经海关同意，可以选择倒扣价格估价方法和计算价格估价方法的适用次序。

（1）相同货物成交价格估价方法。相同货物成交价格估价方法是指海关以与进口货物同时或大约同时（在海关接受申报进口之日的前后各 45 日以内）向中国境内销售的相同货物的成交价格为基础，审查确定进口货物完税价格的估价方法。

（2）类似货物成交价格估价方法。类似货物成交价格估价方法是指海关以与进口货物同时或大约同时（在海关接受申报进口之日的前后各 45 日以内）向中国境内销售的类似货物的成交价格为基础，审查确定进口货物完税价格的估价方法。

（3）倒扣价格估价方法。倒扣价格估价方法是指海关以相同或类似进口货物在境内的销售价格为基础，扣除在境内发生的相关费用后，审查确定进口货物完税价格的估价方法。

在按照倒扣价格估价方法审查确定进口货物的完税价格时，应当扣除下列各项：同等级或同种类货物在境内销售时的利润和一般费用（包括直接费用和间接费用）以及通常支付的租金；进口货物运抵境内输入地点之后的运费、保险费、装卸费及其他相关费用；进口关税、进口环节税及其他与进口或销售上述货物有关的国内税。

（4）计算价格估价方法。计算价格估价方法是指海关以相关项目的价值或费用总和为基础，审查确定进口货物完税价格的估价方法。其中，相关项目包括：生产该货物所使用的原材料价值和进行装配或其他加工的费用；与向境内销售同等级或同种类货物的利润、一般费用相符的利润和一般费用（包括直接费用和间接费用）；货物运抵境内输入地点起卸前的运输及相关费用、保险费。

（5）其他合理方法。其他合理方法是指当海关不能根据相同货物成交价格估价方法、类似货物成交价格估价方法、倒扣价格估价方法和计算价格估价方法确定进口货物的完税价格时，根据客观、公平、统一的原则，以客观量化的数据资料为基础确定进口货物完税价格的估价方法。但是，不得使用以下价格：境内生产的货物在境内的销售价格；可供选择的价格中较高的价格；货物在出口地市场的销售价格；根据计算价格估价方法规定的有关各项之外的价值或费用计算的价格；出口到第三国或者地区的货物的销售价格；最低限价或武断、虚构的价格。

（六）特殊进口货物关税计税价格的确定

1. 加工贸易进口料件及其制成品

加工贸易进口料件及其制成品需要征税或内销补税的，海关按照一般进口货物的完税价格规定，审定完税价格。

（1）进口时应当征税的进料加工进口料件，以该料件申报进口时的成交价格为基础审查确定完税价格。

（2）进料加工进口料件或其制成品（包括残次品）内销时，海关以料件原进口成交价格为基础审查确定完税价格。

（3）来料加工进口料件或其制成品（包括残次品）内销时，海关以接受内销申报的同时或者大约同时进口的与料件相同或者类似货物的进口成交价格为基础审查确定完税价格。

（4）加工企业内销加工过程中产生的边角料或者副产品，以海关审查确定的内销价格作为完税价格。

2. 出口加工区货物

出口加工区内的加工企业内销的制成品（包括残次品），海关以接受内销申报的同时或者大约同时进口的相同或者类似货物的进口成交价格为基础审查确定完税价格。

出口加工区内的加工企业内销加工过程中产生的边角料或者副产品，以海关审查确定的内销价格作为完税价格。

3. 保税区货物

保税区内的加工企业内销的进口料件或者其制成品（包括残次品），海关以接受内销申报的同时或者大约同时进口的相同或者类似货物的进口成交价格为基础审查确定。

保税区内的加工企业内销的进料加工制成品中，如果含有从境内采购的料件，海关以制成品所含从境外购入的料件原进口成交价格为基础审查确定完税价格。料件原进口成交价格不能确定的，海关以接受内销申报的同时或者大约同时进口的与料件相同或者类似货物的进口成交价格为基础审查确定完税价格。

保税区内的加工企业内销的来料加工制成品中，如果含有从境内采购的料件，海关以接受内销申报的同时或者大约同时进口的与制成品所含从境外购入的料件相同或者类似货物的进口成交价格为基础审查确定完税价格。

保税区内的加工企业内销加工过程中产生的边角料或者副产品，以海关审查确定的内销价格作为完税价格。

4. 从出口加工区、保税区等进入境内的货物

从保税区、出口加工区、保税物流园区、保税物流中心等区域、场所进入境内，需要征税的货物，海关应当以从上述区域、场所进入境内的相同或类似货物的销售价格为基础审查确定完税价格，加工贸易进口料件及其制成品除外。

如果上述销售价格中未包括货物在上述区域、场所发生的仓储、运输及其他相关费用，应当按照客观量化的数据资料予以计入。

5. 运往境外修理的货物

运往境外修理的机械器具、运输工具或其他货物，出境时已向海关报明，并在海关规定期限内复运进境的，应当以海关审定的境外修理费和料件费以及该货物复运进境的运输及其相关费用、保险费估定完税价格。

6. 运往境外加工的货物

运往境外加工的货物，出境时已向海关报明，并在海关规定期限内复运进境的，应当以海关审定的境外加工费和料件费，以及该货物复运进境的运输及其相关费用、保险费估定完税价格。

7. 暂时进境货物

对于经海关批准的暂时进境货物，应当按照一般进口货物估价办法的规定，估定完税价格。

8. 留购的进口货样等

对于境内留购的进口货样、展览品和广告陈列品，以海关审定的留购价格作为完税价格。

9. 租赁方式进口货物

采用租赁方式进口的货物中，以租金方式对外支付的租赁货物，在租赁期间以海关审定的租金作为完税价格，利息应当予以计入；留购的租赁货物，以海关审定的留购价格作为完税价格；承租人申请一次性缴纳税款的，经海关同意，可按照一般进口货物估价办法的规定估定完税价格。

10. 予以补税的减免税货物

若减税或免税进口的货物需要补税，应当以海关审定的该货物原进口时的价格，扣除折旧部分价值作为完税价格。其计算公式如下：

$$\text{完税价格}=\text{海关审查确定的该货物原进口的价格}\times\left[1-\text{补税时已进口的时间(月)}\div(\text{监管年限}\times 12)\right]$$

11. 以其他方式进口的货物

以货易货贸易、寄售、捐赠、赠送等不存在成交价格的进口货物，应当按照一般进口货物估价办法的规定，估定完税价格。

（七）出口货物关税完税价格的确定

1. 以成交价格为基础的完税价格

出口货物的完税价格由海关以该货物向境外销售的成交价格为基础审查确定，并应包括该货物运至中华人民共和国境内输出地点装载前的运输及其相关费用、保险费。出口货物的成交价格是指该货物出口时卖方为出口该货物应当向买方直接和间接收取的价款总额。出口关税不计入完税价格，其计算公式为：

$$\text{完税价格}=\text{离岸价格}\div(1+\text{出口税率})$$

在计算出口货物的完税价格时，须遵循下列规定：

(1) 出口货物的离岸价格应以该货物运离关境前的最后一个口岸的离岸价格为实际离岸价格。如果该货物从内地起运，则从内地口岸至最后出境口岸所支付的国内段运输费用应予以扣除。

(2) 出口货物成交价格中含有支付给国外的佣金，如与货物的离岸价格分列，应予以扣除；未单独列明的，则不予以扣除。

(3) 如果出口货物的成交价格为境外口岸的到岸价格或货价加运费价格，应先扣除运费、保险费后，再按规定公式计算完税价格。

(4) 出口货物在离岸价格以外，买方还另行支付货物包装费，应将其计入完税价格中。

2. 出口货物海关估价方法

若出口货物的成交价格不能确定，海关在了解有关情况并与纳税人进行价格磋商后，依次使用下列方法估定完税价格：

(1) 同时或大约同时向同一国家或地区出口的相同货物的成交价格。

(2) 同时或大约同时向同一国家或地区出口的类似货物的成交价格。

(3) 根据境内生产相同或类似货物的成本、利润和一般费用（包括直接费用和间接费用）、境内发生的运输及其相关费用、保险费计算所得的价格。

(4) 按照合理方法估定的价格。

（八）关税应纳税额的计算

1. 从价税应纳税额的计算

从价税应纳税额的计算公式为：

关税应纳税额=进(出)口应税货物数量×单位完税价格×适用税率

2. 从量税应纳税额的计算

从量税应纳税额的计算公式为：

关税应纳税额=进(出)口应税货物数量×单位货物税额

3. 复合税应纳税额的计算

复合税应纳税额的计算公式为：

$$\text{关税应纳税额}=\text{进(出)口应税货物数量}\times\text{单位货物税额}+\text{进(出)口应税货物数量}\times\text{单位完税价格}\times\text{适用税率}$$

4. 滑准税应纳税额的计算

滑准税应纳税额的计算公式为：

关税应纳税额=进(出)口应税货物数量×单位完税价格×滑准税税率

(九) 关税减免

关税减免是贯彻国家关税政策的一项重要措施，具有很强的政策性，具体是指对某些纳税人和征税对象给予鼓励或照顾的一种特殊调节手段。关税减免分为法定减免税、特定减免税和临时减免税。

1. 法定减免税

法定减免税是依照关税基本法规的规定，对明确列出的征税对象给予的免税。下列货物、物品予以减免关税：

(1) 关税税额在人民币50元以下的一票货物，可免征关税。

(2) 无商业价值的广告品和货样，可免征关税。

(3) 外国政府、国际组织无偿赠送的物资，可免征关税。

(4) 进出境运输工具转载的途中必需的燃料、物料和饮食用品，可予免税。

(5) 为境外厂商加工、装配成品和为制造外销产品而进口的原材料、辅料、零部件、部件、配套件和包装物料，海关按照实际加工出口的成品数量免征进口关税；或者对进口料件先征进口关税，再按照实际加工出口的成品数量予以退税。

(6) 经海关核准暂时进境或者暂时出境，并在6个月内复运出境或者复运进境的货样、展览品、施工机械、工程车辆、工程船舶、供安装设备时使用的仪器和工具、电视或电影摄制器械、盛装货物的容器以及剧团服装道具，在货物发货人向海关缴纳相当于税款的保证金或提供担保后，可予以暂时免税。

(7) 因故退还的境外进口货物，经海关审查属实，可予以免征出口关税，但已征收的进口关税不予退还。

(8) 因故退还的中国出口货物，经海关审查属实，可予以免征进口关税，但已征收的出口关税不予退还。

(9) 如果进口货物发生以下情形，经海关查明属实，可酌情减免进口关税：

1) 在境外运输途中或者在起卸时遭受损坏或损失的。

2) 在起卸后海关放行前，因不可抗力遭受损坏或损失的。

3) 海关查验时已经破漏、损坏或者腐烂，经证明不是因为报关不慎造成的。

(10) 因残损、短少、品质不良或者规格不符等原因，由进出口货物的发货人、承运人或者保险公司免费补偿或者更换的相同货物，进出口时不征收关税。被免费更换的原进口货物不退运出境或者原出口货物不退运进境的，海关应当对原进出口货物重新按照规定征收关税。

(11) 我国缔结或者参加的国际条约规定减征、免征关税的货物、物品，按照规定减征、免征关税。

(12) 法律规定的减征或者免征关税的其他货物。

2. 特定减免税

特定减免税又称政策性减免税。在法定减免税之外，国家按照国际通行规则和我国实际情况，制定发布的有关进出口货物减免关税的政策，称为特定减免税。

下列货物、物品予以实行特定减免税：

(1) 科教用品。

(2) 残疾人专用品。

(3) 扶贫、慈善性捐赠物资。

(4) 加工贸易产品。

1) 加工装配和补偿贸易。

2) 进料加工。

(5) 边境贸易进口物资。

(6) 保税区进出口货物。

(7) 出口加工区进出口货物。

(8) 进口设备。

(9) 特定行业或用途的减免税政策。

(10) 跨境电子商务零售进口的减免税政策。

(11) 自2018年5月1日起，以暂定税率方式将包括抗癌药在内的所有普通药品、具有抗癌作用的生物碱类药品及有实际进口的中成药进口关税降为零。

3. 临时减免税

《海关法》和《进出口关税条例》规定，可以按照国务院的有关规定进行临时减征或者免征关税。临时减免税是指法定减免税和特定减免税以外的其他减免税，是由国务院按照《海关法》的规定，对某个单位、某类商品、某个项目或某批进出口货物的特殊情况给予特别照顾，一案一批、专文下达的减免税。临时减免税一般有单位、品种、期限、金额或数量等限制，不能比照执行。

4. 暂时免税

经海关批准暂时进境或者暂时出境的下列货物，在进境或者出境时纳税义务人向海关缴纳相当于应纳税款的保证金或者提供其他担保的，可以暂不缴纳关税，并应当自进境或者出境之日起6个月内复运出境或者复运进境；经纳税义务人申请，海关可以根据海关总署的规定延长复运出境或者复运进境的期限：

(1) 在展览会、交易会、会议及类似活动中展示或者使用的货物。

(2) 在文化、体育交流活动中使用的表演、比赛用品。

(3) 进行新闻报道或者摄制电影、电视节目使用的仪器、设备及用品。

(4) 开展科研、教学、医疗活动使用的仪器、设备及用品。

(5) 在 (1) 至 (4) 所列活动中使用的交通工具及特种车辆。

(6) 货样。

(7) 供安装、调试、检测设备时使用的仪器、工具。

(8) 盛装货物的容器。

(9) 其他用于非商业目的的货物。

(十) 关税的缴纳

进口货物的纳税人应当自运输工具申报进境之日起 14 日内，出口货物的纳税人除海关特准的外，应当在货物运抵海关监管区后装货的 24 小时以前，向货物的进出境地海关申报。进出口货物转关运输的，按照海关总署的规定执行。进口货物到达前，纳税人经海关核准可以先行申报。纳税人应在海关填发税款缴款书之日起 15 天内，向指定银行缴纳税款。如果关税缴纳期限的最后 1 日是周末或法定节假日，则关税缴纳期限顺延至周末或法定节假日过后的第 1 个工作日。

关税纳税人因特殊情况不能按期缴纳税款的，经海关总署批准，可以延期缴纳税款，但最长不得超过 6 个月。

(十一) 关税的强制执行

纳税人未在关税缴纳期限内缴纳税款，即构成关税滞纳。为保证海关征收关税决定的有效执行和国家财政收入的及时入库，《海关法》给予海关对滞纳关税的纳税人强制执行的权力。强制措施主要包括两类：

1. 征收关税滞纳金

关税滞纳金自关税缴纳期限届满的次日起，至纳税人缴纳关税之日止，按照滞纳税款万分之五的比例按日征收，周末和法定节假日不得扣除，关税滞纳金的计算公式为：

关税滞纳金＝滞纳关税税额×滞纳金征收比例×滞纳天数

2. 强制征收

如果纳税人自海关填发税款缴款书之日起 3 个月仍未缴纳税款，经海关关长批准，海关可以采取强制扣缴、变价抵缴等强制措施。强制扣缴是指海关从纳税人在开户银行或者其他金融机构的存款中直接扣缴税款。变价抵缴是指海关将应税货物依法变卖，以变卖所得抵缴税款。

三、关键术语

关税的纳税人包括以下三种：进口货物的收货人、出口货物的发货人、进出境物品的所有人。其中，进出口货物的收、发货人是依法取得对外贸易经营权，并进口或者出口货物的法人或其他社会组织；进出境物品的所有人包括该物品的所有人和推定为所有人的人。

滑准税是一种关税税率随进口货物的价格由高到低，而由低到高设置并计征关税的方法。也就是说，进口货物的价格越高，其进口关税税率越低；进口货物的价格越低，其进口关税税率越高。

关税配额是指一定数量内的进口农产品和化肥产品适用税率较低的配额内税率，超出该数量的进口货物适用税率较高的配额外税率。

保障性关税是指当某类货物的进口量剧增，给我国相关产业带来巨大威胁或损害时，根据 WTO 有关规则，可以启动一般保障措施，即在与有实质利益关系的国家或地区进行磋商后，在一定时期内提高该货物的进口关税或采取数量限制措施，以保护国内相关产业不受损害。

全部产地生产标准是指进口货物完全在一个国家内生产或制造，生产或制造国就是该货物的原产国。

关税计税价格是指海关根据有关规定对进出口货物进行审定或估定后通过估价确定的价格，它是海关征收关税的依据。

倒扣价格估价方法是指海关以相同或类似进口货物在境内的销售价格为基础，扣除在境内发生的相关费用后，审查确定进口货物完税价格的估价方法。

关税减免是贯彻国家关税政策的一项重要措施，具有很强的政策性，具体是指对某些纳税人和征税对象给予鼓励或照顾的一种特殊调节手段。关税减免分为法定减免税、特定减免税和临时减免税。

强制扣缴是指海关从纳税人在开户银行或者其他金融机构的存款中直接扣缴税款。

关税退还是指有下列情形之一的，进出口货物的纳税人可以自缴纳税款之日起 1 年内，书面声明理由，连同原纳税收据向海关申请退税并加算银行同期活期存款利息，逾期不予受理：因海关误征，多纳税款的；海关核准免验进口的货物，在完税后，发现有短卸情形，经海关审查认可的；已征出口关税的货物，因故未装运出口，申报退关，经海关查验属实的。

四、习 题

（一）术语解释

1. 滑准税
2. 报复性关税
3. 实质性加工标准
4. 临时减免税

5. 强制扣缴

（二）填空题

1. 对于关税的纳税人来说，在通常情况下，对于携带进境的物品，推定其______为所有人；对分离运输的行李，推定相应的______为所有人；对以邮递方式进境的物品，推定其______为所有人；对以邮递或其他运输方式出境的物品，推定其______为所有人。

2. 进口关税的四种税率由高到低依次为______、______、______、______。

3. 进口货物的成交价格不符合《完税价格办法》相关规定的，或者成交价格不能确定的，海关经了解有关情况并与纳税人进行价格磋商后，依次按照下列方法审查确定该货物的完税价格：______、______、______、计算价格估价方法、其他合理方法。

4. 纳税人应在海关填发税款缴款书之日起______内，向指定银行缴纳税款。关税纳税人因特殊情况不能按期缴纳税款的，经海关总署批准，可以延期缴纳税款，但最长不得超过______。关税滞纳金自关税缴纳期限届满的次日起，至纳税人缴纳关税之日止，按照滞纳税款______的比例按日征收。

5. 目前，我国对在关税配额外进口一定数量的棉花实行______，对录像机、摄像机等实行______，对部分进口原材料、燃油等实行______，对小麦、玉米实行______管理。

（三）判断题

1. 关税是海关依法对进出境货物、物品征收的一种税。这里的“境”是指国境。（　　）

2. 在通常情况下，对于以邮递或其他运输方式出境的物品，推定其收件人为关税纳税人。（　　）

3. 我国对进口货物主要实行从价税。（　　）

4. 我国对部分化肥实行暂定税率管理。（　　）

5. 进出口货物的补税和退税，适用该进出口货物原申报进口或者出口之日所实施的税率。（　　）

6. 在一般进口货物中，若能与进口货物实付或应付价格区分，则由买方负担的除购货佣金以外的佣金和经纪费不计入完税价格。（　　）

7. 海关确定进口货物的完税价格时，可以参考该货物出口到第三国或者地区的销售价格。（　　）

8. 来料加工进口料件或其制成品（包括残次品）内销时，海关以料件原进口成交价格为基础审查确定完税价格。（　　）

9. 进出口货物和物品放行后，海关发现少征或者漏征税款的，应当自缴纳税款或者货物、物品放行之日起1年内，向纳税人追征。（　　）

10. 外国政府、国际组织无偿赠送的物资，可免征关税。（　　）

（四）单项选择题

1. 关于关税的说法，下列说法不正确的是（　　）。

A. 关税是单一环节的价外税

B. 香港特别行政区、澳门特别行政区是我国的单独关境区

C. 对于携带入境的物品，推定其携带人为所有人

D. 对于以邮递方式进境的物品，推定其寄件人为所有人

2. 进口货物的价格越低，进口关税税率越高；价格越高，税率越低，这种计征关税的方法称为（　　）。

A. 滑准税　　B. 从量税　　C. 特惠税　　D. 复合税

3. 下列不属于关税纳税义务人的是（　　）。

A. 进口货物的收货人　　B. 进口货物的发货人

C. 出口货物的发货人　　D. 进出境物品的所有人

4. 当一个国家与其他几个国家组成关税同盟时，关境的范围（　　）国境的范围。

A. 等于　　B. 大于　　C. 小于　　D. 完全不同于

5. 与我国签订了贸易或关税优惠协定、进行了双边换文以及国务院有关决定明确的国家或地区的进口货物，适用的税率是（　　）。

A. 最惠国税率　　B. 协定税率

C. 特惠税率　　D. 普通税率

6. 在我国现行关税制度中，对进口照相机实行（　　）。

A. 从价税　　B. 从量税

C. 复合税　　D. 滑准税

7. 下列关于关税税率的说法，不正确的是（　　）。

A. 我国对尿素等 3 种化肥产品实行关税配额管理

B. 我国对在关税配额外进口一定数量的棉花实行滑准税

C. 按普通税率征税的进口货物适用暂定税率

D. 我国仅对少数产品征收出口关税

8. 某公司 3 月 1 日进口了一批货物，并按照相关规定缴纳了相关税费。6 个月后，该公司发现这批货物需要补缴关税，则该公司应按（　　）的税率缴纳关税。

A. 3 月 1 日　　B. 4 月 15 日

C. 9 月 1 日　　D. 10 月 15 日

9. 在下列机构中，有权决定征收特别关税的货物、适用国别、税率、期限和征收办法的是（　　）。

A. 财政部　　B. 海关总署

C. 商务部　　D. 国务院关税税则委员会

10. 根据我国税法的规定，进口货物以海关审定的成交价格作为基础的（　　）为完税价格。

A. 到岸价格　　B. 离岸价格

C. 公允价格　　D. 相同货物成交价格

11. 在相同货物成交价格估价方法中，判定相同货物的时间是在海关接受申报进口之日的前后各（　　）以内。

A. 15 日　　B. 30 日　　C. 45 日　　D. 60 日

12. 出口加工区内的加工企业内销加工过程中产生的边角料或者副产品，以（　　）为完税价格。

A. 该产品申报进口时的成交价格作为基础审查确定的完税价格

B. 相同或者类似货物的进口成交价格作为基础审查确定的完税价格

C. 从境外购入的该产品原进口成交价格为基础审查确定的完税价格

D. 海关审查确定的内销价格

13. 在下列各项中，应计入出口货物完税价格的是（　　）。

A. 出口关税税额

B. 出口货物在离岸价格以外，买方另行支付的货物包装费

C. 从内地口岸至最后出境口岸所支付的国内段运输费用

D. 单独列明的支付给境外的佣金

14. 某公司出口一批货物，价值 800 万元。该公司将这批货物运至中华人民共和国境内输出地点装载前的运输及其相关费用、保险费共计 100 万元。假设出口税率为 20%，则这批货物的完税价格为（　　）万元。

A. 100　　B. 750　　C. 800　　D. 1 080

15. 纳税人应在海关填发税款缴款书之日起（　　）内，向指定银行缴纳税款。

A. 5 日　　B. 10 日　　C. 15 日　　D. 30 日

16. 如果出口货物的销售价格包括离境口岸至境外口岸之间的运费、保险费，该运费、保险费应当（　　）。

A. 计入离岸价格　　B. 计入完税价格

C. 计入离岸价格和完税价格　　D. 扣除

17. 在下列货物中，免征或酌情减免进口关税的有（　　）。

A. 关税税额在人民币 80 元以下的一票货物

B. 具有低商业价值的广告品和货样

C. 由于保管不慎在海关查验时已经损坏的货物

D. 进出境运输工具转载的途中必需的燃料、物料和饮食用品

18. 甲公司通过陆运进口一批货物，这批货物的价格为 500 万元，运抵我国境内输入地点起卸前发生了 30 万元的运费，无法确定保险费，则海关审定这批货物完税价格时所计算的保险费为（　　）万元。

A. 0.9　　B. 1.5　　C. 1.59　　D. 3

19. 如果纳税人自海关填发税款缴款书之日起（　　）仍未缴纳税款，经海关关长批准，海关可以采取强制扣缴、变价抵缴等强制措施。

A. 15 日　　B. 1 个月　　C. 3 个月　　D. 6 个月

20. 因纳税人违反规定而造成的少征或者漏征的税款，自纳税人应缴纳税款之日起（　　）以内可以追征，并从缴纳税款之日起按日加收少征或者漏征税款（　　）的滞

纳金。

A. 1年 万分之五　　B. 3年 万分之五

C. 3年 万分之三　　D. 5年 万分之三

（五）多项选择题

1. 我国特别关税的种类包括（　）。

A. 报复性关税　　B. 反补贴关税

C. 反倾销关税　　D. 保障性关税

2. 我国进口关税税率的计征方法包括从价税、从量税、复合税和滑准税。在下列说法中，正确的是（　）。

A. 我国对进口货物主要实行从量税

B. 我国对胶卷实行从量税

C. 我国对摄像机实行复合税

D. 我国对关税配额外进口一定数量的棉花实行滑准税

3. 在我国关税的法律法规中，目前原产地规定采用（　）。

A. 全部产地生产标准　　B. 主要产地生产标准

C. 实质性加工标准　　D. 参与性加工标准

4. 在下列出口货物完税价格确定方法中，符合关税法规定的有（　）。

A. 海关依据估价确定的完税价格

B. 根据境内生产类似货物的成本、利润计算出的价格

C. 以成交价格为基础确定的完税价格

D. 以相同或类似进口货物在境内的销售价格为基础估定的完税价格

5. 在下列措施中，海关可以采取的强制措施有（　）。

A. 追征税额　　B. 强制扣缴

C. 变价抵缴　　D. 征收滞纳金

6. 运往境外修理的机械器具、运输工具或其他货物，出境时已向海关报明，并在海关规定期限内复运进境的，完税价格应包含（　）。

A. 该货物原申报入境时的完税价格

B. 海关审定的境外修理费和料件费

C. 该货物复运进境的运输及其相关费用、保险费

D. 该货物的国内售价

7. 在下列进口货物中，经海关审查属实，可酌情减免进口关税的有（　）。

A. 在起卸时遭受损坏或损失的

B. 在起卸后海关放行前，因不可抗力遭受损坏或损失的

C. 在海关查验时已经破漏、损坏或者腐烂，经证明不是因为报关不慎造成的

D. 在境外运输途中遭受损坏或损失的

8. 一般进口货物的完税价格包含（　）。

A. 货物的货价

B. 货物运抵我国境内输入地点起卸前的运输及其相关费用、保险费

C. 货物运抵我国境内输入地点起卸后的运输及其相关费用、保险费

D. 由买方负担的包装材料和包装劳务费用

9. 海关确定一般进口货物的完税价格时，不能确定其成交价格或成交价格不符合相关规定时，不得（　　）确定其完税价格。

A. 使用相同货物成交价格估价方法和类似货物成交价格估价方法

B. 以相同或类似进口货物在境内的销售价格为基础，扣除在境内发生的相关费用后，审查确定进口货物完税价格

C. 使用货物在出口地市场的销售价格

D. 使用货物出口到第三国或者地区的货物的销售价格

10. 在下列各项中，符合关税特定减免规定的有（　　）。

A. 扶贫、慈善性捐赠物资　　B. 科教用品

C. 边境贸易进口物资　　D. 出口加工区进出口货物

（六）简答题

1. 简述关税的特点。
2. 简述关境和国境的关系。
3. 什么是滑准税？为什么要实行滑准税？
4. 增值税、消费税和关税在征税对象上有什么不同？
5. 如何计算一般进口货物的完税价格？

（七）计算题

1. 6月，甲企业从美国企业购买了一批货物，海关审定的货物价格为人民币680万元，从境外到我国境内输入点起卸前的运费共50万元，保险费未知。从境内输入地点到甲企业的运费为20万元。甲企业为购买这批货物，向美国企业支付了85万元的经纪费。若这批货物的进口关税为10%，则甲企业进口这批货物应缴纳多少关税？

2. 8月，华林公司从国外进口一批产品，这批产品的成交价不符合《完税价格办法》的相关规定。经海关同意，华林公司进口这批产品采用倒扣价格估价方法确定完税价格。经海关审核，这批产品在国内的售价为600万元，销售这批产品的利润为230万元，为销售这批产品支付的租金为50万元，这批货物运抵境内输入地点后的运费、保险费等共计90万元。若这批产品的关税税率为20%，试计算华林公司进口这批产品应缴纳的关税。

3. 为提高公司的宣传能力，7月某公司进口非特种用途的数字照相机10台和磁带放像机5台。非特种用途的数字照相机的完税价格为5 800美元/台，磁带放像机为3 000美元/台。完税价格高于5 000美元/台的数字照相机的关税税率为6%，加51 500元/台的从量税；完税价格高于2 000美元/台的磁带放像机的关税税率为6%，加20 600元/台的从量税。试计算该公司进口这批产品应缴纳的关税。（假定7月美元兑人民币为1∶6.8。）

4. 甲企业向美国史密斯公司出口钨矿砂，离岸价格为3 000万元。史密斯公司另行

支付钨矿砂包装费 150 万元。钨矿砂的出口税率为 20%。试计算这批钨矿砂的出口关税。

5. 甲公司进口一批货物，海关于 1 月 1 日填发税款缴款书，但甲公司延迟至 2 月 1 日才缴纳 360 万元的关税。试计算 2 月 1 日甲公司应缴纳的关税滞纳金。

(八) 综合题

1. 7 月，进出口企业华林公司（一般计税方法纳税人）发生如下业务：

(1) 7 月 1 日进口 15 台设备，设备以离岸价格成交，每台折合人民币 20 万元（不包括向境外支付的软件费 50 万元）。进口这批设备运抵境内输入地点起卸前的运输费、保险费总额为 20 万元，运抵境内输入地点起卸后的运输费、保险费为 5 万元。进口关税税率为 12%。

(2) 6 月发现一台上一年 8 月进口的原价为 200 万元的设备出现故障，7 月 1 日将该设备运往日本修理（出境时已向海关报明），于 7 月 30 日按海关规定的期限复运进境。此时，该设备的国际市场价为 300 万元。海关审定的修理费和料件费为 70 万元，进口运费和保险费为 5 万元，进口关税税率为 10%。

(3) 7 月 15 日通过空运进口 5 台精密仪器，这批设备的离岸价格为 100 万元，进口这批设备运抵境内输入地点起卸前的运输费总额为 30 万元，保险费无法确定。进口关税税率为 5%。

试计算华林公司 7 月应缴纳的进口关税。

2. 6 月，深圳市甲企业（一般计税方法纳税人）发生如下业务：

(1) 进口设备一批，合同规定的货款为 50 万元，进口这批产品运抵境内输入地点起卸前的运输费为 3 万元，运往境内甲企业的运费为 2 万元，买方支付进口货物保险费 5 万元，向境外采购代理人支付佣金 1 万元，向货物代理中介支付中介费 6 万元。设备的关税税率为 10%。

(2) 进口后，甲企业将此设备以 900 000 元人民币的含税价格销售，开具普通发票。

试计算：

(1) 进口环节应缴纳的关税。

(2) 进口环节应缴纳的增值税。

(3) 内销环节实际应缴纳的各项税金及附加合计。

3. 3 月 1 日，某科研企业发生如下业务：

(1) 通过航空运输进口一批科研材料。经过海关审定，这批材料的离岸价格为 8 000 万元，进口这批设备运抵境内输入地点起卸前的运输费为 300 万元，保险费无法确定。这批材料的进口关税税率为 10%。

(2) 该科研企业将一台符合国家免征关税规定的科研设备转售给国内另一家科研企业。该设备是上一年 2 月 28 日进口的，海关规定的监管年限为 5 年，进口时的完税价格为 3 000 万元，已计提折旧 300 万元。该设备的进口关税税率为 15%。

试计算 3 月该科研企业应缴纳和补缴的关税总额。

4. 5 月，深圳市某互联网公司（一般计税方法纳税人）发生如下业务：

(1) 进口 10 台磁带放像机，每台磁带放像机的完税价格为 2 500 美元，按照 5 月的汇率（1∶6.8）折合人民币 17 000 元/台。这批磁带放像机入关后，从海关运往该互联网公司，取得运输公司开具的增值税专用发票，注明运费 10 000 元、税额 1 000 元。关税法规定，完税价格高于 2 000 美元/台的磁带放像机的关税税率为 6%，再加 20 600 元/台的从量税。

（2）进口一台图像处理设备，国外售价折合人民币 480 000 元，运抵我国海关的运费为 80 000 元，保险费为 30 000 元。该设备入关后，从海关运往该互联网公司，取得运输公司开具的增值税专用发票，注明运费 20 000 元、税额 2 000 元。该设备的进口关税税率为 10%。

根据上述条件，试计算 5 月该互联网公司应缴纳的进口关税。

5. 7 月，某工业企业发生如下业务：

（1）月初进口一套加工设备，实付金额折合人民币 200 万元，另外支付从海关运往该企业所在地的运费 10 万元、进口后的设备安装费 30 万元，从境外运往境内输入地点起卸前的运费和保险费无法确定。海关按同类货物同期同城运费率计算的运费为 45 万元。关税税率为 20%。

（2）月初进口一批矿石原材料，折合人民币 250 万元，这批原材料运抵境内输入地点起卸前的运费和保险费共 25 万元。该批原材料的进口关税税率为 4%。

（3）当月利用加工设备加工一批矿石，月末从国内出口一批矿石到国外，货物成交价格为 350 万元（不含出口关税），其中包括货物运抵港口装卸前的运费、保险费 30 万元，另外支付港口到国外目的地港口之间的运费、保险费 50 万元。该批矿石的出口关税税率为 20%。

试计算该工业企业当月应缴纳的进出口关税。

五、答案与解析

（一）术语解释

1. 滑准税是一种关税税率随进口货物的价格由高到低，而由低到高设置并计征关税的方法。也就是说，进口货物的价格越高，其进口关税税率越低；进口货物的价格越低，其进口关税税率越高。

2. 报复性关税是为报复他国对本国出口货物的关税歧视，而对相关国家的进口货物征收的一种进口附加税。

3. 实质性加工标准是用于确定有两个或两个以上国家参与生产的货物的原产国的标准，其基本含义是：经过几个国家加工、制造的进口货物，以最后一个对货物进行经济上可以视为实质性加工的国家作为有关货物的原产国。

4. 临时减免税是指法定减免税和特定减免税以外的其他减免税，是由国务院按照《海关法》的规定，对某个单位、某类商品、某个项目或某批进出口货物的特殊情况给予特别照顾，一案一批、专文下达的减免税。临时减免税一般有单位、品种、期限、金额或数量等限制，不能比照执行。

5. 强制扣缴是指海关从纳税人在开户银行或者其他金融机构的存款中直接扣缴税款。

（二）填空题

1. 携带人　进出境旅客　收件人　寄件人和托运人
2. 普通税率　最惠国税率　协定税率　特惠税率
3. 相同货物成交价格估价方法　类似货物成交价格估价方法　倒扣价格估价方法
4. 15日　6个月　万分之五
5. 滑准税　复合税　暂定税率　关税配额

（三）判断题

1. ×**【解析】**关税是海关依法对进出境货物、物品征收的一种税。这里的“境”是指关境，是国家海关法可以全面实施的领域。

2. ×**【解析】**对以邮递或其他运输方式出境的物品，推定其寄件人和托运人为所有人。

3. √**【解析】**我国对进口货物主要实行从价税，对部分货物实行从量税、复合税和滑准税。

4. ×**【解析】**我国对小麦、玉米等7种农产品和尿素等3种化肥产品实行关税配额管理。

5. √**【解析】**进出口货物的补税和退税，适用该进出口货物原申报进口或者出口之日所实施的税率。

6. ×**【解析】**如果以下费用或价值尚未包括在进口货物的实付或应付价格中，诸如由买方负担的除购货佣金以外的佣金和经纪费应当计入完税价格。

7. ×**【解析】**海关确定完税价格时不得使用以下价格：境内生产的货物在境内的销售价格；可供选择的价格中较高的价格；货物在出口地市场的销售价格；根据计算价格估价方法规定的有关各项之外的价值或费用计算的价格；出口到第三国或者地区的货物的销售价格；最低限价或武断、虚构的价格。

8. ×**【解析】**来料加工进口料件或其制成品（包括残次品）内销时，海关以接受内销申报的同时或者大约同时进口的与料件相同或者类似货物的进口成交价格为基础审查确定完税价格。

9. ×**【解析】**进出口货物和物品放行后，海关发现少征或者漏征税款的，应当自缴纳税款或者货物、物品放行之日起1年内，向纳税人补征。

10. √**【解析】**外国政府、国际组织无偿赠送的物资，可免征关税，属于法定减免税的一种。

（四）单项选择题

1. D【解析】对以邮递方式进境的物品，推定其收件人为所有人。

2. A【解析】滑准税是一种关税税率随进口货物的价格由高到低，而由低到高设置并计征关税的方法。

3. B【解析】关税的纳税人包括以下三种：进口货物的收货人、出口货物的发货人、进出境物品的所有人。

4. B【解析】当存在关税同盟时，几个国家组成一个共同的关境，实施统一的关税法令和海关进出口税则，成员国之间的物品和货物进出国境时免征关税，而只对来自及运往非成员国的物品和货物进出同盟国的共同关境时，才征收关税。此时，这些国家的关境大于国境。

5. C【解析】特惠税率适用原产于与我国签订了贸易或关税优惠协定、进行了双边换文以及国务院有关决定明确的国家或地区的进口货物。

6. C【解析】目前，我国对录像机、放像机、摄像机、数字照相机和摄录一体机实行复合税。

7. C【解析】暂定税率的适用优先于优惠税率和最惠国税率，按普通税率征税的进口货物不适用暂定税率。

8. A【解析】进出口货物的补税和退税，适用该进出口货物原申报进口或者出口之日所实施的税率。

9. D【解析】征收特别关税的货物、适用国别、税率、期限和征收办法，由国务院关税税则委员会决定，海关总署负责实施。

10. A【解析】根据《海关法》，进口货物以海关审定的成交价格作为基础的到岸价格（CIF）为完税价格。

11. C【解析】相同货物成交价格估价方法是指海关以与进口货物同时或大约同时（在海关接受申报进口之日的前后各45日以内）向中国境内销售的相同货物的成交价格为基础，审查确定进口货物完税价格的估价方法。

12. D【解析】出口加工区内的加工企业内销加工过程中产生的边角料或者副产品，以海关审查确定的内销价格作为完税价格。

13. B【解析】选项A中，关税是价外税，完税价格不包含关税。选项B中，出口货物在离岸价格以外，买方另行支付的货物包装费，应计入完税价格中。选项C中，出口货物的离岸价格应以该项货物运离关境前的最后一个口岸的离岸价格为实际离岸价格。如果该货物从内地起运，则从内地口岸至最后出境口岸所支付的国内段运输费用应予以扣除。选项D中，出口货物成交价格中含有支付给国外的佣金，如与货物的离岸价格分列，应予以扣除；未单独列明的，则不予以扣除。

14. B【解析】完税价格为：

$(800+100)\div(1+20\%)=750$（万元）

15. C【解析】纳税人应在海关填发税款缴款书之日起15天内，向指定银行缴纳税款。

16. D【解析】如果出口货物的销售价格包括离境口岸至境外口岸之间的运费、保险费，该运费、保险费应当扣除。

17. D【解析】选项 A 中，关税税额在人民币 50 元以下的一票货物，可免征关税。选项 B 中，无商业价值的广告品和货样，可免征关税。选项 C 中，海关查验时已经破漏、损坏或者腐烂，经证明不是因为报关不慎造成的，可以酌情减免进口关税。

18. C【解析】对于陆运、空运、海运进口货物的运费和保险费，应当按照实际支付的费用计算；如果进口货物的运费无法确定或未实际发生，海关应当按照该货物进口同期运输行业公布的运费率（额）计算运费；按照“货价加运费”两者总额的 3‰计算保险费，因而保险费为：

$$(500+30)\times 3‰=1.59(\text{万元})$$

19. C【解析】如果纳税人自海关填发税款缴款书之日起 3 个月仍未缴纳税款，经海关关长批准，海关可以采取强制扣缴、变价抵缴等强制措施。

20. B【解析】因纳税人违反规定而造成的少征或者漏征的税款，自纳税人应缴纳税款之日起 3 年以内可以追征，并从缴纳税款之日起按日加收少征或者漏征税款万分之五的滞纳金。

（五）多项选择题

1. ABCD【解析】特别关税主要包括反倾销关税、反补贴关税、报复性关税和保障性关税。

2. BCD【解析】选项 A 中，我国对进口货物主要实行从价税。

3. AC【解析】我国原产地规定采用了两种国际上通用的原产地标准，即“全部产地生产标准”“实质性加工标准”。

4. ABC【解析】选项 D 涉及用境外成本估定境内成本，是不能使用的估价方法。

5. BCD【解析】纳税人未在关税缴纳期限内缴纳税款，即构成关税滞纳。海关对滞纳关税的纳税人有强制执行的权力。强制措施包括征收关税滞纳金和强制征收（强制扣缴、变价抵缴）。

6. BC【解析】运往境外修理的机械器具、运输工具或其他货物，出境时已向海关报明，并在海关规定期限内复运进境的，应当以海关审定的境外修理费和料件费以及该货物复运进境的运输及其相关费用、保险费估定完税价格。

7. ABCD【解析】如果进口货物发生以下情形，经海关查明属实，可酌情减免进口关税：①在境外运输途中或者在起卸时遭受损坏或损失的。②在起卸后海关放行前，因不可抗力遭受损坏或损失的。③海关查验时已经破漏、损坏或者腐烂，经证明不是因为报关不慎造成的。

8. ABD【解析】根据《海关法》，进口货物以海关审定的成交价格作为基础的到岸价格（CIF）为完税价格。到岸价格包括货物的货价、货物运抵我国境内输入地点起卸前的运输及其相关费用、保险费。如果以下费用或价值尚未包括在进口货物的实付或应付价格中，诸如由买方负担的包装材料和包装劳务费用，则应计入完税价格。

9. CD【解析】确定一般进口货物完税价格时不得使用以下价格：境内生产的货物在境内的销售价格；可供选择的价格中较高的价格；货物在出口地市场的销售价格；根据

计算价格估价方法规定的有关各项之外的价值或费用计算的价格；出口到第三国或者地区的货物的销售价格；最低限价或武断、虚构的价格。

10. ABCD【解析】下列货物、物品予以实行特定减免税：科教用品，残疾人专用品，扶贫、慈善性捐赠物资，加工贸易产品（加工装配和补偿贸易、进料加工），边境贸易进口物资，保税区进出口货物，出口加工区进出口货物，进口设备，特定行业或用途的减免税政策。

（六）简答题

1.【解析】(1) 关税是单一环节的价外税。关税的完税价格中不包括关税，即在征收关税时，以实际成交价格为计税依据，关税不包括在内。

(2) 征收的对象是进出境的货物和物品。关税是对进出境的货物和物品征税，在境外流通的货物，不征收关税。

(3) 对进出口贸易影响较大。关税税则的制定、税率的高低会直接影响到国际贸易的开展。对货物征收关税，必然会提高纳税人的经营成本，进而对货物出入境后的销售利润产生影响。如果纳税人提高货物的售价并维持原来的盈利水平，将导致销售额的下降；如果维持货物的销售价格和销售额不变，又会导致盈利水平的下降。因此，关税税种的设置、税率的调整和征收方法的改变等，都会影响国际贸易往来和商品流通。

2.【解析】在一般情况下，一国的关境与国境是一致的，包括国家全部的领土、领空和领海，但两者并不完全相同。当某国在国境内设立了自由港、自由贸易区等，这些区域就进出口关税而言处在关境之外，此时该国的关境小于国境。例如我国，根据《中华人民共和国香港特别行政区基本法》和《中华人民共和国澳门特别行政区基本法》，香港和澳门保持自由港地位，为我国单独的关税地区，即单独关境区。单独关境区是不完全适用该国海关法律、法规或实施单独海关管理制度的区域。当存在关税同盟时，几个国家组成一个共同的关境，实施统一的关税法令和海关进出口税则，成员国之间的物品和货物进出国境时免征关税，而只对来自及运往非成员国的物品和货物进出同盟国的共同关境时，才征收关税。此时，这些国家的关境大于国境。

3.【解析】滑准税是一种关税税率随进口货物的价格由高到低，而由低到高设置并计征关税的方法。也就是说，进口货物的价格越高，其进口关税税率越低；进口货物的价格越低，其进口关税税率越高。滑准税的作用是保持征收滑准税货物的国内市场价格相对稳定，尽可能减少国际市场价格波动的影响。

4.【解析】关税与增值税、消费税一样，都属于对货物的征税，它们的不同点在于：增值税和消费税是对境内生产或销售的货物征税；关税是对进出关境的货物征税。从这个意义上说，增值税和消费税可称为国内货物税，关税可称为进出口货物税。

5.【解析】(1) 以成交价格为基础的完税价格。根据《海关法》，进口货物以海关审定的成交价格作为基础的到岸价格（CIF）为完税价格。到岸价格包括货物的货价、货物运抵我国境内输入地点起卸前的运输及其相关费用、保险费。

(2) 进口货物海关估价方法。进口货物的成交价格不符合《完税价格办法》相关规定的，或者成交价格不能确定的，海关经了解有关情况并与纳税人进行价格磋商后，依次按照下列方法审查确定该货物的完税价格：相同货物成交价格估价方法；类似货物成交价格估价方法；倒扣价格估价方法；计算价格估价方法；其他合理方法。如果进口货物的收货人提出要求并提供相关资料，经海关同意，可以选择倒扣价格估价方法和计算价格估价方法的适用次序。

（七）计算题

1. **【解析】**甲企业进口该批货物的完税价格＝货物货价＋货物运抵我国境内输入地点起卸前的运输及其相关费用、保险费＋向美国企业支付的经纪费，境内运费不计入完税价格中。其中，保险费为：

(货价＋运费)×3‰＝(680＋50)×3‰＝2.19(万元)

完税价格为：

680＋50＋2.19＋85＝817.19(万元)

应缴纳关税为：

817.19×10%＝81.72(万元)

2. **【解析】**这批产品采用倒扣价格估价方法估计完税价格，其完税价格＝境内销售价格－境内销售利润和一般费用－支付的租金－运抵境内输入地点之后的运费、保险费、装卸费及其他相关费用。因此，其完税价格为：

600－230－50－90＝230(万元)

华林公司应缴纳的关税为：

230×20%＝46(万元)

3. **【解析】**磁带放像机和非特种用途的数字照相机的关税为复合计征。其关税应纳税额＝进（出）口应税货物数量×单位货物税额＋进（出）口应税货物数量×单位完税价格×适用税率。因此，数字照相机的关税应纳税额为：

10×51 500＋10×5 800×6.8×6%＝538 664(元)

磁带放像机的关税应纳税额为：

5×20 600＋5×3 000×6.8×6%＝109 120(元)

该公司进口这批货物的关税应纳税额为：

538 664＋109 120＝647 784(元)

4. **【解析】**出口关税不计入完税价格，其完税价格为：

离岸价格÷(1＋出口关税税率)＝3 000÷(1＋20%)＝2 500(万元)

出口货物在离岸价格以外，买方还另行支付了货物包装费，应将其计入完税价格中。因此，该批钨矿砂的完税价格为：

2 500＋150＝2 650(万元)

出口关税应纳税款为：

2 650×20%＝530(万元)

5. **【解析】**纳税人应在海关填发税款缴款书之日起 15 天内，向指定银行缴纳税款。关税滞纳金自关税缴纳期限届满的次日起，至纳税人缴纳关税之日止，按照滞纳税款万分之五的比例按日征收，周末和法定节假日不得扣除。关税滞纳金的计算公式为：

关税滞纳金＝滞纳关税税额×滞纳金征收比例×滞纳天数

甲公司应在1月15日内缴纳关税，滞纳17日。因此，甲公司应缴纳的关税滞纳金为：

360×17×0.5‰＝3.06(万元)

(八) 综合题

1.**【解析】**(1)中业务的设备完税价格为：

20×15＋50＋20＝370(万元)

进口关税的应纳税额为：

370×12%＝44.4(万元)

(2)中业务修理设备的完税价格为：

70＋5＝75(万元)

进口关税的应纳税额为：

75×10%＝7.5(万元)

(3)中业务的设备保险费为：

(100＋30)×3‰＝0.39(万元)

设备的完税价格为：

100＋30＋0.39＝130.39(万元)

进口关税的应纳税额为：

130.39×5%＝6.52(万元)

因此，7月华林公司应缴纳的进口关税为：

44.4＋7.5＋6.52＝58.42(万元)

2.**【解析】**(1) 关税计税价格为：

50＋3＋5＋6＝64(万元)

进口关税应纳税额为：

64×10%＝6.4(万元)

(2) 进口环节增值税应纳税额为：

(关税计税价格＋关税)×增值税税率＝(64＋6.4)×13%＝9.15(万元)

(3) 内销环节增值税销项税额为：

$$90\times\frac{13\%}{1+13\%}=10.35(\text{万元})$$

应纳增值税税额为：

10.35－9.15＝1.20(万元)

应纳城市维护建设税、教育费附加和地方教育附加为：

1.20×(7%＋3%＋2%)＝0.14(万元)

内销环节各项税金及附加合计为：

1.20＋0.14＝1.34(万元)

3.**【解析】**进口科研材料的保险费为：

(8 000＋300)×3‰＝24.9(万元)

进口科研材料的完税价格为：

$$8\,000+300+24.9=8\,324.9(万元)$$

进口科研材料的关税应纳税额为：

$$8\,324.9\times 10\%=832.49(万元)$$

转售设备的完税价格为：

$$3\,000\times\left(1-\frac{12}{12\times 5}\right)=2\,400(万元)$$

转售设备应补缴的税额为：

$$2\,400\times 15\%=360(万元)$$

该企业应缴纳和补缴的税款总额为：

$$832.49+360=1\,192.49(万元)$$

4.**【解析】**在业务（1）中，每台磁带放像机的完税价格为：

$$2\,500\times 6.8=17\,000(元)$$

进口磁带放像机的关税应纳税额为：

$$17\,000\times 10\times 6\%+20\,600\times 10=216\,200(元)$$

在业务（2）中，图像处理设备的完税价格为：

$$480\,000+80\,000+30\,000=590\,000(元)$$

图像处理设备的关税应纳税额为：

$$590\,000\times 10\%=59\,000(元)$$

因此，5 月该互联网公司应缴纳的进口关税为：

$$216\,200+59\,000=275\,200(元)$$

5.**【解析】**进口设备的运费为：

海关按同类货物同期同城运费率计算的运费=45(万元)

进口设备的保险费为：

$$(货价+运费)\times 3‰=(200+45)\times 3‰=0.74(万元)$$

从海关运往该企业所在地的运费、进口后的设备安装费不计入完税价格中。因此，进口设备的关税应纳税额为：

$$(200+45+0.74)\times 20\%=49.15(万元)$$

进口原材料的完税价格为：

$$250+25=275(万元)$$

进口原材料的关税应纳税额为：

$$275\times 4\%=11(万元)$$

出口矿石的完税价格应包括货物运至我国境内输出地点装卸前的运费和保险费，但不包括出口关税税额和从海关运往境外的运费、保险费。因此，出口矿石的完税价格为 350 万元。

出口矿石的关税应纳税额为：

$$350\times 20\%=70(万元)$$

该工业企业当月应缴纳的进口关税为：

$$49.15+11=60.15(万元)$$

当月应缴纳的出口关税为 70 万元。

第五章

企业所得税

一、学习目的与要求

企业所得税作为我国现行税制结构体系中的重要税种，是对我国境内的企业和其他取得收入的组织的生产经营所得、其他所得和清算所得征收的一种税。本章是本课程的重点和难点内容，通过本章的学习，学生应熟练掌握企业所得税的纳税人、征税对象、税率、应纳税所得额的计算以及与征管相关的法规。

二、重点与难点

（一）企业所得税的纳税人

企业所得税的纳税人是指在中华人民共和国境内的企业和其他取得收入的组织。《中华人民共和国企业所得税法》（以下简称《企业所得税法》）第一条规定，除个人独资企业、合伙企业不适用《企业所得税法》外，凡在我国境内，企业和其他取得收入的组织（以下统称“企业”）为企业所得税的纳税人，依照规定缴纳企业所得税。

企业所得税的纳税人分为居民企业和非居民企业。

居民企业是指依法在中国境内成立，或者依照外国（地区）法律成立但实际管理机构在中国境内的企业。这里的企业包括国有企业、集体企业、私营企业、联营企业、股份制企业、外商投资企业、外国企业以及有生产经营所得和其他所得的其他组织。其中，有生产经营所得和其他所得的其他组织是指经国家有关部门批准，依法注册、登记的事业单位、社会组织等。由于我国的一些社会组织、事业单位在完成国家事业计划的过程中，开展了多种经营和有偿服务活动，取得了除财政部门各项拨款、财政部和国家物价部门批准的各项规费收入以外的经营收入，具有了经营的特点，应当视同企业纳入征税范围。

实际管理机构是指对企业的生产经营、人员、财务、财产等实施实质性全面管理和控制的机构，需要同时符合以下三个方面的要求：第一，对企业有实质性管理和控制的机构；第二，对企业实行全面的管理和控制的机构；第三，管理和控制的内容是企业的生产经营、人员、财务、财产等。

非居民企业是指依照外国（地区）法律成立且实际管理机构不在中国境内，在中国境内设立机构、场所的，或者在中国境内未设立机构、场所，但有来源于中国境内所得的企业。

上述所称机构、场所是指在中国境内从事生产经营活动的机构、场所，包括：

（1）管理机构、营业机构、办事机构。

（2）工厂、农场、开采自然资源的场所。

（3）提供劳务的场所。

（4）从事建筑、安装、装配、修理、勘探等工程作业的场所。

（5）其他从事生产经营活动的机构、场所。

非居民企业委托营业代理人在中国境内从事生产经营活动的，包括委托单位或者个人经常代其签订合同，或者储存、交付货物等，该营业代理人视为非居民企业在中国境内设立的机构、场所。

（二）企业所得税的征税对象

企业所得税的征税对象是指企业的生产经营所得、其他所得和清算所得。

1. 居民企业的征税对象

居民企业应就来源于中国境内外的所得缴纳企业所得税。在此，所得包括销售货物所得，提供劳务所得，转让财产所得，股息、红利等权益性投资所得，利息所得，租金所得，特许权使用费所得，接受捐赠所得和其他所得。

2. 非居民企业的征税对象

非居民企业在中国境内设立机构、场所的，应当就其所设机构、场所取得的来源于中国境内的所得，以及发生在中国境外但与其所设机构、场所有实际联系的所得，缴纳企业所得税。非居民企业在中国境内未设立机构、场所的，或者虽设立机构、场所但取得的所得与其所设机构、场所没有实际联系的，应当就其来源于中国境内的所得缴纳企业所得税。

上述所称实际联系是指非居民企业在中国境内设立的机构、场所拥有的据以取得所得的股权、债权，以及拥有、管理、控制据以取得所得的财产。

（三）企业所得税的税率

企业所得税实行比例税率。比例税率简便易行、透明度高，不会因征税而改变企业间的收入分配比例。

1. 基本税率

企业所得税的基本税率为25%，适用于居民企业和在中国境内设有机构、场所且取得的所得与其所设机构、场所有关联的非居民企业（认定为境内常设机构）。

2. 低税率

企业所得税的低税率为20%，适用于在中国境内未设立机构、场所的，或者虽设立机构、场所但取得的所得与其所设机构、场所没有实际联系的非居民企业。目前，非居民企业减按10%的税率征收企业所得税。

（四）收入总额的确定

企业的收入总额包括以货币形式和非货币形式从各种来源取得的收入，具体包括：销售货物收入，提供劳务收入，转让财产收入，股息、红利等权益性投资收益，利息收入，租金收入，特许权使用费收入，接受捐赠收入，其他收入。

企业取得收入的货币形式，包括现金、存款、应收账款、应收票据、准备持有至到期的债券投资以及债务的豁免等；纳税人以非货币形式取得的收入，包括固定资产、生物资产、无形资产、股权投资、存货、不准备持有至到期的债券投资、劳务以及有关权益等，这些非货币资产应当按照公允价值确定收入额。公允价值是指按照市场价格确定的价值。

1. 一般收入的确认

（1）销售货物收入，是指企业销售商品、产品、原材料、包装物、低值易耗品以及其他存货取得的收入。

（2）劳务收入，是指企业从事建筑安装、修理修配、交通运输、仓储租赁、金融保险、邮电通信、咨询经纪、文化体育、科学研究、技术服务、教育培训、餐饮住宿、中介代理、卫生保健、社区服务、旅游、娱乐、加工以及其他劳务服务活动取得的收入。

（3）转让财产收入，是指企业转让固定资产、生物资产、无形资产、股权、债权等财产取得的收入。

（4）股息、红利等权益性投资收益，是指企业因权益性投资从被投资方取得的收入。对于股息、红利等权益性投资收益，除国务院财政、税务主管部门另有规定外，按照被投资方做出利润分配决定的日期确认收入的实现。

被投资企业将股权（票）溢价所形成的资本公积转为股本的，不作为投资方企业的股息、红利收入，投资方企业也不得增加该项长期投资的计税基础。

（5）利息收入，是指企业将资金提供给他人使用但不构成权益性投资，或者因他人占用本企业资金而取得的收入，包括存款利息、贷款利息、债券利息、欠款利息等收入。

利息收入按照合同约定的债务人应付利息的日期确认收入的实现。

（6）租金收入，是指企业提供固定资产、包装物或者其他有形资产的使用权取得的收入。租金收入应按照合同约定的承租人应付租金的日期确认收入的实现。

（7）特许权使用费收入，是指企业提供专利权、非专利技术、商标权、著作权以及其他特许权的使用权取得的收入。特许权使用费收入应按照合同约定的特许权使用人应付特许权使用费的日期确认收入的实现。

（8）接受捐赠收入，是指企业接受的来自其他企业、组织或者个人无偿给予的货币性资产、非货币性资产。接受捐赠收入应按照实际收到捐赠资产的日期确认收入的实现。

（9）其他收入，是指企业取得的除以上收入外的其他收入，包括企业资产溢余收入、逾期未退包装物押金收入、确实无法偿付的应付款项、已做坏账损失处理后又收回的应收款项、债务重组收入、补贴收入、违约金收入、汇兑收益等。

2．特殊收入的确认

（1）以分期收款方式销售货物的，按照合同约定的收款日期确认收入的实现。

（2）企业受托加工制造大型机械设备、船舶、飞机，以及从事建筑、安装、装配工程业务或者提供其他劳务等，持续时间超过12个月的，按照纳税年度内的完工进度或者完成的工作量确认收入的实现。

（3）采取产品分成方式取得收入的，按照企业分得产品的日期确认收入的实现，其收入额按照产品的公允价值确定。

（4）企业发生非货币性资产交换，以及将货物、财产、劳务用于捐赠、偿债、赞助、集资、广告、样品、职工福利或者利润分配等用途的，应当视同销售货物、转让财产或者提供劳务，但国务院财政、税务主管部门另有规定的除外。

3．处置资产收入的确认

（1）企业发生下列情形的处置资产，除将资产转移至境外以外，由于资产所有权属在形式和实质上均不发生改变，可作为内部处置资产，不视同销售确认收入，相关资产的计税基础延续计算。

1）将资产用于生产、制造、加工另一产品。

2）改变资产形状、结构或性能。

3）改变资产用途（如自建商品房转为自用或经营）。

4）将资产在总机构及其分支机构之间转移。

5）上述两种或两种以上情形的混合。

6）其他不改变资产所有权属的用途。

（2）企业将资产移送他人的下列情形，因资产所有权属已发生改变而不属于内部处置资产，应按规定视同销售确定收入。

1）用于市场推广或销售。

2）用于交际应酬。

3）用于职工奖励或福利。

4）用于股息分配。

5）用于对外捐赠。

6）其他改变资产所有权属的用途。

企业发生上述视同销售情形的，应按照被移送资产的公允价值确定销售收入。

（五）不征税收入和免税收入

1. 不征税收入

（1）财政拨款。财政拨款是指各级人民政府向纳入预算管理的事业单位、社会组织等拨付的财政资金，但国务院和国务院财政、税务主管部门另有规定的除外。

（2）依法收取并纳入财政管理的行政事业性收费、政府性基金。行政事业性收费是指依照法律法规等有关规定，按照国务院规定程序批准，在实施社会公共管理以及在向公民、法人或者其他组织提供特定公共服务的过程中，向特定对象收取并纳入财政管理的费用。政府性基金是指企业依照法律、行政法规等有关规定，代政府收取的具有专项用途的财政资金。

（3）国务院规定的其他不征税收入。国务院规定的其他不征税收入是指企业取得的，由国务院财政、税务主管部门规定专项用途并经国务院批准的财政性资金。

2. 免税收入

（1）国债利息收入。为鼓励企业积极购买国债、支援国家建设，税法规定，企业因购买国债所得的利息收入，免征企业所得税。

（2）符合条件的居民企业之间的股息、红利等权益性收益。该收益是指居民企业直接投资于其他居民企业取得的投资收益。

（3）在中国境内设立机构、场所的非居民企业从居民企业取得的与该机构、场所有实际联系的股息、红利等权益性投资收益。该收益不包括连续持有居民企业公开发行并上市流通的股票不足12个月取得的投资收益。

（4）符合条件的非营利组织的收入。非营利组织的下列收入为免税收入：

1）接受其他单位或者个人捐赠的收入。

2）除《企业所得税法》第七条规定的财政拨款以外的其他政府补助收入，但不包括因政府购买服务而取得的收入。

3）按照省级以上民政、财政部门规定收取的会费。

4）不征税收入和免税收入孳生的银行存款利息收入。

5）财政部、国家税务总局规定的其他收入。

（六）税前扣除项目的范围和标准

1. 税前扣除项目的范围

《企业所得税法》规定，企业实际发生的与取得收入有关的、合理的支出，包括成本、费用、税金、损失和其他支出，准予在计算应纳税所得额时扣除。

（1）成本是指企业在生产经营活动中发生的销售成本、销货成本、业务支出以及其他耗费，即企业销售商品（产品、材料、下脚料、废料、废旧物资等），提供劳务，转让固定资产、无形资产（包括技术转让）的成本。

（2）费用是指企业每一个纳税年度为生产经营商品和提供劳务等所发生的销售（经

营）费用、管理费用和财务费用，已经计入成本的有关费用除外。

销售费用是指应由企业负担的为销售商品而发生的费用，包括广告费、运输费、装卸费、包装费、展览费、保险费、销售佣金（能直接认定的进口佣金可调整商品的进价成本）、代销手续费、经营性租赁费及销售部门发生的差旅费、工资、福利费等费用。

管理费用是指企业的行政管理部门为管理组织的经营活动、提供各项支援性服务而发生的费用。

财务费用是指企业筹集经营性资金而发生的费用，包括利息净支出、汇兑净损失、金融机构手续费以及其他非资本化支出。

(3) 税金是指企业发生的除企业所得税和允许抵扣的增值税以外的企业缴纳的各项税金及其附加，即企业按规定缴纳的消费税、城市维护建设税、关税、资源税、土地增值税、房产税、车船税、土地使用税、印花税、教育费附加等。

(4) 损失是指企业在生产经营活动中发生的固定资产和存货的盘亏、毁损、报废损失，转让财产损失，呆账损失，坏账损失，自然灾害等不可抗力因素造成的损失以及其他损失。

企业发生的损失，减除责任人赔偿和保险赔款后的余额，依照国务院财政、税务主管部门的规定扣除。

企业已经作为损失处理的资产，在以后纳税年度又全部收回或者部分收回时，应当计入当期收入。

(5) 其他支出，是指除成本、费用、税金、损失外，企业在生产经营活动中发生的与生产经营活动有关的、合理的支出。

2. 扣除标准

在计算应纳税所得额时，下列项目可按照实际发生额或规定的标准扣除。

(1) 工资、薪金支出。企业发生的合理的工资、薪金支出准予据实扣除。工资、薪金支出是企业每一纳税年度支付给本企业任职或与其有雇佣关系的员工的所有现金或非现金形式的劳动报酬，包括基本工资、奖金、津贴、补贴、年终加薪、加班工资以及与任职或者是受雇有关的其他支出。

合理的工资、薪金是指企业按照股东大会、董事会、薪酬委员会或相关管理机构制定的工资、薪金制度规定实际发放给员工的工资、薪金。税务机关在对工资、薪金进行合理性确认时，可按以下原则掌握：

1) 企业制定了较为规范的员工工资、薪金制度。

2) 企业所制定的工资、薪金制度符合行业及地区水平。

3) 企业在一定时期所发放的工资、薪金是相对固定的，工资、薪金的调整是有序进行的。

4) 企业对实际发放的工资、薪金，已依法履行了代扣代缴个人所得税义务。

5) 有关工资、薪金的安排，不以减少或逃避税款为目的。

(2) 职工福利费、工会经费、职工教育经费。企业发生的职工福利费、工会经费、职工教育经费按标准扣除，未超过标准的按实际数扣除，超过标准的只能按标准扣除。

1) 企业发生的职工福利费支出，不超过工资、薪金总额14%的部分准予扣除。

2) 企业拨缴的工会经费，不超过工资、薪金总额2%的部分准予扣除。

3）除国务院财政、税务主管部门另有规定外，企业发生的职工教育经费支出，不超过工资、薪金总额2.5%的部分准予扣除，超过部分准予结转以后纳税年度扣除。自2018年1月1日起，一般企业的职工教育经费税前扣除限额与高新技术企业的限额统一，从2.5%提高到8%。

4）集成电路设计企业和符合条件软件企业的职工培训费用，应单独进行核算并按实际发生额在计算应纳税所得额时扣除。航空企业实际发生的飞行员养成费、飞行训练费、乘务训练费、空中保卫员训练费等空勤训练费用，可以作为航空企业运输成本在税前扣除。核力发电企业为培养核电厂操纵员发生的培养费用，可作为企业的发电成本在税前扣除。

以上所称职工培训费用必须单独核算，与职工教育经费严格区分，据实税前扣除。

（3）社会保险费。

1）企业依照国务院有关主管部门或者省级人民政府规定的范围和标准为职工缴纳的五险一金，即基本养老保险费、基本医疗保险费、失业保险费、工伤保险费、生育保险费和住房公积金，准予扣除。

2）企业为投资者或者职工支付的补充养老保险费、补充医疗保险费，不超过职工工资总额5%的部分，准予扣除。企业依照国家有关规定为特殊工种职工支付的人身安全保险费和符合国务院财政、税务主管部门规定可以扣除的商业保险费，准予扣除。

3）企业参加财产保险，按照规定缴纳的保险费，准予扣除。企业为投资者或者职工支付的商业保险费，不得扣除。

（4）利息费用。企业在生产经营活动中发生的利息费用，按下列规定扣除。

1）非金融企业向金融企业借款的利息支出、金融企业的各项存款利息支出和同业拆借利息支出、企业经批准发行债券的利息支出，可据实扣除。

2）非金融企业向非金融企业借款的利息支出，不超过按照金融企业同期同类贷款利率计算的数额部分可据实扣除，超过部分不许扣除。

3）企业从其关联方接受的债权性投资与权益性投资的比例超过规定标准而发生的利息支出，不得在计算应纳税所得额时扣除。

（5）借款费用。

1）企业在生产经营活动中发生的合理的不需要资本化的借款费用，准予扣除。

2）企业为购置、建造固定资产、无形资产和经过12个月以上的建造才能达到预定可销售状态的存货发生借款的，在有关资产购置、建造期间发生的合理的借款费用，应予以资本化，作为资本性支出计入有关资产的成本；有关资产交付使用后发生的借款利息，可在发生当期扣除。

3）企业通过发行债券、取得贷款、吸收保户储金等方式融资而发生的合理费用支出，符合资本化条件的，应计入相关资产成本；不符合资本化条件的，应作为财务费用，准予在企业所得税前据实扣除。

（6）汇兑损失。企业在货币交易中以及纳税年度终了时将人民币以外的货币性资产、负债按照期末即期人民币汇率中间价折算为人民币时产生的汇兑损失，除已经计入有关资产成本以及与向所有者进行利润分配相关的部分外，准予扣除。

（7）业务招待费。企业发生的与生产经营活动有关的业务招待费支出，按照发生额的60%扣除，但最高不得超过当年销售（营业）收入的5‰。对从事股权投资业务的企业（包括集团公司总部、创业投资企业等），其从被投资企业分配的股息、红利以及股权转让收入，可以按规定的比例计算业务招待费扣除限额。

企业在筹建期间发生的与筹办活动有关的业务招待费支出，可按实际发生额的60%计入企业筹办费，并按有关规定在税前扣除。

（8）广告费和业务宣传费。企业发生的符合条件的广告费和业务宣传费支出，除国务院财政、税务主管部门另有规定外，不超过当年销售（营业）收入15%的部分，准予扣除；超过部分，准予结转以后纳税年度扣除。

（9）环境保护专项资金。企业依照法律、行政法规有关规定提取的用于环境保护、生态恢复等方面的专项资金，准予扣除。上述专项资金提取后改变用途的，不得扣除。

（10）保险费。企业参加财产保险，按照规定缴纳的保险费，准予扣除。

（11）租赁费。企业根据生产经营活动的需要租入固定资产支付的租赁费，按照以下方法扣除：

1）以经营租赁方式租入固定资产发生的租赁费支出，按照租赁期限均匀扣除。经营性租赁是指所有权不转移的租赁。

2）以融资租赁方式租入固定资产发生的租赁费支出，按照规定构成融资租入固定资产价值的部分应当提取折旧费用，分期扣除。融资租赁是指在实质上转移与一项资产所有权有关的全部风险和报酬的一种租赁。

（12）劳动保护费。企业发生的合理的劳动保护支出，准予扣除。自2011年7月1日起，企业根据其工作性质和特点，由企业统一制作并要求员工工作时统一着装所发生的工作服饰费用，可以作为企业合理的支出给予税前扣除。

（13）公益性捐赠支出。公益性捐赠是指企业通过公益性社会组织或者县级（含县级）以上人民政府及其部门，用于《中华人民共和国公益事业捐赠法》规定的公益事业的捐赠。

企业发生的公益性捐赠支出，在年度利润总额12%以内的部分，准予在计算应纳税所得额时扣除；超过年度利润总额12%的部分，准予结转以后三年内在计算应纳税所得额时扣除。企业当年发生以及以前年度结转的公益性捐赠支出，不超过年度利润总额12%的部分，准予扣除。企业发生的公益性捐赠支出未在当年税前扣除的部分，准予向以后年度结转扣除，但结转年限自捐赠发生年度的次年起计算最长不得超过三年。企业在对公益性捐赠支出计算扣除时，应先扣除以前年度结转的捐赠支出，再扣除当年发生的捐赠支出。年度利润总额是指企业依照国家统一会计制度的规定计算的年度会计利润。

自2019年1月1日至2022年12月31日，企业通过公益性社会组织或者县级（含县级）以上人民政府及其组成部门和直属机构，用于目标脱贫地区的扶贫捐赠支出，准予在计算企业所得税应纳税所得额时据实扣除。在政策执行期限内，目标脱贫地区实现脱贫的，可继续适用上述政策。

（14）有关资产的费用。企业转让各类固定资产发生的费用，允许扣除。企业按规定计算的固定资产折旧费、无形资产和递延资产的摊销费，准予扣除。

（15）总机构分摊的费用。非居民企业在中国境内设立的机构、场所，就其中国境外总机构发生的与该机构、场所生产经营有关的费用，能够提供总机构出具的费用汇集范围、定额、分配依据和方法等证明文件，并合理分摊的，准予扣除。

(16) 资产损失。企业当期发生的固定资产和流动资产盘亏、毁损净损失，由其提供清查盘存资料，经主管税务机关审核后，准予扣除。

(17) 企业发生与生产经营有关的手续费及佣金支出，不超过按以下规定计算的限额部分，准予扣除；超过部分，不得扣除。

1) 保险企业：财产保险企业按当年全部保费收入扣除退保金等后余额的15%（含本数，下同）计算限额；人身保险企业按当年全部保费收入扣除退保金等后余额的10%计算限额。

2) 其他企业：按与具有合法经营资格的中介服务机构或个人（不含交易双方及其雇员、代理人和代表人等）所签订服务协议或合同确认的收入金额的5%计算限额。

企业应与具有合法经营资格的中介服务企业或个人签订代办协议或合同，并按国家有关规定支付手续费及佣金。除委托个人代理外，企业以现金等非转账方式支付的手续费及佣金不得在税前扣除。企业为发行权益性证券支付给有关证券承销机构的手续费及佣金不得在税前扣除。

企业不得将手续费及佣金支出计入回扣、业务提成、返利、进场费等费用。

企业已计入固定资产、无形资产等相关资产的手续费及佣金支出，应当通过折旧、摊销等方式分期扣除，不得在发生当期直接扣除。

(18) 其他允许扣除的支出等。

3. 不得扣除的项目

在计算应纳税所得额时，下列支出不得扣除：

(1) 向投资者支付的股息、红利等权益性投资收益款项。

(2) 企业所得税税款。

(3) 税收滞纳金，是指纳税人违反税收法规被税务机关处以的滞纳金。

(4) 罚金、罚款和被没收财物的损失，是指纳税人违反国家有关法律法规规定，被有关部门处以的罚款，以及被司法机关处以的罚金和被没收财物。

(5) 超过规定标准的捐赠支出。

(6) 赞助支出，是指企业发生的与生产经营活动无关的各种非广告性质支出。

(7) 未经核定的准备金支出，是指不符合国务院财政、税务主管部门规定的各项资产减值准备、风险准备等准备金支出。

(8) 企业之间支付的管理费、企业内营业机构之间支付的租金和特许权使用费，以及非银行企业内营业机构之间支付的利息，不得扣除。

(9) 与取得收入无关的其他支出。

（七）亏损弥补

亏损是指企业依照《企业所得税法》及其实施条例的规定，将每一纳税年度的收入总额减除不征税收入、免税收入和各项扣除后小于零的数额。

税法规定，企业某一纳税年度发生的亏损可以用下一年度的所得弥补，下一年度的所得不足以弥补的，可以逐年延续弥补，但最长不得超过5年。此外，企业在汇总计算缴纳企业所得税时，其境外营业机构的亏损不得抵减境内营业机构的盈利。

(1) 企业筹办期间不计算为亏损年度，企业自开始生产经营的年度为开始计算企业损益的年度。企业从事生产经营之前进行筹办活动期间发生的筹办费用支出，不得计算为当期的亏损，企业可以在开始经营的当年一次性扣除，也可以按照税法中有关长期待摊费用的规定处理，但一经选定，不得改变。

(2) 税务机关对企业以前年度纳税情况进行检查时调增的应纳税所得额，凡企业以前年度发生亏损且该亏损属于《企业所得税法》规定允许弥补的，应允许调增的应纳税所得额弥补该亏损。弥补该亏损后仍有余额的，按照《企业所得税法》规定计算缴纳企业所得税。对检查调增的应纳税所得额应根据其情节，依照《税收征管法》的有关规定进行处理或处罚。

(3) 自 2018 年 1 月 1 日起，经认定的高新技术企业和科技型中小企业在纳税年度发生的亏损，准予向以后年度结转，用以后年度的所得弥补，但结转年限最长不得超过 10 年。

(八) 资产的税务处理

资产是由于资本投资而形成的，对于资本性支出以及无形资产的受让、开办、开发费用，不允许作为成本、费用从纳税人的收入总额中做一次性扣除，只能采取分次计提折旧或分次摊销的方式予以扣除，即纳税人经营活动中使用的固定资产的折旧费用、无形资产和长期待摊费用的摊销费用可以扣除。税法规定，属于纳税人税务处理范围的资产形式主要有固定资产、生物资产、无形资产、长期待摊费用、投资资产、存货等，它们均以历史成本为计税基础。历史成本是指企业取得该项资产时实际发生的支出。企业持有各项资产期间资产增值或者减值，除国务院财政、税务主管部门规定可以确认的损益外，不得调整该资产的计税基础。

固定资产是指企业为生产产品、提供劳务、出租或者经营管理而持有的，使用时间超过 12 个月的非货币性资产，包括房屋、建筑物、机器、机械、运输工具以及其他与生产经营活动有关的设备、器具、工具等。

1. 固定资产的计税基础

(1) 外购的固定资产，以购买价款和支付的相关税费以及直接归属于使该资产达到预定用途而发生的其他支出为计税基础。

(2) 自行建造的固定资产，以竣工结算前发生的支出为计税基础。

(3) 融资租入的固定资产，以租赁合同约定的付款总额和承租人在签订租赁合同过程中发生的相关费用为计税基础；租赁合同未约定付款总额的，以该资产的公允价值和承租人在签订租赁合同过程中发生的相关费用为计税基础。

(4) 盘盈的固定资产，以同类固定资产的重置完全价值为计税基础。

(5) 通过捐赠、投资、非货币性资产交换、债务重组等方式取得的固定资产，以该资产的公允价值和支付的相关税费为计税基础。

(6) 改建的固定资产，除已足额提取折旧的固定资产和租入的固定资产以外的其他固定资产，以改建过程中发生的改建支出增加计税基础。

2. 固定资产折旧的范围

在计算应纳税所得额时，企业按照规定计算的固定资产折旧准予扣除。下列固定资产不得计算折旧扣除：

(1) 房屋、建筑物以外未投入使用的固定资产。

(2) 以经营租赁方式租入的固定资产。

(3) 以融资租赁方式租出的固定资产。

(4) 足额提取折旧仍继续使用的固定资产。

(5) 与经营活动无关的固定资产。

(6) 单独估价作为固定资产入账的土地。

(7) 其他不得计算折旧扣除的固定资产。

3. 固定资产折旧的计提方法

(1) 企业应当自固定资产投入使用月份的次月起计算折旧；停止使用的固定资产，应当自停止使用月份的次月起停止计算折旧。

(2) 企业应当根据固定资产的性质和使用情况，合理确定固定资产的预计净残值。固定资产的预计净残值一经确定，不得变更。

(3) 固定资产按照直线法计算的折旧，准予扣除。

4. 固定资产折旧的计提年限

除国务院财政、税务主管部门另有规定外，固定资产计算折旧的最低年限如下：

(1) 房屋、建筑物为 20 年。

(2) 飞机、火车、轮船、机器、机械和其他生产设备为 10 年。

(3) 与生产经营活动有关的器具、工具、家具等为 5 年。

(4) 飞机、火车、轮船以外的运输工具为 4 年。

(5) 电子设备为 3 年。

从事开采石油、天然气等矿产资源的企业，在开始商业性生产前发生的费用和有关固定资产的折耗、折旧方法，由国务院财政、税务主管部门另行规定。

5. 固定资产折旧的企业所得税处理

(1) 企业固定资产会计折旧年限如果短于税法规定的最低折旧年限，其按会计折旧年限计提的折旧高于按税法规定的最低折旧年限计提的折旧部分，应调增当期应纳税所得额。

(2) 企业固定资产会计折旧年限如果长于税法规定的最低折旧年限，其折旧应按会计折旧年限计算扣除，税法另有规定的除外。

(3) 企业按会计规定提取的固定资产减值准备，不得税前扣除，其折旧仍按税法确定的固定资产计税基础计算扣除。

(4) 企业按税法规定实行加速折旧的，其按加速折旧办法计算的折旧额可全额在税前扣除。

(5) 石油、天然气开采企业在计提油气资产折耗（折旧）时，由于会计与税法规定计算不同导致的折耗（折旧）差异，应按税法规定进行纳税调整。

6. 固定资产改扩建的税务处理

自 2011 年 7 月 1 日起，企业对房屋、建筑物固定资产在未足额提取折旧前进行改扩建的，如果属于推倒重置的，该资产原值减除提取折旧后的净值，应并入重置后的固定资产计税成本，并在该固定资产投入使用后的次月起，按照税法规定的折旧年限，一并计提折旧；如果属于提升功能、增加面积的，该固定资产的改扩建支出并入该固定资产的计税基础，从改扩建完工投入使用后的次月起，重新按税法规定的该固定资产折旧年限计提折旧，若改扩建后固定资产尚可使用的年限低于税法规定的最低年限，可以按尚可使用的年限计提折旧。

7. 无形资产的税务处理

无形资产是指企业长期使用但没有实物形态的资产，包括专利权、商标权、著作权、土地使用权、非专利技术、商誉等。

(1) 无形资产的计税基础。无形资产按照以下方法确定计税基础：

1) 外购的无形资产，以购买价款和支付的相关税费以及直接归属于使该资产达到预定用途发生的其他支出为计税基础。

2) 自行开发的无形资产，以开发过程中该资产符合资本化条件后至达到预定用途前发生的支出为计税基础。

3) 通过捐赠、投资、非货币性资产交换、债务重组等方式取得的无形资产，以该资产的公允价值和支付的相关税费为计税基础。

(2) 无形资产摊销的范围。在计算应纳税所得额时，企业按照规定计算的无形资产摊销费用，准予扣除。

下列无形资产不得计算摊销费用扣除：

1) 自行开发的支出已在计算应纳税所得额时扣除的无形资产。

2) 自创商誉。

3) 与经营活动无关的无形资产。

4) 其他不得计算摊销费用扣除的无形资产。

(3) 无形资产的摊销方法及年限。无形资产的摊销采取直线法计算。无形资产的摊销年限不得低于10年。作为投资或者受让的无形资产，有关法律规定或者合同约定了使用年限的，可以按照规定或者约定的使用年限分期摊销。外购商誉的支出，在企业整体转让或者清算时，准予扣除。

8. 长期待摊费用的税务处理

长期待摊费用是指企业发生的应在1个年度以上进行摊销的费用。在计算应纳税所得额时，企业发生的下列支出作为长期待摊费用，按照规定摊销的，准予扣除。

(1) 已足额提取折旧的固定资产的改建支出。

(2) 租入固定资产的改建支出。

(3) 固定资产的大修理支出。

(4) 其他应当作为长期待摊费用的支出。

企业的固定资产修理支出可在发生当期直接扣除。对于企业的固定资产改建支出，如果有关固定资产尚未提足折旧，可增加固定资产价值；如果有关固定资产已提足折旧，可作为长期待摊费用，在规定的期间内平均摊销。

固定资产的改建支出是指改变房屋或者建筑物结构、延长使用年限等发生的支出。已足额提取折旧的固定资产的改建支出，按照固定资产预计尚可使用的年限分期摊销；

租入固定资产的改建支出，按照合同约定的剩余租赁期限分期摊销；改建的固定资产延长使用年限的，除已足额提取折旧的固定资产、租入固定资产的改建支出外，其他的固定资产发生改建支出，应适当延长折旧年限。

大修理支出应按照固定资产尚可使用的年限分期摊销。

《企业所得税法》所指固定资产的大修理支出，是指同时符合下列条件的支出：

（1）修理支出达到取得固定资产时计税基础的50%以上。

（2）修理后固定资产的使用年限延长2年以上。

其他应当作为长期待摊费用的支出，自支出发生月份的次月起，分期摊销，摊销年限不得低于3年。

9. 投资资产的税务处理

投资资产是指企业对外进行权益性投资和债权性投资而形成的资产。

（1）投资资产的成本。投资资产按以下方法确定投资成本：

1）通过支付现金方式取得的投资资产，以购买价款为成本。

2）通过支付现金以外的方式取得的投资资产，以该资产的公允价值和支付的相关税费为成本。

（2）投资资产的成本扣除方法。企业对外投资期间，投资资产的成本在计算应纳税所得额时不得扣除，企业在转让或者处置投资资产时，投资资产的成本准予扣除。

（3）投资企业撤回或减少投资的税务处理。自2011年7月1日起，投资企业从被投资企业撤回或减少投资，其取得的资产中，相当于初始出资的部分，应确认为投资收回；相当于被投资企业累计未分配利润和累计盈余公积按减少实收资本比例计算的部分，应确认为股息所得；其余部分确认为投资资产转让所得。

被投资企业发生的经营亏损，由被投资企业按规定结转弥补；投资企业不得调整减低其投资成本，也不得将其确认为投资损失。

（九）应纳税额的计算

1. 居民企业应纳税额的计算

应纳税额＝应纳税所得额×适用税率－减免税额－抵免税额

根据上述计算公式可以看出，应纳税额的多少取决于应纳税所得额和适用税率两个因素。在实践中，应纳税所得额的计算一般有两种方法。

（1）直接计算法。在直接计算法下，企业每一纳税年度的收入总额减除不征税收入、免税收入、各项扣除以及允许弥补的以前年度亏损后的余额为应纳税所得额。其计算公式为：

应纳税所得额＝收入总额－不征税收入－免税收入－各项扣除金额－允许弥补的以前年度亏损

（2）间接计算法。在间接计算法下，企业在会计利润总额的基础上加或减按照税法规定调整的项目金额后，即为应纳税所得额。其计算公式为：

应纳税所得额＝会计利润总额±纳税调整项目金额

纳税调整项目金额包括两方面的内容：一是企业的财务会计处理和税法规定不一致

的应予以调整的金额；二是企业按税法规定准予扣除的税收金额。

2. 境外所得抵扣税额的计算

企业取得的下列所得已在境外缴纳的所得税税额，可以从其当期应纳税额中抵免，抵免限额为该项所得依照《企业所得税法》规定计算的应纳税额；超过抵免限额的部分，可在以后5个年度内，用每年度抵免限额抵免当年应抵税额后的余额进行抵补。

(1) 居民企业来源于中国境外的应税所得。

(2) 非居民企业在中国境内设立机构、场所，取得发生在中国境外但与该机构、场所有实际联系的应税所得。

(3) 居民企业从其直接或者间接控制的外国企业分得的来源于中国境外的股息、红利等权益性投资收益，外国企业在境外实际缴纳的所得税税额中属于该项所得负担的部分，可以作为该居民企业的可抵免境外所得税税额，在《企业所得税法》规定的抵免限额内抵免。

上述所称直接控制，是指居民企业直接持有外国企业20%以上股份。

上述所称间接控制，是指居民企业以间接持股方式持有外国企业20%以上股份，具体认定办法由国务院财政、税务主管部门另行制定。

已在境外缴纳的所得税税额，是指企业来源于中国境外的所得依照中国境外税收法律以及相关规定应当缴纳并已经实际缴纳的企业所得税性质的税款。企业依照《企业所得税法》的规定抵免企业所得税税额时，应当提供中国境外税务机关出具的税款所属年度的有关纳税凭证。

抵免限额是指企业来源于中国境外的所得，依照《企业所得税法》和实施条例的规定计算的应纳税额。除国务院财政、税务主管部门另有规定外，该抵免限额应当分国（地区）不分项计算。其计算公式为：

$$\text{抵免限额}=\begin{array}{c}\text{中国境内外所得依照《企业所得税法》}\\\text{和实施条例规定计算的应纳税总额}\end{array}\times\begin{array}{c}\text{来源于某国（地区）}\\\text{的应纳税所得额}\end{array}\div\begin{array}{c}\text{中国境内外}\\\text{应纳税所得总额}\end{array}$$

前述5个年度，是指从企业取得来源于中国境外的所得，并且在中国境外缴纳的企业所得税性质的税额超过抵免限额的次年起连续5个纳税年度。

自2017年1月1日起，企业可以选择按国（地区）别分别计算［即“分国（地区）不分项”］，或者不按国（地区）别汇总计算［即“不分国（地区）不分项”］其来源于境外的应纳税所得额，分别计算其可抵免境外所得税税额和抵免限额。上述方式一经选择，5年内不得改变。

企业在境外取得的股息所得，在按规定计算该企业境外股息所得的可抵免所得税税额和抵免限额时，由该企业直接或者间接持有20%以上股份的外国企业，限于按照《财政部、国家税务总局关于企业境外所得税收抵免有关问题的通知》（财税［2009］125号）第六条规定的持股方式确定的五层外国企业。

3. 非居民企业应纳税额的计算

对于在中国境内未设立机构、场所的，或者虽设立机构、场所但取得的所得与其所设机构、场所没有实际联系的非居民企业的所得，按照下列方法计算应纳税所得额：

（1）股息、红利等权益性投资收益和利息、租金、特许权使用费所得，以收入全额为应纳税所得额。对境外投资者将从中国境内居民企业分配的利润直接投资于鼓励类投资项目，凡符合规定条件的，实行递延纳税政策，暂不征收预提所得税。

（2）转让财产所得，以收入全额减除财产净值后的余额为应纳税所得额。

（3）其他所得，参照前两项规定的方法计算应纳税所得额。

财产净值是指财产的计税基础减除已按照规定扣除的折旧、折耗、摊销、准备金等后的余额。

（十）税收优惠

税收优惠是指国家对某一部分特定企业和征税对象给予减轻或免除税收负担的一种措施。税法规定的企业所得税的税收优惠方式包括免税、减税、加计扣除、加速折旧、减计收入、税额抵免等。

1. 免征与减征优惠

（1）从事农、林、牧、渔业项目的所得。企业从事下列项目的所得，免征企业所得税：

1）蔬菜、谷物、薯类、油料、豆类、棉花、麻类、糖料、水果、坚果的种植。

2）农作物新品种的选育。

3）中药材的种植。

4）林木的培育和种植。

5）牲畜、家禽的饲养。

6）林产品的采集。

7）灌溉、农产品初加工、兽医、农技推广、农机作业和维修等农、林、牧、渔服务业项目。

8）远洋捕捞。

企业从事下列项目的所得，减半征收企业所得税：

1）花卉、茶以及其他饮料作物和香料作物的种植。

2）海水养殖、内陆养殖。

（2）从事国家重点扶持的公共基础设施项目投资经营的所得。《企业所得税法》所称国家重点扶持的公共基础设施项目，是指《公共基础设施项目企业所得税优惠目录》规定的港口码头、机场、铁路、公路、电力、水利等项目。

企业从事国家重点扶持的公共基础设施项目的投资经营所得，自项目取得第一笔生产经营收入所属的纳税年度起，第 1 年至第 3 年免征企业所得税，第 4 年至第 6 年减半征收企业所得税。

企业承包经营、承包建设和内部自建自用本条规定的项目，不得享受本条规定的企业所得税优惠。

（3）从事符合条件的环境保护、节能节水项目的所得。环境保护、节能节水项目的所得，自项目取得第一笔生产经营收入所属的纳税年度起，第 1 年至第 3 年免征企业所得税，第 4 年至第 6 年减半征收企业所得税。

符合条件的环境保护、节能节水项目，包括公共污水处理、公共垃圾处理、沼气综合开发利用、节能减排技术改造、海水淡化等。项目的具体条件和范围由国务院财政、税务主管部门会同国务院有关部门制定，报国务院批准后公布施行。

但是，以上规定享受减免税优惠的项目，在减免税期限内转让的，受让方自受让之日起，可以在剩余期限内享受规定的减免税优惠；减免税期限届满后转让的，受让方不得就该项目重复享受减免税优惠。

(4) 符合条件的技术转让所得。《企业所得税法》所称符合条件的技术转让所得免征、减征企业所得税，是指一个纳税年度内，居民企业转让技术所有权所得不超过500万元的部分，免征企业所得税；超过500万元的部分，减半征收企业所得税。

如果居民企业被认定为高新技术企业，同时企业发生可以享受优惠的技术转让所得，该部分转让所得超过500万元的部分应按照25%的税率减半征收，而不能按15%的优惠税率减半征收。

2. 高新技术企业优惠

(1) 国家需要重点扶持的高新技术企业减按15%的税率征收企业所得税。

(2) 对经济特区和上海浦东新区内在2008年1月1日（含）之后完成登记注册的国家需要重点扶持的高新技术企业（以下简称“新设高新技术企业”），在经济特区和上海浦东新区内取得的所得，自取得第一笔生产经营收入所属的纳税年度起，第1年至第2年免征企业所得税，第3年至第5年按照25%的法定税率减半征收企业所得税。

(3) 自2017年1月1日起，在全国范围内对经认定的技术先进型服务企业，减按15%的税率征收企业所得税。

3. 小型微利企业优惠

(1) 小型微利企业减按20%的税率征收企业所得税。小型微利企业的条件如下：

1) 工业企业，年度应纳税所得额不超过100万元，从业人数不超过100人，资产总额不超过3 000万元。

2) 其他企业，年度应纳税所得额不超过100万元，从业人数不超过80人，资产总额不超过1 000万元。

(2) 自2017年1月1日至2019年12月31日，将小型微利企业年应纳税所得额上限由30万元提高到50万元，符合这一条件的小型微利企业所得减半计算应纳税所得额并按20%的优惠税率缴纳企业所得税。

从2018年1月1日至2020年12月31日，小型微利企业年应纳税所得额上限由50万元提高到300万元.

4. 加计扣除优惠

(1) 研究开发费。研究开发费是指企业在开展研发活动中实际发生的研究与开发费用，未形成无形资产计入当期损益的，在按照规定据实扣除的基础上，按照研究与开发费用的50%加计扣除；形成无形资产的，按照无形资产成本的150%摊销。

科技型中小企业开展研发活动中实际发生的研发费用，未形成无形资产计入当期损益的，在按规定据实扣除的基础上，在2017年1月1日至2019年12月31日期间，再按照实际发生额的75%在税前加计扣除；形成无形资产的，在上述期间按照无形资产成本的175%在税前摊销。企业委托外部机构或个人开展研发活动发生的费用，可按规定税前扣除；加计扣除时按照研发活动发生费用的80%作为加计扣除基数。委托个人研发的，应凭个人出具的发票等合法有效凭证在税前加计扣除。企业委托境外研发所发生的费用不得加计扣除。自2018年1月1日起，取消委托境外研发费用不得加计扣除的限制。

(2) 企业安置残疾人员所支付的工资。企业安置残疾人员所支付工资费用的加计扣除，是指企业安置残疾人员的，在按照支付给残疾职工工资据实扣除的基础上，按照支付给残疾职工工资的100%加计扣除。残疾人员的范围适用《中华人民共和国残疾人保障法》的有关规定。企业安置国家鼓励安置的其他就业人员所支付工资的加计扣除办法，由国务院另行规定。

5. 创业投资企业优惠

创业投资企业从事国家需要重点扶持和鼓励的创业投资，可以按投资额的一定比例抵扣应纳税所得额。

创业投资企业优惠是指创业投资企业采取股权投资方式投资于未上市的中小高新技术企业2年以上的，可以按照其投资额的70%在股权持有满2年的当年抵扣该创业投资企业的应纳税所得额；当年不足抵扣的，可以在以后纳税年度结转抵扣。

在京津冀、上海、广东、安徽、四川、武汉、西安、沈阳8个全面创新改革试验地区和苏州工业园区开展试点，从2017年1月1日起，创业投资企业投资种子期、初创期科技型企业的，可享受按投资额的70%抵扣应纳税所得额的优惠政策；自2017年7月1日起，将享受这一优惠政策的投资主体由公司制和合伙制创业投资企业的法人合伙人扩大到个人投资者。政策生效前2年内发生的投资也可享受前述优惠。自2018年5月1日起，该项试点政策推广至全国。

6. 加速折旧优惠

(1) 企业的固定资产由于技术进步等原因，确需加速折旧的，可以缩短折旧年限或者采取加速折旧的方法。可采用以上折旧方法的固定资产包括：

1) 由于技术进步，产品更新换代较快的固定资产。

2) 常年处于强震动、高腐蚀状态的固定资产。

采取缩短折旧年限方法的，最低折旧年限不得低于规定折旧年限的60%；采取加速折旧方法的，可以采取双倍余额递减法或者年数总和法。

(2) 根据《国家税务总局关于完善固定资产加速折旧企业所得税政策的通知》(财税[2014] 75号) 的规定，对生物药品制造业，专用设备制造业，铁路、船舶、航空航天和其他运输设备制造业，计算机、通信和其他电子设备制造业，仪器仪表制造业，信息传输、软件和信息技术服务业6个行业的企业在2014年1月1日后新购进的固定资产，可缩短折旧年限或采取加速折旧的方法。

对上述6个行业的小型微利企业在2014年1月1日后新购进的研发和生产经营共用的仪器、设备，单位价值不超过100万元的，允许一次性计入当期成本、费用并在计算应纳税所得额时扣除，不再分年度计算折旧；单位价值超过100万元的，可缩短折旧年限或采取加速折旧的方法。

对所有行业企业在2014年1月1日后新购进的专用于研发的仪器、设备，单位价值不超过100万元的，允许一次性计入当期成本、费用并在计算应纳税所得额时扣除，不再分年度计算折旧；单位价值超过100万元的，可缩短折旧年限或采取加速折旧的方法。

对所有行业企业持有的单位价值不超过 5 000 元的固定资产，允许一次性计入当期成本、费用并在计算应纳税所得额时扣除，不再分年度计算折旧。

（3）根据《财政部、国家税务总局关于进一步完善资产加速折旧企业所得税政策的通知》（财税〔2015〕106 号）的规定，对轻工、纺织、机械、汽车四个领域重点行业的企业在 2015 年 1 月 1 日后新购进的固定资产，可由企业选择缩短折旧年限或采取加速折旧的方法。

对上述行业的小型微利企业在 2015 年 1 月 1 日后新购进的研发和生产经营共用的仪器、设备，单位价值不超过 100 万元的，允许一次性计入当期成本、费用并在计算应纳税所得额时扣除，不再分年度计算折旧；单位价值超过 100 万元的，可由企业选择缩短折旧年限或采取加速折旧的方法。

对于缩短折旧年限的，对其购置的新固定资产，最低折旧年限不得低于《企业所得税法实施条例》第六十条规定的折旧年限的 60%；企业购置已使用过的固定资产，其最低折旧年限不得低于《企业所得税法实施条例》规定的最低折旧年限减去已使用年限后剩余年限的 60%。最低折旧年限一经确定，一般不得变更。

（4）根据《财政部、税务总局关于设备、器具扣除有关企业所得税政策的通知》（财税〔2018〕54 号）的规定，企业在 2018 年 1 月 1 日至 2020 年 12 月 31 日期间新购进的设备、器具，单位价值不超过 500 万元的，允许一次性计入当期成本、费用并在计算应纳税所得额时扣除，不再分年度计算折旧；单位价值超过 500 万元的仍按《企业所得税法实施条例》、《财政部、国家税务总局关于完善固定资产加速折旧企业所得税政策的通知》（财税〔2014〕75 号）、《财政部、国家税务总局关于进一步完善固定资产加速折旧企业所得税政策的通知》（财税〔2015〕106 号）等相关规定执行。设备、器具是指除房屋、建筑物以外的固定资产。

（5）企业外购的软件，凡符合固定资产或无形资产确认条件的，可以按照固定资产或无形资产进行核算，其折旧或摊销年限可以适当缩短，最短可为 2 年（含）。

7. 减计收入优惠

企业综合利用资源，生产符合国家产业政策规定的产品所取得的收入，可以在计算应纳税所得额时减计收入。

综合利用资源是指企业以《资源综合利用企业所得税优惠目录》规定的资源作为主要原材料，生产国家非限制和禁止并符合国家及行业相关标准的产品取得的收入，减按 90%计入收入总额。

上述所称原材料占生产产品材料的比例不得低于《资源综合利用企业所得税优惠目录》规定的标准。

8. 税额抵免优惠

税额抵免是指企业购置并实际使用《环境保护专用设备企业所得税优惠目录》、《节能节水专用设备企业所得税优惠目录》和《安全生产专用设备企业所得税优惠目录》规定的环境保护、节能节水、安全生产等专用设备的，该专用设备投资额的 10%可从企业当年的应纳税额中抵免；当年不足抵免的，可在以后 5 个纳税年度结转抵免。

享受上述规定的企业所得税优惠的企业，应当实际购置并实际投入使用上述规定的专用设备；企业购置上述专用设备在 5 年内转让、出租的，应当停止享受企业所得税优惠，并补缴已经抵免的企业所得税税款。转让的受让方可以按照该专用设备投资额的10%抵免当年企业所得税应纳税额；当年应纳税额不足抵免的，可以在以后5个纳税年度结转抵免。

（十一）企业重组的企业所得税处理

企业重组是指企业在日常经营活动以外发生的法律结构或经济结构重大改变的交易，包括企业法律形式改变、债务重组、股权收购、资产收购、合并、分立等。

1. 一般性税务处理方法

（1）企业由法人转变为个人独资企业、合伙企业等非法人组织，或将登记注册地转移至中华人民共和国境外（包括港、澳、台地区），应视同企业进行清算、分配，股东重新投资成立新企业。企业的全部资产以及股东投资的计税基础均应以公允价值为基础确定。

企业发生其他法律形式简单改变的，可直接变更税务登记，除另有规定外，有关企业所得税纳税事项（包括亏损结转、税收优惠等权益和义务）由变更后的企业承继，但因住所发生变化而不符合税收优惠条件的除外。

（2）企业债务重组，相关交易应按以下规定处理：

1）以非货币性资产清偿债务，应当分解为转让相关非货币性资产、按非货币性资产公允价值清偿债务两项业务，并确认相关资产的所得或损失。

2）发生债权转股权的，应当分解为债务清偿和股权投资两项业务，并确认有关债务清偿所得或损失。

3）债务人应当按照支付的债务清偿额低于债务计税基础的差额，确认债务重组所得；债权人应当按照收到的债务清偿额低于债权计税基础的差额，确认债务重组损失。

4）债务人的相关所得税纳税事项原则上保持不变。

（3）企业股权收购、资产收购重组交易，相关交易应按以下规定处理：

1）被收购方应确认股权、资产转让所得或损失。

2）收购方取得股权或资产的计税基础应以公允价值为基础确定。

3）被收购企业的相关所得税事项原则上保持不变。

（4）企业合并，当事各方应按下列规定处理：

1）合并企业应按公允价值确定被合并企业各项资产和负债的计税基础。

2）被合并企业及其股东都应按清算进行所得税处理。

3）被合并企业的亏损不得在合并企业结转弥补。

（5）企业分立，当事各方应按下列规定处理：

1）被分立企业对分立出去的资产应按公允价值确认资产转让所得或损失。

2）分立企业应按公允价值确认接受资产的计税基础。

3）被分立企业继续存在时，其股东取得的对价应视同被分立企业分配进行处理。

4）被分立企业不再继续存在时，被分立企业及其股东都应按清算进行所得税处理。

5）企业分立，相关企业的亏损不得相互结转弥补。

2. 特殊性税务处理方法

(1) 适用特殊性税务处理的条件:

1) 具有合理的商业目的,并且不以减少、免除或者推迟缴纳税款为主要目的。

2) 被收购、合并或分立部分的资产或股权比例符合规定比例。

3) 企业重组后的连续12个月内不改变重组资产原来的实质性经营活动。

4) 重组交易对价中涉及的股权支付金额符合规定比例。

5) 企业重组中取得股权支付的原主要股东,在重组后连续12个月内,不得转让所取得的股权。

(2) 企业重组符合上述5条规定条件的,交易各方对其交易中的股权支付部分,可以按以下规定进行特殊性税务处理:

1) 企业债务重组确认的应纳税所得额占该企业当年应纳税所得额50%以上,可以在5个纳税年度的期间内,均匀计入各年度的应纳税所得额。

企业发生债权转股权业务,对债务清偿和股权投资两项业务暂不确认有关债务清偿所得或损失,股权投资的计税基础以原债权的计税基础确定。企业的其他相关所得税事项保持不变。

2) 股权收购,收购企业购买的股权不低于被收购企业全部股权的50%,且收购企业在该股权收购发生时的股权支付金额不低于其交易支付总额的85%,可以选择按以下规定处理:

第一,被收购企业的股东取得收购企业股权的计税基础,以被收购股权的原有计税基础确定。

第二,收购企业取得被收购企业股权的计税基础,以被收购股权的原有计税基础确定。

第三,收购企业、被收购企业的原有各项资产和负债的计税基础及其他相关所得税事项保持不变。

3) 资产收购,受让企业收购的资产不低于转让企业全部资产的50%,且受让企业在该资产收购发生时的股权支付金额不低于其交易支付总额的85%,可以选择按以下规定处理:

第一,转让企业取得受让企业股权的计税基础,以被转让资产的原有计税基础确定。

第二,受让企业取得转让企业资产的计税基础,以被转让资产的原有计税基础确定。

4) 企业合并,企业股东在该企业合并发生时取得的股权支付金额不低于其交易支付总额的85%,以及同一控制下且不需要支付对价的企业合并,可以选择按以下规定处理:

第一,合并企业接受被合并企业资产和负债的计税基础,以被合并企业的原有计税基础确定。

第二,被合并企业合并前的相关所得税事项由合并企业承继。

第三,可由合并企业弥补的被合并企业亏损的限额=被合并企业净资产的公允价值×截至合并业务发生当年年末国家发行的最长期限的国债利率(合并企业的亏损加部分被合并企业的亏损)。

上述可由合并企业弥补的被合并企业亏损的限额,是指按《企业所得税法》规定的剩余结转年限内,每年可由合并企业弥补的被合并企业亏损的限额。

第四,被合并企业股东取得合并企业股权的计税基础,以其原持有的被合并企业股权的计税基础确定。

5）企业分立，被分立企业所有股东按原持股比例取得分立企业的股权，分立企业和被分立企业均不改变原来的实质经营活动，且被分立企业股东在该企业分立发生时取得的股权支付金额不低于其交易支付总额的85%，可以选择按以下规定处理：

第一，分立企业接受被分立企业资产和负债的计税基础，以被分立企业的原有计税基础确定。

第二，被分立企业已分立出去资产相应的所得税事项由分立企业承继。

相关所得税事项包括尚未确认的资产损失、分期确认收入的处理以及尚未享受期满的税收优惠政策承继处理问题等。

第三，被分立企业未超过法定弥补期限的亏损额可按分立资产占全部资产的比例进行分配，由分立企业继续弥补。

第四，被分立企业的股东取得分立企业的股权（以下简称"新股"），如果需要部分或全部放弃原持有的被分立企业的股权（以下简称"旧股"），"新股"的计税基础应以放弃"旧股"的计税基础确定。如果不需要放弃"旧股"，则其取得"新股"的计税基础可从以下两种方法中选择确定：直接将"新股"的计税基础确定为零；或者以被分立企业分立出去的净资产占被分立企业全部净资产的比例先调减原持有的"旧股"的计税基础，再将调减的计税基础平均分配到"新股"上。

6）对100%直接控制的居民企业之间，以及受同一或相同多家居民企业100%直接控制的居民企业之间按账面净值划转股权或资产，凡具有合理商业目的，不以减少、免除或者推迟缴纳税款为主要目的，股权或资产划转后连续12个月内不改变被划转股权或资产原来实质性经营活动，且划出方企业和划入方企业均未在会计上确认损益的，可以选择按以下规定进行特殊性税务处理：

第一，划出方企业和划入方企业不确认所得。

第二，划入方企业取得被划转股权或资产的计税基础，以被划转股权或资产的原账面净值确定。

第三，划入方企业取得的被划转资产，应按其原账面价值计算折旧扣除。

7）重组交易各方按1）项至5）项规定对交易中的股权支付暂不确认有关资产的转让所得或损失的，其非股权支付仍应在交易当期确认相应的资产转让所得或损失，并调整相应资产的计税基础。

（十二）特别纳税调整

企业与其关联方之间的业务往来，不符合独立交易原则而减少企业或者其关联方应纳税收入或所得额的，税务机关有权按照合理方法调整。企业与其关联方共同开发、受让无形资产，或者共同提供、接受劳务发生的成本，在计算应纳税所得额时应当按照独立交易原则进行分摊。

关联方是指与企业有下列关联关系之一的企业、其他组织或者个人：

(1) 在资金、经营、购销等方面存在直接或者间接的控制关系。

(2) 直接或者间接地同为第三者控制。

(3) 在利益上具有相关联的其他关系。

独立交易原则是指没有关联关系的交易各方，按照公平成交价格和营业常规进行业务往来所遵循的原则。

特别纳税调整适用于税务机关对企业的转让定价、预约定价安排、成本分摊协议、受控外国公司、资本弱化以及一般反避税等特别纳税调整事项的管理。

（十三）征收管理

企业所得税的纳税地点为：

(1) 除税收法律、行政法规另有规定外，居民企业以企业登记注册地为纳税地点；但登记注册地在境外的，以实际管理机构所在地为纳税地点。企业登记注册地是指企业依照国家有关规定登记注册的住所地。

(2) 居民企业在中国境内设立不具有法人资格的营业机构的，应当汇总计算并缴纳企业所得税。企业汇总计算并缴纳企业所得税时，应当统一核算应纳税所得额，具体办法由国务院财政、税务主管部门另行制定。

(3) 非居民企业在中国境内设立机构、场所的，应当就其所设机构、场所取得的来源于中国境内的所得，以及发生在中国境外但与其所设机构、场所有实际联系的所得，以机构、场所所在地为纳税地点。非居民企业在中国境内设立两个或者两个以上机构、场所的，经税务机关审核批准，可以选择由其主要机构、场所汇总缴纳企业所得税。

(4) 非居民企业在中国境内未设立机构、场所的，或者虽设立机构、场所但取得的所得与其所设机构、场所没有实际联系的所得，以扣缴义务人所在地为纳税地点。

(5) 除国务院另有规定外，企业之间不得合并缴纳企业所得税。

三、关键术语

企业所得税是对我国境内的企业和其他取得收入的组织的生产经营所得、其他所得和清算所得征收的一种税。我国现行企业所得税法的基本规范是 2007 年 3 月 16 日第十届全国人民代表大会第五次全体会议通过的《中华人民共和国企业所得税法》以及 2007 年 11 月 28 日国务院第 197 次常务会议通过的《中华人民共和国企业所得税法实施条例》。

居民企业是指依法在中国境内成立，或者依照外国（地区）法律成立但实际管理机构在中国境内的企业。这里的企业包括国有企业、集体企业、私营企业、联营企业、股份制企业、外商投资企业、外国企业以及有生产经营所得和其他所得的其他组织。其中，有生产经营所得和其他所得的其他组织是指经国家有关部门批准，依法注册、登记的事业单位、社会组织等。

非居民企业是指依照外国（地区）法律成立且实际管理机构不在中国境内，在中国境内设立机构、场所的，或者在中国境内未设立机构、场所，但有来源于中国境内所得的企业。

上述所称机构、场所是指在中国境内从事生产经营活动的机构、场所，包括：

(1) 管理机构、营业机构、办事机构。

(2) 工厂、农场、开采自然资源的场所。

(3) 提供劳务的场所。

(4) 从事建筑、安装、装配、修理、勘探等工程作业的场所。

(5) 其他从事生产经营活动的机构、场所。

亏损弥补是指，我国税法规定，企业某一纳税年度发生的亏损可以用下一年度的所得弥补，下一年度的所得不足以弥补的，可以逐年延续弥补，但最长不得超过5年。

应纳税所得额是企业所得税的计税依据，按照《企业所得税法》的规定，应纳税所得额为企业每个纳税年度的收入总额减除不征税收入、免税收入、各项扣除以及允许弥补的以前年度亏损后的余额。

抵免限额是指企业来源于中国境外的所得，依照《企业所得税法》和实施条例的规定计算的应纳税额。

$$\text{抵免限额}=\text{中国境内外所得依照《企业所得税法》和实施条例规定计算的应纳税总额}\times\text{来源于某国(地区)的应纳税所得额}\div\text{中国境内外应纳税所得总额}$$

税额抵免是指企业购置并实际使用《环境保护专用设备企业所得税优惠目录》、《节能节水专用设备企业所得税优惠目录》和《安全生产专用设备企业所得税优惠目录》规定的环境保护、节能节水、安全生产等专用设备的，该专用设备投资额的10%可从企业当年的应纳税额中抵免；当年不足抵免的，可在以后5个纳税年度结转抵免。

预约定价安排是指企业就其未来年度关联交易的定价原则和计算方法，向税务机关提出申请，与税务机关按照独立交易原则协商、确认后达成的协议。

税收优惠是指国家对某一部分特定企业和征税对象给予减轻或免除税收负担的一种措施。税法规定的企业所得税的税收优惠方式包括免税、减税、加计扣除、加速折旧、减计收入、税额抵免等。

特别纳税调整是指企业与其关联方之间的业务往来，不符合独立交易原则而减少企业或者其关联方应纳税收入或者所得额的，税务机关有权按照合理方法调整。企业与其关联方共同开发、受让无形资产，或者共同提供、接受劳务发生的成本，在计算应纳税所得额时应当按照独立交易原则进行分摊。

非居民企业的征税对象是指非居民企业在中国境内设立机构、场所的，应当就其所设机构、场所取得的来源于中国境内的所得，以及发生在中国境外但与其所设机构、场所有实际联系的所得，缴纳企业所得税。非居民企业在中国境内未设立机构、场所的，或者虽设立机构、场所但取得的所得与其所设机构、场所没有实际联系的，应当就其来源于中国境内的所得缴纳企业所得税。上述所称实际联系是指非居民企业在中国境内设立的机构、场所拥有的据以取得所得的股权、债权，以及拥有、管理、控制据以取得所得的财产。

企业重组是指企业在日常经营活动以外发生的法律结构或经济结构重大改变的交易，

包括企业法律形式改变、债务重组、股权收购、资产收购、合并、分立等。

四、习 题

（一）术语解释

1. 非居民企业
2. 实际联系
3. 应纳税所得额
4. 固定资产的大修理支出
5. 特别纳税调整

（二）填空题

1. 企业所得税实行比例税率，其基本税率为______，适用于居民企业和在中国境内设有机构、场所且取得的所得与机构、场所有关联的非居民企业。

2. 税法规定，企业某一纳税年度发生的亏损可以用下一年度的所得弥补，下一年度的所得不足以弥补的，可以逐年延续弥补，但最长不得超过______年。

3. 以分期收款方式销售货物的，按照______确认收入的实现。

4. 自 2017 年 1 月 1 日到 2019 年 12 月 31 日，将科技型中小企业开发新技术、新产品、新工艺实际发生的研发费用在企业所得税税前加计扣除的比例，由 50%提高至______。

5. 企业所得税的征税对象是指企业的生产经营所得、其他所得和______。

（三）判断题

1. 企业实际发生的与取得收入有关的、合理的支出，准予在计算应纳税所得额时扣除。（　　）

2. 在计算应纳税所得额时，因违反税法规定而被处以的罚款不得扣除，但税收滞纳金可以扣除。（　　）

3. 企业所有的房屋、建筑物（包括未使用）都可以按规定提取折旧，但单独估价作为固定资产入账的土地不得提取折旧。（　　）

4. 企业按照法律、行政法规有关规定提取的用于环境保护、生态恢复等方面的专项资金，准予扣除。（　　）

5. 居民企业是指依法在中国境内成立或者依照外国法律成立但在中国境内实际从事生产经营的企业。（　　）

6. 居民企业转让资产，该项资产的损失净额准予在计算应纳税所得额时扣除。（　）

7. 非居民企业在中国境内未设立机构、场所，其来源于中国境内的所得应缴纳的所得税，以支付人为扣缴义务人。（　）

8. 经省级税务机关批准，企业之间可以合并缴纳企业所得税。（　）

9. 动产转让所得应按照转让动产的企业或者机构、场所所在地，确定是否为来源于中国境内的所得。（　）

10. 企业的不征税收入用于支出所形成的费用或财产，可以扣除或者计算对应的折旧、摊销扣除。（　）

(四) 单项选择题

1. 根据《企业所得税法》的规定，下列属于企业所得税纳税人的是（　）。

A. 个体工商户　　B. 个人独资企业

C. 合伙企业　　D. 非居民企业

2. 在下列各项中，关于企业所得税所得来源的确定，正确的是（　）。

A. 权益性投资资产转让所得，按照投资企业所在地确定

B. 销售货物所得，按照交易活动发生地确定

C. 提供劳务所得，按照所得支付地确定

D. 不动产转让所得，按照转让不动产的企业或机构、场所所在地确定

3. 根据《企业所得税法》的规定，关于企业所得税税率的说法，不正确的是（　）。

A. 企业所得税税率统一为 25%

B. 企业所得税实行比例税率

C. 现行企业所得税的基本税率为 25%

D. 在中国境内未设立机构、场所的非居民企业可以使用企业所得税的低税率缴纳所得税

4. 在下列情形中，不应视同销售确认企业所得税应税收入的是（　）。

A. 将货物用于对外投资　　B. 将产品用于捐赠

C. 将产品用于职工福利　　D. 将产品移送跨省分公司

5. 某居民企业实际发生的工资支出为 100 万元，职工福利费支出为 15 万元，职工教育经费支出为 4 万元，该企业计算应纳税所得额时，应调增应纳税所得额（　）万元。

A. 1　　B. 1.5　　C. 2　　D. 2.5

6. 某企业取得销售收入 2 000 万元，企业发生管理费用 110 万元（其中，业务招待费 20 万元），发生销售费用 600 万元（其中，广告费 300 万元、业务宣传费 180 万元），发生财务费用 200 万元，当年准予在企业所得税前扣除的期间费用为（　）万元。

A. 720　　B. 900　　C. 902　　D. 910

7. 某企业境内所得应纳税所得额为 400 万元，全年已预缴税款 25 万元，来源于境外某国的税前所得为 100 万元，境外实纳税款 20 万元。该企业当年汇算清缴应补（退）的税款为（　）万元。

A. 50　　B. 60　　C. 70　　D. 80

8.《企业所得税法》所称企业以非货币形式取得的收入，应当按照（　　）确定收入额。

A. 公允价值　　B. 重置价值

C. 历史价值　　D. 原始价值

9. 在计算应纳税所得额时，下列支出中的哪项不得扣除？（　　）

A. 缴纳的消费税　　B. 合理分配的材料成本

C. 企业所得税税款　　D. 销售固定资产的损失

10. 在居民企业取得的下列各项收入中，按照《企业所得税法》和实施条例规定应并入应纳税所得额征收企业所得税的是（　　）。

A. 国债利息收入

B. 财政拨款

C. 居民企业持有其他居民企业公开发行并上市流通的股票 10 个月取得的投资收益

D. 非营利组织的非营利收入

11. 按照《企业所得税法》和实施条例的规定，下列关于企业所得税的表述不正确的有（　　）。

A. 企业每一纳税年度的收入总额减除不征税收入、免税收入、各项扣除以及允许弥补的以前年度亏损后的余额，为应纳税所得额

B. 企业的应纳税所得额乘以适用税率，减除依照税法关于税收优惠的规定减免和抵免的税额后的余额，为应纳税额

C. 所有的非居民企业都仅就其来源于中国境内的所得缴纳企业所得税

D. 企业收入总额中包括征税收入、不征税收入、免税收入

12. 按照规定摊销的固定资产大修理支出，是指同时符合下列条件的支出：①修理支出达到取得固定资产时（　　）以上；②修理后固定资产的（　　）以上。

A. 计税基础的 50%　使用年限延长 1 年

B. 计税基础的 20%　使用年限延长 2 年

C. 计税基础的 50%　使用年限延长 2 年

D. 计税基础的 20%　使用年限延长 1 年

13. 根据《企业所得税法》的规定，下列固定资产中可以计算折旧扣除的有（　　）。

A. 以经营租赁方式租出的固定资产　　B. 以经营租赁方式租入的固定资产

C. 以融资租赁方式租出的固定资产　　D. 单独估价作为固定资产入账的土地

14. 应纳税所得额的定义为：（　　）。

A. 企业每一纳税年度的收入总额减除不征税收入、免税收入、各项扣除以及允许弥补的以前年度亏损后的余额，为应纳税所得额

B. 企业每一纳税年度的收入总额减除免税收入、各项扣除以及允许弥补的以前年度亏损后的余额，为应纳税所得额

C. 企业每一纳税年度的收入总额减除不征税收入、各项扣除以及允许弥补的以前年度亏损后的余额，为应纳税所得额

D. 企业每一纳税年度的收入总额减除不征税收入、免税收入、各项扣除后的余额，

为应纳税所得额

15. 根据企业所得税法律制度的规定，在下列所得中，免征企业所得税的是（　　）。

A. 海水养殖

B. 蔬菜种植

C. 花卉养殖

D. 内陆养殖

16. 根据《企业所得税法》的规定，企业购买专用设备的投资额可按一定比例实行税额抵免，该设备应符合（　　）。

A. 用于创业投资

B. 用于开发新产品

C. 用于生产产品

D. 用于环境保护

17. 企业与其关联方的业务往来处理，下面说法不符合《企业所得税法》规定的有（　　）。

A. 不符合独立交易原则而减少企业或者其关联方应纳税收入或者所得额的，税务机关有权按照合理方法调整

B. 企业不可以提出与其关联方之间业务往来的定价原则和计算方法

C. 企业不提供与其关联方之间业务往来资料，或者提供虚假、不完整资料，未能真实反映其关联往来情况的，税务机关有权依法核定其应纳税所得额

D. 企业实施其他不具有合理商业目的的安排而减少其应纳税收入或者所得额的，税务机关有权按照合理方法调整

18. 关于企业可以从其当期应纳税额中抵免的已在境外缴纳的所得税税额，下面说法中符合规定的是（　　）。

A. 抵免限额为该项所得依照税法规定计算的应纳税额

B. 超过抵免限额的部分，不可以用以后年度的余额抵补

C. 非居民企业来源于中国境外的应税所得

D. 非居民企业在中国境内设立机构、场所，取得发生在中国境外但与该机构、场所没有实际联系的应税所得

19. 按照《企业所得税法》的规定，在中国境内设立机构、场所且取得的所得与该机构、场所有联系的非居民企业，缴纳企业所得税的地点是（　　）。

A. 生产经营所在地

B. 机构、场所所在地

C. 货物生产地

D. 货物销售所在地

20. 按照《企业所得税法》的规定，扣缴义务人每次代扣的税款，自代扣之日起缴入国库的期限是（　　）。

A. 5天　　B. 7天　　C. 10天　　D. 15天

（五）多项选择题

1. 依据《企业所得税法》的规定，判定居民企业的标准有（　　）。

A. 登记注册地标准

B. 所得来源地标准

C. 经营行为实际发生地标准

D. 实际管理机构所在地标准

2. 以下适用25%企业所得税税率的企业有（　　）。

A. 在中国境内的居民企业

B. 在中国境内设有机构、场所且取得的所得与其所设机构、场所有实际联系的非居民企业

C. 在中国境内设有机构、场所且取得的所得与其所设机构、场所没有实际联系的非居民企业

D. 在中国境内未设机构、场所的非居民企业

3. 根据《企业所得税法》的规定，企业所得税的税前扣除项目一般应遵循的原则为（　　）。

A. 有效性原则　　B. 相关性原则

C. 合理性原则　　D. 配比原则

4. 根据《企业所得税法》的规定，在计算企业所得税的应纳税所得额时，不得在企业所得税税前扣除的有（　　）。

A. 计提的用于生态恢复方面的专项资金

B. 违反法律被司法部门处以的罚金

C. 非广告性质的赞助支出

D. 银行按规定加收的罚息

5. 税法规定的企业所得税的税收优惠方式包括免税、减税、（　　）等。

A. 加计扣除　　B. 减计收入

C. 税额抵免　　D. 费用返还

6. 在计算应纳税所得额时，企业发生的（　　），可作为长期待摊费用，按照规定摊销，准予扣除。

A. 未经核定的准备金支出　　B. 租入固定资产的改建支出

C. 固定资产的大修理支出　　D. 赞助支出

7. 对于《企业所得税法》规定的税收优惠政策，下列说法正确的有（　　）。

A. 企业购置用于环境保护、节能节水、安全生产等专用设备的投资额，可以按一定比例实行税额抵免

B. 安置残疾人员的企业，所支付的工资可以在计算应纳税所得额时加计扣除

C. 创业投资企业从事国家鼓励的创业投资，可以按投资额的一定比例抵扣应纳税所得额

D. 企业综合利用资源，生产符合国家产业政策规定的产品所取得的收入，可以在计算应纳税所得额时减计收入

8. 关于投资资产的成本，叙述正确的是（　　）。

A. 在企业对外投资期间，投资资产的成本在计算应纳税所得额时可以扣除

B. 企业在转让或者处置投资资产时，投资资产的成本不得扣除

C. 通过支付现金方式取得的投资资产，以购买价款为成本

D. 通过支付现金以外的方式取得的投资资产，以该资产的公允价值和支付的相关税费为成本

9. 根据《企业所得税法》的规定，对关联企业所得不实的，可以按照（　　）进行调整。

A. 再销售价格法　　B. 交易净利润法

C. 可比非受控价格法　　　　　　　　　　D. 利润加成法

10. 根据《企业所得税法》的规定，在下列说法中不正确的有（　　）。

A. 企业自年度终了之日起 4 个月内，向税务机关报送年度企业所得税纳税申报表，并汇算清缴，结清应缴应退税款

B. 企业在年度中间终止经营活动的，应当自实际经营终止之日起 30 日内，向税务机关办理当期企业所得税汇算清缴

C. 当企业清算时，应以清算期间作为一个纳税年度

D. 企业所得税按年计征，分月或者分季预缴，年终汇算清缴，多退少补

（六）简答题

1. 简述企业所得税所得来源地的判定标准。
2. 简述企业所得税税前扣除的原则。
3. 简述企业所得税不得扣除的项目。
4. 简述转让定价包括的方法。
5. 简述企业所得税预缴税款、汇算清缴税款及纳税申报有哪些规定。

（七）计算题

1. 某企业实际发生的工资支出为 1 000 万元，职工福利费支出为 200 万元，工会经费为 25 万元，职工教育经费为 60 万元。请计算该公司在计算应纳税所得额时，上述费用的调整额。

2. 某居民企业的会计资料显示：2011 年亏损 500 万元，2012 年亏损 300 万元，2013 年盈利 100 万元，2014 年盈利 120 万元，2015 年盈利 150 万元，2016 年盈利 100 万元，2017 年盈利 330 万元。试计算 2011—2017 年该企业应缴纳的企业所得税。（假设其不符合小微企业的相关规定。）

3. 某企业的利润表反映的内容如下：

（1）取得产品销售收入 4 000 万元。

（2）产品销售成本为 2 400 万元。

（3）销售税金及附加为 50 万元。

（4）销售费用为 600 万元。

（5）管理费用为 150 万元。

当年应调增应纳税所得额 20 万元，试计算该企业实际应缴纳的企业所得税。

4. 某企业境内应纳税所得额为 500 万元，适用 25%的企业所得税税率。另外，该企业分别在甲、乙两国设有分支机构（我国与甲、乙两国均签有避免双重征税协定），在甲国分支机构的应纳税所得额为 100 万元，甲国税率为 40%；在乙国分支机构的应纳税所得额为 200 万元，乙国税率为 15%。假设该企业在甲、乙两国的所得按我国税法计算的应纳税所得额和按甲、乙两国税法计算的应纳税所得额一致，两个分支机构在甲、乙两国分别缴纳了 40 万元和 30 万元的企业所得税。试计算该企业汇总时在我国应缴纳的企业

所得税。

5. A企业全部资产的计税基础是500万元，公允价值为1 000万元。B企业分别以900万元的股权和100万元的现金作为对价支付给A企业，以收购A企业的全部资产。假设该项收购满足税法规定的其他特殊性税务处理条件，试计算收购业务中A企业应缴纳的企业所得税。

6. 某高新技术企业的应纳税所得额为5 000万元，其中技术转让所得为1 500万元。试计算该企业应缴纳的企业所得税。

7. 某企业“财务费用”账户中的利息包含有以年利率8%向银行借入的10个月期生产用600万元贷款的借款利息以及向非金融企业借入的年利率为12%的10个月期生产周转用300万元资金的借款利息。试计算该企业可在计算应纳税所得额时扣除的利息费用。

8. 某企业实现商品销售收入6 000万元，取得现金折扣500万元，转让固定资产收入1 000万元。该企业当年实际发生的业务招待费为60万元，广告费为720万元，业务宣传费为280万元。试计算该公司核算应纳税所得额时以上费用的调整额。

(八) 综合题

1. 某白酒厂为居民企业，主要生产销售白酒，该白酒厂的生产经营情况为：

(1) 当年应缴纳增值税40.93万元，应缴纳消费税132.42万元，不考虑应缴纳的附加税。

(2) 销售自产白酒120标准箱给某大型商场，向购买方开具了增值税专用发票，注明的销售额为300万元。销售自产白酒8标准箱给使用单位和消费者个人，开具普通发票，取得销售收入22.6万元。

(3) 当年白酒销售成本共计120万元，财务费用为10万元。

(4) 发生管理费用20万元（含业务招待费4万元）。

(5) 销售费用为100万元（含广告费20万元，业务宣传费10万元）。

(6) 计入成本、费用的实发工资费用为150万元，拨缴工会经费5万元并取得专用收据，实际支出职工福利费25万元、职工教育经费15万元，三项经费均超过税法规定的扣除标准。

(7) 营业外支出为30万元，其中被工商部门行政罚款6万元，向本厂困难职工直接捐赠4万元，通过民政部门向贫困地区捐赠20万元。

(8) 接受捐赠收入180万元，当年境内投资收益为57.5万元（受资方的企业所得税税率为20%）、境外投资收益（税后）为20万元（被投资方适用的企业所得税税率为20%）。

已知上年超过标准的广告费和业务宣传费为40万元。境外所得采用抵免限额法计算。

根据上述资料，试计算：

(1) 企业所得税前准予扣除的业务招待费、广告费及业务宣传费以及应如何调整应纳税所得额。

(2) 企业所得税前准予扣除的职工工会经费、职工福利费和职工教育经费以及应如何调整应纳税所得额。

(3) 企业所得税前准予扣除的公益性捐赠。

（4）该企业境内生产经营的应纳税所得额。

（5）该企业应缴纳的企业所得税。

2. 2017 年某企业的应纳税所得额为－10 万元，2018 年的应纳税所得额为－15 万元。2019 年，该企业的有关经营情况如下：全年实现产品销售收入 5 030 万元，固定资产盘盈收入 20 万元，取得国家发行的国债利息收入 20 万元；2019 年结转产品销售成本 3 000 万元；缴纳增值税 90 万元，消费税 110 万元，城市维护建设税 14 万元，教育费附加 6 万元；发生产品销售费用 250 万元（其中广告费 150 万元）；发生财务费用 12 万元（其中，因逾期归还银行贷款，支付银行罚息 2 万元）；发生管理费用 802 万元；发生营业外支出 70 万元（其中，因排污不当被环保部门罚款 1 万元，通过当地政府部门向农村某小学捐款 20 万元）；全年已提取未使用的职工教育经费 2 万元。

根据上述资料，试计算 2019 年该企业应缴纳的企业所得税。

3. 某工业企业（一般计税方法纳税人，增值税税率为 13%）的销售收入为 4 000 万元，当年的利润表中反映的会计利润为 500 万元，已预缴企业所得税 125 万元。某会计师事务所检查发现，以下几项内容需要做纳税调整：

（1）盘亏原材料成本 10 万元（增值税税率为 13%），已经批准转做营业外支出，但企业未做处理（盘亏存货的财产损失，已经税务机关审批）。

（2）未入账营业外收入为 10 万元。

（3）销售费用中的广告费为 650 万元。

（4）管理费用中的业务招待费支出为 20 万元。

（5）企业在册职工 800 人，本年工资支出为 1 000 万元，发生职工福利费 160 万元、职工教育经费 30 万元，拨缴工会经费 15 万元（取得专用收据）。

试计算：

（1）该企业允许扣除的广告费和业务招待费。

（2）该企业允许扣除的工资及三项经费。

（3）该企业的应纳税所得额。

（4）该企业应缴纳的企业所得税。

4. 某家电企业（一般计税方法纳税人，增值税税率为 13%）有职工 1 000 人，其中残疾职工 20 人。当年的相关资料如下：

（1）全年实现销售收入 9 000 万元。

（2）第四季度对外出租仓库，收取租金 15 万元。

（3）国债利息收入为 100 万元。

（4）销售产品成本 5 200 万元，发生销售费用 1 000 万元，发生管理费用 900 万元，发生财务费用 200 万元，给残疾职工发放工资 30 万元（已计入相关成本、费用）。

（5）9 月发生意外事故，经税务机关核定，损失库存原材料成本 40 万元，10 月取得了保险公司赔款 10 万元；10 月直接向某老年机构捐款 2 万元；10 月由于晚入库税款，缴纳税收滞纳金 1 万元。

（6）上年亏损 50 万元。

根据上述资料计算该企业应缴纳的企业所得税。

5. 某商贸企业自行核算的结果是实现利润总额 40 万元，后经主管税务机关纳税检查，发现如下情况：

(1) 在成本、费用中计提工资 400 万元，实际发放工资、薪金 380 万元。

(2) 4 月 1 日以经营租赁方式租入一台设备，租赁期为 2 年，一次性支付租金 40 万元，计入了当期的管理费用。

(3) 从境内 A 子公司分回股息 76 万元，A 子公司适用的企业所得税税率为 15%；从境内 B 子公司分回股息 33.5 万元，B 子公司适用的企业所得税税率为 25%。分回的股息未计入利润总额。

(4) 上一年企业自行申报亏损 80 万元，后经税务机关检查，调增应纳税所得额 30 万元。

根据上述资料，试计算：

(1) 工资应调整的所得额。

(2) 租赁设备的租金应调整的所得额。

(3) A 子公司、B 子公司分回的投资收益应调整的所得额。

(4) 该企业经纳税调整后的所得额。

(5) 该企业应缴纳的企业所得税。

6. 某企业的生产经营情况如下：

(1) 销售产品取得不含税收入 9 000 万元。

(2) 产品销售成本为 4 500 万元。

(3) 税金及附加为 200 万元。

(4) 销售费用为 2 000 万元，财务费用为 200 万元，管理费用为 1 200 万元（其中，新技术研发费用 200 万元）。

(5) 符合条件的环境保护项目收入 800 万元，支出 400 万元（第 5 年）。

(6) 营业外支出为 700 万元（其中，非广告性赞助支出 100 万元）。

根据上述资料，试计算该企业应缴纳的企业所得税。

7. 某企业被认定为高新技术企业，全年取得主营业务收入 48 000 万元、其他业务收入 2 000 万元、营业外收入 1 000 万元、投资收益 500 万元，发生主营业务成本 25 000 万元、其他业务成本 1 000 万元、营业外支出 1 500 万元、税金及附加 4 000 万元、管理费用 3 000 万元、销售费用 10 000 万元、财务费用 1 000 万元，年度利润总额为 6 000 万元，当年发生的具体业务如下：

(1) 企业取得的投资收益中包括国债利息收入 200 万元。

(2) 获得当地政府部门补助的具有专项用途的财政资金 500 万元，已取得财政部正式文件，支出 400 万元。

(3) 向民政部门捐款 800 万元，用于救助贫困儿童。

(4) 广告费支出 8 000 万元。

根据上述资料，试计算该企业应缴纳的企业所得税。

8. 某中外合资家电生产企业发生以下业务：

(1) 销售产品 25 000 台，每台不含税单价为 2 000 元，每台销售成本为 1 500 元。

(2) 出租设备收入 300 万元，购买企业债券而获得利息收入 20 万元，买卖股票转让所得为 80 万元。

(3) 发生销售费用 450 万元（其中，广告费 320 万元）、管理费用 600 万元（其中，业务招待费 90 万元，支付给关联企业的管理费用 20 万元）。

（4）营业外支出为 135 万元。

（5）以自产货物 200 台作为实物股利分配给投资方，没有确认收入。

试计算：

（1）全年营业收入。

（2）全年准予税前扣除的销售成本。

（3）全年准予税前扣除的销售费用。

（4）全年准予税前扣除的管理费用。

（5）全年会计利润。

（6）全年应纳税所得额。

（7）应缴纳的企业所得税。

9. 某公司实现销售收入 7 400 万元、投资收益 110 万元，应扣除的成本、费用及税金等共计 7 300 万元，营业外支出为 80 万元，全年实现会计利润 130 万元，已按 25%的企业所得税税率缴纳了企业所得税 32.5 万元。后经聘请的会计师事务所审核，发现以下问题，该公司根据税法规定予以补税。

（1）“投资收益”账户记载的 110 万元分别为：从国内其投资的某外商企业分回利润 40 万元（被投资方适用的税率为 25%）；取得境外分支机构税后收益 50 万元，已在国外缴纳了 20%的企业所得税；取得国债利息收入 20 万元。

（2）4 月 26 日购进一台机械设备，购入成本为 90 万元，当月投入使用，企业将设备购入成本一次性在税前做了扣除。

（3）10 月 12 日接受某单位捐赠小汽车一辆，取得增值税专用发票，注明的价款为 50 万元、增值税为 6.5 万元，企业未列入会计核算。

（4）“营业外支出”账户中列支的通过非营利组织向农村义务教育捐款 50 万元和直接向南方雪灾捐款 30 万元，已全额扣除。

根据上述资料，试计算下列事项，每问均需计算出合计数：

（1）机械设备应调整的应纳税所得额。

（2）接受捐赠应调整的应纳税所得额。

（3）对外捐赠应调整的应纳税所得额。

（4）该公司境内生产经营所得的应纳税所得额。

（5）该公司应补缴的企业所得税。

五、答案与解析

（一）术语解释

1. 非居民企业是指依照外国（地区）法律成立且实际管理机构不在中国境内，在中国境内设立机构、场所的，或者在中国境内未设立机构、场所，但有来源于中国境内所得的企业。

上述所称机构、场所是指在中国境内从事生产经营活动的机构、场所，包括：

(1) 管理机构、营业机构、办事机构。

(2) 工厂、农场、开采自然资源的场所。

(3) 提供劳务的场所。

(4) 从事建筑、安装、装配、修理、勘探等工程作业的场所。

(5) 其他从事生产经营活动的机构、场所。

非居民企业委托营业代理人在中国境内从事生产经营活动的，包括委托单位或者个人经常代其签订合同，或者储存、交付货物等，该营业代理人视为非居民企业在中国境内设立的机构、场所。

2. 实际联系是指非居民企业在中国境内设立的机构、场所拥有的据以取得所得的股权、债权，以及拥有、管理、控制据以取得所得的财产。

3. 应纳税所得额是企业所得税的计税依据，按照《企业所得税法》的规定，应纳税所得额为企业每一个纳税年度的收入总额，减除不征税收入、免税收入、各项扣除以及允许弥补的以前年度亏损后的余额。

4. 《企业所得税法》中的固定资产的大修理支出，是指同时符合下列条件的支出：

(1) 修理支出达到取得固定资产时计税基础的50%以上。

(2) 修理后固定资产的使用年限延长2年以上。

5. 特别纳税调整是指企业与其关联方之间的业务往来，不符合独立交易原则而减少企业或者其关联方应纳税收入或所得额的，税务机关有权按照合理方法调整。企业与其关联方共同开发、受让无形资产，或者共同提供、接受劳务发生的成本，在计算应纳税所得额时应当按照独立交易原则进行分摊。

(二) 填空题

1. 25%
2. 5
3. 合同约定的收款日期
4. 75%
5. 清算所得

(三) 判断题

1. √**【解析】**企业申报的扣除项目和金额要真实、合法，而且应与取得的收入配比扣除。

2. ×**【解析】**罚款和税收滞纳金均为不可扣除项目。

3. √**【解析】**房屋、建筑物按照规定计算的固定资产折旧准予扣除；单独估价作为固定资产入账的土地不得计算折旧扣除。

4. √

5. ×【解析】居民企业是指依法在中国境内成立，或者依照外国（地区）法律成立但实际管理机构在中国境内的企业。居民企业并不是在中国境内实际从事生产经营的企业，而是实际管理机构在中国境内。

6. √

7. √【解析】对非居民企业取得来源于中国境内的股息、红利等权益性投资收益和利息、租金、特许权使用费所得、转让财产所得以及其他所得应当缴纳的企业所得税，实行源泉扣缴，以依照有关法律规定或者合同约定对非居民企业直接负有支付相关款项义务的单位或者个人为扣缴义务人。

8. ×【解析】税法规定，除国务院另有规定外，企业之间不得合并缴纳企业所得税。

9. √【解析】动产转让所得按照转让动产的企业或者机构、场所所在地确定。

10. ×【解析】不征税收入项目对应的支出不得在税前扣除。

（四）单项选择题

1. D【解析】《中华人民共和国企业所得税法》第一条规定，除个人独资企业、合伙企业不适用企业所得税法外，凡在我国境内，企业和其他取得收入的组织为企业所得税的纳税人，依照本法的规定缴纳企业所得税。企业所得税的纳税人分为居民企业和非居民企业。

2. B【解析】销售货物所得，按照交易活动发生地确定；提供劳务所得，按照劳务发生地确定；不动产转让所得，按照不动产所在地确定；权益性投资资产转让所得，按照被投资企业所在地确定。

3. A【解析】企业所得税的基本税率为25%，低税率为20%。

4. D【解析】将货物用于对外投资、将产品用于捐赠、将产品用于职工福利等企业将资产移送他人的情形，因资产所有权属已发生改变而不属于内部处置资产，应按规定视同销售确定收入。

5. A【解析】职工福利费扣除限额为14万元（=100×14%），职工教育经费扣除限额为8万元（=100×8%），共调增1万元（=15−14）。

6. A【解析】业务招待费扣除限额为10万元（2 000×5‰=10万元<20×60%=12万元），广告费和业务宣传费扣除限额为300万元（=2 000×15%），费用可扣除720万元[=110+600+200−(20−10)−(300+180−300)]。

7. D【解析】

400×25%+100×25%−20−25=80(万元)

8. A【解析】《企业所得税法》所称企业以非货币形式取得的收入，应当按照公允价值确定收入额。

9. C【解析】企业所得税不能在计算应纳税所得额前扣除。

10. C【解析】在中国境内设立机构、场所的非居民企业从居民企业取得的与该机构、场所有实际联系的股息、红利等权益性投资收益为免税收益。该收益不包括连续持有居民企业公开发行并上市流通的股票不足12个月取得的投资收益。

11. C【解析】非居民企业在中国境内设立机构、场所的，应当就其所设机构、场所取得的来源于中国境内的所得，以及发生在中国境外但与其所设机构、场所有实际联系的所得，缴纳企业所得税。

12. C【解析】《企业所得税法》所指固定资产的大修理支出，是指同时符合下列条件的支出：①修理支出达到取得固定资产时计税基础的50%以上；②修理后固定资产的使用年限延长2年以上。

13. A【解析】以经营租赁方式租入的固定资产，单独估价作为固定资产入账的土地，以融资租赁方式租出的固定资产，均不能计算折旧扣除。

14. A【解析】企业每一纳税年度的收入总额减除不征税收入、免税收入、各项扣除以及允许弥补的以前年度亏损后的余额，为应纳税所得额。

15. B【解析】蔬菜种植免征企业所得税，海水养殖、内陆养殖、花卉养殖减半征收企业所得税。

16. D【解析】企业购置并实际使用《环境保护专用设备企业所得税优惠目录》、《节能节水专用设备企业所得税优惠目录》和《安全生产专用设备企业所得税优惠目录》规定的环境保护、节能节水、安全生产等专用设备的，该专用设备投资额的10%可从企业当年的应纳税额中抵免；当年不足抵免的，可在以后5个纳税年度结转抵免。

17. B【解析】企业可以向税务机关提出与其关联方之间业务往来的定价原则和计算方法，税务机关与企业协商、确认后，达成预约定价安排。

18. A【解析】抵免限额为该项所得依照《企业所得税法》规定计算的应纳税额；超过抵免限额的部分，可在以后5个年度内，用每年度抵免限额抵免当年应抵税额后的余额进行抵补。企业取得的下列所得已在境外缴纳的所得税税额，可以从其当期应纳税额中抵免：

(1) 居民企业来源于中国境外的应税所得。

(2) 非居民企业在中国境内设立机构、场所，取得发生在中国境外但与该机构、场所有实际联系的应税所得。

(3) 居民企业从其直接或者间接控制的外国企业分得的来源于中国境外的股息、红利等权益性投资收益，外国企业在境外实际缴纳的所得税税额中属于该项所得负担的部分，可以作为该居民企业的可抵免境外所得税税额，在《企业所得税法》规定的抵免限额内抵免。

19. B【解析】非居民企业在中国境内设立机构、场所的，应当就其所设机构、场所取得的来源于中国境内的所得，以及发生在中国境外但与其所设机构、场所有实际联系的所得，以机构、场所所在地为纳税地点。

20. B【解析】扣缴义务人每次代扣的税款，应当自代扣之日起7日内缴入国库，并向所在地的税务机关报送扣缴企业所得税报告表。

（五）多项选择题

1. AD【解析】居民企业判定标准为登记注册地标准和实际管理机构所在地标准。

2. AB【解析】企业所得税的基本税率为25%，适用于居民企业和在中国境内设有机构、场所且取得的所得与其所设机构、场所有实际关联的非居民企业。

3. BCD【解析】扣除原则有：①权责发生制原则；②配比原则；③相关性原则；④确定性原则；⑤合理性原则。

4. BC【解析】纳税人因违反法律、行政法规而交付的罚款、罚金、滞纳金，不得扣除；纳税人逾期归还银行贷款，银行按规定加收的罚息，不属于行政性罚款，允许在税前扣除。

5. ABC【解析】税法规定的企业所得税的税收优惠方式包括免税、减税、加计扣除、加速折旧、减计收入、税额抵免等。

6. BC【解析】可作为长期待摊费用，按照规定摊销，准予扣除的支出有：①已足额提取折旧的固定资产的改建支出；②租入固定资产的改建支出；③固定资产的大修理支出；④其他应当作为长期待摊费用的支出。

7. ABCD【解析】企业购置用于环境保护、节能节水、安全生产等专用设备的投资额，可以按10%的比例实行税额抵免。安置残疾人员的企业，所支付的工资可以在计算应纳税所得额时加计100%扣除。创业投资企业从事国家鼓励的创业投资，可以按投资额的一定比例抵扣应纳税所得额，按照其投资额的70%在股权持有满2年的当年抵扣该创业投资企业的应纳税所得额。企业综合利用资源，生产符合国家产业政策规定的产品所取得的收入，可以在计算应纳税所得额时按90%计入收入。

8. CD【解析】通过支付现金方式取得的投资资产，以购买价款为成本。通过支付现金以外的方式取得的投资资产，以该资产的公允价值和支付的相关税费为成本。在企业对外投资期间，投资资产的成本在计算应纳税所得额时不得扣除。企业在转让或者处置投资资产时，投资资产的成本准予扣除。

9. ABC【解析】税法规定，对关联企业所得不实的，调整方法如下：可比非受控价格法；再销售价格法；成本加成法；交易净利润法；利润分割法；其他符合独立交易原则的方法。

10. AB【解析】企业自年度终了之日起5个月内，向税务机关报送年度企业所得税纳税申报表，并汇算清缴，结清应缴应退税款；企业在年度中间终止经营活动的，应当自实际经营终止之日起60日内，向税务机关办理当期企业所得税汇算清缴。

（六）简答题

1.【解析】所得来源地的判定标准如下：

（1）销售货物所得，按照交易活动发生地确定。

（2）提供劳务所得，按照劳务发生地确定。

（3）转让财产所得。不动产转让所得按照不动产所在地确定；动产转让所得按照转让动产的企业或者机构、场所所在地确定；权益性投资资产转让所得按照被投资企业所在地确定。

(4) 股息、红利等权益性投资所得，按照分配所得的企业所在地确定。

(5) 利息所得、租金所得、特许权使用费所得，按照负担、支付所得的企业或者机构、场所所在地确定，或者按照负担、支付所得的个人的住所地确定。

(6) 其他所得，由国务院财政、税务主管部门确定。

2. **【解析】**企业申报的扣除项目和金额要真实、合法。真实是指能证明有关支出确属已实际发生；合法是指符合国家税法的规定，若其他法规的规定与税法的规定不一致，应以税法的规定为标准。除税法另有规定外，税前扣除一般应遵循以下原则：

(1) 权责发生制原则，是指企业费用应在发生的所属期扣除，而不是在实际支付时确认扣除。

(2) 配比原则，是指企业发生的费用应当与收入配比扣除。除特殊规定外，企业发生的费用不得提前或滞后申报扣除。

(3) 相关性原则，企业可扣除的费用从性质和根源上必须与取得的应税收入直接相关。

(4) 确定性原则，即企业可扣除的费用不论何时支付，其金额必须是确定的。

(5) 合理性原则，符合生产经营活动常规，应当计入当期损益或者有关资产成本的必要和正常支出。

3. **【解析】**在计算应纳税所得额时，下列支出不得扣除：

(1) 向投资者支付的股息、红利等权益性投资收益款项。

(2) 企业所得税税款。

(3) 税收滞纳金，是指纳税人违反税法被税务机关处以的滞纳金。

(4) 罚金、罚款和被没收财物的损失，是指纳税人违反国家有关法律法规规定，被有关部门处以的罚款，以及被司法机关处以的罚金和被没收财物。

(5) 超过规定标准的捐赠支出。

(6) 赞助支出，是指企业发生的与生产经营活动无关的各种非广告性质的支出。

(7) 未经核定的准备金支出，是指不符合国务院财政、税务主管部门规定的各项资产减值准备、风险准备等准备金支出。

(8) 企业之间支付的管理费、企业内营业机构之间支付的租金和特许权使用费，以及非银行企业内营业机构之间支付的利息。

(9) 与取得收入无关的其他支出。

4. **【解析】**(1) 可比非受控价格法，是指以非关联方之间进行的与关联交易相同或类似业务活动所收取的价格作为关联交易的公平成交价格的方法。

(2) 再销售价格法，是指以关联方购进商品再销售给非关联方的价格减去可比非关联交易毛利后的金额作为关联方购进商品的公平成交价格的方法。

(3) 成本加成法，是指以关联交易发生的合理成本加上可比非关联交易毛利作为关联交易的公平成交价格的方法。

(4) 交易净利润法，是指以可比非关联交易的利润率指标确定关联交易净利润的方法。利润率指标包括资产收益率、销售利润率、完全成本加成率、贝里比率等。

(5) 利润分割法，是指根据企业与其关联方对关联交易合并利润的贡献计算各自应该分配的利润额的方法。利润分割法分为一般利润分割法和剩余利润分割法。

5.【解析】企业所得税按年计征，分月或者分季预缴，年终汇算清缴，多退少补。

按月或按季预缴的，应当自月份或者季度终了之日起 15 日内，向税务机关报送预缴企业所得税纳税申报表，预缴税款。企业在报送企业所得税纳税申报表时，应当按照规定附送财务会计报告和其他有关资料。

自年度终了之日起 5 个月内，企业应向税务机关报送年度企业所得税纳税申报表，并汇算清缴，结清应缴应退税款。

企业在年度中间终止经营活动的，应当自实际经营终止之日起 60 日内，向税务机关办理当期企业所得税汇算清缴。

(七) 计算题

1.【解析】职工福利费、工会经费、职工教育经费的扣除是有比例限制的。

职工福利费的扣除限额为：

1 000×14%＝140(万元)

应调增所得额为：

200－140＝60(万元)

工会经费的扣除限额为：

1 000×2%＝20(万元)

应调增所得额为：

25－20＝5(万元)

职工教育经费的扣除限额为：

1 000×8%＝80(万元)＞60 万元，无须调整

因此，合计应调增的应纳税所得额为：

60＋5＝65(万元)

2.【解析】由于企业在 2011 年和 2012 年亏损，因而不用缴纳企业所得税；由于 2011 年的亏损可向后结转 5 年，故 2013 年、2014 年、2015 年、2016 年也不用缴纳企业所得税。

2017 年的盈利可以弥补 2012 年的亏损 300 万元，因而 2017 年应纳税所得额为：

330－300＝30(万元)

应纳税额为：

30×25%＝7.5(万元)

3.【解析】会计利润总额为：

4 000－2 400－50－600－150＝800(万元)

应纳税所得额为：

800＋20＝820(万元)

应缴纳的企业所得税为：

820×25%＝205(万元)

4.【解析】该企业按我国税法计算的境内外所得的应纳税额为：

(500＋100＋200)×25％＝200(万元)

甲国的扣除限额为：

200×100÷(500＋100＋200)＝25(万元)

乙国的扣除限额为：

200×200÷(500＋100＋200)＝50(万元)

在甲国缴纳的企业所得税为40万元，高于扣除限额25万元，其超过扣除限额的部分(即15万元）在当年不能扣除。

在乙国缴纳的企业所得税为30万元，低于扣除限额50万元，可全额扣除。

该企业在我国应缴纳的企业所得税为：

200－25－30＝145(万元)

5.【解析】B企业收购A企业的资产超过了A企业全部资产的50％，同时股权支付占全部价款的比例为：

900÷1 000×100％＝90％＞85％

由于其他条件均满足特殊性税务处理的条件，故可以按照特殊性税务处理方式处理。

因此，900万元的股权支付对应的资产转让不需要纳税，但100万元的非股权支付对应的增值额需要缴纳企业所得税。

A企业转让资产的增值额为：

1 000－500＝500(万元)

100万元的非股权支付对应的增值额为：

500×100÷1 000＝50(万元)

A企业需要缴纳的企业所得税为：

50×25％＝12.5(万元)

6.【解析】税法规定，高新技术企业发生可以享受优惠的技术转让所得，该部分转让所得超过500万元的部分应按照25％的税率减半征收，而不能按15％的优惠税率减半征收。因此，该企业应缴纳的企业所得税为：

(5 000－1 500)×15％＋(1 500－500)×25％÷2＝650(万元)

7.【解析】税法规定，非金融企业向金融企业借款的利息支出、金融企业的各项存款利息支出和同业拆借利息支出、企业经批准发行债券的利息支出，可据实扣除；非金融企业向非金融企业借款的利息支出，不超过按照金融企业同期同类贷款利率计算的数额部分可据实扣除，超过部分不许扣除。

该企业向银行借款可扣除的利息费用为：

$600\times8\%\times\frac{10}{12}=40$(万元)

该企业向非金融企业借入款项可扣除的利息费用限额为：

$300\times8\%\times\frac{10}{12}=20$(万元)

该企业可扣除的利息费用总额为：

40＋20＝60(万元)

8.【解析】本年营业收入为 6 000 万元，可扣除业务招待费的限额为：

6 000×5‰=30(万元)<60×60%

应调增所得额为：

60－30=30(万元)

可扣除广告费、业务宣传费的限额为：

6 000×15%=900(万元)

应调增所得额为：

720+280－900=100(万元)

合计应调增的应纳税所得额为：

30+100=130(万元)

(八) 综合题

1.【解析】(1) 该企业的销售收入总额为：

300+22.6÷(1+13%)=320(万元)

业务招待费的限额为：

320×5‰=1.6(万元)<4×60%=2.4(万元)

因此，准予扣除 1.6 万元，应调增 2.4 万元（=4－1.6)。

广告费和业务宣传费的扣除限额为 48 万元（=320×15%），实际发生 30 万元，可以将上年超标广告费和业务宣传费结转至本年扣除 18 万元（=48－30)，应调减 18 万元。

(2) 职工福利费的扣除限额为 21 万元（=150×14%），准予扣除 21 万元，应调增 4 万元（=25－21)。

工会经费的扣除限额为 3 万元（=150×2%），准予扣除 3 万元，应调增 2 万元（=5－3)。

职工教育经费的扣除限额为 12 万元（=150×8%），准予扣除 12 万元，应调增 3 万元（=15－12)。

调增总额为：

4+2+3=9(万元)

(3) 会计利润总额为：

320+180+20+57.5－120－10－20－100－30－132.42=165.08(万元)

捐赠的扣除限额为 19.81 万元（=165.08×12%），实际发生 20 万元，只能扣除 19.81 万元。

(4) 该企业境内生产经营的应纳税所得额为：

165.08－57.5+2.4－18+9+6+4+(20－19.81)－20=91.17(万元)

(5) 该企业应缴纳的企业所得税为：

91.17×25%+20÷(1－20%)×(25%－20%)=24.04(万元)

2.【解析】(1) 国债利息收入免征企业所得税。

(2) 增值税不得在企业所得税前扣除。

(3) 广告费实际发生 150 万元，由于广告费的税前列支限额为 754.5 万元（=5 030×

15%)，所以不需调整。

（4）银行罚息 2 万元可在企业所得税税前扣除。

（5）会计利润为：

5 030＋20＋20－3 000－110－14－6－250－12－802－70＝806(万元)

（6）因排污不当被环保部门罚款 1 万元，属于行政性罚款，不得在企业所得税前扣除。

（7）已提取未使用的职工教育经费 2 万元在企业所得税前不得扣除。

（8）应纳税所得额为：

806－20＋1＋2＝789(万元)

弥补以前年度亏损后的应纳税所得额为：

789－10－15＝764(万元)

应纳所得税额为：

764×25%＝191(万元)

3.**【解析】**（1）广告费的扣除限额为 600 万元（＝4 000×15%），超过部分 50 万元结转以后年度扣除。

业务招待费的扣除限额为：

20×60%＝12(万元)＜4 000×5‰＝20(万元)

因此，企业所得税前允许扣除 12 万元。

（2）职工福利费在企业所得税前允许扣除 140 万元（＝1 000×14%），应调增 20 万元（＝160－140）。

职工教育经费在企业所得税前允许扣除 80 万元（＝1 000×8%），不需调整。

（3）应纳税所得额为：

500－10×(1＋13%)＋10＋50＋(20－12)＋(160－140)＝576.7(万元)

（4）应纳所得税额为：

576.4×25%＝144.18(万元)

4.**【解析】**（1）国债利息收入 100 万元免税。

（2）残疾职工工资加计扣除 30 万元。

（3）企业所得税前损失的扣除为：

40×(1＋13%)－10＝35.2(万元)

此外，直接捐赠、税收滞纳金不得扣除。

（4）可弥补的以前年度亏损为 50 万元。

（5）应纳税所得额为：

9 000＋15－5 200－1 000－900－200－30－35.2－50＝1 599.8(万元)

（6）应纳企业所得税为：

1 599.8×25%＝399.95(万元)

5.**【解析】**（1）实发工资 380 万元，可以扣除，计入成本、费用的是 400 万元，应调增 20 万元。

（2）租赁设备的租金应调增的应纳税所得额为：

$40-40\times\frac{9}{24}=25$(万元)

(3) A子公司、B子公司分回的投资收益不调增应纳税所得额，不用补税。

(4) 该企业经纳税调整后的所得为：

40＋20＋25＝85(万元)

(5) 该企业当年应纳税所得额为：

85－(80－30)＝35(万元)

该企业当年应纳企业所得税为：

35×25%＝8.75(万元)

6.【解析】会计利润为：

9 000＋800－4 500－200－2 000－200－1 200－400－700＝600(万元)

发生的新技术研发费用可加计扣除75%，应调减的应纳税所得额为：

200×75%＝150(万元)

符合条件的环境保护、节能节水项目的所得，自项目取得第一笔生产经营收入所属的纳税年度起，第1年至第3年免征企业所得税，第4年至第6年减半征收企业所得税。

环保项目所得应调减的应纳税所得额为：

(800－400)×50%＝200(万元)

非广告性赞助支出100万元不可税前扣除，应调增应纳税所得额100万元。

应纳税所得额为：

600－150－200＋100＝350(万元)

应纳所得税为：

350×25%＝87.5(万元)

7.【解析】国债利息收入免征企业所得税，应调减应纳税所得额200万元。

当地政府部门补助的具有专项用途的财政资金500万元属于不征税收入，应纳税调减；与其对应的支出400万元不得在税前扣除，应纳税调增，共调减应纳税所得额100万元（＝500－400）。

公益性捐赠的扣除限额为：

6 000×12%＝720(万元)<800万元

因此，应调增的应纳税所得额为：

800－720＝80(万元)

营业收入为：

48 000＋2 000＝50 000(万元)

广告费扣除限额为：

50 000×15%＝7 500(万元)<8 000(万元)

应调增的应纳税所得额为：

8 000－7 500＝500(万元)

应纳税企业所得额为：

6 000－200－100＋80＋500＝6 280(万元)

应纳企业所得税为：

6 280×15%=942(万元)

8. **【解析】**(1) 全年营业收入为:

(25 000+200)×2 000÷10 000+300=5 340(万元)

(2) 全年准予税前扣除的销售成本为:

(25 000+200)×1 500÷10 000=3 780(万元)

(3) 广告费的扣除限额为:

5 340×15%=801(万元)

由于实际广告费为 320 万元,未超过限额,所以全年可扣除销售费用为 450 万元。

(4) 业务招待费的扣除限额为:

5 340×5‰=26.7(万元)<90×60%=54(万元)

支付给关联企业的管理费用不允许在税前扣除。

准予税前扣除的管理费用为:

600−90+26.7−20=516.7(万元)

(5) 全年会计利润为:

5 340+20+80−3 780−450−600−135=475(万元)

(6) 全年应纳税所得额为:

475+90−26.7+20=558.3(万元)

(7) 应缴纳的企业所得税为:

558.3×25%=139.58(万元)

9. **【解析】**(1) 新购进的设备、器具(指房屋、建筑物以外的固定资产),单位价值不超过 500 万元的,允许一次性计入当期成本、费用并在计算应纳税所得额时扣除,不再分年度计算折旧,因此 90 万元可以一次性扣除,不需调整。

(2) 接受捐赠应调增的应纳税所得额为:

50+6.5=56.5(万元)

(3) 会计利润为:

130+56.5=186.5(万元)

公益捐赠的税前扣除限额为:

186.5×12%=22.38(万元)

由于直接捐赠不得税前扣除,因而对外捐赠应调增的应纳税所得额为:

50−22.38+30=57.62(万元)

(4) 该公司境内生产经营所得的应纳税所得额为:

186.5−40−50−20+57.62=134.12(万元)

(5) 该公司应补缴的企业所得税为:

134.12×25%+50÷(1−20%)×(25%−20%)−32.5=4.16(万元)

第六章

个人所得税

一、学习目的与要求

个人所得税是以个人（自然人）取得的各项应税所得为征税对象所征收的一种所得税，是政府通过税收对个人收入进行调节，增加财政收入的一种手段。个人所得税的纳税人不仅包括个人，还包括具有自然人性质的企业。本章主要学习并掌握：①个人所得税的纳税人、征税范围。②个人所得税的税率与应纳税所得额的确定。③个人所得税的税收优惠。④个人所得税的征收管理。

二、重点与难点

(一) 个人所得税的纳税人与征税范围

1. 纳税人

个人所得税的纳税人包括中国公民、个体工商户、个人独资企业、合伙企业投资者、在中国有所得的外籍人员（包括无国籍人员）和香港、澳门、台湾同胞等。上述纳税人依据住所和居住时间两个标准，区分为居民个人和非居民个人，分别负有不同的纳税义务。

(1) 居民个人。居民个人负有无限纳税义务，其取得的应纳税所得，无论是来源于中国境内还是中国境外任何地方，都要在中国缴纳个人所得税。根据《个人所得税法》的规定，居民个人是指在中国境内有住所或者是无住所而一个纳税年度内在中国境内居住累计满 183 天的个人。

个人所得税的居民个人包括以下两类：

1) 在中国境内有住所的个人，是指因户籍、家庭、经济利益关系而在中国境内习惯性居住的个人，即在中国境内定居的中国公民和外国侨民，但不包括虽具有中国国籍，却没有在中国内地（大陆）定居，而是侨居海外的华侨和居住在香港、澳门、台湾的同胞。

这里所说的习惯性居住是判定纳税人属于居民还是非居民的一个重要依据。“户籍、家庭、经济利益关系”是判定有住所的原因条件，“习惯性居住”是判定有住所的结果条件。实践中，一般是根据纳税人“户籍、家庭、经济利益关系”等具体情况，综合判定是否属于“习惯性居住”这一状态。“习惯性居住”相当于定居的概念，指的是个人在较长时间内，相对稳定地在一地居住。它是指个人因学习、工作、探亲等原因消除之后，没有理由在其他地方继续居留时所要回到的地方，而不是指实际居住或在某一个特定时期内的居住地。一个纳税人因学习、工作、探亲、旅游等原因，原来是在中国境外居住，但在这些原因消除之后，如果必须回到中国境内居住的，则中国为此人的习惯性居住地。尽管该纳税人在一个纳税年度内，甚至连续几个纳税年度都未在中国境内居住，但他仍是中国居民个人，应就其来自全球的应纳税所得向中国缴纳个人所得税。相反，对于因学习、工作、探亲、旅游等原因虽然在境内居住，但在这些原因消除后仍然准备回境外居住的，不属于在境内习惯性居住。从这一点可以看出，“有住所”并不等于“有房产”。

2) 我国规定的时间标准是在一个纳税年度内在中国境内居住累计满 183 天的个人。所谓境内居住满 183 天是指在一个纳税年度（自公历 1 月 1 日起至 12 月 31 日止）中在中国境内居住 183 天。例如，一个外籍人员从 2019 年 1 月起到中国境内的公司任职，2019 年 3 月 7—12 日离境回国向总公司述职，12 月 23 日回到中国。由于该纳税人在 2019 年纳税年度在中国居住满 183 天，该纳税人应为中国的居民个人。

现行税法中关于“中国境内”的概念，是指中国内地（大陆），目前还不包括香港、澳门和台湾地区。

(2) 非居民个人。非居民个人是指不符合居民个人判定标准（条件）的纳税人。非居民个人承担有限纳税义务，即仅就其来源于中国境内的所得向中国缴纳个人所得税。《个人所得税法》规定，非居民个人是在中国境内无住所又不居住，或者无住所而一个纳税年度内在中国境内居住累计不满 183 天的个人。也就是说，非居民个人是指习惯性居住地不在中国境内，而且不在中国居住，或者在一个纳税年度内，在中国境内居住不满 183 天的个人。在现实生活中，习惯性居住地不在中国境内的个人，只有外籍人员、华侨或香港、澳门和台湾同胞。因此，实际上非居民个人只能是在一个纳税年度中没有在中国境内居住，或者在中国境内居住不满 183 天的外籍人员、华侨或香港、澳门、台湾同胞。

1) 在中国境内无住所的个人，在一个纳税年度内在中国境内居住累计不超过 90 天的，其来源于中国境内的所得，由境外雇主支付并且不由该雇主在中国境内的机构、场所负担的部分，免予缴纳个人所得税。

2）在中国境内无住所的个人，在中国境内居住累计满183天的年度连续不满六年的，经向主管税务机关备案，其来源于中国境外且由境外单位或者个人支付的所得，免予缴纳个人所得税。计算上述“居住满六年”时，对于在中国境内居住累计满183天的任一年度中有一次离境超过30天的，重新起算上述“居住满六年”的连续年限。

2. 征税范围

（1）工资、薪金所得。

（2）劳务报酬所得。

（3）稿酬所得。

（4）特许权使用费所得。

（5）经营所得。

（6）利息、股息、红利所得。

（7）财产租赁所得。

（8）财产转让所得。

1）股票转让所得。

2）量化资产股份转让。

3）限售股转让所得。

（9）偶然所得。

（二）个人所得税税率与应纳税所得额的确定

1. 税率

个人所得税区分不同所得项目，规定了超额累进税率和比例税率两种形式。

（1）综合所得（包括工资、薪金所得，劳务报酬所得，稿酬所得和特许权使用费所得）的适用税率。综合所得适用七级超额累进税率，税率为3%～45%，具体见个人所得税税率表一。

个人所得税税率表一
（综合所得适用）

级数	全年应纳税所得额	税率（%）	速算扣除数（元）
1	不超过36 000元的	3	0
2	超过36 000元至144 000元的部分	10	2 520
3	超过144 000元至300 000元的部分	20	16 920
4	超过300 000元至420 000元的部分	25	31 920
5	超过420 000元至660 000元的部分	30	52 920
6	超过660 000元至960 000元的部分	35	85 920
7	超过960 000元的部分	45	181 920

（2）经营所得的适用税率。经营所得适用5%～35%的五级超额累进税率，具体见个人所得税税率表二。

个人所得税税率表二

（经营所得适用）

级数	全年应纳税所得额	税率（%）	速算扣除数（元）
1	不超过 30 000 元的	5	0
2	超过 30 000 元至 90 000 元的部分	10	1 500
3	超过 90 000 元至 300 000 元的部分	20	10 500
4	超过 300 000 元至 500 000 元的部分	30	40 500
5	超过 500 000 元的部分	35	65 500

（3）其他所得项目的适用税率。利息、股息、红利所得，财产租赁所得，财产转让所得，偶然所得适用 20%的比例税率。

为了有效调控居民收入分配，我国的个人所得税制度对有关项目做了减征的规定。

1）稿酬所得的收入额减按 70%计算。

2）对个人出租房屋取得的所得暂减按 10%的税率征收个人所得税。

2. 应纳税所得额的确定

由于个人所得税的应税项目不同，并且取得某项所得所需的费用也不相同，因此在计算个人应纳税所得额时应按不同应税项目分项计算。以某应税项目的收入额减去税法规定的费用减除标准后的余额，为应纳税所得额。

个人所得税的应纳税所得额是指个人取得的各项收入减除税法规定的扣除项目或者扣除金额后的余额，它是正确计算个人所得税应纳税额的基础和前提。

（1）收入形式。个人所得的形式，包括现金、实物、有价证券和其他形式的经济利益；所得为实物的，应当按照取得的凭证上所注明的价格计算应纳税所得额，无凭证的实物或者凭证上所注明的价格明显偏低的，参照市场价格核定应纳税所得额；所得为有价证券的，根据票面价格和市场价格核定应纳税所得额；所得为其他形式的经济利益的，参照市场价格核定应纳税所得额。

居民个人取得工资、薪金所得，劳务报酬所得，稿酬所得与特许权使用费所得（以下统称“综合所得”），按纳税年度合并计算个人所得税；非居民个人取得工资、薪金所得，劳务报酬所得，稿酬所得与特许权使用费所得，按月或者按次分项计算个人所得税。纳税人取得其他形式的所得（包括经营所得，利息、股息、红利所得，财产租赁所得，财产转让所得，偶然所得），分别计算个人所得税。

（2）费用扣除。在计算个人所得税的应纳税所得额时，除利息、股息、红利所得和偶然所得外，一般允许纳税人从收入总额中减除一定的费用。

（3）专项扣除。专项扣除包括居民个人按照国家规定的范围和标准缴纳的基本养老保险、基本医疗保险、失业保险等社会保险费和住房公积金等。

（4）专项附加扣除。

1）专项附加扣除的范围及扣除起止时间。专项附加扣除包括子女教育、继续教育、大病医疗、住房贷款利息或者住房租金、赡养老人等支出。个人所得税专项附加扣除在纳税人本年度综合所得应纳税所得额中扣除，本年度扣除不完的，不得结转以后年度扣除。

①子女教育。纳税人的子女接受全日制学历教育的相关支出，按照每个子女每月

1 000 元的标准定额扣除。

学历教育包括义务教育（小学和初中教育）、高中阶段教育（普通高中、中等职业、技工教育）、高等教育（大学专科、大学本科、硕士研究生、博士研究生教育）。

年满 3 岁至小学入学前处于学前教育阶段的子女，按上述规定执行。

学前教育阶段，为子女年满 3 周岁当月至小学入学前一月。学历教育，为子女接受全日制学历教育入学的当月至全日制学历教育结束的当月。学历教育期间，包含因病或其他非主观原因休学但学籍继续保留的休学期间，以及施教机构按规定组织实施的寒暑假等假期。

父母可以选择由其中一方按扣除标准的 100%扣除，也可以选择由双方分别按扣除标准的 50%扣除，具体扣除方式在一个纳税年度内不得变更。

子女处于满 3 周岁至小学入学前的学前教育阶段，但确实未接受幼儿园教育的，仍可享受子女教育扣除。

对于存在离异重组等情况的家庭子女而言，由子女父母双方协商决定。一个孩子的扣除总额不能超过 1 000 元/月，扣除人不能超过 2 个。

②继续教育。纳税人在中国境内接受学历（学位）继续教育的支出，在学历（学位）教育期间按照每月 400 元定额扣除。同一学历（学位）继续教育的扣除期限不能超过 48 个月。纳税人接受技能人员职业资格继续教育、专业技术人员职业资格继续教育的支出，在取得相关证书的当年，按照 3 600 元定额扣除。

个人接受本科及以下学历（学位）继续教育，符合上述规定扣除条件的，可以选择由其父母扣除，也可以选择由本人扣除。

学历（学位）继续教育，为在中国境内接受学历（学位）继续教育入学的当月至学历（学位）继续教育结束的当月，同一学历（学位）继续教育的扣除期限最长不得超过 48 个月。技能人员职业资格继续教育、专业技术人员职业资格继续教育，为取得相关证书的当年。学历（学位）继续教育的期间，包含因病或其他非主观原因休学但学籍继续保留的休学期间，以及施教机构按规定组织实施的寒暑假等假期。

纳税人接受技能人员职业资格继续教育、专业技术人员职业资格继续教育的，应当留存相关证书等资料备查。同时接受多个学历继续教育或者取得多个专业技术人员职业资格证书，多个学历（学位）继续教育不可同时享受，多个职业资格继续教育不可同时享受。学历（学位）继续教育与职业资格继续教育可以同时享受。学历（学位）教育，凭学籍信息扣除，不考察最终是否取得证书，最长扣除 48 个月。48 个月后，换一个专业就读（属于第二次继续教育），可以重新按第二次参加学历（学位）继续教育扣除，还可以继续扣 48 个月。

如果纳税人的子女已就业，且正在接受本科以下学历继续教育，可以由父母选择按照子女教育扣除，也可以由子女本人选择按照继续教育扣除。

③大病医疗。在一个纳税年度内，纳税人发生的与基本医保相关的医药费用支出，扣除医保报销后个人负担（指医保目录范围内的自付部分）累计超过 15 000 元的部分，由纳税人在办理年度汇算清缴时，在 80 000 元限额内据实扣除。

纳税人发生的医药费用可以选择由本人或者其配偶扣除；未成年子女发生的医药费用支出可以选择由其父母一方扣除。

纳税人及其配偶、未成年子女发生的医药费用支出，按上述规定分别计算扣除额。

大病医疗专项附加扣除的时间为医疗保障信息系统记录的医药费用实际支出的当年。

纳税人应当留存医疗服务收费及医保报销相关票据原件（或者复印件）等资料备查。医疗保障部门应当向患者提供在医疗保障信息系统记录的个人年度医药费用信息查询服务。

④住房贷款利息。纳税人本人或配偶单独或者共同使用商业银行或者住房公积金个人住房贷款为本人或者其配偶购买中国境内住房，发生的首套住房贷款利息支出，在实际发生贷款利息的年度，按照每月 1 000 元的标准定额扣除。扣除期限最长不超过 240 个月。纳税人只能享受一次首套住房贷款的利息扣除。

经夫妻双方约定，可以选择由其中一方扣除，具体扣除方式在一个纳税年度内不得变更。

夫妻双方婚前分别购买住房发生的首套住房贷款，其贷款利息支出，婚后可以选择其中一套购买的住房，由购买方按扣除标准的 100%扣除，也可以由夫妻双方对各自购买的住房分别按扣除标准的 50%扣除，具体扣除方式在一个纳税年度内不能变更。

住房贷款利息专项附加扣除的时间为贷款合同约定开始还款的当月至贷款全部归还或贷款合同终止的当月，扣除期限最长不得超过 240 个月。

纳税人应当留存住房贷款合同、贷款还款支出凭证备查。

填报住房贷款利息专项附加扣除需要的条件：一是本人或者配偶购买了中国境内住房；二是属于首套住房贷款，且扣除年度仍在还贷；三是住房贷款利息支出和住房租金支出未同时扣除。

⑤住房租金。纳税人在主要工作城市没有住房而发生的住房租金支出，可以按照以下标准定额扣除：

直辖市、省会（首府）城市、计划单列市以及国务院确定的其他城市，扣除标准为每月 1 500 元；上述城市以外，市辖区户籍人口超过 100 万的，扣除标准为每月 1 100 元；市辖区户籍人口不超过 100 万的，扣除标准为每月 800 元。

员工宿舍如果个人不付费，不得扣除。如果本人付费，可以扣除。

纳税人的配偶在纳税人的主要工作城市有自有住房的，视同纳税人在主要工作城市有自有住房。

主要工作城市是指纳税人任职受雇的直辖市、计划单列市、副省级城市、地级市（地区、州、盟）全部行政区域范围；纳税人无任职受雇单位的，为受理其综合所得汇算清缴的税务机关所在城市。

夫妻双方主要工作城市相同的，只能由一方扣除住房租金支出。

住房租金支出由签订租赁住房合同的承租人扣除。

纳税人及其配偶在一个纳税年度内不能同时分别享受住房贷款利息和住房租金专项附加扣除。

住房租金专项附加扣除的时间为租赁合同（协议）约定的房屋租赁期开始的当月至租赁期结束的当月。提前终止合同（协议）的，以实际租赁期为准。

纳税人应当留存住房租赁合同、协议等有关资料备查。

填报住房租金专项附加扣除需要的条件：一是本人及配偶在主要工作城市无自有住

房；二是本人及配偶在扣除年度内未扣除住房贷款利息支出；三是本人及配偶主要工作城市相同的，该扣除年度配偶未享受过住房租金专项附加扣除。

⑥赡养老人。纳税人赡养一位及以上被赡养人的赡养支出，统一按照以下标准定额扣除：

60岁（含）以上父母以及其他法定赡养人的赡养支出，可以按照以下标准定额扣除：

纳税人为独生子女的，按照每月2 000元的标准定额扣除；

纳税人为非独生子女的，由其与兄弟姐妹分摊每月2 000元的扣除额度，每人分摊的扣除额不能超过每月1 000元。可以由赡养人均摊或者约定分摊，也可以由被赡养人指定分摊。约定或者指定分摊的须签订书面分摊协议，指定分摊优先于约定公摊。具体分摊方式和额度在一个纳税年度内不能变更。

上述所称被赡养人是指年满60岁的父母，以及子女均去世的年满60岁的祖父母、外祖父母。

赡养老人的专项附加扣除时间为被赡养人年满60周岁的当月至赡养义务终止的年末。

2）享受专项附加扣除的途径及时间。

①享受子女教育、继续教育、住房贷款利息或者住房租金、赡养老人专项附加扣除的纳税人，自符合条件开始，可以向支付工资、薪金所得的扣缴义务人提供上述专项附加扣除有关信息，由扣缴义务人在预扣预缴税款时，按其在本单位本年可享受的累计扣除额办理扣除；也可以在次年3月1日至6月30日内，向汇缴地主管税务机关办理汇算清缴申报时扣除。

②纳税人同时从两处以上取得工资、薪金所得，并由扣缴义务人办理上述专项附加扣除的，对同一专项附加扣除项目，在一个纳税年度内，纳税人只能选择从其中一处扣除。

③享受大病医疗专项附加扣除的纳税人，由其在次年3月1日至6月30日内，自行向汇缴地主管税务机关办理汇算清缴申报时扣除。

④纳税人年度中间更换工作单位的，在原单位任职、受雇期间已享受的专项附加扣除金额，不得在新任职、受雇单位扣除。原扣缴义务人应当自纳税人离职不再发放工资、薪金所得的当月起，停止为其办理专项附加扣除。

⑤纳税人未取得工资、薪金所得，仅取得劳务报酬所得、稿酬所得、特许权使用费所得，需要享受专项附加扣除的，应当在次年3月1日至6月30日内，自行向汇缴地主管税务机关报送《扣除信息表》，并在办理汇算清缴申报时扣除。

⑥一个纳税年度内，纳税人在扣缴义务人预扣预缴税款环节未享受或未足额享受专项附加扣除的，可以在当年内向支付工资、薪金所得的扣缴义务人申请在剩余月份发放工资、薪金所得时补充扣除，也可以在次年3月1日至6月30日内，向汇缴地主管税务机关办理汇算清缴时申报扣除。

3）专项附加扣除信息报送及留存备查资料。纳税人首次享受专项附加扣除，应当将专项附加扣除相关信息提交扣缴义务人或者税务机关，扣缴义务人应当及时将相关信息报送税务机关，纳税人对所提交信息的真实性、准确性、完整性负责。专项附加扣除信息发生变化的，纳税人应当及时向扣缴义务人或者税务机关提供相关信息。

①纳税人选择在扣缴义务人发放工资、薪金所得时享受专项附加扣除的，首次享受

时应当填写并向扣缴义务人报送《扣除信息表》；纳税年度中间相关信息发生变化的，纳税人应当更新《扣除信息表》相应栏次，并及时报送给扣缴义务人。

更换工作单位的纳税人，需要由新任职、受雇扣缴义务人办理专项附加扣除的，应当在入职的当月，填写并向扣缴义务人报送《扣除信息表》。

②纳税人次年需要由扣缴义务人继续办理专项附加扣除的，应当于每年 12 月份对次年享受专项附加扣除的内容进行确认，并报送至扣缴义务人。纳税人未及时确认的，扣缴义务人于次年 1 月起暂停扣除，待纳税人确认后再行办理专项附加扣除。

扣缴义务人应当将纳税人报送的专项附加扣除信息，在次月办理扣缴申报时一并报送至主管税务机关。

③纳税人选择在汇算清缴申报时享受专项附加扣除的，应当填写并向汇缴地主管税务机关报送《扣除信息表》。

④纳税人将需要享受的专项附加扣除项目信息填报至《扣除信息表》相应栏次。填报要素完整的，扣缴义务人或者主管税务机关应当受理；填报要素不完整的，扣缴义务人或者主管税务机关应当及时告知纳税人补正或重新填报。纳税人未补正或重新填报的，暂不办理相关专项附加扣除，待纳税人补正或重新填报后再行办理。

⑤纳税人享受子女教育专项附加扣除，应当填报配偶及子女的姓名、身份证件类型及号码、子女当前受教育阶段及起止时间、子女就读学校以及本人与配偶之间扣除分配比例等信息。

纳税人需要留存的备查资料包括：子女在境外接受教育的，应当留存境外学校录取通知书、留学签证等境外教育佐证资料。

⑥纳税人享受继续教育专项附加扣除以及接受学历（学位）继续教育的，应当填报教育起止时间、教育阶段等信息；接受技能人员或者专业技术人员职业资格继续教育的，应当填报证书名称、证书编号、发证机关、发证（批准）时间等信息。

纳税人需要留存的备查资料包括：纳税人接受技能人员职业资格继续教育、专业技术人员职业资格继续教育的，应当留存职业资格相关证书等资料。

⑦纳税人享受住房贷款利息专项附加扣除，应当填报住房权属信息、住房坐落地址、贷款方式、贷款银行、贷款合同编号、贷款期限、首次还款日期等信息；纳税人有配偶的，填写配偶姓名、身份证件类型及号码。

纳税人需要留存的备查资料包括：住房贷款合同、贷款还款支出凭证等资料。

⑧纳税人享受住房租金专项附加扣除，应当填报主要工作城市、租赁住房坐落地址、出租人姓名及身份证件类型和号码或者出租方单位名称及纳税人识别号（社会统一信用代码）、租赁起止时间等信息；纳税人有配偶的，填写配偶姓名、身份证件类型及号码。

纳税人需要留存的备查资料包括：住房租赁合同或协议等资料。

⑨纳税人享受赡养老人专项附加扣除，应当填报纳税人是否为独生子女、月扣除金额、被赡养人姓名及身份证件类型和号码、与纳税人关系；有共同赡养人的，需要填报分摊方式、共同赡养人姓名及身份证件类型和号码等信息。

纳税人需要留存的备查资料包括：约定或指定分摊的书面分摊协议等资料。

⑩纳税人享受大病医疗专项附加扣除，应当填报患者姓名、身份证件类型及号码、与纳税人关系、与基本医保相关的医药费用总金额、医保目录范围内个人负担的自付金

额等信息。

纳税人需要留存的备查资料包括：大病患者医药服务收费及医保报销相关票据原件或复印件，或者医疗保障部门出具的纳税年度医药费用清单等资料。

4）专项附加扣除的信息报送方式。纳税人可以通过远程办税端、电子或者纸质报表等方式，向扣缴义务人或者主管税务机关报送个人专项附加扣除信息。

①纳税人选择纳税年度内由扣缴义务人办理专项附加扣除的，按下列规定办理：

第一，纳税人通过远程办税端选择扣缴义务人并报送专项附加扣除信息的，扣缴义务人根据接收的扣除信息办理扣除。

第二，纳税人通过填写电子或者纸质《扣除信息表》直接报送扣缴义务人的，扣缴义务人将相关信息导入或者录入扣缴端软件，并在次月办理扣缴申报时提交给主管税务机关。《扣除信息表》应当一式两份，纳税人和扣缴义务人签字（章）后分别留存备查。

②纳税人选择年度终了后办理汇算清缴申报时享受专项附加扣除的，既可以通过远程办税端报送专项附加扣除信息，也可以将电子或者纸质《扣除信息表》（一式两份）报送给汇缴地主管税务机关。

③报送电子《扣除信息表》的，主管税务机关受理打印，交由纳税人签字后，一份由纳税人留存备查，一份由税务机关留存；报送纸质《扣除信息表》的，纳税人签字确认、主管税务机关受理签章后，一份退还纳税人留存备查，一份由税务机关留存。

④扣缴义务人和税务机关应当告知纳税人办理专项附加扣除的方式和渠道，鼓励并引导纳税人采用远程办税端报送信息。

5）专项附加扣除的后续管理。纳税人应当对报送的专项附加扣除信息的真实性、准确性、完整性负责。

①纳税人应当将《扣除信息表》及相关留存备查资料，自法定汇算清缴期结束后保存五年。纳税人报送给扣缴义务人的《扣除信息表》，扣缴义务人应当自预扣预缴年度的次年起留存五年。

②纳税人向扣缴义务人提供专项附加扣除信息的，扣缴义务人应当按照规定予以扣除，不得拒绝。扣缴义务人应当为纳税人报送的专项附加扣除信息保密。

③扣缴义务人应当及时按照纳税人提供的信息计算办理扣缴申报，不得擅自更改纳税人提供的相关信息。

④扣缴义务人发现纳税人提供的信息与实际情况不符，可以要求纳税人修改。纳税人拒绝修改的，扣缴义务人应当向主管税务机关报告，税务机关应当及时处理。

⑤除纳税人另有要求外，扣缴义务人应当于年度终了后两个月内，向纳税人提供已办理的专项附加扣除项目及金额等信息。

⑥税务机关定期对纳税人提供的专项附加扣除信息开展抽查。在税务机关核查时，如果纳税人无法提供留存备查资料，或者留存备查资料不能支持相关情况，税务机关可以要求纳税人提供其他佐证；不能提供其他佐证材料，或者佐证材料仍不足以支持的，不得享受相关专项附加扣除。税务机关在核查专项附加扣除情况时，可以提请有关单位和个人协助核查，相关单位和个人应当协助。

⑦ 纳税人有下列情形之一的，主管税务机关应当责令其改正；情形严重的，应当纳入有关信用信息系统，并按照国家有关规定实施联合惩戒；涉及违反《税收征管法》等

法律法规的，税务机关依法进行处理：

第一，报送虚假的专项附加扣除信息。

第二，重复享受专项附加扣除。

第三，超范围或标准享受专项附加扣除。

第四，拒不提供留存备查资料。

第五，税务总局规定的其他情形。

⑧纳税人在任职、受雇单位报送虚假扣除信息的，税务机关应在责令其改正的同时，通知扣缴义务人。

个人可以在年底前向扣缴义务人提供次年办理专项附加扣除的相关信息，也可以在扣除年度中的任意时点向扣缴义务人提供专项附加扣除的相关信息。扣缴义务人在扣缴个人工资、薪金所得的个人所得税时，可以按照截止到当前月份的专项附加扣除累计可扣除额计算应扣个人所得税，也就是在扣除年度内可以追溯扣除，使个人充分享受专项附加扣除。

（5）依法确定的其他扣除。

1）捐赠扣除。个人将其所得对教育、扶贫、济困等公益慈善事业进行捐赠，捐赠额未超过纳税人申报的应纳税所得额30%的部分，可以从其应纳税所得额中扣除。

个人将其所得对教育、扶贫、济困等公益慈善事业进行捐赠，是指个人将其所得通过中国境内的公益性社会组织、国家机关向教育、扶贫、济困等公益慈善事业的捐赠；所称应纳税所得额，是指计算扣除捐赠额之前的应纳税所得额。

个人通过非营利性的社会组织和国家机关向红十字事业，福利性、非营利性老年服务机构，公益性青少年活动场所，农村义务教育（含高中）等的公益性捐赠可以从其应纳税所得额中全额扣除。

个人向受赠对象的直接捐赠支出，不得税前扣除。

2）其他扣除。其他扣除包括个人缴付符合国家规定的企业年金、职业年金，个人购买符合国家规定的商业健康保险、税收递延型商业养老保险的支出，以及国务院规定可以扣除的其他项目等。

自2018年5月1日起，在上海市、福建省（含厦门市）和苏州工业园区实施个人税收递延型商业养老保险试点。试点期限暂定一年。对试点地区个人通过个人商业养老资金账户购买符合规定的商业养老保险产品的支出，允许在一定标准内税前扣除；计入个人商业养老资金账户的投资收益，暂不征收个人所得税；个人领取商业养老金时再征收个人所得税。

（三）不同项目应纳税额的计算

1. 综合所得应纳税额的计算

居民个人的综合所得，以每一纳税年度的收入额减除费用6万元以及专项扣除、专项附加扣除和依法确定的其他扣除后的余额，为应纳税所得额。

居民个人从中国境内和境外取得的综合所得、经营所得，应当分别合并计算应纳税额；从中国境内和境外取得的其他所得，应当分别单独计算应纳税额。

居民个人取得综合所得，按年计算个人所得税；有扣缴义务人的，由扣缴义务人按月或者按次预扣预缴税款；需要办理汇算清缴的，应当在取得所得的次年3月1日至6月30日内办理汇算清缴。

非居民个人取得工资、薪金所得，劳务报酬所得，稿酬所得和特许权使用费所得，有扣缴义务人的，由扣缴义务人按月或者按次代扣代缴税款，不办理汇算清缴。

（1）居民个人预扣预缴。扣缴义务人向居民个人支付工资、薪金所得，劳务报酬所得，稿酬所得，特许权使用费所得时，按以下方法预扣预缴个人所得税，并向主管税务机关报送《个人所得税扣缴申报表》。年度预扣预缴税额与年度应纳税额不一致的，由居民个人于次年3月1日至6月30日向主管税务机关办理综合所得年度汇算清缴，税款多退少补。

1）工资、薪金所得预扣预缴税款的计算。

①应纳税所得额的确定。

第一，费用扣除。居民个人的工资、薪金所得实行按月预扣的方法，每月可以减除费用5 000元。

第二，专项扣除和专项附加扣除。在按月计算居民个人工资、薪金所得的应纳税所得额时，可以扣除居民个人按照国家规定的范围和标准缴纳的基本养老保险、基本医疗保险、失业保险等社会保险费和住房公积金等。

在按月计算居民个人工资、薪金所得的应纳税所得额时，可以扣除居民个人的子女教育、继续教育、住房贷款利息、住房租金以及赡养老人等专项附加扣除。居民个人向扣缴义务人提供专项附加扣除信息的，扣缴义务人在按月预扣预缴税款时应当按照规定予以扣除，不得拒绝。

第三，依法确定的其他扣除。依法确定的其他扣除包括个人缴付符合国家规定的企业年金、职业年金，个人购买符合国家规定的商业健康保险、税收递延型商业养老保险的支出，以及国务院规定可以扣除的其他项目。

②预扣预缴税款的计算。扣缴义务人向居民个人支付工资、薪金所得时，应当按照累计预扣法计算预扣税款，并按月办理全员全额扣缴申报。

累计预扣法是指扣缴义务人在一个纳税年度内预扣预缴税款时，以纳税人在本单位截至当前月份工资、薪金所得累计收入减除累计免税收入、累计减除费用、累计专项扣除、累计专项附加扣除和累计依法确定的其他扣除后的余额为累计预扣预缴应纳税所得额，适用个人所得税预扣率表一，计算累计应预扣预缴税额，再减除累计减免税额和累计已预扣预缴税额，其余额为本期应预扣预缴税额。余额为负值时，暂不退税。纳税年度终了后余额仍为负值时，由纳税人通过办理综合所得年度汇算清缴，税款多退少补。具体计算公式如下：

$$\text{本期应预扣预缴税额}=\left(\text{累计预扣预缴应纳税所得额}\times\text{预扣率}-\text{速算扣除数}\right)-\text{累计减免税额}-\text{累计已预扣预缴税额}$$

$$\text{累计预扣预缴应纳税所得额}=\text{累计收入}-\text{累计免税收入}-\text{累计减除费用}-\text{累计专项扣除}-\text{累计专项附加扣除}-\text{累计依法确定的其他扣除}$$

其中，累计减除费用按照5 000元/月乘以纳税人当年截至本月在本单位的任职受雇月份数计算。也就是说，纳税人如果5月份入职，则扣缴义务人在发放5月份工资并扣缴税款时，减除费用按5 000元计算；在发放6月份工资并扣缴税款时，减除费用按10 000元计算，依此类推。

个人所得税预扣率表一

（居民个人工资、薪金所得预扣预缴适用）

级数	累计预扣预缴应纳税所得额	预扣率（%）	速算扣除数（元）
1	不超过36 000元的部分	3	0
2	超过36 000元至144 000元的部分	10	2 520
3	超过144 000元至300 000元的部分	20	16 920
4	超过300 000元至420 000元的部分	25	31 920
5	超过420 000元至660 000元的部分	30	52 920
6	超过660 000元至960 000元的部分	35	85 920
7	超过960 000元的部分	45	181 920

累计预扣法仅适用于中国居民个人取得的工资、薪金所得的日常预扣预缴，由该个人任职单位作为扣缴义务人，按月为其办理全额扣缴申报。向居民个人支付的劳务报酬所得、稿酬所得和特许权使用费所得，或者向非居民个人支付的4项综合所得，则不采用累计预扣法计算应纳个人所得税税额。

2）劳务报酬所得、稿酬所得、特许权使用费所得预扣预缴税款的计算。扣缴义务人向居民个人支付劳务报酬所得、稿酬所得、特许权使用费所得，按次或者按月预扣预缴个人所得税。具体预扣预缴方法如下：

劳务报酬所得、稿酬所得、特许权使用费所得以收入减除费用后的余额为收入额。其中，稿酬所得的收入额减按70%计算。

减除费用：劳务报酬所得、稿酬所得、特许权使用费所得每次收入不超过4 000元的，减除费用按800元计算；每次收入在4 000元以上的，减除费用按20%计算。

应纳税所得额：劳务报酬所得、稿酬所得、特许权使用费所得，以每次收入额为预扣预缴应纳税所得额。劳务报酬所得适用20%至40%的超额累进预扣率（见个人所得税预扣率表二），稿酬所得、特许权使用费所得适用20%的比例预扣率。

劳务报酬所得应预扣预缴税额＝预扣预缴应纳税所得额×预扣率－速算扣除数

稿酬所得、特许权使用费所得应预扣预缴税额＝预扣预缴应纳税所得额×20%

劳务报酬所得、稿酬所得、特许权使用费所得，属于一次性收入的，以取得该项收入为一次；属于同一项目连续性收入的，以一个月内取得的收入为一次。

个人所得税预扣率表二

（居民个人劳务报酬所得预扣预缴适用）

级数	预扣预缴应纳税所得额	预扣率（%）	速算扣除数（元）
1	不超过20 000元的	20	0
2	超过20 000元至50 000元的部分	30	2 000
3	超过50 000元的部分	40	7 000

（2）综合所得应纳税额的计算及汇算清缴。居民个人的综合所得，以每一纳税年度的收入额减除费用6万元以及专项扣除、专项附加扣除和依法确定的其他扣除后的余额，为应纳税所得额。

劳务报酬所得、稿酬所得、特许权使用费所得以收入减除20%的费用后的余额为收入额。稿酬所得的收入额减按70%计算。

个人将其所得对教育、扶贫、济困等公益慈善事业进行捐赠，捐赠额未超过纳税人申报的应纳税所得额30%的部分，可以从其应纳税所得额中扣除；国务院规定对公益慈善事业捐赠实行全额税前扣除的，从其规定。

专项扣除，包括居民个人按照国家规定的范围和标准缴纳的基本养老保险、基本医疗保险、失业保险等社会保险费和住房公积金等；专项附加扣除，包括子女教育、继续教育、大病医疗、住房贷款利息或者住房租金、赡养老人等支出，具体范围、标准和实施步骤由国务院确定，并报全国人民代表大会常务委员会备案。

专项扣除、专项附加扣除和依法确定的其他扣除，以居民个人一个纳税年度的应纳税所得额为限额；一个纳税年度扣除不完的，不结转以后年度扣除。

（3）非居民个人应纳税额的计算。扣缴义务人向非居民个人支付工资、薪金所得，劳务报酬所得，稿酬所得和特许权使用费所得时，应当按以下方法按月或者按次代扣代缴个人所得税：

非居民个人的工资、薪金所得，以每月收入额减除费用5 000元后的余额为应纳税所得额；劳务报酬所得、稿酬所得、特许权使用费所得，以每次收入额为应纳税所得额，适用按月换算后的非居民个人月度税率表（见个人所得税税率表三）计算应纳税额。其中，劳务报酬所得、稿酬所得、特许权使用费所得以收入减除20%的费用后的余额为收入额。稿酬所得的收入额减按70%计算。

$$\begin{array}{c}\text{非居民个人工资、薪金所得，劳务报酬所得，}\\\text{稿酬所得，特许权使用费所得应纳税额}\end{array}=\begin{array}{c}\text{应纳税}\\\text{所得额}\end{array}\times\text{税率}-\begin{array}{c}\text{速算}\\\text{扣除数}\end{array}$$

非居民个人的工资、薪金所得实行按月计征的方法，其应纳税所得额为月收入减除费用5 000元后的余额。其计算公式为：

应纳税所得额＝月工资、薪金所得－5 000

非居民个人取得工资、薪金所得，劳务报酬所得，稿酬所得和特许权使用费所得，有扣缴义务人的，由扣缴义务人按月或者按次代扣代缴税款，不办理汇算清缴。

个人所得税税率表三

（非居民个人工资、薪金所得，劳务报酬所得，稿酬所得，特许权使用费所得适用）

级数	应纳税所得额	税率（%）	速算扣除数（元）
1	不超过3 000元的	3	0
2	超过3 000元至12 000元的部分	10	210
3	超过12 000元至25 000元的部分	20	1 410
4	超过25 000元至35 000元的部分	25	2 660
5	超过35 000元至55 000元的部分	30	4 410
6	超过55 000元至80 000元的部分	35	7 160
7	超过80 000元的部分	45	15 160

2. 经营所得应纳税额的计算

（1）应纳税所得额的确定。经营所得以每一纳税年度的收入总额减除成本、费用以及损失后的余额，为应纳税所得额。

1）收入总额。收入总额是指纳税人从事生产经营以及与生产经营有关的活动（以下简称“生产经营”）取得的货币形式和非货币形式的各项收入，包括：销售货物收入、提供劳务收入、转让财产收入、利息收入、租金收入、接受捐赠收入、其他收入。其中，其他收入包括个体工商户资产溢余收入、逾期一年以上的未退包装物押金收入、确实无法偿付的应付款项、已做坏账损失处理后又收回的应收款项、债务重组收入、补贴收入、违约金收入、汇兑收益等。

2）准予扣除项目。成本、费用是指生产经营活动中发生的各项直接支出和分配计入成本的间接费用以及销售费用、管理费用、财务费用；损失是指生产经营活动中发生的固定资产和存货的盘亏、毁损、报废损失，转让财产损失，坏账损失，自然灾害等不可抗力因素造成的损失以及其他损失。取得经营所得的个人，没有综合所得的，在计算其每一纳税年度的应纳税所得额时，应当减除费用6万元、专项扣除、专项附加扣除以及依法确定的其他扣除。专项附加扣除在办理汇算清缴时减除。

从事生产经营活动，未提供完整、准确的纳税资料，不能正确计算应纳税所得额的，由主管税务机关核定应纳税所得额或者应纳税额。

3）其他扣除项目及列支标准。

①工资、薪金支出。纳税人实际支付给从业人员的、合理的工资、薪金支出，准予扣除。

业主的工资、薪金支出不得税前扣除。个体工商户业主的费用扣除标准，依照相关法律、法规和政策规定执行。

②保险支出。纳税人按照国务院有关主管部门或者省级人民政府规定的范围和标准为其业主和从业人员缴纳的基本养老保险费、基本医疗保险费、失业保险费、生育保险费、工伤保险费和住房公积金，准予扣除。

纳税人为从业人员缴纳的补充养老保险费、补充医疗保险费，分别在不超过从业人员工资总额5%标准内的部分据实扣除；超过部分，不得扣除。

业主本人缴纳的补充养老保险费、补充医疗保险费，以当地（地级市）上年度社会平均工资的3倍为计算基数，分别在不超过该计算基数5%标准内的部分据实扣除；超过部分，不得扣除。

除纳税人依照国家有关规定为特殊工种从业人员支付的人身安全保险费和财政部、国家税务总局规定可以扣除的其他商业保险费外，业主本人或者为从业人员支付的商业保险费，不得扣除。

纳税人参加财产保险，按照规定缴纳的保险费，准予扣除。

③费用支出。纳税人向当地工会组织拨缴的工会经费、实际发生的职工福利费支出、职工教育经费支出分别在工资薪金总额的2%、14%、8%的标准内据实扣除。

纳税人发生的与生产经营活动有关的业务招待费，按照实际发生额的60%扣除，但最高不得超过当年销售（营业）收入的5‰。

纳税人每一纳税年度发生的与其生产经营活动直接相关的广告费和业务宣传费不超

过当年销售（营业）收入15%的部分，可以据实扣除；超过部分，准予在以后纳税年度结转扣除。

纳税人在生产经营活动中向金融企业借款发生的利息支出，准予税前扣除；向非金融企业和个人借款发生的利息支出，不超过按照金融企业同期同类贷款利率计算的数额部分，准予税前扣除。

④公益性捐赠。纳税人通过公益性社会组织或者县级以上人民政府及其部门，用于《中华人民共和国公益事业捐赠法》规定的公益事业的捐赠，捐赠额不超过其应纳税所得额30%的部分可以据实扣除。

财政部、国家税务总局规定可以全额在税前扣除的捐赠支出项目，按有关规定执行。

直接对受益人的捐赠不得扣除。

⑤其他规定。纳税人取得与生产经营活动无关的各项应税所得，应分别适用各应税项目的规定计算征收个人所得税。

因在纳税年度中间开业、合并、注销及其他原因，导致该纳税年度的实际经营期不足1年的，在对个体工商户业主、个人独资企业投资者和合伙企业自然人合伙人的生产经营所得计算个人所得税时，以其实际经营期为1个纳税年度。

4）不得在税前列支的项目。

纳税人的下列支出不得扣除：

①个人所得税税款。

②税收滞纳金。

③罚金、罚款和被没收财物的损失。

④不符合扣除规定的捐赠支出。

⑤赞助支出。

⑥用于个人和家庭的支出。

⑦与取得生产经营收入无关的其他支出。

⑧国家税务总局规定不准扣除的支出。

纳税人在生产经营活动中，应当分别核算生产经营费用和个人、家庭生活费用。对于生产经营费用与个人、家庭生活费用混用且难以分清的，其中的40%视为与生产经营有关的费用，准予扣除。

（2）应纳税额的计算。经营所得以应纳税所得额确定适用税率和速算扣除数，并据此计算应纳税额。其计算公式为：

$$应纳税额=应纳税所得额\times适用税率-速算扣除数$$

纳税人取得经营所得，按年计算个人所得税，由纳税人在月度或者季度终了后15日内向税务机关报送纳税申报表，并预缴税款；在取得所得的次年3月31日前办理汇算清缴。

由于经营所得的应纳税额实行按年计算、分月（季）预缴、年终汇算清缴、多退少补的方法，因此需要按月（季）预缴税款。其计算公式为：

$$\begin{matrix}本月(季)\\应预缴税额\end{matrix}=\left[\begin{matrix}本月(季)累计\\应纳税所得额\end{matrix}\times\begin{matrix}适用\\税率\end{matrix}-\begin{matrix}速算\\扣除数\end{matrix}\right]-\begin{matrix}上月(季)累计\\已预缴税额\end{matrix}$$

$$全年应纳税额=全年应纳税所得额\times适用税率-速算扣除数$$

汇算清缴税额=全年应纳税额-全年累计已预缴税额

合伙企业个人所得税的缴纳是“先分后税”，也就是合伙企业在计算出应纳税所得额后，先分配给每个合伙人，由每个合伙人再按照五级超额累进税率计税。合伙企业的具体分配一般按照合伙协议进行，没有合伙协议的先协商，协商不成的按照出资比例。如果上述方法均不可行，则平均分配，但不允许约定将利润分配给一个合伙人。

3. 财产租赁所得应纳税额的计算

(1) 应纳税所得额的确定。财产租赁所得的费用扣除计算方法与劳务报酬所得、稿酬所得、特许权使用费所得相同。财产租赁所得以一个月内取得的收入为一次。

财产租赁所得的每次收入不超过 4 000 元的，减除费用 800 元；4 000 元以上的，减除 20%的费用，其余额为应纳税所得额。在确定财产租赁所得的应纳税所得额时，纳税人在出租财产过程中缴纳的税金和教育费附加，可持完税（缴款）凭证，从其财产租赁所得中扣除。此外，准予扣除的项目除了规定费用和有关税费外，还准予扣除能够提供有效、准确凭证，证明由纳税人负担的该出租财产实际开支的修缮费用。允许扣除的修缮费用，以每次 800 元为限。一次扣除不完的，准予在下一次继续扣除，直到扣完为止。财产租赁所得应纳税所得额的计算公式为：

1) 每次（月）收入不超过 4 000 元的：

应纳税所得额=每次(月)收入额-准予扣除项目-修缮费用(800 元为限)-800

2) 每次（月）收入超过 4 000 元的：

$$\text{应纳税所得额}=\left[\text{每次(月)收入额}-\text{准予扣除项目}-\text{修缮费用(800 元为限)}\right]\times(1-20\%)$$

(2) 应纳税额的计算。财产租赁所得适用 20%的比例税率，但对个人出租居民住房取得的所得，暂按 10%的税率征税。财产租赁所得应纳税额的计算公式为：

应纳税额=应纳税所得额×适用税率

在计算个人所得税时未考虑其他税费。如果对租金收入计征城市维护建设税、房产税和教育费附加等，还应将其从税前的收入中先扣除，而后再计算应缴纳的个人所得税。

4. 利息、股息、红利所得应纳税额的计算

(1) 应纳税所得额的确定。利息、股息、红利所得以个人每次取得的收入额为应纳税所得额，不得从收入额中扣除任何费用。其中，每次收入是指支付单位或者个人每次支付利息、股息、红利时，个人所取得的收入。对于个人从股份公司获得的以股票形式发放的股息红利（以下简称“红股”），应以派发红股的股票票面金额为收入额，计算征收个人所得税。利息、股息、红利所得以支付利息、股息、红利时取得的收入为一次。

个人从公开发行和转让市场取得的上市公司股票，持股期限在 1 个月以内（含 1 个月）的，其股息、红利所得全额计入应纳税所得额；持股期限在 1 个月以上至 1 年（含 1 年）的，暂减按 50%计入应纳税所得额；持股期限超过 1 年的，其股息、红利所得暂免征收个人所得税。上述所得统一适用 20%的税率计征个人所得税。

(2) 应纳税额的计算。利息、股息、红利所得适用 20%的比例税率，应纳税额的计算公式为：

应纳税额=应纳税所得额(每次收入额)×适用税率

5. 财产转让所得应纳税额的计算

（1）应纳税所得额的确定。财产转让所得以转让财产的收入额减除财产原值和合理费用后的余额为应纳税所得额。其计算公式为：

应纳税所得额＝每次收入额－财产原值－合理税费

合理税费是指卖出财产时按照规定支付的有关税费。

“每次”是指以一件财产的所有权一次转让取得的收入为一次。

财产转让所得按照一次转让财产的收入额减除财产原值和合理税费后的余额计算纳税。财产原值按照下列方法确定：

1）有价证券，为买入价以及买入时按照规定交纳的有关费用。

2）建筑物，为建造费或者购进价格以及其他有关费用。

3）土地使用权，为取得土地使用权所支付的金额、开发土地的费用以及其他有关费用。

4）机器设备、车船，为购进价格、运输费、安装费以及其他有关费用。

其他财产，参照上述规定的方法确定财产原值。

纳税人未提供完整、准确的财产原值凭证，不能按照规定的方法确定财产原值的，由主管税务机关核定财产原值。

（2）应纳税额的计算。财产转让所得适用20%的比例税率，其计算公式为：

应纳税额＝应纳税所得额×适用税率

一般财产转让所得应纳税额的计算公式为：

应纳税额＝应纳税所得额×适用税率
＝（收入总额－财产原值－合理税费）×20%

个人转让房屋的个人所得税应税收入不含增值税，其取得房屋时所支付价款中包含的增值税计入财产原值，计算转让所得时可扣除的税费不包括本次转让缴纳的增值税。

个人转让股权，以股权转让收入减除股权原值和合理税费后的余额为应纳税所得额，按“财产转让所得”缴纳个人所得税。其中，合理税费是指股权转让时按照规定支付的有关税费。以股权转让方为纳税人，以受让方为扣缴义务人。

个人转让限售股，以每次限售股转让收入，减除股票原值和合理税费后的余额为应纳税所得额，即

应纳税所得额＝限售股转让收入－（限售股原值＋合理税费）

应纳税额＝[限售股转让收入－（限售股原值＋合理税费）]×20%

限售股转让收入是指转让限售股实际取得的收入。限售股原值是指限售股买入时的买入价及按照规定缴纳的有关费用。合理税费是指转让限售股过程中发生的印花税、佣金、过户费等与交易相关的税费。如果纳税人未能提供完整、真实的限售股原值凭证，不能准确计算限售股原值，主管税务机关一律按限售股转让收入的15%核定限售股原值及合理税费。

6. 偶然所得应纳税额的计算

（1）应纳税所得额的确定。偶然所得以个人的每次收入额为应纳税所得额，不扣除任何费用。偶然所得以每次取得该项收入为一次。除有特殊规定外，每次收入额就是应纳税所得额。

（2）应纳税额的计算。偶然所得适用20%的比例税率，偶然所得应纳税额的计算公式为：

应纳税额＝应纳税所得额(每次收入额)×适用税率

7. 个人所得税计算的特殊问题

（1）公益性捐赠的计税方法。个人通过中华人民共和国境内公益性社会组织、县级以上人民政府及其部门等国家机关，向教育、扶贫、济困等公益慈善事业的捐赠（以下简称“公益捐赠”），发生的公益捐赠支出，捐赠额未超过纳税人申报的应纳税所得额30％的部分，可以从其应纳税所得额中扣除；国务院规定对公益慈善事业捐赠实行全额税前扣除的，从其规定。

公益性捐赠额的扣除以不超过纳税人申报的应纳税所得额的30％为限。其计算公式为：

公益性捐赠的扣除限额＝应纳税所得额×30％

实际捐赠额小于扣除限额时，允许扣除的捐赠额等于实际捐赠额；实际捐赠额大于扣除限额时，只能按捐赠限额扣除。

（2）境外所得应纳税额的计算。

下列所得为来源于中国境外的所得：

①因任职、受雇、履约等在中国境外提供劳务取得的所得。

②中国境外企业以及其他组织支付且负担的稿酬所得。

③许可各种特许权在中国境外使用而取得的所得。

④在中国境外从事生产经营活动而取得的与生产经营活动相关的所得。

⑤从中国境外企业、其他组织以及非居民个人取得的利息、股息、红利所得。

⑥将财产出租给承租人在中国境外使用而取得的所得。

⑦转让中国境外的不动产，转让对中国境外企业以及其他组织投资形成的股票、股权以及其他权益性资产（以下简称“权益性资产”），或者在中国境外转让其他财产取得的所得。但转让对中国境外企业以及其他组织投资形成的权益性资产，该权益性资产被转让前三年（连续36个公历月份）内的任一时间，被投资企业或其他组织的资产公允价值50％以上直接或间接来自位于中国境内的不动产的，取得的所得为来源于中国境内的所得。

⑧中国境外企业、其他组织以及非居民个人支付且负担的偶然所得。

⑨财政部、税务总局另有规定的，按照相关规定执行。

居民个人应当依照《个人所得税法》及其实施条例的规定，按照以下方法计算当期境内和境外所得的应纳税额：

①居民个人来源于中国境外的综合所得，应当与境内综合所得合并计算应纳税额。

②居民个人来源于中国境外的经营所得，应当与境内经营所得合并计算应纳税额。居民个人来源于境外的经营所得，按照《个人所得税法》及其实施条例的有关规定计算的亏损，不得抵减其境内或他国（地区）的应纳税所得额，但可以用来源于同一国家（地区）以后年度的经营所得按中国税法的规定弥补。

③居民个人来源于中国境外的利息、股息、红利所得，财产租赁所得，财产转让所得和偶然所得（以下简称“其他分类所得”），不与境内所得合并，应当分别单独计算应纳税额。

④居民个人在一个纳税年度内来源于中国境外的所得，依照所得来源国（地区）的税收法律规定在中国境外已缴纳的所得税税额，允许在抵免限额内从其该纳税年度应纳税额中抵免。

居民个人来源于一国（地区）的综合所得、经营所得以及其他分类所得项目的应纳税额为其抵免限额，按照下列公式计算：

$$\text{来源于一国(地区)综合所得的抵免限额}=\text{中国境内和境外综合所得应纳税额}\times\text{来源于该国(地区)的综合所得收入额}\div\text{中国境内和境外综合所得收入额合计}$$

$$\text{来源于一国(地区)经营所得的抵免限额}=\text{中国境内和境外经营所得应纳税额}\times\text{来源于该国(地区)的经营所得应纳税所得额}\div\text{中国境内和境外经营所得应纳税所得额合计}$$

$$\text{来源于一国(地区)其他分类所得的抵免限额}=\text{该国(地区)的其他分类所得应纳税额}$$

$$\text{来源于一国(地区)所得的抵免限额}=\text{来源于该国(地区)综合所得抵免限额}+\text{来源于该国(地区)经营所得抵免限额}+\text{来源于该国(地区)其他分类所得抵免限额}$$

可抵免的境外所得税税额是指居民个人取得境外所得，依照该所得来源国（地区）的税收法律应当缴纳且实际已经缴纳的所得税性质的税额。可抵免的境外所得税税额不包括以下情形：

第一，按照境外所得税法律属于错缴或错征的境外所得税税额。

第二，按照我国政府签订的避免双重征税协定以及内地与香港、澳门签订的避免双重征税安排（以下统称“税收协定”）规定不应征收的境外所得税税额。

第三，因少缴或迟缴境外所得税而追加的利息、滞纳金或罚款。

第四，境外所得税纳税人或者其利害关系人从境外征税主体得到实际返还或补偿的境外所得税税额。

第五，按照《个人所得税法》及其实施条例的规定，已经免税的境外所得负担的境外所得税税额。

⑤居民个人在一个纳税年度内来源于一国（地区）的所得实际已经缴纳的所得税税额，低于计算出的来源于该国（地区）该纳税年度所得的抵免限额的，应以实际缴纳税额作为抵免额进行抵免；超过来源于该国（地区）该纳税年度所得的抵免限额的，应在限额内进行抵免，超过部分可以在以后5个纳税年度内结转抵免。

(3) 两人以上共同取得同一项目收入的计税方法。两个以上的个人共同取得同一项目收入的，应当对每个人取得的收入分别按照《个人所得税法》的规定计算纳税，即实行“先分、后扣、再税”的办法。

(4) 个人无偿受赠房屋产权的计税问题。为加强个人所得税征管，《财政部、国家税务总局关于个人无偿受赠房屋有关个人所得税问题的通知》（财税［2009］78号）就无偿受赠房产个人所得税问题做了相关规定，以下情况免征个人所得税。

1) 房屋产权所有人将房屋产权无偿赠予配偶、父母、子女、祖父母、外祖父母、孙子女、外孙子女、兄弟姐妹。

2) 房屋产权所有人将房屋产权无偿赠予对其承担直接抚养或赡养义务的抚养人或赡养人。

3）房屋产权所有人死亡，依法取得房屋产权的法定继承人、遗嘱继承人或受遗赠人。

（5）企业年金、职业年金个人所得税的处理。企业年金是指根据《企业年金试行办法》（原劳动和社会保障部令第20号）的规定，企业及其职工在依法参加基本养老保险的基础上，自愿建立的补充养老保险制度。职业年金是指根据《事业单位职业年金试行办法》（国办发［2011］37号）的规定，事业单位及其工作人员在依法参加基本养老保险的基础上，建立的补充养老保险制度。

1）企业年金和职业年金缴费的个人所得税处理。

①企业和事业单位（以下统称“单位”）根据国家有关政策规定的办法和标准，为在本单位任职或者受雇的全体职工缴付的企业年金或职业年金（以下统称“年金”）单位缴费部分，在计入个人账户时，个人暂不缴纳个人所得税。

②个人根据国家有关政策规定缴付的年金个人缴费部分，在不超过本人缴费工资计税基数的4%标准内的部分，暂从个人当期的应纳税所得额中扣除。

③超过上述规定的标准缴付的年金单位缴费和个人缴费部分，应并入个人当期的工资、薪金所得，依法计征个人所得税。税款由建立年金的单位代扣代缴，并向主管税务机关申报解缴。

④企业年金个人缴费工资计税基数为本人上一年度月平均工资。月平均工资按国家统计局规定列入工资总额统计的项目计算。月平均工资超过职工工作地所在设区城市上一年度职工月平均工资300%的部分，不计入个人缴费工资计税基数。

职业年金个人缴费工资计税基数为职工岗位工资和薪级工资之和。职工岗位工资和薪级工资之和超过职工工作地所在设区城市上一年度职工月平均工资300%的部分，不计入个人缴费工资计税基数。

2）年金基金投资运营收益的个人所得税处理。年金基金投资运营收益分配计入个人账户时，个人暂不缴纳个人所得税。

3）领取年金的个人所得税处理。

①个人达到国家规定的退休年龄，在2014年1月1日之后按月领取的年金，全额按照“综合所得”项目适用的税率，计征个人所得税。

②对单位和个人2014年1月1日之前开始缴付年金缴费，个人在2014年1月1日之后领取年金的，允许其从领取的年金中减除在2014年1月1日之前缴付的年金单位缴费和个人缴费且已经缴纳个人所得税的部分，就其余额按上述规定征税。在个人分期领取年金的情况下，可按2014年1月1日之前缴付的年金缴费金额占全部缴费金额的百分比减计当期的应纳税所得额，减计后的余额，按照上述规定，计算缴纳个人所得税。

③对个人因出境定居而一次性领取的年金个人账户资金，或个人死亡后，其指定的受益人或法定继承人一次性领取的年金个人账户余额，允许领取人将一次性领取的年金个人账户资金或余额计算缴纳个人所得税。

④个人领取年金时，其应纳税额由受托人代表委托人委托托管人代扣代缴。年金账户的管理人应及时向托管人提供个人年金缴费及对应的个人所得税纳税明细。托管人根据受托人指令及账户管理人提供的资料，按照规定计算扣缴个人当期领取年金待遇的应纳税额，并向托管人所在地主管税务机关申报解缴。

⑤建立年金计划的单位、年金托管人，应按照《个人所得税法》和《税收征管法》

的有关规定，实行全员全额扣缴明细申报。受托人有责任协调相关管理人依法向税务机关办理扣缴申报、提供相关资料。

4）年金计划的资料备案和报送。建立年金计划的单位应于建立年金计划的次月 15 日内，向其所在地主管税务机关报送年金方案、人力资源和社会保障部门出具的方案备案函、计划确认函以及主管税务机关要求报送的其他相关资料。年金方案、受托人、托管人发生变化的，应于发生变化的次月 15 日内重新向其主管税务机关报送上述资料。

（6）个人税收递延型商业养老保险试点的税收处理

1）试点地区。自 2018 年 5 月 1 日起，在上海市、福建省（含厦门市）和苏州工业园区实施个人税收递延型商业养老保险试点。试点期限暂定一年。

2）试点政策。对试点地区个人通过个人商业养老资金账户购买符合规定的商业养老保险产品的支出，允许在一定标准内税前扣除；计入个人商业养老资金账户的投资收益，暂不征收个人所得税；个人领取商业养老金时再征收个人所得税。具体规定如下：

①个人缴费税前扣除标准。取得工资、薪金所得，连续性劳务报酬所得的个人，其缴纳的保费准予在申报扣除当月计算应纳税所得额时予以限额据实扣除，扣除限额按照当月工资、薪金所得，连续性劳务报酬所得的 6%和 1 000 元孰低办法确定。取得个体工商户生产经营所得、对企事业单位的承包承租经营所得的个体工商户业主、个人独资企业投资者、合伙企业自然人合伙人和承包承租经营者，其缴纳的保费准予在申报扣除当年计算应纳税所得额时予以限额据实扣除，扣除限额按照不超过当年应税收入的 6%和 12 000 元孰低办法确定。

取得连续性劳务报酬所得，是指纳税人连续 6 个月以上（含 6 个月）为同一单位提供劳务而取得的所得。

②账户资金收益暂不征税。计入个人商业养老资金账户的投资收益，在缴费期间暂不征收个人所得税。

③个人领取商业养老金征税。个人达到国家规定的退休年龄时，可按月或按年领取商业养老金，领取期限原则上为终身或不少于 15 年。个人身故、发生保险合同约定的全残或罹患重大疾病的，可以一次性领取商业养老金。

对个人达到规定条件时领取的税收递延型商业养老保险的养老金收入，其中 25%的部分予以免税，其余 75%的部分按照 10%的比例税率计算缴纳个人所得税，税款计入“工资、薪金所得”项目。

3）试点期间税收征管。

①关于缴费税前扣除。个人购买符合规定的商业养老保险产品、享受递延纳税优惠时，以中保信平台出具的税延养老扣除凭证为扣税凭据。取得工资、薪金所得和连续性劳务报酬所得的个人，应及时将相关凭证提供给扣缴单位。扣缴单位应按照有关要求，认真落实个人税收递延型商业养老保险试点政策，为纳税人办理税前扣除有关事项。

个人在试点地区范围内从两处或者两处以上取得所得的，只能选择在其中一处享受试点政策。

②关于领取商业养老金时的税款征收。个人在按照规定领取商业养老金时，由保险公司代扣代缴其应缴的个人所得税，在个人购买税延养老保险的机构所在地办理全员全额扣缴申报。

三、关键术语

个人所得税的居民个人包括：

（1）在中国境内有住所的个人，是指因户籍、家庭、经济利益关系而在中国境内习惯性居住的个人，包括中国公民和外国侨民，但不包括虽具有中国国籍，却没有在中国内地（大陆）定居，而是侨居海外的华侨和居住在香港、澳门、台湾的同胞。

（2）在一个纳税年度内，即从公历1月1日起至12月31日止，在中国境内居住累计满183天的个人。

个人所得税的非居民个人是指在中国境内无住所又不居住，或者无住所而一个纳税年度内在中国境内居住累计不满183天的个人。

工资、薪金所得是指个人因任职或者受雇而取得的工资、薪金、奖金、年终加薪、劳动分红、津贴、补贴以及与任职或者受雇有关的其他所得。一般来说，工资、薪金所得属于非独立个人劳动所得。除工资、薪金以外，奖金、年终加薪、劳动分红、津贴、补贴也被确定为工资、薪金范畴。其中，年终加薪、劳动分红不分种类和取得情况，一律按工资、薪金所得征税，津贴、补贴等则有例外。

劳务报酬所得是指个人从事劳务取得的所得，包括从事设计、装潢、安装、制图、化验、测试、医疗、法律、会计、咨询、讲学、翻译、审稿、书画、雕刻、影视、录音、录像、演出、表演、广告、展览、技术服务、介绍服务、经纪服务、代办服务以及其他劳务取得的所得。

稿酬所得是指个人因其作品以图书、报刊形式出版、发表而取得的所得。

特许权使用费所得是指个人提供专利权、商标权、著作权、非专利技术以及其他特许权的使用权取得的所得。提供著作权的使用权取得的所得，不包括稿酬所得。

速算扣除数实际上是在级距和税率不变的条件下，全额累进税率的应纳税额比超额累进税率的应纳税额多的一个常数。

劳务报酬所得一次收入畸高是指个人一次取得劳务报酬，其应纳税所得额超过20 000元。对应纳税所得额超过20 000元至50 000元的部分，依照税法规定，在计算应纳税额后再按照应纳税额加征五成；超过50 000元的部分，加征十成。

每次收入的确定在《个人所得税法》中规定了三种：一是居民个人的工资、薪金所得，实行按月预扣预缴的办法；二是居民个人的劳务报酬所得、稿酬所得、特许权使用费所得，按次或者按月预扣预缴个人所得税；三是非居民个人的各类所得，扣缴义务人应按月或者按次代扣代缴个人所得税。

（1）劳务报酬所得，根据不同劳务项目的特点，分别规定为：

只有一次性收入的，以取得该项收入为一次。

属于同一事项连续取得收入的，以1个月内取得的收入为一次。

（2）稿酬所得，以每次出版、发表取得的收入为一次。具体又可细分为：

同一作品再版取得的所得，应视作另一次稿酬所得计征个人所得税。

同一作品先在报刊上连载，然后出版，或先出版，再在报刊上连载的，应视为两次稿酬所得征税，即连载作为一次，出版作为另一次。

同一作品在报刊上连载取得收入的，以连载完成后取得的所有收入合并为一次，计征个人所得税。

同一作品在出版和发表时，以预付稿酬或分次支付稿酬等形式取得的稿酬收入，应合并计算为一次，计征个人所得税。

同一作品出版、发表后，因添加印数而追加稿酬的，应与以前出版、发表时取得的稿酬合并计算为一次，计征个人所得税。

（3）特许权使用费所得，以某项使用权的一次转让所取得的收入为一次。

（4）财产租赁所得，以 1 个月内取得的收入为一次。

（5）利息、股息、红利所得，以支付利息、股息、红利时取得的收入为一次。

（6）偶然所得，以每次收入为一次。

企业员工股票期权（以下简称“股票期权”）是指上市公司按照规定的程序授予本公司及其控股企业员工的一项权利，该权利允许被授权员工在未来时间内以某一特定价格购买本公司一定数量的股票。

（1）授权环节。员工接受实施股票期权计划企业授予的股票期权时，除另有规定外，一般不作为应税所得征税。

（2）行权环节。员工行权时，其从企业取得股票的实际购买价（施权价）低于购买日公平市场价（指该股票当日的收盘价，下同）的差额，是因员工在企业的表现和业绩情况而取得的与任职、受雇有关的所得，应按“工资、薪金所得”适用的规定计算缴纳个人所得税。

对因特殊情况，员工在行权日之前将股票期权转让的，以股票期权的转让净收入，作为工资、薪金所得征收个人所得税。

（3）行权之后转让股票。员工将行权后的股票再转让时获得的高于购买日公平市场价的差额，是因个人在证券二级市场上转让股票等有价证券而获得的所得，应按照“财产转让所得”计算缴纳个人所得税。目前，按照现行税法和政策的规定，个人将行权后的境内上市公司股票再行转让而取得的所得，暂不征收个人所得税；个人转让境外上市公司的股票而取得的所得，应按税法的规定计算应纳税所得额和应纳税额，依法缴纳税款。

员工因拥有股权而参与企业税后利润分配取得的所得，应按照“利息、股息、红利所得”适用的规定计算缴纳个人所得税。

限制性股票是指上市公司按照股权激励计划约定的条件，授予公司员工一定数量本公司的股票。个人因任职、受雇从上市公司取得的限制性股票所得，由上市公司或其境内机构按照“工资、薪金所得”项目和“股票期权所得”个人所得税计税方法，依法扣缴其个人所得税。

被授权人取得限制性股票个人所得税的计征方式如下：

$$\text{应纳税所得额}=\left(\text{股票登记日股票市价}+\text{本批次解禁股票当日市价}\right)\div 2\times\text{本批次解禁股票份数}-\text{被激励对象实际支付的资金总额}\times\left(\text{本批次解禁股票份数}\div\text{被激励对象获取的限制性股票总份数}\right)$$

$$\text{应纳税额}=\left(\frac{\text{限制性股票形式的工资、薪金应纳税所得额}}{\text{规定月份数}}\times\text{适用税率}-\text{速算扣除数}\right)\times\text{规定月份数}$$

在限制性股票的情况下“规定月份数”的计算，起始日期应为限制性股票计划授予日期，截止日期应为员工对于限制性股票的实际解禁日。而根据《上市公司股票激励管理办法（试行）》的规定，限制性股票从授予日到禁售期结束不得少于1年。因此，在计算限制性股票所得时，“规定月份数”一般取12个月。

纳税义务发生时间为每一批次限制性股票解禁的日期。

被授权人限制性股票解禁后再转让的，免征个人所得税。

核定征收方式包括定额征收、核定应税所得率征收以及其他合理的征收方式。

实行核定应税所得率征收方式的，应纳税额的计算公式如下：

应纳税额＝应纳税所得额×适用税率

应纳税所得额＝收入总额×应税所得率

或

应纳税所得额＝成本、费用支出额÷(1－应税所得率)×应税所得率

应税所得率应按教材中规定的标准执行。

企业经营多业的，无论其经营项目是否单独核算，均应根据主营项目确定其适用的应税所得率。

自行申报纳税是由纳税人自行在税法规定的纳税期限内，向税务机关申报取得的应税所得项目和数额，如实填写个人所得税纳税申报表，并按照税法规定计算应纳税额，据此缴纳个人所得税的一种方法。

自行申报纳税的纳税人包括：

(1) 取得综合所得需要办理汇算清缴。

(2) 取得应税所得没有扣缴义务人。

(3) 取得应税所得，扣缴义务人未扣缴税款。

(4) 取得境外所得。

(5) 因移居境外注销中国户籍。

(6) 非居民个人在中国境内从两处以上取得工资、薪金所得。

(7) 国务院规定的其他情形。

需要注意的是，从2019年起，年收入在12万元以上，无须再办理自行纳税申报。

四、习题

(一) 术语解释

1. 个人所得税的非居民个人
2. 速算扣除数

3. 劳务报酬所得一次收入畸高

4. 特许权使用费所得

5. 财产租赁所得

（二）填空题

1. 在校学生因参加勤工俭学活动而取得属于《个人所得税法》规定的应税所得项目的所得，应按______项目缴纳个人所得税。

2. 适用3%～45%七级超额累进税率的综合所得项目有______和______。

3. 对于公司雇员取得的不可公开交易的股票期权，在行权时按实际购买价（施权价）低于购买日公平市场价的差额按照______计税。

4. 预扣预缴时稿酬所得适用______的比例税率，并按照应纳税额减征______。

5. 股份有限公司的个人投资者以企业资金为本人购买一辆小汽车，应按照______项目征收个人所得税。

（三）判断题

1. 《个人所得税法》规定，对纳税人的应纳税额分别采取由支付单位源泉扣缴和纳税人自行申报两种方法。（　）

2. 在我国境内无住所的英国人大卫于2019年5月4日来华工作，2020年10月1日结束工作离境，前后两年该外籍人员在我国境内均未住满一年，不是我国的居民个人。（　）

3. 作家章女士从3月1日开始在某报刊上连载一部小说，每期取得报社支付的收入300元，共连载100期，可按期确认其应缴纳的个人所得税。（　）

4. 个人独资企业和合伙企业的个人投资者取得的生产经营所得，应按"工资、薪金所得"项目征税，适用3%～45%的七级超额累进税率。（　）

5. 按照现行税法和政策的规定，个人将行权后的境内上市公司股票再行转让而取得的所得，应按照财产转让所得征收个人所得税。（　）

6. 个人因任职、受雇从上市公司取得的限制性股票所得，由上市公司或其境内机构按照"工资、薪金所得"和"股票期权所得"个人所得税计税方法，依法扣缴其个人所得税。（　）

7. 在确定财产租赁所得的应纳税所得额时，能够提供有效、准确凭证，证明由纳税人负担的该出租财产实际开支的修缮费用准予在税前扣除，允许扣除的修缮费用以每次800元为限，一次扣除不完的，不得在下一个月继续扣除。（　）

8. 外籍个人以现金形式或实报实销形式取得的住房补贴、伙食补贴、搬迁费、洗衣费，免征个人所得税。（　）

9. 纳税人工资、薪金所得的应纳税款，按月计征，由纳税人在次月15日内缴入国库，并向税务机关报送个人所得税纳税申报表。（　）

10. 中国公民李某每月从我国境内A公司和B公司分别取得工资所得，对同一专项

附加扣除项目，在一个纳税年度内，可以同时在A公司和B公司扣除。（ ）

11. 2019年1月，某居民个人领取工资10 000元，个人缴付“三险一金”2 000元，假设没有专项附加扣除，预缴个人所得税90元；2019年其他月份的工资为4 000元，则其无须缴纳个人所得税，已预交的90元可以申请退还。（ ）

（四）单项选择题

1. 下列属于稿酬所得的项目是（ ）。

A. 提供著作权取得的报酬

B. 记者在本单位刊物上发表文章取得的报酬

C. 将自己的文学作品以图书形式出版取得的所得

D. 书画家出席笔会现场泼墨书写取得的收入

2. 根据个人股票期权所得的征税规定（不可公开交易期权），在员工行权时，从企业取得股票的实际购买价（施权价）低于购买日公平市场价的差额，应计算缴纳个人所得税，其适用的应税所得项目是（ ）。

A. 劳务报酬所得　　B. 财产转让所得

C. 利息、股息、红利所得　　D. 工资、薪金所得

3. 某职员2015年入职，2019年每月应发工资均为30 000元，每月减除费用5 000元，“三险一金”等专项扣除为4 500元，享受子女教育、赡养老人两项专项附加扣除共计2 000元，没有减免收入及减免税额等情况。该职员3月份应预扣预缴的个人所得税税额为（ ）元。

A. 555　　B. 625　　C. 1 850　　D. 3 030

4. 某工程师于1月份将其专利权的使用权转让给某公司使用，取得转让收入60 000元，则该笔所得应预扣预缴的个人所得税税额为（ ）元。

A. 9 600　　B. 12 000　　C. 11 840　　D. 48 000

5. 陈某于2018年6月购入某上市公司股票，2019年2月转让该股票并从该上市公司分得红利5 000元，则陈某分得的红利应缴纳的个人所得税为（ ）元。

A. 1 000　　B. 500　　C. 800　　D. 840

6. 在下列所得中，以一个月内取得的收入为一次计算缴纳个人所得税的是（ ）。

A. 稿酬所得　　B. 利息所得

C. 特许权使用费所得　　D. 财产租赁所得

7. 在下列所得中，免征个人所得税的是（ ）。

A. 年终奖　　B. 个人取得的保险赔款

C. 拍卖本人书法作品原件的收入　　D. 学生勤工俭学取得的劳务收入

8. 2018年2月，我国公民宋某以6万元买入某境内上市公司股票10 000股。2019年2月，该上市公司宣布实施每股0.5元的分红决定，而后宋某于2019年4月将上述股票以70 000元的价格转让，则宋某应缴纳的个人所得税为（ ）元。

A. 0　　B. 1 000　　C. 2 000　　D. 500

9. 在个体工商户发生的下列支出中，允许在个人所得税税前扣除的是（ ）。

A. 用于家庭的支出

B. 生产经营过程中发生的财产转让损失

C. 非广告性质赞助支出

D. 罚金损失

10. 9月，演员林某应邀参加一场话剧演出的税前收入为10 000元，则其应预扣的个人所得税为（　　）元。

A. 1 800　　B. 2 000　　C. 1 600　　D. 1 904.76

11. 根据《个人所得税法》的相关规定，在计算财产转让所得时，下列各项准予扣除的是（　　）。

A. 定额800元　　B. 财产净值

C. 定率20%　　D. 财产原值和合理税费

12. 财产转让所得以转让财产的收入额减除财产原值和合理税费后的余额为应纳税所得额。关于财产原值，下列说法中不正确的是（　　）。

A. 有价证券，为买入价以及买入时按照规定缴纳的有关费用

B. 建筑物，为建造费或者购进价格以及其他有关费用

C. 土地使用权，为取得土地使用权所支付的金额、开发土地的费用以及其他有关费用

D. 机器设备、车船，为购进价格

13. 关于个人独资企业和合伙企业的生产经营所得的个人所得税应纳税额计算，下列说法中不正确的是（　　）。

A. 投资者的工资不得在税前扣除

B. 企业向其从业人员实际支付的合理工资、薪金，允许在税前据实扣除

C. 投资者及其家庭发生的生活费用，允许在税前扣除

D. 自2018年1月1日起企业拨缴的工会经费、发生的职工福利费、职工教育经费支出分别在工资、薪金总额2%、14%、8%的标准内据实扣除

14. 下列关于个人取得的利息、股息、红利所得征收个人所得税的表述，正确的是（　　）。

A. 自2008年10月9日起，对储蓄利息所得暂按5%征收个人所得税

B. 在计算利息、股息、红利所得的应纳税所得额时，不扣除生计费用，但可以扣除相关交易费用

C. 以股票形式向股东个人支付红股时，应以派发红股的票面金额为收入额，计算征收个人所得税

D. 证券投资基金从上市公司分配取得的股息、红利所得，扣缴义务人在代扣代缴个人所得税时，按收入全额计算应纳税所得额

15. 某月小芳取得一张有奖发票，获得奖金1 000元，则她应当缴纳的个人所得税为（　　）元。

A. 0　　B. 200　　C. 40　　D. 160

16. 企业在销售商品（产品）和提供服务过程中向个人赠送礼品，在下列情形中征收个人所得税的是（　　）。

A. 企业对累计消费达到一定额度的个人按消费积分反馈礼品

B. 企业通过价格折扣、折让方式向个人销售商品（产品）和提供服务

C. 通信企业对个人购买手机赠话费、入网费

D. 企业对累计消费达到一定额度的顾客给予额外抽奖机会，个人的获奖所得

17. 我国公民赵某在甲国取得偶然所得 15 000 元，取得劳务报酬 30 000 元，并按照甲国税法规定分别缴纳了 3 000 元和 5 000 元的个人所得税，则赵某回国后应当补缴的个人所得税为（　　）元。

A. 2 000　　B. 200　　C. 0　　D. 100

18. 扣缴义务人每月所扣的税款应当在次月（　　）内缴入国库，并向主管税务机关报送扣缴个人所得税报告表等有关资料。

A. 5 日　　B. 10 日　　C. 15 日　　D. 20 日

19. 自行申报纳税的纳税人不包括（　　）。

A. 自 2019 年 1 月 1 日起，年所得在 12 万元以上的

B. 非居民个人在中国境内从两处以上取得工资、薪金所得

C. 从中国境外取得所得的

D. 取得应税所得，没有扣缴义务人的

20. 目前，我国个人所得税实行（　　）模式。

A. 分类所得税制　　B. 综合所得税制

C. 分类综合所得税制　　D. 以上都不是

21. 2019 年，某居民个人的每月工资为 10 000 元，个人缴付“三险一金”2 000 元，有两个上小学的孩子，但其在预缴环节未填报，其 2019 年预缴个税 1 080 元。该居民个人与其配偶商讨决定子女教育专项扣除在己方按 100%的标准扣除，并在年度汇算时填报了相关信息，其可申请退税（　　）元。

A. 720　　B. 360　　C. 480　　D. 600

（五）多项选择题

1. 下列所得属于个人所得税“工资、薪金所得”应税项目的有（　　）。

A. 王某退休后再任职取得的所得

B. 甲公司会计张某每周末做业余审计助理的兼职所得

C. 某月李某领取的独生子女补贴

D. 任职于乙报社的记者宋某在本单位报刊上发表作品取得的所得

2. 下列所得属于个体工商户的“生产经营所得”应税项目的有（　　）。

A. 个人因从事彩票代销业务而取得的所得

B. 从事个体出租车运营的出租车驾驶员取得的收入

C. 个人独资企业的个人投资者以企业资金为家庭成员购买的汽车、住房

D. 个体工商户对外投资取得的股息所得

3. 按照《个人所得税法》的规定，在一个纳税年度内不扣减在华居住天数的临时离境包括（　　）。

A. 一次离境不超过 30 天　　B. 一次离境不超过 90 天

C. 多次累计离境不超过 90 天　　D. 多次累计离境不超过 183 天

4. 下列项目在计征个人所得税时，需要从总收入中定额减除费用 800 元后作为应纳税所得额的有（　）。

A. 某作家转让著作权，取得收入 20 000 元

B. 取得稿费 3 000 元

C. 提供劳务，获得收入 3 000 元

D. 在有奖销售活动中一次性获奖 2 000 元

5. 在个人取得的下列收入中，应征收个人所得税的有（　）。

A. 陈某单张有奖发票中奖 900 元

B. 学生得到勤工俭学收入 2 000 元

C. 获得保险赔款 3 000 元

D. 夏某举报违法犯罪行为获得奖金 1 000 元

6. 在以下说法中，正确是（　）。

A. 同一作品再版取得的所得，应视作另一次稿酬所得计征个人所得税

B. 同一作品在出版和发表时，以预付稿酬或分次支付稿酬等形式取得的稿酬收入，应合并计算为一次，计征个人所得税

C. 同一作品出版、发表后，因添加印数而追加稿酬的，应分别按两次计征个人所得税

D. 同一作品先在报刊上连载，然后出版，或者先出版，再在报刊上连载的，应视为两次稿酬所得征税，即连载作为一次，出版作为另一次

7. 在以下说法中，正确的是（　）。

A. 个人将其所得通过中国境内的社会团体、国家机关向教育和其他社会公益事业以及遭受严重自然灾害地区、贫困地区捐赠，捐赠额未超过纳税人申报的应纳税所得额 20%的部分，可以从其应纳税所得额中扣除

B. 个人通过非营利的社会组织和国家机关（包括中国红十字会）向红十字事业的捐赠，在计算个人所得税前准予全额扣除

C. 个人通过非营利的社会组织和政府部门向福利性、非营利的老年服务机构的捐赠，在计算个人所得税时准予全额扣除

D. 个人通过非营利的社会组织和政府部门对公益性青少年活动场所（其中包括新建）的捐赠，在计算个人所得税时准予全额扣除

8. 在下列项目中，经批准可减征个人所得税的有（　）。

A. 残疾、孤老人员和烈属的所得　　B. 国债和国家发行的金融债券利息

C. 因严重自然灾害造成重大损失的　　D. 军人的转业费、复员费

9. 在下列各项中，应由个人自行申报缴纳个人所得税的有（　）。

A. 朱某年所得 200 000 元

B. 江某在我国境内 A 企业取得工资 20 000 元，在 B 企业取得劳务报酬 3 000 元

C. 杨某到某国讲学，取得所得 10 000 元

D. 周某取得了应税所得，但没有扣缴义务人

10. 根据现行税法的规定，在下列各项中不需要计算缴纳个人所得税的有（　　）。

A. 赵某取得退休工资 3 000 元

B. 钱某取得救济金 10 000 元

C. 孙某举报违法犯罪行为，获得奖金 5 000 元

D. 李某取得境内上市公司股票转让所得 30 000 元

11. 根据《个人所得税法》的相关规定，在下列关于纳税申报的表述中，错误的有（　　）。

A. 非居民个人取得工资、薪金所得，有扣缴义务人的，由扣缴义务人代扣代缴税款，不办理汇算清缴

B. 纳税人取得经营所得，按年计算个人所得税，由纳税人在月度或者季度终了后 15 日内向税务机关报送纳税申报表，并预缴税款，在取得所得的次年 3 月 1 日至 6 月 30 日内办理汇算清缴

C. 非居民个人在中国境内从两处以上取得工资、薪金所得的，应当在取得所得的次月 15 日内申报纳税

D. 居民个人从中国境外取得所得的，应当在取得所得的次年 3 月 31 日前申报纳税

12. 根据税法的规定，自 2019 年 1 月 1 日起，取得综合所得需要办理汇算清缴的情形包括（　　）。

A. 从两处以上取得综合所得，并且综合所得的年收入额减除专项扣除的余额为 5 万元

B. 取得劳务报酬所得，且综合所得的年收入额减除专项扣除的余额为 8 万元

C. 纳税年度内预缴税额低于应纳税额

D. 纳税人申请退税

（六）简答题

1. 简述个人所得税制度的三种类型。

2. 简述居民个人和非居民个人的概念。

3. 简述经营所得和对企事业单位的承包经营、承租经营所得在不同情况下的适用税率。

4. 简述对不同所得项目每次收入的确定。

5. 简述股票期权各个环节中个人所得税的计算。

（七）计算题

1. 1 月，中国公民肖某领取工资 3 000 元，当月一次性取得上年年终奖 9 000 元。试计算 1 月肖某应预缴的个人所得税。

2. 某上市公司员工黄某的月薪为 7 000 元，公司实施股权激励计划后授予其股票期权，承诺黄某自 4 月至 12 月在公司工作 8 个月后，则可以每股 1 元的面值购买企业股票 50 000 股。12 月黄某行权时，该股票的市价为每股 2 元。试计算黄某应缴纳的个人所

得税。

3. 8月1日，王某承包了一个招待所。承包合同规定：王某每月取得工资5 000元，年终从企业所得税税后利润中上交承包费40 000元，其余经营成果归王某所有。该招待所的税后利润为90 000元，试计算当年王某应缴纳多少个人所得税。

4. 3月，胡某的一篇文学作品被编入某诗集出版，胡某取得稿酬2 000元。当年因添加印数，胡某又取得追加稿酬1 000元。试计算胡某所获稿酬应预缴的个人所得税。

5. 我国居民田某将租入的一处住房转租，原租金为每月2 500元（能提供合法支付凭证），转租收取租金每月5 000元（不含增值税），出租住房每月实际缴纳增值税以外的税费138元（有完税凭证）。试计算每月田某应缴纳的个人所得税。

6. 张某持有上市公司限售股100万股，限售股原始取得成本为642万元（结算系统取得成本）。2018年12月，张某持有的限售股全部解禁可上市流通。2019年2月11日，张某将所持的限售股全部卖出，取得转让收入1 000万元，发生合理税费1万元。试计算张某转让限售股应缴纳的个人所得税。

7. 李某在参加商场的有奖销售过程中获奖50 000元。李某在领奖时从获奖收入中拿出10 000元通过县政府教育局向贫困村捐款。试计算商场应代扣代缴的个人所得税。

8. 某作家在我国出版了一部中长篇小说，1月收到预付稿酬15 000元，2月小说正式出版后收到稿酬20 000元，3月又将该小说手稿在某国公开拍卖并取得拍卖收入70 000元，然后按照该国税法缴纳个人所得税7 000元。试计算该作家应在中国预缴的个人所得税。

9. 2月，小贾取得国债利息收入500元，因车辆丢失获得保险公司赔款50 000元，领取原提存的住房公积金35 000元，取得某上市公司企业债券利息收入500元。试计算小贾应缴纳的个人所得税。

10. 吴某为大学教授，3月应邀到甲校讲学3次，每次收入均为2 000元（该收入为税后收入）。另外，他还为某企业提供咨询服务，取得收入4 000元。试计算吴某应预缴的个人所得税。

（八）综合题

1. 某上市公司员工郑某在2019年取得的个人收入如下：

（1）扣除“五险一金”后的每月工资为7 000元，1月取得全年奖24 000元。

（2）1月12日，通过拍卖公司拍卖2年前以5 000元购入的书法作品一副，取得拍卖收入25 000元并支付拍卖费用1 500元。

（3）从1月1日起出租自有住房一套，扣除缴纳的相关税费后，每月租金所得5 000元。6月因房屋修缮，支付维修费用4 000元，取得正式发票。

（4）3月，因持有2018年10月1日购买的某上市公司股票40 000股，取得该公司分红所得8 000元。

根据上述资料，试计算：

（1）2019年1月郑某取得的工资、薪金所得和年终奖应缴纳的个人所得税。

（2）拍卖收入应缴纳的个人所得税。

(3) 全年出租自有住房应缴纳的个人所得税。

(4) 郑某取得的股票红利以及转让股票收入应缴纳的个人所得税。

2. 某高校教授陈某取得的收入如下：

(1) 1月，从学校取得基本工资4 000元，教授津贴5 000元，因公出差取得差旅费津贴500元，提取并缴付“五险一金”1 819元。

(2) 4月，因出版一部学术著作获得预付稿酬20 000元，6月正式出版后又获得稿酬30 000元。

(3) 7月2日应邀到另一高校做一场学术报告，取得收入2 000元。7月3日因担任另一高校博士论文答辩委员会委员，取得答辩费4 500元。

(4) 8月，取得国债利息收入1 520元以及某上市公司发行的企业债利息收入1 200元。

(5) 陈某每月的基本工资皆为4 000元，教授津贴为5 000元，他是独生子女，父母皆去世，有一位80岁的祖父，但其在预缴环节未填报。

根据上述资料，试计算：

(1) 1月，陈某从学校取得的收入应预缴的个人所得税。

(2) 陈某出版学术著作获得的稿酬应预缴的个人所得税。

(3) 陈某的学术报告收入和答辩费应预缴的个人所得税。

(4) 8月，陈某取得的利息收入应缴纳的个人所得税。

(5) 若陈某在年终汇缴时填报了相关信息，计算其2019年度综合所得应缴纳的个人所得税总额。

3. 中国公民王某是某民营非上市公司的个人大股东，同时也是一位作家。2019年1月，王某取得的收入如下：

(1) 拍卖自己一部长篇小说手稿的著作权并取得收入40 000元，同时拍卖一副名人字画作品而取得收入300 000元。经税务机关确认，所拍卖的字画作品原值及相关费用为200 000元。

(2) 某天购物取得的一张发票中奖，获得1 500元奖金。

(3) 公司为其购买了一辆汽车并将所有权登记在其名下，该车辆的购买价为200 000元。经当地主管税务机关核定，公司在代扣代缴个人所得税税款时允许税前减除的数额为50 000元。

(4) 当月转让2018年2月取得的境内某上市公司股票，在扣除印花税和手续费后，净盈利5 000元。与此同时，因持有该上市公司股票取得公司分红1 500元。

根据上述资料，试计算：

(1) 拍卖长篇小说手稿的著作权所取得的收入应预缴的个人所得税。

(2) 拍卖名人字画作品所取得的收入应预缴的个人所得税。

(3) 发票中奖收入应缴纳的个人所得税。

(4) 公司为王某购买汽车应代扣代缴的个人所得税。

(5) 转让股票净盈利和取得股票红利应缴纳的个人所得税。

4. 中国公民夏某是国内某上市公司高级工程师，2019年取得的收入如下：

(1) 1月，夏某将自己拥有的一套住房以300万元（不含增值税）的价格出售，该住房是夏某于 2013 年 1 月以按揭贷款方式购买的，当时的购买价为 160 万元。截至 2019 年 1 月，贷款已还清，累计支付利息 15 万元，购买时支付契税 6.4 万元，办理房产证手续费为 800 元，公证费为 1 300 元。在本次转让过程中缴纳的除个人所得税、增值税以外的税费共计 10 万元，上述税费均能提供有关部门出具的有效凭证。

（2）2013 年该公司开始实施股票期权计划。2019 年 1 月 1 日，夏某获得公司授予的股票期权 24 000 股，授予价格为每股 6 元。当日公司股票的收盘价为 7 元，公司规定的股票期权行权期限是 2019 年 2 月 10 日至 9 月 10 日。夏某于 2019 年 3 月 10 日对 10 000 股股票期权实施行权，当日公司股票的收盘价为 6.5 元。

（3）1 月获得工资 8 000 元，另外取得差旅费津贴 2 000 元，独生子女补贴 300 元。

根据上述资料，试计算：

（1）1 月夏某转让房产收入应缴纳的个人所得税。

（2）3 月夏某的股票期权收入应缴纳的个人所得税。

（3）1 月夏某取得工资、津贴等收入应预缴的个人所得税。

5. 假定某居民个人在某年取得如下所得：

（1）每月应发工资均为 30 000 元，每月减除费用 5 000 元，“三险一金”等专项扣除为 4 500 元，从 1 月起享受子女教育专项附加扣除 1 000 元，没有减免收入及减免税额等情况。

（2）5 月取得劳务报酬所得 1 000 元。

（3）将其拥有的两套住房中的一套已使用 7 年的住房出售，转让收入为 220 000 元，该房产的造价为 120 000 元，另支付交易费用等相关费用 4 000 元。

（4）储蓄存款利息收入为 800 元，股息收入为 10 000 元。

计算综合所得应预扣预缴个人所得税税额、其他所得应缴个人所得税税额及综合所得汇算清缴应纳个人所得税税额。

6. 2019 年 1 月 8 日，甲公司向王女士支付工资 13 500 元，王女士在该月除由任职单位扣缴“三险一金”2 560 元外，还通过单位缴付企业年金 540 元，自行支付税优型商业健康保险费 200 元。

2019 年 2 月 2 日，该公司应支付王女士工资 13 500 元，同时发放春节的过节福利费 4 500 元，合计 18 000 元。单位扣缴“三险一金”，王女士缴付企业年金、支付税优型商业健康保险费等金额均与 1 月份相同。

其他方面，已知情况如下：

王女士已于 2018 年 9 月支付了女儿（4 岁）学前教育的 2018 年下学期（2018 年 9 月至 2019 年 1 月）学费 7 000 元，大儿子正在上小学，现已与丈夫约定由王女士按子女教育专项附加扣除标准的 100%扣除。

王女士本人是在职博士研究生在读。

王女士去年使用商业银行个人住房贷款（或住房公积金贷款）购买了首套住房，现处于偿还贷款期间，每月需要支付贷款利息 1 300 元，已与丈夫约定由王女士进行住房贷款利息专项附加扣除。

因王女士所购住房距离小孩上学的学校很远，她以每月租金 1 200 元在（本市）孩子学校附近租住了一套房屋。

王女士的父母均已满60岁（每月均领取养老保险金），王女士与姐姐和弟弟签订书面分摊协议，约定由王女士分摊赡养老人专项附加扣除800元。

请计算王女士1月和2月预扣预缴的个人所得税情况。

7. 中国公民董某是一名自由职业者，当年有如下收入：

（1）出版中篇小说一部，取得稿酬40 000元，后因小说加印和报刊连载，分别取得出版社稿酬15 000元和报社稿酬4 000元。

（2）临时担任会议翻译，取得收入3 500元。

（3）受托对一个电影剧本进行审核，取得审稿收入12 000元。

（4）在甲国讲学，取得收入24 000元。在乙国从事书法展卖，取得收入50 000元。董某已按照收入来源国税法规定分别缴纳个人所得税3 500元和7 500元。

试计算当年董某应缴纳的个人所得税。

8. 乔治是在某外企工作的外籍人士，他在中国境内无住所，其所在国与中国签订了税收协定。乔治已在中国境内居住满5年，当年是其在中国境内居住的第6年且居住满1年，他1月取得如下收入：

（1）从在中国境内任职的外企取得工资收入24 000元，从境外取得的工资折合人民币14 000元，不能提供在中国境外同时任职的证明。

（2）以实报实销的方式取得住房补贴2 000元。

（3）从境内某外商投资企业取得红利10 000元。

（4）在境内取得劳务报酬收入35 000元，通过国家机关向贫困山区捐赠10 000元。

（5）在某店铺累计消费金额很高，取得该店按消费积分反馈的价值300元的礼品；同时参加该店的抽奖活动，抽中的奖品价值500元。

根据上述资料，试计算：

（1）乔治当月的工资收入应预缴的个人所得税。

（2）乔治取得的劳务报酬收入应预缴的个人所得税。

（3）乔治取得的红利所得应缴纳的个人所得税。

（4）乔治取得的礼品和抽奖所得应缴纳的个人所得税。

9. 中国公民廖某注册了个体工商户，当年的生产经营情况如下：

（1）营业收入200万元。

（2）营业成本80万元。

（3）税金及附加24万元。

（4）销售费用20万元（其中，广告费10万元，业务宣传费1.9万元）。

（5）管理费用25万元（其中，业务招待费2万元）；有一辆小轿车由个体工商户和家庭共同使用，2019年发生修理费、加油费2万元，全部计入管理费用中。税务机关核定的个体工商户的分摊比例为50%。

（6）财务费用3万元（其中，从某企业借款15万元用于周转，偿付利息2万元），银行同期贷款利率为10%。

（7）计入成本、费用的工资总额为14万元（其中，廖某的工资为2万元，6名从业人员的工资为12万元），实际发生的工会经费、职工福利费和职工教育经费合计3万元。这三项经费均超过税法规定的扣除标准。

（8）营业外支出 5 万元，全部为赞助支出。

根据上述资料和税法的相关规定，试计算：

（1）个体工商户允许税前扣除的销售费用。

（2）个体工商户允许税前扣除的管理费用。

（3）个体工商户允许税前扣除的财务费用。

（4）个体工商户允许税前扣除的工资和三项经费总额。

（5）个体工商户允许税前扣除的金额总和。

（6）个体工商户应缴纳的个人所得税。

10. 中国公民马某在 2019 年 1 月有以下收入：

（1）当月工资为 8 000 元，应按规定扣除的住房公积金和各项社会保险为 700 元，取得除当月工资以外的年度绩效工资 25 000 元。

（2）利用业余时间兼职，从兼职单位取得报酬 3 500 元，从中拿出 500 元通过国家机关捐给希望工程。

（3）将自己的旅行见闻向某晚报投稿，获得稿酬收入 500 元。

（4）2018 年 12 月购入甲公司债券 15 000 份，每份买入价为 4 元，支付相关税费共计 600 元。1 月卖出甲公司债券 5 000 份，每份卖出价为 6 元，支付相关税费共计 300 元。

（5）从甲国取得的特许权使用费收入折合人民币 30 000 元，在甲国缴纳个人所得税 6 000 元；从乙国取得的股息合计 15 000 元，在乙国缴纳个人所得税 1 500 元。

（6）通过拍卖行将一幅祖传字画拍卖，取得收入 600 000 元。主管税务机关核定马某收藏该字画发生的费用为 150 000 元，拍卖时发生相关税费 60 000 元。

根据上述资料，试计算：

（1）当月马某按工资、薪金所得应预缴的个人所得税。

（2）马某兼职所得应预缴的个人所得税。

（3）马某获得稿酬收入应预缴的个人所得税。

（4）马某转让债券应缴纳的个人所得税。

（5）马某来源于境外的所得应当在我国补缴的个人所得税。

（6）马某拍卖字画所得应缴纳的个人所得税。

五、答案与解析

（一）术语解释

1. 个人所得税的非居民个人是指在中国境内无住所又不居住，或者无住所而一个纳税年度内在中国境内居住累计不满 183 天的个人。

2. 速算扣除数实际上是在级距和税率不变的条件下，全额累进税率的应纳税额比超额累进税率的应纳税额多的一个常数。

3. 劳务报酬所得一次收入畸高是指个人一次取得劳务报酬，其应纳税所得额超过20 000元。对应纳税所得额超过20 000元至50 000元的部分，依照税法的规定，在计算预扣预缴应纳税所得额后再按照应预扣预缴税额加征五成，即该部分适用30%的税率；超过50 000元的部分，加征十成，即适用40%的税率。

4. 特许权使用费所得是指个人提供专利权、商标权、著作权、非专利技术以及其他特许权的使用权取得的所得。提供著作权的使用权取得的所得，不包括稿酬所得。

5. 财产租赁所得是指个人出租建筑物、土地使用权、机器设备、车船以及其他财产取得的所得。个人取得的财产转租收入属于“财产租赁所得”的征税范围。产权所有人死亡，在未办理产权继承手续期间，该财产出租而有租金收入的，以领取租金收入的个人为纳税义务人。

（二）填空题

1. 劳务报酬所得
2. 工资、薪金所得，劳务报酬所得，稿酬所得 特许权使用费所得
3. 工资、薪金所得
4. 20% 30%
5. 利息、股息、红利所得

（三）判断题

1. √【**解析**】《个人所得税法》规定，对纳税人的应纳税额分别采取由支付单位源泉扣缴和纳税人自行申报两种方法。对凡是可以在应税所得的支付环节扣缴个人所得税的，均由扣缴义务人履行代扣代缴义务；对于没有扣缴义务人的，以及个人在两处以上取得工资、薪金所得的，由纳税人自行申报纳税。此外，对其他不便于扣缴税款的，也规定由纳税人自行申报纳税。

2. ×【**解析**】该外籍人员在2019年和2020年两个纳税年度中在我国境内居住均满183日，因此其为我国的居民个人。

3. ×【**解析**】同一作品在报刊上连载取得收入的，以连载完成后取得的所有收入合并为一次，计征个人所得税。因此，应当将每期获得的收入合并为一次30 000元计征个人所得税。

4. ×【**解析**】个人独资企业和合伙企业的个人投资者取得的生产经营所得，适用5%～35%的五级超额累进税率。

5. ×【**解析**】目前，按照现行税法和政策的规定，个人将行权后的境内上市公司股票再行转让而取得的所得，暂不征收个人所得税。

6. √【**解析**】限制性股票是指上市公司按照股权激励计划约定的条件，授予公司员工一定数量本公司的股票。个人因任职、受雇从上市公司取得的限制性股票所得，由上市公司或其境内机构按照“工资、薪金所得”和“股票期权所得”个人所得税计税方法，依法扣缴其个人所得税。

7. ×【解析】在确定财产租赁所得的应纳税所得额时，纳税人在出租财产过程中缴纳的税金和教育费附加，可持完税（缴款）凭证，从其财产租赁所得中扣除。能够提供有效、准确凭证，证明由纳税人负担的该出租财产实际开支的修缮费用，准予在税前扣除。允许扣除的修缮费用以每次 800 元为限，一次扣除不完的，准予在下一个月继续扣除，直到扣完为止。

8. ×【解析】外籍个人以非现金形式或实报实销形式取得的住房补贴、伙食补贴、搬迁费、洗衣费，免征个人所得税。

9. ×【解析】扣缴义务人向居民个人支付工资、薪金所得时，应当按照累计预扣法计算预扣税款，扣缴义务人在一个纳税年度内预扣预缴税款时，以纳税人在本单位截至当前月份工资、薪金所得累计收入减除累计免税收入、累计减除费用、累计专项扣除、累计专项附加扣除和累计依法确定的其他扣除后的余额为累计预扣预缴应纳税所得额，适用个人所得税预扣率表一，计算累计应预扣预缴税额，再减除累计减免税额和累计已预扣预缴税额，其余额为本期应预扣预缴税额。余额为负值时，暂不退税。纳税年度终了后余额仍为负值时，由纳税人办理综合所得年度汇算清缴，税款多退少补。

10. ×【解析】纳税人同时从两处以上取得工资、薪金所得，并由扣缴义务人办理上述专项附加扣除的，对同一专项附加扣除项目，在一个纳税年度内，纳税人只能选择从其中一处扣除。

11. √【解析】从 2019 年全年来看，该居民纳税人年收入额不足 6 万元，无须缴税，其已经预缴的 90 元可以申请退还。

（四）单项选择题

1. C【解析】选项 A 属于特许权使用费所得，选项 B 属于工资、薪金所得，选项 D 属于劳务报酬所得。

2. D【解析】对于公司员工取得的不可公开交易的股票期权，在员工行权时，按实际购买价（施权价）低于购买日公平市场价的差额，依照工资、薪金所得计税。

3. C【解析】1 月份应预扣预缴的个人所得税税额为：

$$(30\,000-5\,000-4\,500-2\,000)\times 3\%=555(\text{元})$$

2 月份应预扣预缴的个人所得税税额为：

$$(30\,000\times 2-5\,000\times 2-4\,500\times 2-2\,000\times 2)\times 10\%-2\,520-555=625(\text{元})$$

3 月份应预扣预缴的个人所得税税额为：

$$(30\,000\times 3-5\,000\times 3-4\,500\times 3-2\,000\times 3)\times 10\%-2\,520-555-625=1\,850(\text{元})$$

4. A【解析】特许权使用费的费用扣除标准为：每次收入不超过 4 000 元的，费用扣除标准为 800 元；每次收入超过 4 000 元的，费用扣除标准为每次收入额的 20%。

特许权使用费收入额为：

$$60\,000\times(1-20\%)=48\,000(\text{元})$$

应预扣预缴的个人所得税税额为：

$$48\,000\times 20\%=9\,600(\text{元})$$

5. B【解析】个人从公开发行和转让市场取得的上市公司股票，持股期限在 1 个月以内（含1个月）的，其股息、红利所得全额计入应纳税所得额；持股期限在1个月以上至1年（含1年）的，暂减按50%计入应纳税所得额；持股期限超过1年的，股息、红利所得暂免征收个人所得税。上述所得统一适用20%的税率计征个人所得税。陈某应缴纳的个人所得税为：

5 000×50%×20%=500(元)

6. D【解析】财产租赁所得以一个月内取得的收入为一次计算个人所得税。

7. B【解析】选项A属于工资、薪金所得，选项C属于特许权使用费所得，选项D属于劳务报酬所得。个人取得的保险赔款免征个人所得税。

8. A【解析】获得分红的股息、红利所得，持股期限超过1年的，股息、红利所得免征个人所得税。鉴于我国证券市场还不成熟、股份制还处于试点阶段，国务院决定，对股票转让所得暂不征收个人所得税。

9. B【解析】个体工商户的下列支出不得扣除：个人所得税税款；税收滞纳金；罚金、罚款和被没收财物的损失；不符合扣除规定的捐赠支出；赞助支出；用于个人和家庭的支出；与取得生产经营收入无关的其他支出；国家税务总局规定不准扣除的支出。

10. C【解析】应纳税所得额为：

10 000×(1-20%)=8 000(元)

应预缴的个人所得税为：

8 000×20%=1 600(元)

11. D【解析】根据《个人所得税法》的相关规定，在计算财产转让所得时，准予按财产原值和合理税费进行扣除。

12. D【解析】机器设备、车船，为购进价格、运输费、安装费以及其他有关费用。

13. C【解析】投资者及其家庭发生的生活费用不允许在税前扣除。投资者及其家庭发生的生活费用与企业生产经营费用混用且难以分清的，其中的40%视为与生产经营有关费用，准予扣除。

14. C【解析】选项A，自2008年10月9日起，对储蓄利息所得暂免征收个人所得税。选项B，利息、股息、红利所得的计算不得扣除任何费用；选项D，减按50%计入所得额。

15. B【解析】个人取得单张有奖发票奖金所得不超过800元（含800元）的，暂免征收个人所得税；个人取得单张有奖发票奖金所得超过800元的，应全额按照《个人所得税法》规定的“偶然所得”项目征收个人所得税，即

1 000×20%=200(元)

16. D【解析】企业对累计消费达到一定额度的顾客给予额外抽奖机会，个人的获奖所得按照“偶然所得”项目，全额适用20%的税率缴纳个人所得税。

17. B【解析】境外所得的抵免限额为同一国家内不同应税项目依照我国税法计算的应纳税额之和。劳务报酬收入按照我国税法的应纳税额为：

30 000×(1-20%)×30%-2 000=5 200(元)

偶然所得按照我国税法的应纳税额为：

15 000×20%=3 000(元)

因而赵某在甲国所得的抵免限额为：

$$5\,200+3\,000=8\,200(\text{元})>3\,000+5\,000=8\,000(\text{元})$$

所以赵某应在我国补缴的个人所得税为：

$$8\,200-8\,000=200(\text{元})$$

18. C【解析】扣缴义务人每月所扣的税款应当在次月15日内缴入国库，并向主管税务机关报送扣缴个人所得税报告表等有关资料。

19. A【解析】自行申报纳税的纳税人包括：①取得综合所得需要办理汇算清缴；②取得应税所得没有扣缴义务人；③取得应税所得，扣缴义务人未扣缴税款；④取得境外所得；⑤因移居境外注销中国户籍；⑥非居民个人在中国境内从两处以上取得工资、薪金所得；⑦国务院规定的其他情形。

另外，从2019年起，年收入12万元以上，无须再办理自行纳税申报。

20. C【解析】我国现行个人所得税采用的是分类综合所得税制。

21. A【解析】有两个上小学的孩子，每月可扣除2 000元。其2019年应纳个人所得税为：

$$(10\,000\times12-2\,000\times12-2\,000\times12-60\,000)\times3\%=360(\text{元})$$

因而他可申请退税720元。

（五）多项选择题

1. AD【解析】工资、薪金所得建立在收入者与支付单位之间存在任职、受雇关系，兼职所得应按照劳务报酬项目计算个人所得税，独生子女补贴不属于“工资、薪金所得”项目，任职、受雇于报纸、杂志等单位的记者、编辑等专业人员，因在本单位的报纸、杂志上发表作品而取得的所得，属于因任职、受雇而取得的所得，按“工资、薪金所得”项目征收个人所得税。

2. ABC【解析】个人因从事彩票代销业务而取得的所得以及从事个体出租车运营的出租车驾驶员取得的收入应按照“经营所得”项目计征个人所得税。个体工商户和从事生产经营的个人，取得与生产经营活动无关的其他各项应税所得，应分别按照其他应税项目的有关规定计算征收个人所得税，对外投资获得的股息应当按照利息、股息、红利所得征税。个人独资企业、合伙企业的个人投资者以企业资金为本人、家庭成员及其相关人员支付与企业生产经营无关的消费性支出及购买汽车、住房等财产性支出，视为企业对个人投资者的利润分配，并入投资者个人的生产经营所得，依照“经营所得”项目计征个人所得税。

3. AC【解析】临时离境是指在一个纳税年度内，一次不超过30天或者多次累计不超过90天的离境。

4. BC【解析】劳务报酬所得、稿酬所得、特许权使用费所得、财产租赁所得，每次收入不超过4 000元的，减除费用800元；在4 000元以上的，减除20%的费用，其余额为收入额，即预扣预缴应纳税所得额。其中，稿酬所得的收入额减按70%计算。偶然所得不得减除费用。

5. AB【解析】个人取得单张有奖发票奖金所得超过800元的，应全额按照《个人所得税法》规定的“偶然所得”项目征收个人所得税。学生的勤工俭学收入按劳务报酬所得征税。保险赔款，个人举报、协查各种违法、犯罪行为而获得的奖金，免征个人所得税。

6. ABD【解析】同一作品出版、发表后，因添加印数而追加稿酬的，应与以前出版、发表时取得的稿酬合并计算为一次，计征个人所得税。

7. BCD【解析】个人将其所得通过中国境内的社会组织、国家机关向教育和其他社会公益事业以及遭受严重自然灾害地区、贫困地区捐赠，捐赠额未超过纳税人申报的应纳税所得额30%的部分，可以从其应纳税所得额中扣除。

8. AC【解析】减征个人所得税的优惠：①残疾、孤老人员和烈属的所得。②因严重自然灾害造成重大损失的。③其他经国务院财政部门批准减税的。选项B、选项D免征个人所得税。

9. CD【解析】自行申报纳税的纳税人包括：①取得综合所得需要办理汇算清缴；②取得应税所得没有扣缴义务人；③取得应税所得，扣缴义务人未扣缴税款；④取得境外所得；⑤因移居境外注销中国户籍；⑥非居民个人在中国境内从两处以上取得工资、薪金所得；⑦国务院规定的其他情形。

另外，自2019年起，年收入12万元以上，无须再办理自行纳税申报。

10. ABCD【解析】选项A、选项B、选项C均免征个人所得税，选项D暂不征收个人所得税。

11. BD【解析】选项B：纳税人取得经营所得，按年计算个人所得税，由纳税人在月度或者季度终了后15日内向税务机关报送纳税申报表，并预缴税款，在取得所得的次年3月31日前办理汇算清缴；选项D：居民个人从中国境外取得所得的，应当在取得所得的次年3月1日至6月30日内申报纳税。

12. BCD【解析】取得综合所得需要办理汇算清缴的情形包括：

(1) 从两处以上取得综合所得，并且综合所得的年收入额减除专项扣除的余额超过6万元。

(2) 取得劳务报酬所得、稿酬所得、特许权使用费所得中一项或者多项所得，并且综合所得的年收入额减除专项扣除的余额超过6万元。

(六) 简答题

1. 【解析】(1) 分类所得税制。分类所得税制是针对各种不同性质的所得分别规定不同的税基和税率，分别计算应纳税额的一类所得税制度。分类所得税制在个人所得税制度中使用较多，其计税依据是法律确定的各项所得，而不是个人的总所得。这类所得税制的税率多为比例税率或较低的超额累进税率。

(2) 综合所得税制。综合所得税制是指归属于同一纳税人的各项所得（如工资、薪金、利息、股息、财产所得等)，无论其来源如何，都作为一个所得总体来对待，并按一个税率计算纳税的税制模式。这种税制模式多采用累进税率，其优点是能够量能课税、公平税负。但是，这种税制需要纳税人拥有较高的纳税意识与税收遵从程度以及征收机关的先进征管手段与相应的工作效率。

(3) 分类综合所得税制。分类综合所得税制又称混合所得税制，是将分类所得税和综合所得税的优点综合在一起，实行分项课征和综合计税相结合的一种所得税制度。它的主要特点是既坚持了按支付能力征税的原则，对纳税人不同来源的收入实行综合计算征收，又坚持了对不同性质的收入实行区别对待的原则，对所列举的特定收入项目按特定办法和税率征收。

2.**【解析】**（1）根据《个人所得税法》的规定，个人所得税的居民个人包括：①在中国境内有住所的个人，是指因户籍、家庭、经济利益关系而在中国境内习惯性居住的个人，包括中国公民和外国侨民，但不包括虽具有中国国籍，却没有在中国内地（大陆）定居，而是侨居海外的华侨和居住在香港、澳门、台湾的同胞。②在一个纳税年度内，即从公历1月1日起至12月31日止，在中国境内居住累计满183天的个人。

(2)《个人所得税法》规定，个人所得税的非居民个人是指在中国境内无住所又不居住，或者无住所而一个纳税年度内在中国境内居住累计不满183天的个人。

3.**【解析】**由于目前实行承包（租）经营的形式较多、分配方式也不相同，因此承包、承租人按照承包、承租经营合同（协议）规定取得所得的适用税率也不一致：

（1）承包、承租人对企业经营成果不拥有所有权，仅是按合同（协议）规定取得一定所得的，其所得按“工资、薪金所得”项目征税，适用3%～45%的七级超额累进税率。

（2）承包、承租人按合同（协议）的规定只向发包、出租方交纳一定费用，而企业经营成果归其所有的，则承包、承租人取得的所得，按对企事业单位的承包经营、承租经营所得项目，适用5%～35%的五级超额累进税率征税。

（3）个人独资企业和合伙企业的个人投资者取得的生产经营所得，适用5%～35%的五级超额累进税率。

4.**【解析】**（1）劳务报酬所得，根据不同劳务项目的特点，分别规定为：只有一次性收入的，以取得该项收入为一次；属于同一事项连续取得收入的，以1个月内取得的收入为一次。

（2）稿酬所得，以每次出版、发表取得的收入为一次。具体又可细分为：

同一作品再版取得的所得，应视作另一次稿酬所得计征个人所得税。

同一作品先在报刊上连载，然后出版，或先出版，再在报刊上连载的，应视为两次稿酬所得征税，即连载作为一次，出版作为另一次。

同一作品在报刊上连载取得收入的，以连载完成后取得的所有收入合并为一次，计征个人所得税。

同一作品在出版和发表时，以预付稿酬或分次支付稿酬等形式取得的稿酬收入，应合并计算为一次，计征个人所得税。

同一作品出版、发表后，因添加印数而追加稿酬的，应与以前出版、发表时取得的稿酬合并计算为一次，计征个人所得税。

（3）特许权使用费所得，以某项使用权的一次转让所取得的收入为一次。

（4）财产租赁所得，以1个月内取得的收入为一次。

（5）利息、股息、红利所得，以支付利息、股息、红利时取得的收入为一次。

（6）偶然所得，以每次收入为一次。

5.**【解析】**企业员工股票期权（以下简称“股票期权”）是指上市公司按照规定的

程序授予本公司及其控股企业员工的一项权利，该权利允许被授权员工在未来时间内以某一特定价格购买本公司一定数量的股票。

(1) 授权环节。员工接受实施股票期权计划企业授予的股票期权时，除另有规定外，一般不作为应税所得征税。

(2) 行权环节。员工行权时，其从企业取得股票的实际购买价（施权价）低于购买日公平市场价（指该股票当日的收盘价，下同）的差额，是因员工在企业的表现和业绩情况而取得的与任职、受雇有关的所得，应按“工资、薪金所得”适用的规定计算缴纳个人所得税。

对因特殊情况，员工在行权日之前将股票期权转让的，以股票期权的转让净收入，作为工资、薪金所得征收个人所得税。

员工行权日所在期间的工资、薪金所得，应按下列公式计算工资、薪金应纳税所得额：

$$\begin{matrix}\text{股票期权形式的工资、}\\\text{薪金应纳税所得额}\end{matrix}=\left(\begin{matrix}\text{行权股票的}\\\text{每股市场价}\end{matrix}-\begin{matrix}\text{员工取得该股票期权}\\\text{支付的每股施权价}\end{matrix}\right)\times\begin{matrix}\text{股票}\\\text{数量}\end{matrix}$$

该股票期权形式的工资、薪金所得可区别于所在月份的其他工资、薪金所得，单独按下列公式计算当月应纳税款：

$$\text{应纳税额}=(\text{股票期权形式的工资、薪金应纳税所得额}\div\text{规定月份数}\times\text{适用税率}-\text{速算扣除数})\times\text{规定月份数}$$

员工以在一个公历月份中取得的股票期权形式工资、薪金所得为一次。员工在一个纳税年度中多次取得股票期权形式工资、薪金所得的，其在该纳税年度内首次取得股票期权形式的工资、薪金所得，应按上述规定的公式计算应纳税款；本年度内以后每次取得股票期权形式的工资、薪金所得，应按以下公式计算应纳税款：

$$\begin{aligned}\text{应纳税款}=&(\text{本纳税年度内取得的股票期权形式工资、薪金所得累计应纳税所得额}\\&\div\text{规定月份数}\times\text{适用税率}-\text{速算扣除数})\times\text{规定月份数}\\&-\text{本纳税年度内股票期权形式的工资、薪金所得累计已纳税款}\end{aligned}$$

(3) 行权之后转让股票。员工将行权后的股票再转让时获得的高于购买日公平市场价的差额，是因个人在证券二级市场上转让股票等有价证券而获得的所得，应按照“财产转让所得”计算缴纳个人所得税。目前，按照现行税法和政策的规定，个人将行权后的境内上市公司股票再行转让而取得的所得，暂不征收个人所得税；个人转让境外上市公司的股票而取得的所得，应按税法的规定计算应纳税所得额和应纳税额，依法缴纳税款。

员工因拥有股权而参与企业税后利润分配取得的所得，应按照“利息、股息、红利所得”适用的规定计算缴纳个人所得税。

(七) 计算题

1. **【解析】** 肖某当月工资只有 3 000 元，小于 5 000 元生计费用扣除标准，因而需要从年终奖中扣减 2 000 元补充生计费用扣除，将余额 7 000 元除以 12 个月算出月平均奖金，然后查找相应税率进行计算。首先，判断适用的税率和速算扣除数：

$[9\,000-(5\,000-3\,000)]\div 12=583.33$(元)

所以适用的税率为3%，故应纳税额为：

$[9\,000-(5\,000-3\,000)]\times 3\%=210$(元)

2.【解析】黄某7 000元月薪应缴纳的个人所得税为：

$(7\,000-5\,000)\times 3\%=60$(元)

股票期权行权所得应纳个人所得税，应纳税所得额为：

$50\,000\times(2-1)=50\,000$(元)

应纳税额为：

$(50\,000\div 8\times 10\%-210)\times 8=3\,320$(元)

12月黄某应缴纳的个人所得税共计：

$60+3\,320=3\,380$(元)

3.【解析】该纳税年度王某的收入总额为：

$5\,000\times 5+(90\,000-40\,000)=75\,000$(元)

年应纳税所得额为：

$75\,000-5\,000\times 5=50\,000$(元)

应纳个人所得税为：

$50\,000\times 10\%-2\,520=2\,480$(元)

4.【解析】同一作品出版、发表后，因添加印数而追加稿酬的，应与以前出版、发表时取得的收入合并计算为一次，计征个人所得税。因此，胡某所得稿酬应预缴的个人所得税为：

$[(1\,000+2\,000)-800]\times 20\%\times(1-30\%)=308$(元)

5.【解析】每月田某应缴纳的个人所得税为：

$(5\,000-138-2\,500-800)\times 10\%=156.2$(元)

6.【解析】张某的应纳税所得额为：

限售股转让收入－(限售股原值＋合理税费)

＝限售股实际转让收入－(限售股成本原值＋转让合理税费)

$=1\,000-(642+1)=357$(万元)

应纳税额为：

应纳税所得额×税率$=357\times 20\%=71.4$(万元)

7.【解析】由于

$50\,000\times 30\%=15\,000$(元)$>10\,000$元

因此李某的捐赠额可以全部从应纳税所得额中扣除，其应缴纳的个人所得税为：

$(50\,000-10\,000)\times 20\%=8\,000$(元)

8.【解析】稿酬所得应预缴的个人所得税为：

$(15\,000+20\,000)\times(1-20\%)\times 20\%\times(1-30\%)=3\,920$(元)

作者将自己的文学作品手稿原件或复印件公开拍卖（竞价）取得的所得，按照“特许权使用费所得”预缴个人所得税。拍卖手稿收入按照我国税法应缴纳的个人所得税为：

$70\,000\times(1-20\%)\times 20\%=11\,200$(元)

由于在国外已缴纳个人所得税7 000元，因而在我国应补缴：

11 200－7 000＝4 200(元)

因此，该作家在中国境内应预缴的个人所得税为：

3 920＋4 200＝8 120(元)

9.【解析】由于国债利息、住房公积金、保险赔款属于免税收入，因而小贾取得的企业债券利息应缴纳的个人所得税为：

500×20%＝100(元)

10.【解析】提供咨询服务取得的收入应缴纳的个人所得税为：

(4 000－800)×20%＝640(元)

到甲校讲学以一个月内取得的收入为一次，吴某讲学收入的应纳税所得额为：

2 000×3×(1－20%)÷[1－20%×(1－20%)]＝6 000×(1－20%)÷84%

＝5 714.29(元)

讲学收入的应纳税额为：

5 714.29×20%＝1 142.86(元)

(八) 综合题

1.【解析】(1) 1月工资的应预缴税额为：

(7 000－5 000)×3%＝60(元)

全年一次性奖金除以12个月的商数为：

24 000÷12＝2 000(元)

因而适用3%的税率，全年奖应缴纳的个人所得税为：

24 000×3%＝720(元)

合计应缴纳的个人所得税为：

60＋720＝780(元)

(2) 拍卖收入应缴纳的个人所得税为：

(25 000－5 000－1 500)×20%＝3 700(元)

(3) 财产租赁每次（月）收入超过4 000元的：

$$应纳税所得额=\left[\begin{matrix}每次(月)\\收入额\end{matrix}-\begin{matrix}准予\\扣除项目\end{matrix}-\begin{matrix}修缮费用\\(800元为限)\end{matrix}\right]\times(1-20\%)$$

对个人按市场价格出租的居民住房取得的所得，自2001年1月1日起暂减按10%的税率征收个人所得税。

由于

4 000÷800＝5

故6月发生的修缮费用需要向后结转扣除。

因此，应缴纳的个人所得税为：

5 000×(1－20%)×10%×7＋(5 000－800)×(1－20%)×10%×5＝4 480(元)

(4) 在2005年6月13日后，个人从上市公司取得的股息、红利所得，暂减按50%计入应纳税所得额。因此，郑某应缴纳的个人所得税为：

8 000×50%×20%＝800(元)

此外，转让股票暂不征收个人所得税。

2.【解析】(1) 1月应预缴所得额为：

4 000+5 000−1 819−5 000=2 181(元)

1月应预缴的个人所得税为：

2 181×3%=65.43(元)

(2) 获得稿酬应预缴的个人所得税为：

(20 000+30 000)×(1−20%)×20%×(1−30%)=5 600(元)

(3) 学术报告收入应预缴的个人所得税为：

(2 000−800)×20%=240(元)

答辩费应预缴的个人所得税为：

4 500×(1−20%)×20%=720(元)

(4) 8月取得的国债利息收入免征个人所得税，企业债利息收入应缴纳的个人所得税为：

1 200×20%=240(元)

(5) 其2019年综合所得的应纳税所得额为：

(4 000+5 000)×12+(20 000+30 000)×(1−20%)×(1−30%)
+(2 000+4 500)×(1−20%)−1 819×12−60 000−2 000×12
=35 372

其综合所得2019年应缴纳的个人所得税总额为：

35 372×3%=1 061.16(元)

3.【解析】(1) 拍卖自己长篇小说手稿的著作权取得的收入属于特许权使用费所得，应预缴的个人所得税为：

40 000×(1−20%)×20%=6 400(元)

(2) 字画作品拍卖所得应预缴的个人所得税为：

(300 000−200 000)×20%=20 000(元)

(3) 发票中奖应缴纳的个人所得税为：

1 500×20%=300(元)

(4) 公司为王某购买汽车应代扣代缴的个人所得税为：

(200 000−50 000)×20%=30 000(元)

(5) 转让股票净盈利应缴纳的个人所得税为0。

在2015年9月8日以后，个人从公开发行和转让市场取得的上市公司股票持股期限在1个月以上至1年（含1年）的，暂减按50%计入应纳税所得额。因此，王某取得的股票红利应缴纳的个人所得税为：

1 500×50%×20%=150(元)

故王某转让股票的净盈利和取得的股票红利应缴纳的个人所得税为150元。

4.【解析】(1) 准予扣除的合理税费是指纳税人按规定实际支付的住房装修费用、住房贷款利息、手续费、公证费等。1月夏某转让房产收入应缴纳的个人所得税为：

(300−160−15−6.4−0.08−0.13−10)×20%=108.39×20%=21.678(万元)

(2) 确定适用税率。由于

10 000×(6.5－6)÷12＝416.67(元)

因而适用税率为3%，故夏某3月对股票期权实施行权应缴纳的个人所得税为：

10 000×(6.5－6)×3%＝150(元)

(3) 取得工资、津贴等收入应预缴的个人所得税为：

(8 000－5 000)×3%＝90(元)

5.【解析】(1) 工资、薪金所得应预扣预缴个人所得税税额的计算。

1月份工资应预扣预缴个人所得税税额＝(30 000－5 000－4 500－1 000)×3% ＝585(元)

2月份工资应预扣预缴个人所得税税额＝(30 000×2－5 000×2－4 500×2－1 000×2)×10%－2 520－585＝795(元)

3月份工资应预扣预缴个人所得税税额＝(30 000×3－5 000×3－4 500×3－1 000×3)×10%－2 520－585－795＝1 950(元)

4月份工资应预扣预缴个人所得税税额＝(30 000×4－5 000×4－4 500×4－1 000×4)×10%－2 520－585－795－1 950＝1 950(元)

5月份工资应预扣预缴个人所得税税额＝(30 000×5－5 000×5－4 500×5－1 000×5)×10%－2 520－585－795－1 950－1 950＝1 950(元)

6月份工资应预扣预缴个人所得税税额＝(30 000×6－5 000×6－4 500×6－1 000×6)×10%－2 520－585－795－1 950－1 950－1 950＝1 950(元)

7月份工资应预扣预缴个人所得税税额＝(30 000×7－5 000×7－4 500×7－1 000×7)×10%－2 520－585－795－1 950－1 950－1 950－1 950＝1 950(元)

8月份工资应预扣预缴个人所得税税额＝(30 000×8－5 000×8－4 500×8－1 000×8)×20%－16 920－585－795－1 950－1 950－1 950－1 950－1 950＝3 150(元)

9月份工资应预扣预缴个人所得税税额＝(30 000×9－5 000×9－4 500×9－1 000×9)×20%－16 920－585－795－1 950－1 950－1 950－1 950－1 950－3 150＝3 900(元)

10月份工资应预扣预缴个人所得税税额＝(30 000×10－5 000×10－4 500×10－1 000×10)×20%－16 920－585－795－1 950－1 950－1 950－1 950－1 950－3 150－3 900 ＝3 900(元)

11月份工资应预扣预缴个人所得税税额＝(30 000×11－5 000×11－4 500×11－1 000×11)×20%

$-16\ 920-585-795-1\ 950-1\ 950-1\ 950-1\ 950-1\ 950$

$-3\ 150-3\ 900-3\ 900=3\ 900$(元)

12月份工资应预扣预缴个人所得税税额 $=(30\ 000\times12-5\ 000\times12-4\ 500\times12-1\ 000\times12)\times12\%$

$-16\ 920-585-795-1\ 950-1\ 950-1\ 950-1\ 950$

$-1\ 950-3\ 150-3\ 900-3\ 900-3\ 900=3\ 900$(元)

该年度共预扣预缴个人所得税税额 $=585+795+1\ 950+1\ 950+1\ 950+1\ 950+1\ 950+3\ 150$

$+3\ 900+3\ 900+3\ 900+3\ 900=29\ 880$(元)

每月预扣预缴的个人所得税

月份	累计工资、薪金税前收入（元）	累计三险一金（元）	累计专项附加扣除（元）	累计预扣预缴应纳税所得额（元）	预扣率（%）	累计应预扣预缴税额（元）	累计已预扣预缴税额（元）	本期应预扣预缴税额（元）
1	30 000	4 500	1 000	19 500	3	585	0	585
2	60 000	9 000	2 000	39 000	10	1 380	585	795
3	90 000	13 500	3 000	58 500	10	3 330	1 380	1 950
4	120 000	18 000	4 000	78 000	10	5 280	3 330	1 950
5	150 000	22 500	5 000	97 500	10	7 230	5 280	1 950
6	180 000	27 000	6 000	117 000	10	9 180	7 230	1 950
7	210 000	31 500	7 000	136 500	10	11 130	9 180	1 950
8	240 000	36 000	8 000	156 000	20	14 280	11 130	3 150
9	270 000	40 500	9 000	175 500	20	18 180	14 280	3 900
10	300 000	45 000	10 000	195 000	20	22 080	18 180	3 900
11	330 000	49 500	11 000	214 500	20	25 980	22 080	3 900
12	360 000	54 000	12 000	234 000	20	29 880	25 980	3 900

（2）劳务报酬所得应预扣预缴个人所得税税额的计算。

收入额 $=1\ 000-800=200$(元)

应预扣预缴个人所得税税额 $=200\times20\%=40$(元)

（3）出售非唯一房产，取得财产转让所得应缴纳个人所得税的计算。

应纳个人所得税税额 $=(220\ 000-120\ 000-4\ 000)\times20\%=19\ 200$(元)

（4）利息收入和股息收入应缴纳个人所得税的计算。储蓄存款利息收入免税。

股息收入应纳的个人所得税款 $=10\ 000\times50\%\times20\%=1\ 000$(元)

（5）汇算清缴应纳个人所得税税额的计算。

全年综合所得应纳税所得额 $=30\ 000\times12+1\ 000\times(1-20\%)-60\ 000-4\ 500\times12-1\ 000\times12$

$=234\ 800$(元)

综合所得应纳个人所得税税额 $=234\ 800\times20\%-16\ 920=30\ 040$(元)

年度共预扣预缴税款 $=29\ 880+40=29\ 920$(元)

汇算清缴应补(退)个人所得税税额 $=30\ 040-29\ 920=120$(元)

6.【解析】(1) 计算王女士1月份个人所得税时可扣除：

1）基本扣除费用 5 000 元。
2）专项扣除“三险一金”2 560 元。
3）专项附加扣除 4 200 元。
①子女教育专项附加扣除 2 000 元（女儿和儿子各 1 000 元）。
②继续教育专项附加扣除 400 元。
③住房贷款利息专项附加扣除 1 000 元。
④赡养老人专项附加扣除 800 元。
4）依法确定的其他扣除 740 元。
①企业年金 540 元。
②支付税优型商业健康保险费 200 元。

王女士 1 月份应纳税所得额＝13 500－5 000－2 560－4 200－740＝1 000(元)

应在 1 月份预扣预缴王女士个人所得税＝1 000×3%＝30(元)

(2）计算王女士 2 月份个人所得税时可扣除：
1）基本扣除费用 5 000 元。
2）专项扣除“三险一金”2 560 元。
3）专项附加扣除 4 200 元。
①子女教育专项附加扣除 2 000 元（女儿和儿子各 1 000 元）。
②继续教育专项附加扣除 400 元。
③住房贷款利息专项附加扣除 1 000 元。
④赡养老人专项附加扣除 800 元。
4）依法确定的其他扣除 740 元。
①企业年金 540 元。
②支付税优型商业健康保险费 200 元。

王女士 2 月份累计应税收入＝13 500＋13 500＋4 500＝31 500(元)

王女士 2 月份累计扣除额＝5 000×2＋2 560×2＋4 200×2＋740×2＝25 000(元)

王女士 2 月份累计预扣预缴应纳税所得额＝31 500－25 000＝6 500(元)

王女士 2 月份累计应预扣预缴个人所得税＝6 500×3%＝195(元)

王女士 2 月份当月应预扣预缴个人所得税＝195－30＝165(元)

7.**【解析】**(1）出版、加印小说应预缴的个人所得税为：

(40 000＋15 000)×(1－20%)×20%×(1－30%)＝6 160(元)

小说连载应预缴的个人所得税为：

(4 000－800)×20%×(1－30%)＝448(元)

共计：

6 160＋448＝6 608(元)

(2）该翻译收入属于劳务报酬所得，应预缴的个人所得税为：

(3 500－800)×20%＝540(元)

(3）审稿收入属于劳务报酬所得，应预缴的个人所得税为：

12 000×(1－20%)×20%＝1 920(元)

(4）董某在甲国讲学取得收入的抵免限额为：

24 000×(1－20%)×20%＝3 840(元)

董某在甲国实际缴纳税款 3 500 元，在我国需要补缴 340 元。

董某在乙国取得书法展卖收入的抵免限额为：

50 000×(1－20%)×30%－2 000＝10 000(元)

在乙国实际缴纳 7 500 元，则应在我国补缴 2 500 元。董某在甲、乙两国的收入在我国共应补缴 2 840 元。

因此，当年董某以上收入共需预缴的个人所得税为：

6 608＋540＋1 920＋2 840＝11 908(元)

8.【解析】(1) 乔治在我国境内居住满 5 年，2019 年是其在中国境内居住的第 6 年且在中国境内居住满 1 年，所以乔治的全部所得均应在我国纳税。因此，乔治当月工资收入应缴纳的个人所得税为：

(24 000＋14 000－5 000)×3%＝990(元)

乔治以实报实销方式取得的住房补贴免征个人所得税。

(2) 个人通过国家机关向贫困山区的捐款，不超过应纳税所得额 30%的部分准予扣除。捐赠的扣除限额为：

35 000×(1－20%)×30%＝8 400(元)

因而乔治取得的劳务报酬应预缴的个人所得税为：

[35 000×(1－20%)－8 400]×20%＝3 920(元)

(3) 外籍个人从外商投资企业取得的股息、红利所得免征个人所得税，因此乔治取得的红利所得应缴纳的个人所得税为 0。

(4) 企业在销售商品（产品）和提供服务的过程中向个人赠送礼品，对累计消费达到一定额度的个人按消费积分反馈礼品不征收个人所得税。企业对累计消费达到一定额度的顾客给予额外抽奖机会，个人的获奖所得按照“偶然所得”项目，全额适用 20%的税率缴纳个人所得税。因此，乔治取得的礼品和抽奖所得应缴纳的个人所得税为：

500×20%＝100(元)

9.【解析】(1) 广告费和业务宣传费的扣除限额为：

200×15%＝30(万元)

实际发生额为：

10＋1.9＝11.9(万元)

可以据实扣除，因而税前允许扣除的销售费用为 20 万元。

(2) 业务招待费的扣除限额为：

200×5‰＝1(万元)

实际发生额的 60%为：

2×60%＝1.2(万元)

税前允许扣除 1 万元，因而税前允许扣除的管理费用为：

25－(2－1)－2×50%＝23(万元)

(3) 利息费用的扣除限额为：

15×10%＝1.5(万元)

实际发生额为 2 万元，税前允许扣除 1.5 万元，则税前允许扣除的财务费用为：

3－2＋1.5＝2.5(万元)

(4) 廖某的工资不得扣除，从业人员的工资可以据实扣除；三项经费分别按照工资、薪金总额的14％、2％、2.5％扣除。三项经费的扣除标准为：

12×(14％＋2％＋2.5％)＝2.22(万元)

实际发生额为3万元，税前允许扣除2.22万元，因而税前允许扣除的工资和三项经费为：

12＋2.22＝14.22(万元)

(5) 赞助支出不得扣除，因而允许税前扣除的金额为：

80＋24＋20＋23＋2.5－(14＋3－14.22)＋0.5×12＝152.72(万元)

(6) 应纳税所得额为：

200－152.72＝47.28(万元)

应缴纳的个人所得税为：

47.28×30％－4.05＝10.134(万元)

10.**【解析】**(1) 年度绩效工资为25 000元，由于

25 000÷12＝2 083.33(元)

因而适用的税率为3％，速算扣除数为0元。当月马某的工资、薪金所得应缴纳的个人所得税为：

(8 000－700－5 000)×3％＋25 000×3％＝819(元)

(2) 捐赠的扣除限额为：

(3 500－800)×30％＝810(元)

实际扣除500元，未超过扣除标准，准予全额扣除。马某兼职所得应预缴的个人所得税为：

(3 500－800－500)×20％＝440(元)

(3) 获得稿酬收入500元，不超过800元，不征税。

(4) 马某转让债券应缴纳的个人所得税为：

[5 000×(6－4)－600÷15 000×5 000－300]×20％＝1 900(元)

(5) 马某在甲国取得的特许权使用费的抵免限额为：

30 000×(1－20％)×20％＝4 800(元)＜6 000元

因而不用在我国补税。

马某在乙国取得股息所得的抵免限额为：

15 000×20％＝3 000(元)＞1 500元

需要在我国补缴税1 500元。因此，其来源于境外的所得应当在我国补缴个人所得税1 500元。

(6) 马某拍卖字画应缴纳的个人所得税为：

(600 000－150 000－60 000)×20％＝78 000(元)

第七章

土地增值税

一、学习目的与要求

土地增值税与房地产权属转移紧密相关，是综合性很强的税种，与增值税、城市维护建设税、耕地占用税、契税、印花税、企业所得税等税种紧密相连。学习本章时，学生需要重点关注土地增值税和其他税种的关系。首先，学生应该理解土地增值税的纳税人和征税范围；其次，学生应学习计算土地增值税的方法。此外，土地增值税的税收优惠也是本章学习的重点。

二、重点与难点

（一）纳税人和征税范围

（1）土地增值税的纳税人为在中华人民共和国境内转移房地产并取得收入的单位和个人。单位包括各类企业、事业单位、国家机关和社会组织及其他组织。个人包括个体经营者。

（2）土地增值税的征税范围是指转移房地产。

土地增值税是对转移房地产的行为征税。

转移房地产是指下列行为：

1）转让土地使用权、地上的建筑物及其附着物。

2）出让集体土地使用权、地上的建筑物及其附着物，或以集体土地使用权、地上的建筑物及其附着物作价出资、入股。

土地承包经营权流转，不征收土地增值税。

有关土地增值税征税的具体规定为：

1）房地产的继承、赠予。因为这种情况只发生了房地产产权的转让，没有取得相应的收入，属于无偿转让房地产的行为，所以不能将其纳入土地增值税的征税范围。

2）房地产的出租。房地产的出租是指房产所有人、依照法律规定取得土地使用权的土地使用人，将房产、土地使用权租赁给承租人使用，由承租人向出租人支付租金的行为。对于房地产的出租来说，虽然出租人取得了收入，但没有发生房产产权、土地使用权的转让，因此不属于土地增值税的征税范围。

3）房地产的抵押。房地产的抵押是指房地产的产权所有人、依法取得土地使用权的土地使用人作为债务人提供不动产作为清偿债务的担保而不转移权属的法律行为。这种情况由于房产产权、土地使用权在抵押期间的产权并没有发生权属的变更，房产的产权所有人、土地使用人仍能对房地产行使占用、使用、收益等权利，虽然房产的产权所有人、土地使用权人在抵押期间取得了一定的抵押贷款，但实际上这些贷款在抵押期满后是要连本带利偿还给债权人的。因此，对房地产的抵押，在抵押期间不征收土地增值税。待抵押期满后，视该房地产是否转移占有而确定是否征收土地增值税。对于以房地产抵债而发生房地产权属转让的，应列入土地增值税的征税范围。

4）房地产的交换。房地产的交换是指一方以房地产与另一方的房地产进行交换的行为。由于这种行为既发生了房产产权、土地使用权的转移，交换双方又取得了实物形态的收入，属于土地增值税的征税范围。但对个人之间互换自有居住用房地产的，经当地税务机关核实，可以免征土地增值税。

5）以房地产进行投资、联营。对于以房地产进行投资、联营的，投资、联营的一方以土地（房地产）作价入股进行投资或作为联营条件，将房地产转让到所投资、联营的企业中时，暂免征收土地增值税。对投资、联营企业将上述房地产再转让的，应征收土地增值税。

然而，投资、联营的企业属于从事房地产开发的，或者房地产开发企业以其建造的商品房进行投资和联营的，应当征收土地增值税。

6）合作建房。对于一方出地、一方出资金，双方合作建房，建成后按比例分房自用的，暂免征收土地增值税；建成后转让的，应征收土地增值税。

7）企业兼并转让房地产。在企业兼并中，对被兼并企业将房地产转让到兼并企业中的，暂免征收土地增值税。

8）房地产的代建房行为。这是指房地产开发公司代客户进行房地产的开发，在开发完成后向客户收取代建收入的行为。对于房地产开发公司而言，虽然它们取得了收入，但没有发生房地产权属的转移，其收入属于劳动收入性质，故不属于土地增值税的征税范围。

9）房地产的重新评估。这是指国有企业在清产核资时对房地产进行重新评估而使其升值的情况。在这种情况下，虽然房地产有增值，但其既没有发生房地产权属的转移，房产产权人、土地使用权人也未取得收入，所以不属于土地增值税的征税范围。

（二）税　率

土地增值税采用四级超率累进税率，见下表。该税种的累进依据为增值额与扣除项目金额之间的比率。

土地增值税四级超率累进税率

级数	增值额与扣除项目金额的比率	税率（%）	速算扣除系数（%）
1	不超过50%的部分	30	0
2	超过50%～100%的部分	40	5
3	超过100%～200%的部分	50	15
4	超过200%的部分	60	35

（三）应税收入与扣除项目

1. 应税收入

纳税人转让房地产取得的应税收入应包括转让房地产的全部价款及有关的经济收益。从收入的形式看，包括货币收入、非货币收入。

2. 扣除项目

（1）取得土地使用权所支付的金额，包括地价款和取得土地使用权时按国家统一规定缴纳的有关费用。

（2）房地产开发成本、房地产开发费用。房地产开发成本是指土地征用及拆迁补偿费（即土地征用费、耕地占用税等）、前期工程费、建筑安装工程费、基础设施费、公共配套设施费、开发间接费用等。

纳税人能够按转让房地产项目计算分摊利息支出，并能提供金融机构贷款证明的，其允许扣除的房地产开发费用为：

$$\begin{matrix}\text{房地产}\\\text{开发费用}\end{matrix}=\text{利息}+\left(\begin{matrix}\text{取得土地使用权}\\\text{所支付的金额}\end{matrix}+\begin{matrix}\text{房地产}\\\text{开发成本}\end{matrix}\right)\times 5\%\text{以内}$$

纳税人不能按转让房地产项目计算分摊利息支出或不能提供金融机构贷款证明的（包含全部使用自有资金没有利息支出的情况），其允许扣除的房地产开发费用为：

$$\begin{matrix}\text{房地产}\\\text{开发费用}\end{matrix}=(\text{取得土地使用权所支付的金额}+\text{房地产开发成本})\times 10\%\text{以内}$$

房地产开发企业既向金融机构借款，又有其他借款的，其房地产开发费用在计算扣除时不能同时适用上述两种办法。

（3）旧房及建筑物的评估价格。纳税人转让旧房的，应按房屋及建筑物的评估价格、取得土地使用权所支付的地价款或出让金、按国家统一规定缴纳的有关费用和转让环节缴纳的税金作为扣除项目金额计征土地增值税。对取得土地使用权时未支付地价款或不能提供已支付的地价款凭据的，在计征土地增值税时不允许扣除。

旧房及建筑物的评估价格是指在转让已使用的房屋及建筑物时，由政府批准设立的房地产评估机构评定的重置成本价乘以成新度折扣率后的价格。评估价格须经当地税务机关确认。

重置成本的含义是：对旧房及建筑物，按转让时的建材价格及人工费用计算，建造同样面积、同样层次、同样结构、同样建设标准的新房及建筑物所需花费的成本、费用。

成新度折扣率的含义是：按旧房的新旧程度做一定比例的折扣。

(4) 与转让房地产有关的税金，是指在转让房地产时缴纳的城市维护建设税、印花税等。教育费附加和地方教育附加视同税金扣除。此外，房地产开发企业按照《施工、房地产开发企业财务制度》的有关规定，在转让时缴纳的印花税已列入管理费用中，在此不允许单独扣除。其他纳税人缴纳的印花税允许在此扣除。

(5) 财政部规定的其他扣除项目。从事房地产开发的纳税人可按取得土地使用权所支付的金额与房地产开发成本之和，加计扣除20%。

(四) 土地增值税应纳税额的计算

1. 增值额的确定

(1) 通过转让收入减除扣除项目求得。

(2) 评估价格的使用。

纳税人有下列情形之一的，按照房地产评估价格计算征收：①隐瞒、虚报房地产成交价格的；②提供扣除项目金额不实的；③转让房地产的成交价格明显偏低，又无正当理由的。

2. 计算土地增值税的步骤和公式

第一步，计算收入总额。

第二步，计算扣除项目金额。

第三步，用收入总额减除扣除项目金额计算增值额。

土地增值额＝转让房地产收入－规定扣除项目金额

第四步，计算增值额与扣除项目金额之间的比例，以确定使用税率的档次和速算扣除系数。

第五步，套用公式计算税额。其计算公式为：

应纳税额＝增值额×税率－扣除项目金额×速算扣除系数

(五) 土地增值税的税收优惠

(1) 对于下列情形，可以减征或免征土地增值税：

1) 纳税人建造保障性住房出售，增值额未超过扣除项目金额20%的，免征土地增值税。

2) 因国家建设需要依法征收、收回的房地产，免征土地增值税。

3) 国务院可以根据国民经济和社会发展的需要规定其他减征或免征土地增值税的情形，并报全国人民代表大会常务委员会备案。

(2) 省、自治区、直辖市人民政府可以决定对下列情形减征或者免征土地增值税，并报同级人民代表大会常务委员会备案：

1）建造普通标准住宅出售，增值额未超过扣除项目金额20%的。纳税人建造普通标准住宅出售，增值额未超过扣除项目金额20%的，免征土地增值税；增值额超过扣除项目金额20%的，应就其全部增值额按规定计税。

对于纳税人既建造普通标准住宅，又从事其他房地产开发的，应分别核算增值额。不分别核算增值额或不能准确核算增值额的，其建造的普通标准住宅不能适用这一免税规定。

2）房地产市场较不发达、地价水平较低地区的纳税人出让集体土地使用权、地上的建筑物及其附着物，或以集体土地使用权、地上的建筑物及其附着物作价出资、入股的。

（六）纳税地点

土地增值税的纳税人应向房地产所在地主管税务机关办理纳税申报，并在税务机关核定的期限内缴纳土地增值税。

"房地产所在地"是指房地产的坐落地。纳税人转让的房地产坐落在两个或两个以上地区的，应按房地产所在地分别申报纳税。

在实际工作中，纳税地点的确定又可分为以下两种情况：

（1）纳税人是法人的，当转让的房地产坐落地与机构所在地或经营所在地一致时，则向办理税务登记的原管辖税务机关申报纳税即可；如果转让的房地产坐落地与其机构所在地或经营所在地不一致，则应向房地产坐落地的管辖税务机关申报纳税。

（2）纳税人是自然人的，当转让的房地产坐落地与其居住地一致时，则向其居住地税务机关申报纳税；当转让的房地产坐落地与其居住地不一致时，向办理过户手续所在地的税务机关申报纳税。

（七）纳税申报时间

1. 房地产开发纳税人

从事房地产开发的纳税人应当自纳税义务发生月份终了之日起15日内，向税务机关报送预缴土地增值税纳税申报表，预缴税款。

从事房地产开发的纳税人应当自达到以下房地产清算条件起90日内，向税务机关报送土地增值税纳税申报表，自行完成清算，结清应缴税款或向税务机关申请退税：

（1）已竣工验收的房地产开发项目，已转让的房地产建筑面积占整个项目可售建筑面积的比例在85%以上，或该比例虽未超过85%，但剩余的可售建筑面积已经出租或自用的。

（2）取得销售（预售）许可证满三年仍未销售完毕的。

（3）整体转让未竣工决算房地产开发项目的。

（4）直接转让土地使用权的。

（5）纳税人申请注销税务登记但未办理土地增值税清算手续的。

（6）国务院确定的其他情形。

纳税人在项目全部竣工结算前转让房地产取得的收入，由于涉及成本确定或其他原因，而无法据以计算土地增值税的，可以预征土地增值税，待该项目全部竣工、办理结算后再进行清算，多退少补。具体办法由各省、自治区、直辖市税务机关根据当地情况制定。

2. 非房地产开发纳税人

非从事房地产开发的纳税人应当自房地产转移合同签订之日起30日内办理纳税申报并缴纳税款。

三、关键术语

土地增值税是对在中华人民共和国境内转移房地产并取得收入的单位和个人征收的一种税。

土地增值税的纳税人为在中华人民共和国境内转移房地产并取得收入的单位和个人。单位包括各类企业、事业单位、国家机关和社会组织及其他组织。个人包括个体经营者。

土地增值额是指土地增值税纳税人转移房地产所取得的收入减除规定的扣除项目金额后的余额。

房地产评估价格是指由政府批准设立的房地产评估机构根据相同地段、同类房地产进行综合评定的价格，不是由税务机关进行评估的。

房地产开发成本是指纳税人的房地产开发项目实际发生的成本，包括土地征用及拆迁补偿费、前期工程费、建筑安装工程费、基础设施费、公共配套设施费、开发间接费用等。

房地产开发费用是指与房地产开发项目有关的销售费用、管理费用和财务费用。

重置成本是指对旧房及建筑物，按转让时的建材价格及人工费用计算，建造同样面积、同样层次、同样结构、同样建设标准的新房及建筑物所需花费的成本、费用。

土地增值税清算是指纳税人在符合土地增值税清算条件后，依照税收法律、法规及土地增值税有关政策的规定，计算房地产开发项目应缴纳的土地增值税税款，结清该房地产项目应缴纳土地增值税税款的行为。

超率累进税率是指按征税对象的相对比例划分征税级距，就纳税人的征税对象全部数额中符合不同级距部分的数额，分别按与之相应的各级距税率计征的一种累进税率。它以征税对象的某种比率作为累进依据。

四、习　题

（一）术语解释

1. 土地增值额

2. 房地产开发成本
3. 房地产开发费用
4. 房地产评估价格
5. 重置成本

（二）填空题

1. 土地增值税的纳税人为______并取得收入的单位和个人，包括内外资企业、行政事业单位、中外籍个人等。

2. 土地增值税实行______。该税种的累进依据为______与______之间的比率。

3. 纳税人转让房地产取得的应税收入应包括转让房地产的______及有关的______。从收入的形式看，包括______和______。非货币收入要折合成货币金额计入收入总额。

4. 纳税人应自行进行土地增值税清算的情况为：

（1）已竣工验收的房地产开发项目，已转让的房地产建筑面积占整个项目可售建筑面积的比例在______以上，或该比例虽未超过______，但剩余的可售建筑面积已经出租或自用的。

（2）取得销售（预售）许可证满三年仍未销售完毕的。

（3）______未竣工决算房地产开发项目的。

（4）______土地使用权的。

（5）纳税人申请注销税务登记但未办理土地增值税清算手续的。

（6）国务院确定的其他情形。

5. 建造普通标准住宅出售，增值额未超过______的，免征土地增值税。

（三）判断题

1. 土地增值税的税率是以转让房地产的增值率高低作为依据，按照累进原则设计，实行分级计税。增值率高的，适用税率高、多纳税；增值率低的，适用税率低、少纳税。（　　）

2. 土地增值税的征税范围包括转让地上的建筑物，地上的建筑物是指建于土地上的一切建筑物，只包括地上的，不包括地下的各种附属设施。（　　）

3. 对于以房地产抵债而发生房地产权属转让的，应列入土地增值税的征税范围。（　　）

4. 个人之间互换自有居住用房地产的，可以免征土地增值税，所以不需要申报。（　　）

5. 对于一方出地、一方出资金，双方合作建房，建成后按比例分房自用的，暂免征收土地增值税；建成后转让的，应征收土地增值税。（　　）

6. 作为土地增值税扣除项目的房地产开发费用，是按纳税人的房地产开发项目实际发生的费用进行扣除。（　　）

7. 对于超过贷款期限的利息部分和加罚的利息，不允许扣除。（　　）

8. 土地增值税扣除项目涉及的增值税进项税额，允许在销项税额中计算抵扣的，不计入扣除项目；不允许在销项税额中计算抵扣的，也不可以计入扣除项目。（ ）

9. 对于纳税人既建造普通标准住宅，又从事其他房地产开发的，应分别核算增值额。不分别核算增值额或不能准确核算增值额的，其建造的普通标准住宅不能适用优惠政策规定。（ ）

10. 纳税人应于实际转让房地产权属起7日内，到房地产所在地的主管税务机关办理纳税申报。（ ）

（四）单项选择题

1. 纳税人发生下列情形的，在计算土地增值税时，不需要对房地产进行评估来确定转让房地产收入、扣除项目金额的是（ ）。

A. 出售旧房及建筑物的

B. 隐瞒、虚报房地产成交价格的

C. 提供扣除项目金额不实的

D. 转让房地产的实际成交价格高于房地产评估价格的

2. 在下列各项中，纳税人应进行土地增值税清算的是（ ）。

A. 取得销售（预售）许可证满3年仍未销售完毕的

B. 纳税人申请注销税务登记但未办理土地增值税清算手续的

C. 已竣工验收的房地产开发项目，已转让的房地产建筑面积占整个项目可售建筑面积90%的

D. 直接转让土地使用权的

3. 在下列各项中，不符合土地增值税政策规定的是（ ）。

A. 对社会组织转让旧房作为公共租赁住房房源，且增值额未超过扣除项目金额20%的，免征土地增值税

B. 纳税人转让旧房时因计算纳税需要对房地产进行评估，其支付的评估费用在计算土地增值税时允许扣除

C. 房地产的继承不属于土地增值税的征税范围

D. 扣除项目中的开发费用，其计算扣除的具体比例由当地税务机关规定

4. 根据土地增值税法的相关规定，在下列各项中，说法不正确的是（ ）。

A. 对于分期开发的项目，以分期项目为单位清算

B. 在进行土地增值税清算时，已全额开具商品房销售发票的，按照发票所载金额确认收入；未开具发票或未全额开具发票的，暂不确认收入

C. 除另有规定外，房地产开发企业不能提供有关房地产开发成本的合法有效凭证的，不予在计算土地增值税时扣除

D. 除另有规定外，房地产开发企业的预提费用不得扣除

5. 下列在土地增值税清算中有关拆迁安置费的处理，不正确的是（ ）。

A. 房地产企业用建造的该项目房地产安置回迁户的，安置用房视同销售处理，按照规定确认收入，同时将此确认为开发项目的拆迁补偿费

B. 房地产企业用建造的该项目房地产安置回迁户的，回迁户支付给房地产开发企业的补差价款，计入拆迁补偿费

C. 开发企业采取异地安置，异地安置的房屋属于购入的，以实际支付的购房支出计入本项目的拆迁补偿费

D. 货币安置拆迁的，房地产开发企业凭合法有效的凭据计入拆迁补偿费

6. 纳税人应自（　　），向房地产所在地的主管税务机关办理土地增值税纳税申报。

A. 交付房地产之日起 10 日内

B. 交付房地产之日起 15 日内

C. 转让房地产合同签订后 7 日内

D. 转让房地产合同签订之日起 15 日内

7. 9 月，某房地产开发企业受让一宗土地使用权，支付土地价款 3 000 万元（不含增值税，下同），缴纳相关税费 90 万元。12 月将该土地使用权的 70%用于开发建造商品房，次年 3 月商品房竣工验收后，将其中的 90%对外销售，取得销售收入 8 000 万元，剩余部分待售。在开发销售期间，发生前期工程费 200 万元、建筑安装工程费 1 600 万元、基础设施费 300 万元、公共设施配套费 400 万元、管理费用 460 万元、销售费用 240 万元、财务费用 370 万元（不能提供金融机构贷款证明）。已知当地省级人民政府规定的房地产开发费用扣除比例为 10%，则该企业计算土地增值税时可以扣除的房地产开发费用为（　　）万元。

A. 419.67　　B. 450.86　　C. 467　　D. 963

8. 某市房地产开发企业将其开发的老项目商品房全部出售，取得不含增值税销售收入 3 000 万元。建造此商品房支付的地价款和按规定缴纳的有关费用合计 800 万元；房地产开发成本为 600 万元；与该商品房开发项目有关的销售费用为 40 万元，管理费用为 60 万元，财务费用为 100 万元（包括向金融机构借款的利息支出 70 万元，能够提供金融机构证明，并能按开发项目计算分摊）。当地省政府规定的其他房地产开发费用扣除比例为 5%，并且该房地产开发企业采用简易计税方法计算增值税，则该房地产开发企业应缴纳的土地增值税为（　　）万元（不考虑印花税和地方教育附加）。

A. 286.5　　B. 304.5　　C. 374.25　　D. 338.25

9. 房地产开发公司转让新建商品房支付的下列税费，在计算土地增值税时，不能列入加计 20%扣除范围的是（　　）。

A. 取得土地使用权缴纳的契税　　B. 占用耕地缴纳的耕地占用税

C. 销售过程中发生的销售费用　　D. 支付建筑人员的工资

10. 位于市区的某房地产开发企业转让一栋已使用过的办公楼，签订的产权转移书据上注明的含增值税转让收入为 600 万元。该办公楼为 2017 年 1 月购进，购置原价为 280 万元，已计提折旧 120 万元。经房地产评估机构评估，该办公楼的重置成本为 700 万元，成新度折扣率为 6 成。已知该企业采用简易计税方法计征增值税，则该房地产开发企业应缴纳的土地增值税为（　　）万元。

A. 48.79　　B. 49.47　　C. 47.43　　D. 0

11. 某房地产开发公司转让新建的一幢写字楼，取得不含增值税收入 1 000 万元。已知该公司为取得土地使用权支付的金额为 50 万元，房地产开发成本为 200 万元，房地产

开发费用为 40 万元（经税务机关批准，可全额扣除），与转让房地产有关的税金为 60 万元（不含增值税）。该公司应缴纳的土地增值税为（　　）万元。

A. 180　　B. 240　　C. 300　　D. 360

12. 某单位转让 2008 年购买的一间厂房，当时的购买价为 700 万元。经房地产评估机构评定，该厂房的重置成本为 2 000 万元，成新度折扣率为 7 成。在计算土地增值税时，该厂房的评估价格为（　　）万元。

A. 1 000　　B. 1 200　　C. 1 350　　D. 1 400

13. 土地增值税的纳税人是法人的，如果转让的房地产坐落地与其机构所在地或经营所在地不一致，则应在（　　）税务机关申报纳税。

A. 房地产坐落地的主管　　B. 机构所在地的主管

C. 经营所在地的主管　　D. 房地产转让实现地

14. 根据土地增值税法的有关规定，纳税人提供扣除项目金额不实的，在计算土地增值额时，应（　　）。

A. 按照税务部门估定的价格扣除

B. 按照税务部门与房地产主管部门协商的价格扣除

C. 由评估机构按照房屋重置成本乘以成新度折扣率计算的房屋成本价和取得土地使用权时的基准地价进行评估

D. 按照房地产原值减除 30%后的余值扣除

15. 在下列项目中，不属于土地增值税的纳税人转移房地产取得的应税收入的是（　　）。

A. 无形资产收入　　B. 货币收入

C. 实物收入　　D. 租金收入

16. 在下列房地产转移行为中，应征收土地增值税的是（　　）。

A. 企业分设为两个或两个以上与原企业投资主体相同的企业，对原企业将国有土地、房屋权属转移、变更到分立后的企业

B. 出租土地使用权

C. 用于贷款抵押期间的房地产

D. 单位之间相互交换的房地产

17. A 市某房地产开发公司为一般计税方法纳税人，转让 2015 年自建的写字楼，取得含增值税收入 1 000 万元。已知该公司为取得土地使用权所支付的金额为 50 万元，房地产开发成本为 200 万元，房地产开发费用为 40 万元（经税务机关批准，可全额扣除）。该房地产开发公司选择一般计税方法，则其应缴纳的土地增值税为（　　）万元（不考虑印花税和地方教育附加）。

A. 180　　B. 227.64　　C. 243　　D. 358.19

（五）多项选择题

1. 根据土地增值税法的相关规定，下列各项属于非房地产开发企业“与转让房地产有关的税金”这一扣除项目的有（　　）。

A. 契税　　B. 增值税

C. 城市维护建设税和教育费附加　　D. 印花税

2. 纳税人有下列（　　）情形之一的，税务机关可以按照规定核定征收土地增值税。

A. 擅自销毁账簿或者拒不提供纳税资料的

B. 申报的计税依据明显偏低，但有正当理由的

C. 依照规定应当设置但未设置账簿的

D. 虽设置账簿，但账目混乱，难以确定转让收入或扣除项目金额的

3. 根据土地增值税法的相关规定，在房地产开发企业的下列做法中，不正确的有（　　）。

A. 将转让新建房所缴纳的印花税计入“与转让房地产有关的税金”扣除

B. 将企业取得土地使用权时支付的耕地占用税计入“取得土地使用权支付的金额”扣除

C. 将企业逾期开发缴纳的土地闲置费计入“房地产开发成本”扣除

D. 将企业取得土地使用权时支付的契税计入“取得土地使用权支付的金额”扣除

4. 根据土地增值税法的相关规定，在下列说法中，不正确的有（　　）。

A. 纳税人建造普通标准住宅出售，增值额超过扣除项目金额 20%的，就超过部分缴纳土地增值税

B. 因城市实施规划、国家建设的需要而搬迁，由纳税人自行转让原房地产，照章征收土地增值税

C. 纳税人是法人的，当转让的房地产坐落地与其机构所在地或经营所在地不一致时，应在机构所在地申报缴纳土地增值税

D. 纳税人是自然人的，当转让的房地产坐落地与其居住所在地一致时，在居住所在地税务机关申报缴纳土地增值税

5. 房地产开发企业将开发产品用于下列项目的，应视同销售房地产并缴纳土地增值税的有（　　）。

A. 将开发产品抵偿债务　　B. 将开发产品奖励给职工

C. 将开发产品换取商品　　D. 将开发产品分配给股东

6. 根据土地增值税法的相关规定，在下列各项表述中，正确的有（　　）。

A. 对于转让旧房及建筑物，既没有评估价格，又不能提供购房发票的，可暂不征收土地增值税

B. 房地产开发企业将开发的部分房地产转为企业自用，如果产权未发生转移，不征收土地增值税

C. 因城市实施规划、国家建设的需要而搬迁，由纳税人自行转让原房地产，应照章征收土地增值税

D. 因国家建设需要依法征用、收回的房地产，免征土地增值税

7. 在下列情形中，主管税务机关可要求纳税人进行土地增值税清算的有（　　）。

A. 已竣工验收的房地产开发项目，已转让的房地产建筑面积占整个项目可售建筑面积的比例在 80%以上

B. 已竣工验收的房地产开发项目，已转让的房地产建筑面积占整个项目可售建筑面积的比例虽未超过 85%，但剩余的可售建筑面积已经出租或自用的
C. 取得销售（预售）许可证满 3 年仍未销售完毕的
D. 纳税人申请注销税务登记但未办理土地增值税清算手续的

8. 在下列行为中，不征收土地增值税的有（　　）。
A. 某企业通过国家机关将其房产无偿赠予社会公益事业
B. 生产企业在改制重组时以国有土地、房屋进行投资，所有权属变更至被投资企业的
C. 因国家建设需要而被政府征收、收回的房地产
D. 某企业将房产出租取得租金收入

9. 根据土地增值税法的相关规定，在下列关于土地增值税纳税地点的说法中，正确的有（　　）。
A. 纳税人是法人的，当转让的房地产坐落地与其机构所在地或经营所在地一致时，在办理税务登记的原主管税务机关申报缴纳土地增值税
B. 纳税人是法人的，当转让的房地产坐落地与其机构所在地或经营所在地不一致时，应在机构所在地申报缴纳土地增值税
C. 纳税人是自然人的，当转让的房地产坐落地与其居住所在地一致时，在住所所在地税务机关申报缴纳土地增值税
D. 纳税人是自然人的，当转让的房地产坐落地与其居住所在地不一致时，在房产坐落地申报缴纳土地增值税

10. 在下列各项中，应缴纳土地增值税的纳税人有（　　）。
A. 与国有企业换房的某医院　　B. 合作建房后出售房产的合作企业
C. 转让办公楼的事业单位　　D. 国土局出让土地使用权

（六）简答题

1. 征收土地增值税有什么意义？
2. 土地增值税的税率有什么特点？
3. 土地增值税的征税范围包括哪些？
4. 土地增值税的特点包括哪些？
5. 土地增值税的税收优惠政策包括哪些？

（七）计算题

1. 8 月，某房地产开发公司转让 5 年前购入的一块土地，取得转让收入 1 800 万元（不含增值税），该土地的购进价为 1 200 万元，取得土地使用权时缴纳的相关税费为 40 万元，转让该土地时缴纳的相关税费为 35 万元（不含增值税）。试计算该房地产开发公司转让土地应缴纳的土地增值税。

2. 2014 年 1 月，某公司购入位于市区的办公用房，购房发票上的金额为 80 万元。

2019 年 11 月，该公司将办公用房转让，取得不含增值税的售房款 200 万元，不能提供评估价格，但能提供购房发票和契税完税凭证。试计算该公司转让时应缴纳的土地增值税的增值额。（当地契税税率为 4%，不考虑印花税，增值税选择简易计税方法。）

3. 某房地产开发公司销售一幢新建商品房，取得销售收入 9 000 万元（不含增值税）。已知该公司支付的与商品房相关的土地使用权费用及开发成本合计为 3 400 万元，该公司不能按房地产项目计算分摊银行借款利息。该商品房所在地的省政府规定，计征土地增值税时房地产开发费用的扣除比例为 10%，销售商品房缴纳的有关税费为 504 万元（不含增值税）。试计算该公司销售商品房应缴纳的土地增值税。

4. 某商贸公司转让一幢已经使用过的办公楼，取得收入 500 万元（不含增值税）。该办公楼原价为 480 万元，已提折旧 300 万元。经房地产评估机构评估，该办公楼的重置成本为 800 万元，成新度折扣率为 5 成，转让时缴纳的相关税费为 30 万元。试计算该公司转让该办公楼应缴纳的土地增值税。

（八）综合题

1. 某县房地产开发公司在 2018 年、2019 年发生如下业务：

（1）2018 年 1 月 1 日，通过竞拍取得县城一处占地面积为 20 000 平方米的土地使用权，支付土地出让金 3 500 万元以及相关契税。

（2）自 2 月开始，在取得的土地上建造写字楼，支付工程款合计为 1 500 万元，并于当年 8 月 31 日完工。

（3）与该开发项目有关的销售费用为 40 万元、管理费用为 60 万元、财务费用为 100 万元（其中，财务费用包括向金融机构贷款的利息支出 80 万元以及超过贷款期限加罚的利息 20 万元，利息支出能够提供金融机构贷款证明，并能按照房地产项目计算分摊）。

（4）2019 年 5 月，销售写字楼的 70%并签订了销售合同，取得含增值税的销售收入合计 9 800 万元；2019 年 6 月，剩余的写字楼开始对外出租，签订了为期 3 年的租赁合同，约定每年收取不含增值税的租金 120 万元，当年实际取得不含税租金收入 80 万元。

当地规定计征土地增值税时其他房地产开发费用的扣除比例为 4%，契税的税率为 3%，考虑印花税、城市维护建设税、教育费附加以及地方教育附加。该房地产开发公司适用一般计税方法计算增值税。

要求：

（1）简要说明主管税务机关于 2019 年 6 月要求房地产开发公司对该项目进行土地增值税清算的理由。

（2）计算进行土地增值税清算时可扣除的取得土地使用权所支付的金额。

（3）计算进行土地增值税清算时可扣除的开发成本。

（4）计算进行土地增值税清算时可扣除的开发费用。

（5）计算进行土地增值税清算时可扣除的与转让房地产有关的税金。

（6）计算上述业务应缴纳的土地增值税。

2. 位于县城的某国有工业企业（一般计税方法纳税人）利用厂区空地建造写字楼，发生如下业务：

（1）按照国家有关规定补缴土地出让金 4 000 万元，缴纳相关税费 160 万元。

（2）写字楼的开发成本为 3 000 万元，其中装修费用为 500 万元。

（3）写字楼开发费用中的利息支出为 300 万元（不能提供金融机构证明）。

（4）写字楼于 4 月底竣工验收。6 月将总建筑面积的 1/2 销售，签订销售合同，取得不含税收入 6 500 万元；将另外 1/2 的建筑面积出租，当年取得租金收入（不含增值税）15 万元。

（该企业所在省规定，按税法规定的最高限额计算扣除房地产开发费用。该企业的写字楼项目立项和开始动工于“营改增”之前，故选择简易计税方法计算销售房产和租赁房产的增值税。）

根据上述资料，试计算下列问题，每问均需计算出合计数。

（1）企业计算土地增值税时应扣除的取得土地使用权所支付的金额。

（2）企业计算土地增值税时应扣除的开发成本的金额。

（3）企业计算土地增值税时应扣除的开发费用的金额。

（4）企业计算土地增值税时应扣除的有关税金。

（5）企业应缴纳的土地增值税。

（6）企业应缴纳的增值税、城市维护建设税和教育费附加、地方教育附加。

（7）企业应缴纳的房产税。

五、答案与解析

（一）术语解释

1. 土地增值额是指土地增值税纳税人转让房地产所取得的收入减除规定的扣除项目金额后的余额。

2. 房地产开发成本是指纳税人的房地产开发项目实际发生的成本，包括土地征用及拆迁补偿费、前期工程费、建筑安装工程费、基础设施费、公共配套设施费、开发间接费用等。

3. 房地产开发费用是指与房地产开发项目有关的销售费用、管理费用和财务费用。

4. 房地产评估价格是指由政府批准设立的房地产评估机构根据相同地段、同类房地产进行综合评定的价格，不是由税务机关进行评估的。

5. 重置成本是指对旧房及建筑物，按转让时的建材价格及人工费用计算，建造同样面积、同样层次、同样结构、同样建设标准的新房及建筑物所需花费的成本、费用。

（二）填空题

1. 在中华人民共和国境内转移房地产

2. 四级超率累进税率　增值额　扣除项目金额

3. 全部价款　经济收益　货币收入　非货币收入

4. 85%　85%　整体转让　直接转让

5. 扣除项目金额 20%

（三）判断题

1. √

2. ×【解析】地上的建筑物包括地上、地下的各种附属设施。

3. √

4. ×【解析】需要强调的是，个人互换住房应当报给住房所在地的主管税务机关核实，而不应拒不申报。

5. √

6. ×【解析】需要说明的是，作为土地增值税扣除项目的房地产开发费用，不是按纳税人的房地产开发项目实际发生的费用进行扣除，而是依据税法的规定标准，按照取得土地使用权所支付的金额和房地产开发成本之和的一定比例扣除。

7. √

8. ×【解析】根据《财政部、国家税务总局关于营改增后契税、房产税、土地增值税、个人所得税计税依据问题的通知》（财税［2016］43 号）的规定，土地增值税扣除项目涉及的增值税进项税额，允许在销项税额中计算抵扣的，不计入扣除项目；不允许在销项税额中计算抵扣的，可以计入扣除项目。

9. √

10. ×【解析】纳税人应于转让房地产合同签订之日起 7 日内，到房地产所在地的主管税务机关办理纳税申报。

（四）单项选择题

1. D【解析】纳税人有下列情况之一的，需要对房地产进行评估，并以房地产的评估价格来确定转让房地产收入、扣除项目的金额：①出售旧房及建筑物的；②隐瞒、虚报房地产成交价格的；③提供扣除项目金额不实的；④转让房地产的成交价格低于房地产评估价格且无正当理由的。

2. D【解析】选项 A、选项 B、选项 C 属于主管税务机关可要求纳税人进行土地增值税清算的情形。

3. D【解析】选项 D：扣除项目中的开发费用，其计算扣除的具体比例由省、自治区、直辖市人民政府规定。

4. B【解析】选项 B：在进行土地增值税清算时，已全额开具商品房销售发票的，按照发票所载金额确认收入；未开具发票或未全额开具发票的，以交易双方签订的销售合同所载的售房金额及其他收益确认收入。

5. B【解析】选项 B：房地产企业用建造的该项目房地产安置回迁户的，房地产开发企业支付给回迁户的补差价款，计入拆迁补偿费；回迁户支付给房地产开发企业的补差价款，应抵减本项目的拆迁补偿费。

6. C【解析】纳税人应自转让房地产合同签订后7日内，向房地产所在地的主管税务机关办理土地增值税纳税申报。

7. A【解析】计算土地增值税时可以扣除的取得土地使用权所支付的金额为：

$$(3\,000+90)\times70\%\times90\%=1\,946.7(\text{万元})$$

计算土地增值税时可以扣除的房地产开发成本为：

$$(200+1\,600+300+400)\times90\%=2\,250(\text{万元})$$

计算土地增值税时可以扣除的房地产开发费用为：

$$(1\,946.7+2\,250)\times10\%=419.67(\text{万元})$$

8. C【解析】房地产开发费用为：

$$70+(800+600)\times5\%=140(\text{万元})$$

与转让房地产有关的税金为：

$$3\,000\times5\%\times(7\%+3\%)=15(\text{万元})$$

扣除项目金额合计为：

$$800+600+140+15+(800+600)\times20\%=1\,835(\text{万元})$$

增值额为：

$$3\,000-1\,835=1\,165(\text{万元})$$

$$\text{增值率}=1\,165\div1\,835\times100\%=63.49\%$$

因而适用税率为40%，速算扣除系数为5%，应缴纳的土地增值税为：

$$1\,165\times40\%-1\,835\times5\%=466-91.75=374.25(\text{万元})$$

9. C【解析】房地产开发公司转让新建商品房，可按取得土地使用权所支付的金额和房地产开发成本之和加计扣除20%。取得土地使用权所支付的金额包括取得土地使用权所支付的地价款和按照国家统一规定缴纳的有关费用（包括契税），房地产开发成本包括土地征用及拆迁补偿费（包括耕地占用税）、前期工程费、建筑安装工程费、基础设施费、公共配套设施费、开发间接费用（包括支付建筑人员的工资）等。

10. A【解析】与转让房地产有关的税金为：

$$600\times0.5‰+(600-280)\times\frac{5\%}{1+5\%}\times(7\%+3\%+2\%)=2.13(\text{万元})$$

扣除项目金额合计为：

$$700\times60\%+2.13=422.13(\text{万元})$$

不含增值税收入为：

$$600-(600-280)\times\frac{5\%}{1+5\%}=584.76(\text{万元})$$

增值额为：

$$584.76-422.13=162.63(\text{万元})$$

增值率为：

$$162.63\div422.13\times100\%=38.53\%$$

因而适用的税率为30%，该房地产开发企业应缴纳的土地增值税为：

162.63×30%＝48.79(万元)

11. B【解析】扣除项目金额为：

50＋200＋40＋60＋(50＋200)×20%＝400(万元)

土地增值额为：

1 000－400＝600(万元)

增值额与扣除项目金额之比为：

600÷400×100%＝150%

应缴纳的土地增值税为：

600×50%－400×15%＝240(万元)

12. D【解析】重置成本与成新度的乘积为评估价格，因而评估价格为：

2 000×70%＝1 400(万元)

13. A【解析】纳税人是法人的，如果转让的房地产坐落地与其机构所在地或经营所在地不一致，则应在房地产坐落地的主管税务机关申报纳税。

14. C【解析】对于纳税人提供扣除项目金额不实的行为，应由评估机构按照房屋重置成本乘以成新度折扣率计算的房屋成本价和取得土地使用权时的基准地价进行评估。

15. D【解析】土地增值税的纳税人转让房地产取得的收入，包括货币收入、非货币收入，但不包括租金收入，因为出租没有发生房地产产权的转移。

16. D【解析】选项A属于暂不征收土地增值税，选项B、选项C均未发生房地产的权属变更，不是土地增值税的征收范围。

17. B【解析】扣除项目金额为：

$$50+200+40+1\,000\times\frac{10\%}{1+10\%}\times(7\%+3\%)+(50+200)\times20\%=349.09(\text{万元})$$

土地增值额为：

1 000÷1.10－349.09＝560.00(万元)

增值额与扣除项目金额之比为：

$$\frac{560.00}{349.09}\times100\%=160.42\%$$

应缴纳的土地增值税为：

560.00×50%－349.09×15%＝227.64(万元)

（五）多项选择题

1. CD【解析】选项A：契税在“取得土地使用权所支付的金额”中反映。选项B：增值税属于价外税，不能作为“与转让房地产有关的税金”进行扣除。

2. ACD【解析】纳税人有下列情形之一的，税务机关可以按规定核定征收土地增值税：①依照法律、行政法规的规定应当设置但未设置账簿的；②擅自销毁账簿或者拒不提供纳税资料的；③虽设置账簿，但账目混乱或者成本资料、收入凭证、费用凭证残缺不全，难以确定转让收入或扣除项目金额的；④符合土地增值税清算条件，企业未按照规定的期限办理清算手续，经税务机关责令限期清算，逾期仍不清算的；⑤申报的计税依据明显偏低且无正当理由的。

3. BC【解析】选项 B：企业取得土地使用权时支付的耕地占用税计入“房地产开发成本”中扣除。选项 C：房地产开发企业逾期开发缴纳的土地闲置费不得扣除。

4. ABC【解析】选项 A：纳税人建造普通标准住宅出售，增值额未超过扣除项目金额 20%的，免征土地增值税；增值额超过扣除项目金额 20%的，就全部增值额缴纳土地增值税。选项 B：因城市实施规划、国家建设的需要而搬迁，由纳税人自行转让原房地产，免征土地增值税。选项 C：纳税人是法人的，当转让的房地产坐落地与其机构所在地或经营所在地不一致时，应在房地产坐落地的主管税务机关申报缴纳土地增值税。

5. ABCD【解析】房地产开发企业将开发产品用于职工福利、奖励、对外投资、分配给股东或投资人、抵偿债务、换取其他单位和个人的非货币性资产等，在发生所有权转移时应视同销售房地产，按照规定缴纳土地增值税。

6. BD【解析】选项 A：对于转让旧房及建筑物，既没有评估价格，又不能提供购房发票的，税务机关可以根据规定实行核定征收。选项 C：因城市实施规划、国家建设的需要而搬迁，由纳税人自行转让原房地产，免征土地增值税。

7. BCD【解析】选项 A：已竣工验收的房地产开发项目，已转让的房地产建筑面积占整个项目可售建筑面积的比例在 85%以上，或该比例虽未超过 85%，但剩余的可售建筑面积已经出租或自用的，主管税务机关可要求纳税人进行土地增值税清算。

8. ABD【解析】选项 C：因国家建设需要而被政府征收、收回的房地产，房地产的所有权属已发生转移，属于土地增值税的征税范围，但给予免征土地增值税的税收优惠政策。

9. AC【解析】选项 B：纳税人是法人的，当转让的房地产坐落地与其机构所在地或经营所在地不一致时，应在房地产坐落地的主管税务机关申报缴纳土地增值税；选项 D：纳税人是自然人的，当转让的房地产坐落地与其居住所在地不一致时，在办理过户手续所在地的税务机关申报缴纳土地增值税。

10. ABC【解析】选项 D：国有土地使用权出让不征土地增值税。

（六）简答题

1. 【解析】开征土地增值税可以增强国家对房地产开发和房地产交易市场的调控。开征土地增值税可以利用税收杠杆对房地产业的开发、经营和房地产市场进行适当调控，抑制房价的过快上涨，以保护房地产业和房地产市场的健康发展，控制投资规模，促进土地资源的合理利用，调节部分单位和个人通过炒买、炒卖房地产取得的高额收入。

开征土地增值税可以增加国家财政收入。在我国，土地资源属国家所有，国家为土地的完整、不受侵犯及开发投入了巨额资金，因而应参与土地增值收益分配，并取得较大份额。对土地增值收益征税，可以为增加国家财政收入开辟新的财源。土地增值税属于地方财政收入，有利于地方政府积累资金进行经济建设。

2. 【解析】土地增值税税率设计的基本原则是增值多的多征，增值少的少征，无增值的不征。

土地增值税实行四级超率累进税率：

（1）增值额未超过扣除项目金额50%的部分，税率为30%。

（2）增值额超过扣除项目金额50%、未超过扣除项目金额100%的部分，税率为40%。

（3）增值额超过扣除项目金额100%、未超过扣除项目金额200%的部分，税率为50%。

（4）增值额超过扣除项目金额200%的部分，税率为60%。

上述所列四级超率累进税率，每级“增值额未超过扣除项目金额”的比例，均包括本比例数。

3.**【解析】**土地增值税的征税范围是指转移房地产。

土地增值税是对转移房地产的行为征税。

转移房地产是指下列行为：

（1）转让土地使用权、地上的建筑物及其附着物。

（2）出让集体土地使用权、地上的建筑物及其附着物，或以集体土地使用权、地上的建筑物及其附着物作价出资、入股。

4.**【解析】**土地增值税的特点包括：

（1）以转让房地产取得的增值额为计税依据。我国的土地增值税属于“土地转移增值税”类型，是将土地、房屋的转让收入合并征收的。其中，增值额是纳税人转让房地产的收入减除税法规定的准予扣除项目金额后的余额。

（2）征税面比较广。凡在我国境内转移房地产并取得收入的单位和个人，除税法规定免税的以外，均应依照《土地增值税暂行条例》的规定缴纳土地增值税。也就是说，凡发生应税行为的单位和个人，不论其经济性质，也不分内、外资企业或中、外籍人员，无论专营或兼营房地产业务，均有缴纳土地增值税的义务。

（3）实行超率累进税率。土地增值税的税率是以转移房地产的增值率高低作为依据，按照累进原则设计，实行分级计税。增值率高的，适用税率高、多纳税；增值率低的，适用税率低、少纳税。

（4）按次征收。土地增值税是在房地产发生转让的环节实行按次征收，每发生一次转让行为，就应根据每次取得的增值额征收一次土地增值税。

（5）采用扣除法和评估法计算增值额。土地增值税在计算方法上考虑了我国的实际情况，以纳税人转移房地产取得的收入，减除法定扣除项目金额后的余额作为计税依据。对旧房及建筑物的转让以及对纳税人转让房地产申报不实、成交价格偏低的，则采用评估价格法确定增值额并计征土地增值税。

5.**【解析】**土地增值税的税收优惠政策包括：

（1）对于下列情形，可以减征或免征土地增值税：

1）纳税人建造保障性住房出售，增值额未超过扣除项目金额20%的，免征土地增值税。

2）因国家建设需要依法征收、收回的房地产，免征土地增值税。

3）国务院可以根据国民经济和社会发展的需要规定其他减征或免征土地增值税的情形，并报全国人民代表大会常务委员会备案。

（2）省、自治区、直辖市人民政府可以决定对下列情形减征或者免征土地增值税，并报同级人民代表大会常务委员会备案：

1）纳税人建造普通标准住宅出售，增值额未超过扣除项目金额20%的。

纳税人建造普通标准住宅出售，增值额未超过扣除项目金额20%的，免征土地增值税；增值额超过扣除项目金额20%的，应就其全部增值额按规定计税。

对于纳税人既建造普通标准住宅，又从事其他房地产开发的，应分别核算增值额。不分别核算增值额或不能准确核算增值额的，其建造的普通标准住宅不能适用这一免税规定。

2）房地产市场较不发达、地价水平较低地区的纳税人出让集体土地使用权、地上的建筑物及其附着物，或以集体土地使用权、地上的建筑物及其附着物作价出资、入股的。

（七）计算题

1.**【解析】**土地直接转让不享受加计扣除的优惠。可扣除项目金额为：

1 200＋40＋35＝1 275(万元)

增值额为：

1 800－1 275＝525(万元)

增值率为：

525÷1 275×100%＝41.18%

应缴纳的土地增值税为：

525×30%＝157.5(万元)

2.**【解析】**扣除项目金额为：

80×(1＋5%×5)＋(200－80)×5%×(7%＋3%＋2%)＋80×4%＝103.92(万元)

增值额为：

200－103.92＝96.08(万元)

3.**【解析】**扣除项目金额合计为：

3 400＋3 400×10%＋3 400×20%＋504＝4 924(万元)

增值额为：

9 000－4 924＝4 076(万元)

增值率为：

$$\frac{\text{增值额}}{\text{扣除项目金额}}=\frac{4\,076}{4\,924}\times 100\%=82.78\%$$

因而适用的税率为40%，速算扣除系数为5%，应缴纳的土地增值税税额为：

4 076×40%－4 924×5%＝1 384.2(万元)

4.**【解析】**纳税人转让旧房的，应按房屋及建筑物的评估价格，将取得土地使用权所支付的地价款或出让金和按国家统一规定缴纳的有关费用以及转让环节缴纳的税费作为扣除项目金额。该办公楼的增值额为：

500－800×50%－30＝70(万元)

增值率为：

$$\frac{70}{800\times 50\%+30}\times 100\%=16.28\%$$

由于增值额未超过扣除项目金额的50%，因而适用的税率为30%，故该公司转让办公楼应缴纳的土地增值税为：

70×30%=21(万元)

(八) 综合题

1.【解析】(1) 税法规定：已竣工验收的房地产开发项目，已转让的房地产建筑面积占整个项目可售建筑面积的比例在85%以上，或该比例虽未超过85%，但剩余的可售建筑面积已经出租或自用的，主管税务机关可要求纳税人进行土地增值税清算。

(2) 要根据配比原则计算当期可扣除的项目金额，可扣除的取得土地使用权所支付的金额为：

3 500×(1+3%)×70%=2 523.5(万元)

(3) 可扣除的房地产开发成本为：

1 500×70%=1 050(万元)

(4) 纳税人能够按转让房地产项目计算分摊利息支出，并能提供金融机构贷款证明的，其允许扣除的房地产开发费用为利息+(取得土地使用权支付的金额+房地产开发成本)×5%以内，对于超过贷款期限加罚的利息不允许扣除。因此，可扣除的房地产开发费用为：

80×70%+(2 523.5+1 050)×4%=198.94(万元)

(5) 与转让房地产有关的税金为：

$$9\,800\times0.5‰+(9\,800-3\,500\times70\%)\times\frac{10\%}{1+10\%}\times(5\%+3\%+2\%)$$

$$=4.9+668.18\times(5\%+3\%+2\%)=71.72(万元)$$

(6) 对于从事房地产开发的纳税人，允许按取得土地使用权时所支付的金额和房地产开发成本之和，加计20%扣除；因此，可扣除项目金额合计为：

2 523.5+1 050+198.94+71.72+(2 523.5+1 050)×20%=4 558.86(万元)

增值额为：

9 800−668.18−4 558.86=4 572.96(万元)

增值率为：

4 572.96÷4 558.86×100%=100.31%

应缴纳土地增值税为：

4 572.96×50%−4 558.86×15%=1 602.65(万元)

2.【解析】(1) 应扣除的取得土地使用权所支付的金额为：

$$(4\,000+160)\times\frac{1}{2}=2\,080(万元)$$

(2) 应扣除的房地产开发成本为：

$$3\,000\times\frac{1}{2}=1\,500(万元)$$

(3) 应扣除的房地产开发费用为：

$(2\ 080+1\ 500)\times10\%=358$（万元）

(4) 应扣除的与转让房地产有关的税金。城市维护建设税与两个附加为：

$6\ 500\times5\%\times(5\%+3\%+2\%)=32.5$（万元）

印花税为：

$6\ 500\times0.5‰=3.25$（万元）

可扣除税金合计为：

$32.5+3.25=35.75$（万元）

(5) 扣除项目总额为：

$2\ 080+1\ 500+358+35.75=3\ 973.75$（万元）

增值额为：

$6\ 500-3\ 973.75=2\ 526.25$（万元）

增值率为：

$$\frac{2\ 526.25}{3\ 973.75}\times100\%=63.57\%$$

因而适用的税率为40%，速算扣除系数为5%，故应缴纳的土地增值税为：

$2\ 526.25\times40\%-3\ 973.75\times5\%=1\ 010.5-198.69=811.81$（万元）

(6) 企业应缴纳的增值税、城市维护建设税和教育费附加、地方教育附加为：

$(6\ 500+15)\times5\%\times(1+5\%+3\%+2\%)=325.75\times(1+5\%+3\%+2\%)$

$=358.33$（万元）

(7) 应缴纳的房产税为：

$15\times12\%=1.8$（万元）

第八章

其他税种

一、学习目的与要求

本章主要介绍其他税种，包括城市维护建设税、资源税、城镇土地使用税、耕地占用税、房产税、车船税、印花税、车辆购置税、契税、烟叶税、环境保护税、船舶吨税。通过对本章理论知识和案例的学习，首先，学生应该理解并掌握这十二个税种的概念、税目、税率和征税范围，并重点掌握其应纳税额的计算。其次，学生还需要掌握部分税种的税收优惠和征收管理。

二、重点与难点

(一) 城市维护建设税的纳税人、税率及应纳税额的计算

(1) 城市维护建设税的纳税人是指负有缴纳增值税、消费税义务的单位及个人，包括国有企业、集体企业、私营企业、股份制企业、其他企业和行政单位、事业单位、军事单位、社会组织、其他单位，以及个体工商户及其他个人。

自 2010 年 12 月 1 日起，对外商投资企业、外国企业及外籍个人（以下简称“外资企业”）征收城市维护建设税。

城市维护建设税的扣缴义务人为负有增值税、消费税扣缴义务的单位和个人，在扣缴增值税、消费税的同时扣缴城市维护建设税。

(2) 城市维护建设税的税率是指纳税人应缴纳的城市维护建设税税额与纳税人实际

缴纳的增值税和消费税税额之间的比率。城市维护建设税实行地区差别税率，根据纳税人所在地的不同，设置了三档地区差别税率：

1）纳税人所在地为市区的，税率为7%。

2）纳税人所在地在县城、镇的，税率为5%。

3）纳税人所在地不在市区、县城或镇的，税率为1%。

（3）城市维护建设税纳税人的应纳税额大小是由纳税人实际缴纳的增值税和消费税税额决定的，其计算公式为：

应纳税额＝纳税人实际缴纳的增值税、消费税税额×适用税率

（二）资源税的概念、纳税人、税目、税率

（1）资源税是对在中华人民共和国领域和中华人民共和国管辖的其他海域开发应税资源的单位和个人征收的一种税，属于对自然资源占用征税的范畴。

（2）资源税的纳税人是指在中华人民共和国领域和中华人民共和国管辖的其他海域开发应税资源的单位和个人。

单位是指国有企业、集体企业、私有企业、股份制企业、其他企业和行政单位、事业单位、军事单位、社会组织及其他单位。个人是指个体经营者及其他个人。其他单位和个人包括外商投资企业、外国企业及外籍个人。

（3）税目。资源税包括5大类，下面又设有若干个子目。现行资源税的税目及子目主要是根据资源税的应税产品和纳税人开采资源的行业特点设置的。

1）能源矿产，包括原油、天然气等

2）金属矿产，包括黑色金属与有色金属。

3）非金属矿产，包括矿物类、岩石类和宝玉石类。

4）水气矿产，包括二氧化碳气、矿泉水等。

5）盐。

应税产品为矿产品的，包括原矿和选矿产品。

（4）资源税采取从价定率或者从量定额的办法计征，分别以应税产品的销售额乘以纳税人具体适用的比例税率或者以应税产品的销售数量乘以纳税人具体适用的定额税率计算，实施“级差调节”的原则。具体的资源税税目税率见下表。

资源税税目税率表

税目		征税对象	税率
能源矿产	原油	原矿	6%
	天然气、页岩气、天然气水合物	原矿	6%
	煤	原矿或者选矿	2%～10%
	煤成（层）气	原矿	1%～2%
	铀、钍	原矿	4%
	油页岩、油砂、天然沥青、石煤	原矿或者选矿	1%～4%
	地热	原矿	1%～20%或者每立方米1～30元

续表

税目			征税对象	税率
金属矿产	黑色金属	铁、锰、铬、钒、钛	原矿或者选矿	1%～9%
	有色金属	铜、铅、锌、锡、镍、锑、镁、钴、铋、汞	原矿或者选矿	2%～10%
		铝土矿	原矿或者选矿	2%～9%
		钨	选矿	6.5%
		钼	选矿	8%
		金、银	原矿或者选矿	2%～6%
		铂、钯、钌、锇、铱、铑	原矿或者选矿	5%～10%
		轻稀土	选矿	7%～12%
		中重稀土	选矿	20%
		铍、锂、锆、锶、铷、铯、铌、钽、锗、镓、铟、铊、铪、铼、镉、硒、碲	原矿或者选矿	2%～10%
非金属矿产	矿物类	高岭土	原矿或者选矿	1%～6%
		石灰岩	原矿或者选矿	1%～6%或者每吨（或者每立方米）1～10元
		磷	原矿或者选矿	3%～8%
		石墨	原矿或者选矿	3%～12%
		萤石、硫铁矿、自然硫	原矿或者选矿	1%～8%
		天然石英砂、脉石英、粉石英、水晶、工业用金刚石、冰洲石、蓝晶石、硅线石（矽线石）、长石、滑石、刚玉、菱镁矿、颜料矿物、天然碱、芒硝、钠硝石、明矾石、砷、硼、碘、溴、膨润土、硅藻土、陶瓷土、耐火黏土、铁矾土、凹凸棒石黏土、海泡石黏土、伊利石黏土、累托石黏土	原矿或者选矿	1%～12%
		叶蜡石、硅灰石、透辉石、珍珠岩、云母、沸石、重晶石、毒重石、方解石、蛭石、透闪石、工业用电气石、白垩、石棉、蓝石棉、红柱石、石榴子石、石膏	原矿或者选矿	2%～12%
		其他黏土（铸型用黏土、砖瓦用黏土、陶粒用黏土、水泥配料用黏土、水泥配料用红土、水泥配料用黄土、水泥配料用泥岩、保温材料用黏土）	原矿或者选矿	1%～5%或者每吨（或者每立方米）0.1～5元

续表

税目			征税对象	税率
非金属矿产	岩石类	大理岩、花岗岩、白云岩、石英岩、砂岩、辉绿岩、安山岩、闪长岩、板岩、玄武岩、片麻岩、角闪岩、页岩、浮石、凝灰岩、黑曜岩、霞石正长岩、蛇纹岩、麦饭石、泥灰岩、含钾岩石、含钾砂页岩、天然油石、橄榄岩、松脂岩、粗面岩、辉长岩、辉石岩、正长岩、火山灰、火山渣、泥炭	原矿或者选矿	1%～10%
		砂石	原矿或者选矿	1%～5%或者每吨（或者每立方米）0.1～5元
	宝玉石类	宝石、玉石、宝石级金刚石、玛瑙、黄玉、碧玺	原矿或者选矿	4%～20%
水气矿产	二氧化碳气、硫化氢气、氦气、氡气		原矿	2%～5%
	矿泉水		原矿	1%～20%或者每立方米1～30元
盐	钠盐、钾盐、镁盐、锂盐		选矿	3%～15%
	天然卤水		原矿	3%～15%或者每吨（或者每立方米）1～10元
	海盐			2%～5%

（三）城镇土地使用税的概念、特点、征税范围、税收优惠和应纳税额

（1）城镇土地使用税是以国有土地或集体土地为征税对象，对拥有土地使用权的单位和个人征收的一种税。现行城镇土地使用税的基本法律规范是2006年12月31日国务院颁布的《中华人民共和国城镇土地使用税暂行条例》（以下简称《城镇土地使用税暂行条例》），自2007年1月1日起施行。2013年12月4日国务院第32次常务会议做了部分修改。

（2）城镇土地使用税的特点。

1）征税对象是国有土地。城镇土地使用税以土地面积为征税对象，向土地使用人征收，属于以有偿占用为特点的行为税类型。

2）征税范围广。城镇土地使用税的征税范围包括城市、县城、建制镇、工矿区内的国家和集体所有的土地。因此，城镇土地使用税将在筹集地方财政资金、调节土地使用和收益分配方面发挥积极的作用。

3）实行差别幅度定额税率。对不同城镇适用不同税额，对同一城镇的不同地段，根据市政建设状况和经济繁荣程度确定不等的负担水平。

（3）城镇土地使用税的征税范围是在城市、县城、建制镇、工矿区内的国家和集体所有的土地。

上述城市、县城、建制镇和工矿区按以下标准确认：

1）城市是指经国务院批准设立的市。

2）县城是指县人民政府所在地。

3）建制镇是指经省、自治区、直辖市人民政府批准设立的建制镇。

4）工矿区是指工商业比较发达、人口比较集中、符合国务院规定的建制镇标准，但尚未设立建制镇的大中型工矿区企业所在地。工矿区须经省、自治区、直辖市人民政府批准。

建立在城市、县城、建制镇和工矿区以外的工矿区企业不需缴纳城镇土地使用税。

另外，自 2009 年 1 月 1 日起，公园、名胜古迹内的索道公司经营用地，应按规定缴纳城镇土地使用税。

（4）城镇土地使用税的免税项目有：

1）国家机关、人民团体、军队自用的土地。这部分土地是指这些单位本身的办公用地和公务用地，如国家机关、人民团体的办公楼用地，军队的训练场用地等。

2）由国家财政部门拨付事业经费的单位自用的土地。这部分土地是指这些单位本身的业务用地，如学校的教学楼、操场、食堂等占用的土地。

3）宗教寺庙、公园、名胜古迹自用的土地。宗教寺庙自用的土地是指举行宗教仪式等的用地和寺庙内宗教人员的生活用地。

公园、名胜古迹自用的土地是指供公共参观游览的用地及其管理单位的办公用地。

以上单位的生产经营用地和其他用地，不属于免税范围，应按规定缴纳土地使用税。例如，公园、名胜古迹中附设的营业单位，如影剧院、饮食部、茶社、照相馆等使用的土地。

4）市政街道、广场、绿化地带等公共用地。

5）直接用于农、林、牧、渔业的生产用地。这部分土地是指直接从事种植、养殖、饲养的专业用地，不包括农副产品加工场地和生活办公用地。

6）经批准开山填海整治的土地和改造的废弃土地，从使用的月份起免缴土地使用税5～10 年，具体免税期限由各省、自治区、直辖市税务机关在《城镇土地使用税暂行条例》规定的期限内自行确定。

7）对非营利性医疗机构、疾病控制机构和妇幼保健机构等卫生机构自用的土地，免征城镇土地使用税。

8）企业办的学校、医院、托儿所、幼儿园，其用地能与企业其他用地明确区分的，免征城镇土地使用税。

9）免税单位无偿使用纳税单位的土地，免征城镇土地使用税。纳税单位无偿使用免税单位的土地，纳税单位应照章缴纳城镇土地使用税。纳税单位与免税单位共同使用、共有使用权土地上的多层建筑，对纳税单位可按其占用的建筑面积占建筑总面积的比例计征城镇土地使用税。

10）对行使国家行政管理职能的中国人民银行总行（含国家外汇管理局）所属分支机构自用的土地，免征城镇土地使用税。

11）为了体现国家的产业政策，对一些特殊用地给予政策性减免税照顾。

第一，对石油天然气生产建设中用于地质勘探、钻井、井下作业、油气田地面工程等施工临时用地，暂免征收城镇土地使用税。

第二，对企业的铁路专用线、公路等用地，在厂区以外、与社会公用地段未加隔离的，暂免征收城镇土地使用税。

第三，对企业厂区以外的公共绿化用地和向社会开放的公园用地，暂免征收城镇土地使用税。

第四，对盐场的盐滩、盐矿的矿井用地，暂免征收城镇土地使用税。

12）自 2016 年 1 月 1 日至 2018 年 12 月 31 日，对专门经营农产品的农产品批发市场、农贸市场使用（包括自有和承租）的土地，暂免征收城镇土地使用税。对同时经营其他产品的农产品批发市场和农贸市场使用的土地，按其他产品与农产品交易场地面积的比例确定征免城镇土地使用税。

13）由省、自治区、直辖市税务机关确定的减免税项目。

第一，个人所有的居住房屋及院落用地。

第二，房产管理部门在房租调整改革前经租的居民住房用地。

第三，免税单位职工家属的宿舍用地。

第四，集体和个人办的各类学校、医院、托儿所、幼儿园用地。

（5）应纳税额的计算。城镇土地使用税应纳税额的计算公式为：

全年应纳税额＝实际占用应税土地面积(平方米)×适用税率

（四）耕地占用税的概念、特点、征税范围、应纳税额和税收优惠

（1）耕地占用税是对占用耕地建房或从事其他非农业建设的单位和个人，就其实际占用的耕地面积征收的一种税，它属于对特定土地资源占用征税。我国现行耕地占用税的基本法律规范是 2007 年 12 月 1 日国务院重新颁布的《中华人民共和国耕地占用税暂行条例》（以下简称《耕地占用税条例》）。

（2）耕地占用税的特点。

1）兼具资源税与特定行为税的性质。耕地占用税以占用农用耕地建房或从事其他非农用建设的行为为征税对象，以约束纳税人占用耕地的行为、促进土地资源的合理运用为征税目的，除具有资源税的属性外，还具有明显的特定行为税的特点。

2）采用地区差别税率。耕地占用税采用地区差别税率，根据不同地区的具体情况，分别制定差别税额，以适应我国地域辽阔、各地区之间耕地质量差别较大、人均占有耕地面积相差悬殊的具体情况，具有因地制宜的特点。

3）在占用耕地环节一次性征收。耕地占用税在纳税人获准占用耕地的环节征收，除对获准占用耕地后超过两年未使用者须加征耕地占用税外，此后不再征收耕地占用税。因此，耕地占用税具有一次性征收的特点。

4）税收收入专用于耕地开发与改良。耕地占用税收入按规定应用于建立发展农业专项基金，主要用于开展宜耕土地开发和改良现有耕地。因此，耕地占用税具有“取之于地、用之于地”的补偿性特点。

（3）征税范围。耕地占用税的征税范围包括纳税人为建房或从事其他非农业建设而占用的国家所有和集体所有的耕地。

建房包括建设建筑物和构筑物。耕地是指种植农业作物的土地，包括菜地、园地。其中，园地包括花圃、苗圃、茶园、果园、桑园和其他种植经济林木的土地。

占用林地、牧草地、农田水利用地、养殖水面以及渔业水域滩涂等其他农用地建房或者从事非农业建设的，比照占用耕地情况征收耕地占用税，其适用税额可以适当低于当地占用耕地的适用税额，具体适用税额按照各省、自治区、直辖市人民政府的规定执行。

纳税人临时占用耕地，应当依照《中华人民共和国耕地占用税暂行条例》的规定缴纳耕地占用税。纳税人在批准临时占用耕地的期限内恢复所占用耕地原状的，全额退还已经缴纳的耕地占用税。

建设直接为农业生产服务的生产设施占用林地、牧草地、农田水利用地、养殖水面以及渔业水域滩涂等其他农用地的，不征收耕地占用税。

(4) 耕地占用税以纳税人占用耕地的面积为计税依据，以每平方米为计税单位，按适用的定额税率计税。其计算公式为：

应纳税额＝实际占用的耕地面积(平方米)×适用定额税率

(5) 税收优惠。

1) 免征耕地占用税。

第一，军事设施占用耕地。

第二，学校、幼儿园、养老院、医院占用耕地。

第三，农村烈士遗属、因公牺牲军人遗属、残疾军人以及符合农村最低生活保障条件的农村居民，在规定用地标准以内新建自用住宅，免征耕地占用税。

2) 减征耕地占用税。

第一，铁路线路、公路线路、飞机场跑道、停机坪、港口、航道占用耕地，减按每平方米 2 元的税额征收耕地占用税。

根据实际需要，国务院财政、税务主管部门商国务院有关部门并报国务院批准后，可以对上述规定的情形免征或者减征耕地占用税。

第二，农村居民占用耕地新建住宅，按照当地适用税额减半征收耕地占用税。其中，农村居民经批准搬迁，新建自用住宅占用耕地不超过原宅基地面积的部分，免征耕地占用税。

(五) 房产税的概念、征税范围、计税依据、税收优惠和应纳税额计算

(1) 房产税是以房屋为征税对象，按照房屋的计税余值或租金收入，向产权所有人征收的一种财产税。我国现行房产税的基本规范是 1986 年 9 月 15 日国务院颁布的《中华人民共和国房产税暂行条例》。

(2) 房产税的征税范围为城市、县城、建制镇和工矿区。房产税的征税范围不包括农村，这主要是为了减轻农民的负担。农村房屋不纳入房产税征税范围，有利于农业发展、繁荣农村经济和社会稳定。

(3) 房产税的计税依据是房产的计税价值或房产的租金收入。按照房产计税价值计征的，称为从价计证；按照房产租金收入计征的，称为从租计征。

(4) 税收优惠。免征房产税的项目为：

1）国家机关、人民团体、军队自用的房产，免征房产税。但是，上述免税单位的出租房产以及非自身业务使用的生产、营业用房，不属于免税范围。

2）由国家财政部门拨付事业经费的单位（如学校、医疗卫生单位、托儿所、幼儿园、敬老院、文化、体育、艺术这些实行全额或差额预算管理的事业单位）所有的、在本身业务范围内使用的房产，免征房产税。

3）宗教寺庙、公园、名胜古迹自用的房产，免征房产税。但是，其附设的营业单位（如影剧院、饮食部、茶社、照相馆等）使用的房产及出租的房产，不属于免税范围，应照章纳税。

4）个人拥有的非营业用房产，免征房产税。对个人拥有的营业用房或者出租的房产，不属于免税房产，应照章纳税。

5）对行使国家行政管理职能的中国人民银行总行（含国家外汇管理局）所属分支机构自用的房产，免征房产税。

6）经财政部批准免税的其他房产。

这类免税房产的情况特殊、范围较小，是根据实际情况确定的，主要包括：

第一，损坏不堪使用的房屋和危险房屋，经有关部门鉴定，在停止使用后，可免征房产税。

第二，纳税人因房屋大修导致连续停用半年以上的，在房屋大修期间免征房产税，免征税额由纳税人在申报缴纳房产税时自行计算扣除，并在申报表附表或备注栏中做相应说明。

第三，在基建工地为基建工地服务的各种工棚、材料棚、休息棚和办公室、食堂、茶炉房、汽车房等临时性房屋，在施工期间，一律免征房产税。但工程结束后，施工企业将这种临时性房屋交还或估价转让给基建单位的，应从基建单位接受的次月起，照章纳税。

第四，为鼓励利用地下人防设施，暂不征收房产税。

第五，对非营利性医疗机构、疾病控制机构和妇幼保健机构等卫生机构自用的房产，免征房产税。

第六，老年服务机构自用的房产，免征房产税。

第七，对按政府规定价格出租的公有住房和廉租住房，暂免征收房产税。

第八，对提供居民供热并向居民收取采暖费的供热企业，暂免征收房产税。供热企业不包括从事热力生产但不直接向居民供热的企业。

第九，企业办的各类学校、医院、托儿所、幼儿园自用的房产，免征房产税。

第十，天然林保护工程相关房产免税。

(5) 根据房产税计税依据的不同，对房产税应纳税额的计算分为两种：一是从价计征；二是从租计征。

1）从价计征。从价计征是按房产的原值减除一定比例后的余值计征。其计算公式为：

应纳税额＝应税房产原值×(1－扣除比例)×1.2%

2）从租计征是按房产的租金收入计征。其计算公式为：

应纳税额＝租金收入×12%(或 4%)

（六）车船税的概念、征税范围、税率、应纳税额和税收优惠

(1) 车船税是指在中华人民共和国境内的车辆、船舶的所有人或者管理人按照《中华人民共和国车船税法》应缴纳的一种税。现行车船税的基本法律规范是 2011 年 2 月 25 日由中华人民共和国第十一届全国人民代表大会常务委员会第十九次会议通过的《中华人民共和国车船税法》（以下简称《车船税法》），自 2012 年 1 月 1 日起施行。

(2) 车船税的征税范围是指在中华人民共和国境内属于《车船税法》所附《车船税税目税额表》规定的车辆、船舶。车辆、船舶是指：

1）依法应当在车船管理部门登记的机动车辆和船舶。

2）依法不需要在车船管理部门登记、在单位内部场所行驶或者作业的机动车辆和船舶。

车辆包括机动车辆和非机动车辆。船舶包括机动船舶和非机动船舶。

(3) 车船税采用定额税率，即对征税的车船规定单位固定税额。车船税的税额也有所不同，见下表。

车船税税目税额表

<table>
<tr><th></th><th>目录</th><th>计税单位</th><th>年基准税额（元）</th><th>备注</th></tr>
<tr><td rowspan="7">乘用车按发动机气缸容量（排气量分档）</td><td>1.0 升（含）以下</td><td rowspan="7">每辆</td><td>60～360</td><td rowspan="7">核定载客人数 9 人（含）以下</td></tr>
<tr><td>1.0 升以上至 1.6 升（含）</td><td>360～660</td></tr>
<tr><td>1.6 升以上至 2.0 升（含）</td><td>660～960</td></tr>
<tr><td>2.0 升以上至 2.5 升（含）</td><td>960～1 620</td></tr>
<tr><td>2.5 升以上至 3.0 升（含）</td><td>1 620～2 460</td></tr>
<tr><td>3.0 升以上至 4.0 升（含）</td><td>2 460～3 600</td></tr>
<tr><td>4.0 升以上</td><td>3 600～5 400</td></tr>
<tr><td rowspan="2">商用车</td><td>客车</td><td>每辆</td><td>480～1 440</td><td>核定载客人数 9 人（包括电车）以上</td></tr>
<tr><td>货车</td><td>整备质量每吨</td><td>16～120</td><td>1. 包括半挂牵引车、挂车、客货两用汽车、三轮汽车和低速载货汽车等
2. 挂车按照货车税额的 50%计算</td></tr>
<tr><td rowspan="2">其他车辆</td><td>专用作业车</td><td>整备质量每吨</td><td>16～120</td><td rowspan="2">不包括拖拉机</td></tr>
<tr><td>轮式专用机械车</td><td>整备质量每吨</td><td>16～120</td></tr>
<tr><td>摩托车</td><td>—</td><td>每辆</td><td>36～180</td><td>—</td></tr>
<tr><td rowspan="2">船舶</td><td>机动船舶</td><td>净吨位每吨</td><td>3～6</td><td rowspan="2">拖船、非机动驳船分别按照机动船舶税额的 50%计算；游艇的税额另行规定</td></tr>
<tr><td>游艇</td><td>艇身长度每米</td><td>600～2 000</td></tr>
</table>

机动船舶的具体适用税额为：

1）净吨位小于或者等于200吨的，每吨3元。

2）净吨位为201～2 000吨的，每吨4元。

3）净吨位为2 001～10 000吨的，每吨5元。

4）净吨位为10 001吨以上的，每吨6元。

拖船按照发动机功率每一千瓦折合净吨位0.67吨计算征收车船税。

(4) 纳税人按照纳税地点所在的省、自治区、直辖市人民政府确定的具体适用税额缴纳车船税。对于纳税人购置的新车船，购置当年的应纳税额自纳税义务发生的当月起按月计算。其计算公式为：

$$应纳税额=\frac{年应纳税额}{12}\times 应纳税月份数$$

已缴纳车船税的车、船在同一纳税年度内办理转让过户的，不另纳税，也不退税。

(5) 税收优惠。

1）法定减免。

第一，捕捞、养殖渔船，是指在渔业船舶管理部门登记为捕捞船或者养殖船的船舶。

第二，军队、武装警察部队专用的车船，是指按照规定在军队、武装警察部队车船管理部门登记，并领取军队、武警牌照的车船。

第三，警用车船，是指公安机关、国家安全机关、监狱、人民法院、人民检察院领取警用牌照的车辆和执行警备的专用船舶。

第四，依照法律规定应当予以免税的外国驻华使领馆、国际组织驻华代表机构及其有关人员的车船。

第五，对节约能源的车辆，减半征收车船税；对使用新能源的车辆，免征车船税。对受严重自然灾害影响纳税困难以及有其他特殊原因确需减税、免税的，可以减征或者免征车船税。

第六，省、自治区、直辖市人民政府根据当地实际情况，可以对公共交通车船，农村居民拥有并主要在农村地区使用的摩托车、三轮汽车和低速载货汽车定期减征或者免征车船税。

2）特定减免。

第一，经批准临时入境的外国车船和香港特别行政区、澳门特别行政区、台湾地区的车船，不征收车船税。

第二，按照规定缴纳船舶吨税的机动船舶，自《车船税法》实施之日起5年内免征车船税。

第三，机场、港口内部行驶或作业的车船，自《车船税法》实施之日起5年内免征车船税。

（七）印花税的概念、纳税人、税目、税率、计税依据和征收管理

(1) 印花税是以经济活动和经济交往中书立、领受应税凭证的行为为征税对象而征收的一种税。印花税因其采用在应税凭证上粘贴印花税票的方法缴纳税款而

得名。

（2）订立、领受在中华人民共和国境内具有法律效力的应税凭证，或者在中华人民共和国境内进行证券交易的单位和个人，为印花税的纳税人。

单位和个人是指各类企业、事业、机关、团体、部队以及中外合资企业、中外合作企业、外资企业、外国公司和其他经济组织及其在华机构等单位和个人。

上述单位和个人，按照书立、使用、领受应税凭证的不同，可以分为立合同人、立据人、立账簿人、领受人、使用人、各类电子应税凭证的签订人和证券交易人。

1）立合同人。各类合同的纳税人是立合同人。立合同人是指合同的当事人。当事人是指对应税凭证有直接权利与义务关系的单位和个人，但不包括合同的担保人、证人、鉴定人。各类合同包括购销合同、加工承揽合同、建设工程承包合同、财产租赁合同、货物运输合同、仓储保管合同、借款合同、财产保险合同、技术合同或者具有合同性质的凭证。

2）立据人。产权转移书据的纳税人是立据人，是指在土地、房屋权属转移过程中买卖双方的当事人。所立书据以合同方式签订的，应由持有书据的各方分别按全额贴花。

3）立账簿人。营业账簿的纳税人是立账簿人。立账簿人是指设立并使用营业账簿的单位和个人。例如，企业单位因生产经营需要而设立了营业账簿，则该企业就是纳税人。

4）领受人。权利、许可证照的纳税人是领受人。领受人是指领取或接受并持有该项凭证的单位和个人。例如，某人因其发明创造，经申请依法取得国家相关机关颁发的专利证书，该人就是纳税人。

5）使用人。在国外书立、领受但在国内使用的应税凭证，其纳税人是使用人。

6）各类电子应税凭证的签订人。各类电子应税凭证的签订人是以电子形式签订各类应税凭证的当事人。

需要注意的是，对于应税凭证，凡由两方或者两方以上当事人共同书立的，其当事人各方都是印花税的纳税人，应各就其所持凭证的计税金额履行纳税义务。

7）证券交易人。在中华人民共和国境内进行证券交易的单位和个人均是印花税的纳税人。

证券登记结算机构为证券交易印花税的扣缴义务人。

（3）印花税的税率有两种形式，即比例税率和定额税率，见下表。

印花税税目税率表

税目		税率	备注
合同	买卖合同	支付价款的0.3‰	指动产买卖合同
	借款合同	借款金额的0.05‰	指银行业金融机构与借款人（不包括银行同业拆借）订立的借款合同
	融资租赁合同	租金的0.05‰	
	租赁合同	租金的1‰	
	承揽合同	支付报酬的0.3‰	

续表

税目		税率	备注
合同	建设工程合同	支付价款的 0.3‰	
	运输合同	运输费用的 0.3‰	指货运合同和多式联运合同（不包括管道运输合同）
	技术合同	支付价款、报酬或者使用费的 0.3‰	
	保管合同	保管费的 1‰	
	仓储合同	仓储费的 1‰	
	财产保险合同	保险费的 1‰	不包括再保险合同
产权转移书据	土地使用权出让和转让书据；房屋等建筑物和构筑物的所有权、股权（不包括上市和挂牌公司股票）、商标专用权、著作权、专利权、专有技术使用权转让书据	支付价款的 0.5‰	
权利、许可证照	不动产权证书、营业执照、商标注册证、专利证书	每件 5 元	
营业账簿		实收资本（股本）与资本公积合计金额的 0.25‰	
证券交易		成交金额的 1‰	对证券交易的出让方征收，不对证券交易的受让方征收

（4）计税依据。印花税的计税依据为各种应税凭证上记载的计税金额。

1）应税合同的计税依据为合同列明的价款或者报酬，不包括增值税税款；合同中的价款或者报酬与增值税税款未分开列明的，按照合计金额确定。

2）应税产权转移书据的计税依据为产权转移书据列明的价款，不包括增值税税款；产权转移书据中的价款与增值税税款未分开列明的，按照合计金额确定。

3）应税营业账簿的计税依据为营业账簿记载的实收资本（股本）与资本公积的合计金额。

4）应税权利、许可证照的计税依据，按件确定。

5）证券交易的计税依据为成交金额。

6）应税合同、产权转移书据未列明价款或者报酬的，按照下列方法确定计税依据：

① 按照订立合同、产权转移书据时的市场价格确定；依法应当执行政府定价的，按照其规定确定。

② 不能按照上述规定的方法确定的，按照实际结算的价款或者报酬确定。

7）以非集中交易方式转让证券且无转让价格的，按照办理过户登记手续前一个交易日的收盘价计算确定计税依据；办理过户登记手续前一个交易日无收盘价的，按照证券面值计算确定计税依据。

（5）应纳税额。印花税的应纳税额按照下列方法计算：

1）应税合同的应纳税额为价款或者报酬乘以适用税率。

2）应税产权转移书据的应纳税额为价款乘以适用税率。

3）应税营业账簿的应纳税额为实收资本（股本）与资本公积的合计金额乘以适用税率。

4）应税权利、许可证照的应纳税额为适用税额。

5）证券交易的应纳税额为成交金额或者按照规定计算确定的计税依据乘以适用税率。

6）同一应税凭证载有两个或者两个以上经济事项并分别列明价款或者报酬的，按照各自适用的税目及税率计算应纳税额；未分别列明价款或者报酬的，按税率高的计算应纳税额。

7）同一应税凭证由两方或者两方以上当事人订立的，应当按照各自涉及的价款或者报酬分别计算应纳税额。

（6）税收优惠。下列情形免征或者减征印花税：

1）应税凭证的副本或者抄本，免征印花税。

2）农民、农民专业合作社、农村集体经济组织、村民委员会购买农业生产资料或者销售自产农产品订立的买卖合同和农业保险合同，免征印花税。

3）无息或者贴息借款合同、国际金融组织向我国提供优惠贷款订立的借款合同、金融机构与小微企业订立的借款合同，免征印花税。

4）财产所有权人将财产赠予政府、学校、社会福利机构订立的产权转移书据，免征印花税。

5）军队、武警部队订立、领受的应税凭证，免征印花税。

6）转让、租赁住房订立的应税凭证，免征个人（不包括个体工商户）应当缴纳的印花税。

7）国务院规定免征或者减征印花税的其他情形。

（7）征收管理。

1）纳税方法。

第一，自行贴花办法。一般来说，这种办法适用于应税凭证较少或者贴花次数较少的纳税人。纳税人在书立、签订或者使用印花税法列举的应税凭证的同时，其纳税义务就已产生，纳税人应当根据应税凭证的性质和适用的税目税率自行计算应纳税额，自行购买印花税票，自行一次贴足印花税票并加以注销或画销。对于已贴花的凭证，若修改后所载金额增加，其增加部分应当补贴印花税票。凡多贴印花税票者，不得申请退税或者抵用。

第二，汇贴或汇缴办法。一般来说，这种办法适用于应纳税额较大或者贴花次数频繁的纳税人。

一份凭证应纳税额超过500元的，应向当地税务机关申请填写缴款书或者完税凭证，将其中一联粘贴在凭证上或者由税务机关在凭证上加注完税标记代替贴花。这就是通常所说的"汇贴办法"。

同一种类应税凭证需要频繁贴花的，纳税人可以根据实际情况自行决定是否采用按期汇总缴纳印花税的方式，汇总缴纳的期限为1个月。采用按期汇总缴纳方式的纳税人应事先告知主管税务机关。缴纳方式一经选定，1年内不得改变。主管税务机关对于要求以按期汇总缴纳方式缴纳印花税的纳税人，应加强日常监督、检查。

实行印花税按期汇总缴纳的单位，对征税凭证和免税凭证汇总时，凡分别汇总的，按本期征税凭证的汇总金额计算缴纳印花税；凡确属不能分别汇总的，应按本期全部凭证的实际汇总金额计算缴纳印花税。

凡汇总缴纳印花税的凭证，应在加注税务机关指定的汇缴戳记、编号并装订成册后，将已贴印花或者缴款书的一联粘附册后，然后盖章注销、保存备查。

第三，委托代征方法。该办法主要是通过税务机关的委托，经由发放或者办理应税凭证的单位代为征收印花税税款。税务机关应与代征单位签订代征委托书。税务机关委托市场监督管理部门代售印花税票，按代售金额5%的比例支付代售手续费。

2）纳税义务发生时间。印花税的纳税义务发生时间为纳税人订立、领受应税凭证或者完成证券交易的当日。证券交易印花税的扣缴义务发生时间为证券交易完成的当日。

3）纳税地点。单位纳税人应当向其机构所在地的主管税务机关申报缴纳印花税。个人纳税人应当向应税凭证订立、领受地或者居住地的税务机关申报缴纳印花税。

纳税人出让或者转让不动产产权的，应当向不动产所在地的税务机关申报缴纳印花税。

证券交易印花税的扣缴义务人应当向其机构所在地的主管税务机关申报缴纳扣缴的税款。

4）纳税申报。印花税按季、按年或者按次计征。实行按季、按年计征的，纳税人应当于季度、年度终了之日起15日内申报并缴纳税款。实行按次计征的，纳税人应当于纳税义务发生之日起15日内申报并缴纳税款。

证券交易印花税按周解缴。证券交易印花税的扣缴义务人应当于每周终了之日起5日内申报解缴税款及孳息。

已缴纳印花税的凭证所载价款或者报酬增加的，纳税人应当补缴印花税；已缴纳印花税的凭证所载价款或者报酬减少的，纳税人可以向主管税务机关申请退还印花税税款。

(八) 车辆购置税的概念、特点、纳税人、征税范围和应纳税额

(1) 车辆购置税是以在中国境内购置规定的车辆为征税对象、在特定的环节向车辆购置者征收的一种税。我国现行车辆购置税的基本法律规范是2018年12月29日第十三届全国人民代表大会常务委员会第七次会议通过并自2019年7月1日起施行的《中华人民共和国车辆购置税法》。

(2) 车辆购置税除具有税收的共同特点外，还有其自身的特点：

1）征税范围单一。车辆购置税以购置的特定车辆为征税对象，征税范围较窄。

2）征收环节单一。车辆购置税实行一次课征制，它不是在生产经营和消费的每一环节均征收，只是在退出流通领域进入消费领域的特定环节一次征收。

3）税率单一。车辆购置税均按统一的比例税率征收，其税率具有不随征税对象数额变动的特点，因而计征简便、负担稳定。

4）征收方法单一。车辆购置税根据纳税人购置应税车辆的计税价格实行从价计征，以价格为计税标准，征税与价值直接发生关系，价值高者多征税，价值低者少征税。

5）征税具有特定目的。车辆购置税具有专门用途，由中央财政根据国家交通建设投

资计划进行统筹安排。

6）价外征收，税负不易发生转嫁。车辆购置税的计税依据中不包含车辆购置税税额，车辆购置税税额是附加在价格之外的，且纳税人就是负税人，税负不易发生转嫁。

（3）车辆购置税的纳税人是指在我国境内购置应税车辆的单位和个人。单位包括国有企业、集体企业、私营企业、股份制企业、外商投资企业、外国企业以及其他企业、事业单位、社会组织、国家机关、部队及其他单位。

个人包括个体工商户及其他个人，既包括中国公民又包括外国公司。

（4）车辆购置税以列举的车辆作为征税对象，未列举的车辆不纳税。其征税范围包括汽车、有轨电车、汽车挂车和排气量超过150ml的摩托车。

（5）车辆购置税实行从价定率的方法计算应纳税额。其计算公式为：

应纳税额＝计税依据×税率

1）购买自用应税车辆应纳税额的计算。

第一，购买者随购买车辆支付的工具件和零部件价款应作为购车价款的一部分，并入计税依据中征收车辆购置税。

第二，支付的车辆装饰费应作为价外费用并入计税依据中计税。

第三，代收款项应区别征税。凡使用代收单位（受托方）票据收取的款项，应视作代收单位价外收费，购买者支付的价费款应并入计税依据中一并征税；凡使用委托方票据收取，受托方只履行代收义务和收取代收手续费的款项，应按其他税收政策规定征税。

第四，销售单位开给购买者的各种发票金额中包含增值税税款，因此在计算车辆购置税时，应换算为不含增值税的计税价格。

第五，销售单位开展优质销售活动所开票收取的有关费用，应属于经营性收入，企业在代理过程中按规定支付给有关部门的费用，企业已做经营性支出列支核算，其收取的各项费用在一张发票上难以划分的，应作为价外收入计算征税。

2）进口自用应税车辆应纳税额的计算。纳税人进口自用的应税车辆应纳税额的计算公式为：

应纳税额＝(关税计税价格＋关税＋消费税)×税率

3）纳税人自产自用应税车辆应纳税额的计算。纳税人自产自用应税车辆的计税价格，按照同类应税车辆（即车辆配置序列号相同的车辆）的销售价格确定，不包括增值税税款；没有同类应税车辆销售价格的，按照组成计税价格确定。相应的计算公式如下：

组成计税价格＝成本×(1＋成本利润率)

4）纳税人受赠、获奖或者以其他方式取得并自用应税车辆应纳税额的计算。纳税人受赠、获奖或者以其他方式取得并自用应税车辆，按照购置应税车辆时相关凭证载明的不含增值税价格乘以税率计算应纳税额。其计算公式为：

应纳税额＝相关凭证上载明的价格×税率

（九）契税的概念、征税对象、计税依据和应纳税额

（1）契税是以在中华人民共和国境内转移土地、房屋权属为征税对象，向产权承受

人征收的一种财产税。

(2) 契税的征税对象是境内转移的土地、房屋权属，具体包括以下五项内容：

1) 国有土地使用权出让。国有土地使用权出让是指土地使用者向国家交纳土地使用权出让费用，国家将国有土地使用权在一定年限内让予土地使用者的行为。

对承受国有土地使用权所应支付的土地出让金，要计征契税，不得因减免土地出让金而减免契税。

2) 土地使用权的转让，包括出售、赠予、交换。土地使用权的转让是指土地使用者以出售、赠予、交换或者其他方式将土地使用权转移给其他单位和个人的行为。土地使用权的转让不包括土地承包经营权和土地经营权的转移。

3) 房屋买卖。对已缴纳契税的购房单位和个人，在办理房屋权属变更登记前退房的，退还已纳契税；在办理房屋权属变更登记后退房的，不予退还已纳契税。

买房拆料或翻建新房，应照章征收契税。例如，甲某购买乙某的房产，不论其目的是取得该房产的建筑材料或是翻建新房，实际已构成房屋买卖。甲某应先办理房屋产权变更手续，并按买价缴纳契税。

4) 房屋赠予。房屋赠予是指房屋产权所有人将房屋无偿转让给他人所有。其中，将自己的房屋转交给他人的法人和自然人，称作房屋赠予人；接受他人房屋的法人和自然人，称作受赠人。房屋的受赠人要按规定缴纳契税。

5) 房屋交换。房屋交换是指房屋所有者之间互相交换房屋的行为。

6) 以土地、房屋权属作价投资（入股）、偿还债务，以划转、奖励等方式转移土地、房屋权属的，视同转移土地、房屋权属行为，依照规定征收契税。

(3) 契税的计税依据为不动产的价格。由于土地、房屋权属的转移方式不同，定价方法不同，因而具体计税依据视不同情况决定。

1) 土地使用权出让、出售，房屋买卖，为成交价格。成交价格是指土地、房屋权属转移合同确定的价格，包括承受者应交付的货币、实物、无形资产或者其他经济利益。

2) 土地使用权交换、房屋交换，为所交换的土地使用权、房屋价格的差额。也就是说，若交换价格相等，免征契税；若交换价格不等，由多交付货币、实物、无形资产或者其他经济利益的一方缴纳契税。

3) 土地使用权赠予、房屋赠予以及其他没有价格的转移土地、房屋权属行为，为税务机关参照土地使用权出售、房屋买卖的市场价格依法核定的价格。

4) 以划拨方式取得土地使用权，经批准转让房地产时，由房地产转让者补交契税。计税依据为补交的土地使用权出让费用或者土地收益。

5) 房屋附属设施征收契税的依据。

第一，采取分期付款方式购买房屋附属设施土地使用权、房屋所有权的，应按合同规定的总价款计征契税。

第二，承受的房屋附属设施权属如为单独计价的，按照当地确定的适用税率征收契税；如与房屋统一计价的，适用与房屋相同的契税税率。

6) 个人无偿赠予不动产行为（法定继承人除外），应对受赠人全额征收契税。

成交价格、交换价格的差额明显偏低且无正当理由的，由税务机关参照市场价格依法核定。

(4) 应纳税额的计算公式为：

应纳税额＝计税依据×税率

（十）烟叶税

(1) 烟叶税是以纳税人收购烟叶的收购金额为计税依据征收的一种税。现行烟叶税的法律规范是2017年12月27日第十二届全国人民代表大会常务委员会第三十一次会议通过的《中华人民共和国烟叶税法》（以下简称《烟叶税法》），自2018年7月1日起施行。

(2) 纳税人。在中华人民共和国境内，依照《中华人民共和国烟草专卖法》的规定收购烟叶的单位为烟叶税的纳税人。

(3) 征税对象。按照《烟叶税法》的规定，烟叶税的征税对象包括晾晒烟叶、烤烟叶。

(4) 税率。烟叶税实行比例税率，税率为20%。

(5) 应纳税额。烟叶税的应纳税额按照《烟叶税法》的规定，以纳税人收购烟叶实际支付的价款总额和规定的税率计算。其计算公式为：

应纳税额＝收购烟叶实际支付的价款总额×税率

纳税人收购烟叶实际支付的价款总额包括纳税人支付给烟叶生产销售单位和个人的烟叶收购价款和价外补贴。其中，价外补贴统一按烟叶收购价款的10%计算。

(6) 征收管理。烟叶税的纳税义务发生时间为收购烟叶的当天。收购烟叶的当天是指纳税人向烟叶销售者付讫收购烟叶款项或者开具收购烟叶凭据的当天。

纳税人收购烟叶，应当向烟叶收购地的主管税务机关申报纳税。

烟叶税按月计征，纳税人应当于纳税义务发生月终了之日起15日内申报缴纳税款。

（十一）环境保护税的概念、征税对象、计税依据

(1) 环境保护税是以在中华人民共和国领域和中华人民共和国管辖的其他海域，直接向环境排放应税污染物的企业、事业单位和其他生产经营者为纳税人征收的一种税。

(2) 环境保护税的征税对象为4大类污染物，包括大气污染物、水污染物、固体废物和噪声。环境保护税的具体税目、税额，依照《环境保护税法》所附的《环境保护税税目税额表》执行。

(3) 计税依据。

1) 应税污染物的计税依据，按照下列方法确定：

第一，应税大气污染物按照污染物排放量折合的污染当量数。

第二，应税水污染物按照污染物排放量折合的污染当量数。

第三，应税固体废物按照固体废物的排放量。

第四，应税噪声按照超过国家规定标准的分贝数。

2）应税大气污染物、水污染物的污染当量数，以该污染物的排放量除以该污染物的污染当量值计算。每种应税大气污染物、水污染物的具体污染当量值，依照《环境保护税法》所附的《应税污染物和当量值表》执行。

每一排放口或者没有排放口的应税大气污染物，按照污染当量数从大到小排序，对前三项污染物征收环境保护税。

每一排放口的应税水污染物，按照《环境保护税法》所附的《应税污染物和当量值表》，区分第一类水污染物和其他类水污染物，按照污染当量数从大到小排序，对第一类水污染物按照前五项征收环境保护税，对其他类水污染物按照前三项征收环境保护税。

省、自治区、直辖市人民政府根据本地区污染物减排的特殊需要，可以增加同一排放口征收环境保护税的应税污染物项目数，报同级人民代表大会常务委员会决定，并报全国人民代表大会常务委员会和国务院备案。

3）应税大气污染物、水污染物、固体废物的排放量和噪声的分贝数，按照下列方法和顺序计算：

第一，纳税人安装使用符合国家规定和监测规范的污染物自动监测设备的，按照污染物自动监测数据计算。

第二，纳税人未安装使用污染物自动监测设备的，按照监测机构出具的符合国家有关规定和监测规范的监测数据计算。

第三，因排放污染物种类多等原因不具备监测条件的，按照国务院环境保护主管部门规定的排污系数、物料衡算方法计算。

第四，不能按照上述第一项至第三项规定的方法计算的，按照省、自治区、直辖市人民政府环境保护主管部门规定的抽样测算方法核定计算。

（十二）船舶吨税的概念、征税对象、计税依据以及应纳税额的计算

（1）船舶吨税是以自中华人民共和国境外港口进入境内港口的船舶为征税对象，由海关负责征收的一种行为税。船舶吨税的基本法律规范为 2017 年 12 月 27 日第十二届全国人民代表大会常务委员会第三十一次会议通过的《中华人民共和国船舶吨税法》。该法自 2018 年 7 月 1 日起施行。

（2）船舶吨税的征税对象是自中华人民共和国境外港口进入境内港口的船舶。

（3）计税依据。船舶吨税按照船舶净吨位和船舶吨税执照期限征收。应税船舶负责人在每次申报纳税时，可以按照《船舶吨税税目税率表》选择申领一种期限的吨税执照。

应纳税额的计算公式为：

应纳税额＝船舶净吨位×适用税率

三、关键术语

级差资源税是指根据应税产品的品种、质量、开采方式以及企业所处地理位置和交通运输条件等客观因素的差异确定差别税率，从而使条件优越者税负较高；反之，税负较低。这种税率设计使资源税能够比较有效地调节由于自然条件差异等客观原因给企业带来的收入差别，促进企业平等竞争。

财产税可分为一般财产税与个别财产税。一般财产税又称综合财产税，是对纳税人拥有的各类财产实行综合课征的税收。个别财产税又称单项财产税，是对纳税人拥有的土地、房屋、资本和其他财产分别课征的税收。房产税属于个别财产税，其征税对象只是房屋。

产权出典是指产权所有人将房屋、生产资料等的产权，在一定期限内典当给他人使用而取得资金的一种融资业务。

房产税的计征方式为：

（1）对投资联营的房产，在计征房产税时应予以区别对待。对于以房产投资联营，投资者参与投资利润分红、共担风险的，将房产余值作为计税依据计征房产税；对于以房产投资，收取固定收入，不承担联营风险的，实际是以联营名义取得房产租金，应根据《房产税暂行条例》的有关规定由出租方按租金收入计缴房产税。

（2）对融资租赁房屋的情况，在计征房产税时应以房产余值计算征收。

（3）对房屋的附属设备和配套设施计征房产税按以下规定执行：

1）凡以房屋为载体，不可随意移动的附属设备和配套设施，无论在会计核算中是否单独记账与核算，都应计入房产原值，计征房产税。

2）对于更换房屋附属设备和配套设施的，在将其价值计入房产原值时，可扣减原来相应设备和设施的价值；对附属设备和配套设施中易损坏、需要经常更换的零配件，更新后不再计入房产原值。

（4）居民住宅区内业主共有的经营性房产缴纳房产税。从2007年1月1日起，对居民住宅区内业主共有的经营性房产，由实际经营的代管人或使用人缴纳房产税。

（5）对按照房产原值计税的房产，无论会计上如何核算，房产原值均应包含地价，包括为取得土地使用权支付的价款、开发土地发生的成本及费用等。

（6）凡在房产税征税范围内的具备房屋功能的地下建筑，包括与地上房屋相连的地下建筑以及完全建在地面以下的建筑、地下人防设施等，均应依照有关规定征收房产税。

自行完税是指印花税主要通过纳税人自行计算、自行购花和贴花并自行注销或画销完成，即"三自"的纳税办法。也就是说，纳税人在书立、使用、领受应税凭证，发生纳税义务的同时，先根据凭证所载计税金额和适用的税目税率，自行计算其应纳税额；再由纳税人自行购买印花税票，并一次足额粘贴在应税凭证上；最后由纳税人依税法规定对已粘贴的印花税票自行注销或者画销。

立合同人是指合同的当事人。当事人是指对凭证有直接权利与义务关系的单位和个人，但不包括合同的担保人、证人、鉴定人。各类合同包括购销合同、加工承揽合同、建设工程承包合同、财产租赁合同、货物运输合同、仓储保管合同、借款合同、财产保险合同、技术合同或者具有合同性质的凭证。

视同转移土地、房屋权属行为包括：

(1) 以土地、房屋权属作价投资（入股）。这种交易业务属于土地、房屋产权转移，应根据国家房地产管理的有关规定，办理土地、房屋产权交易和产权变更登记手续，视同土地、房屋权属转移，由产权承受方按契税税率计算缴纳契税

(2) 以土地、房屋权属偿还债务。经当地政府和有关部门批准，以土地、房屋权属偿还债务，均视同转移土地、房屋权属行为，应由产权承受人按房屋现值缴纳契税。

(3) 以划转、奖励等方式转移土地、房屋权属。

四、习 题

(一) 术语解释

1. 专款专用
2. 城镇土地使用税
3. 契税
4. 房产税
5. 印花税

(二) 填空题

1. 城市维护建设税的税率是指纳税人应缴纳的______与纳税人实际缴纳的______之间的比率。

2. 城镇土地使用税的纳税人为在城市、县城、建制镇、工矿区范围内使用土地的______和______。

3. 房产税的计税依据是房产的计税价值或房产的租金收入。按照房产计税价值征税的，称为______；按照房产租金收入计征的，称为______。

4. 印花税的比例税率分为4个档次，分别是______、______、______、______。

5. 车辆购置税以列举的车辆作为征税对象，未列举的车辆不纳税。其征税范围包括______、______、______、______。

6. 契税的纳税人是境内______、______，承受的单位和个人。境内是指中华人民共和国______范围内。

7. 中华人民共和国籍的应税船舶，船籍国（地区）与中华人民共和国签订含有相互给予船舶税费最惠国待遇条款的条约或者协定的应税船舶，适用______。其他应税船舶，适用______。

（三）判断题

1. 对在中国境内开采煤炭的单位和个人，应按税法规定征收资源税，但对进口煤炭的单位和个人，则不用征收资源税。（　　）

2. 城镇土地使用税的征税范围是市区、县政府所在城镇的土地，不包括市郊、农村土地。（　　）

3. 行政事业单位自用房免征房产税，用于搞经营的，应缴城市维护建设税，但不缴房产税。（　　）

4. 印花税的纳税方法有自行贴花办法和汇贴或汇缴办法。（　　）

5. 纳税人自产、受赠、获奖或者以其他方式取得并自用的应税车辆的计税价格，主管税务机关参照国家税务总局规定的最低计税价格核定。（　　）

6. 土地使用权的转让是指土地使用者以出售、赠予、交换或者其他方式将土地使用权转移给其他单位和个人的行为。土地使用权的转让包括农村集体土地承包经营权的转移。（　　）

7. 在股权转让中，单位、个人承受企业股权，企业土地、房屋权属不发生转移，不征收契税。（　　）

（四）选择题（含单选、多选）

1. 在下列各项中，属于资源税纳税人的有（　　）。

A. 开采原煤的国有企业　　B. 进口铁矿石的私营企业

C. 开采石灰石的个体经营者　　D. 开采天然原油的外商投资企业

2. 纳税人开采应税矿产品销售的，其资源税的征税数量为（　　）。

A. 开采数量　　B. 实际产量

C. 计划产量　　D. 销售数量

3. 6月，某砂石厂开采砂石 10 000 立方米，对外销售 8 000 立方米，当地砂石资源税税率为 4 元/立方米，则该厂当月应缴纳资源税（　　）万元。

A. 4　　B. 3.2　　C. 0.8　　D. 7.2

4. 在下列土地中，免征城镇土地使用税的是（　　）。

A. 公园内附设照相馆使用的土地

B. 公安部门无偿使用铁路企业的应税土地

C. 营利性医疗机构的自用土地

D. 生产企业无偿使用海关部门的免税土地

5. 某律师事务所与政府机关因各自办公需要，共同购买了一栋办公楼。该办公楼的占地面积为 10 000 平方米，建筑面积为 40 000 平方米，楼高 10 层，政府机关占用 7 层，律师事务所占用3层。该楼所在地的城镇土地使用税的年税额为10元/平方米，则该律师事务所与政府机关应缴纳的城镇土地使用税共计（ ）元。

A. 30 000 B. 70 000 C. 120 000 D. 280 000

6. 根据耕地占用税的有关规定，在下列各项中属于耕地的有（ ）。

A. 果园 B. 菜地 C. 茶园 D. 桑园

7. 对于下列耕地占用情况，属于免征耕地占用税的是（ ）。

A. 建厂房占用鱼塘 B. 高尔夫球场占用耕地

C. 医院占用耕地 D. 商品房建设占用林地

8. 某农户有一处茶园，占地1 000平方米。5月，该农户将其中的800平方米改造成桑园，剩下的200平方米建造住宅。已知该地适用的耕地占用税定额税率为每平方米30元，则该农户应缴纳的耕地占用税为（ ）元。

A. 6 000 B. 3 000 C. 24 000 D. 12 000

9. 在下列各项中，应征收耕地占用税的有（ ）。

A. 军事设施占用耕地 B. 医院占用耕地

C. 公路线路占用耕地 D. 学校占用耕地

10. 在下列房屋及建筑物中，属于房产税征税范围的是（ ）。

A. 尚未使用、出租或待售的商品房 B. 个人拥有的市区经营性用房

C. 建在室外的露天游泳池 D. 农村用的居住用房

11. 在下列情形中，应由房产代管人或使用人缴纳房产税的有（ ）。

A. 房屋产权未确定的

B. 房屋租典纠纷未解决的

C. 房屋承典人不在房屋所在地的

D. 房屋产权所有人不在房屋所在地的

12. 某企业支付9 000万元购买了10万平方米的土地使用权用于新建厂房，新建厂房的建筑面积为5万平方米，工程成本为3 000万元，次年3月底竣工验收。对该企业征收房产税的房产原值为（ ）万元。

A. 3 000 B. 9 000 C. 12 000 D. 6 000

13. 在下列各项中，应作为融资租赁房屋房产税计税依据的是（ ）。

A. 房产售价 B. 房产余值

C. 房产租金 D. 房产原值

14. 在下列行为中，应缴纳契税的是（ ）。

A. 法定继承人继承房产

B. 企业以自有房产投资于另一企业并取得相应的股权

C. 企业以自有房产等价交换另一企业的房产

D. 个人以自有房产投入本人独资经营的企业

15. 在下列关于契税计税依据的表述中，正确的有（ ）。

A. 转让以划拨方式取得的土地使用权，应以补交的土地使用权出让费用作为计税依据

B. 采取分期付款方式购买房屋，参照市场价格核定计税依据

C. 购买的房屋以成交价格作为计税依据

D. 接受赠予的房屋，参照市场价格核定计税依据

16. 以下可以享受减免契税优惠待遇的有（　　）。

A. 房屋用于办公、教学、商品买卖

B. 因房屋大小问题决定重新购买住房

C. 国家机关承受土地

D. 城镇职工购买公用住房

17. 纳税人自产自用的应税车辆的计税价格是（　　）。

A. 纳税人同类型新车的平均销售价格

B. 组成计税价格

C. 由主管税务机关参照国家税务总局规定的最低计税价格核定

D. 纳税人同类型新车的最高销售价格

18. 下列车船应计算缴纳车船税的是（　　）。

A. 人力三轮车　　B. 军队专用车船

C. 法院的警用车辆　　D. 企业接送职工上下班的班车

19. 对专利申请权转让合同应按（　　）税目征收印花税。

A. 产权转移书据　　B. 购销合同

C. 技术合同　　D. 权利、许可证照

20. 根据《中华人民共和国船舶吨税法》的有关规定，在下列各项中，说法不正确的是（　　）。

A. 船舶吨税是对自境外港口进入境内港口的船舶征收的一种税

B. 船舶吨税由地方政府负责征收

C. 船舶吨税的纳税义务发生时间为应税船舶进入港口的当日

D. 应税船舶负责人应当自海关填发吨税缴款凭证之日起 15 日内向指定银行缴清税款

21. 在下列各项中，免征船舶吨税的有（　　）。

A. 捕捞、养殖渔船

B. 自境外以购买方式取得船舶所有权的初次进口到港的空载船舶

C. 非机动驳船

D. 吨税执照期满后 48 小时内不上下客货的船舶

（五）简答题

1. 简述资源税的作用。
2. 简述开征城镇土地使用税的意义。
3. 简述房产税的特点。
4. 简述企业改制过程中有关印花税的免税规定。
5. 简述环境保护税应纳税额的计算。

（六）计算题

1. 3月，A市一家工厂购买了一批原料，取得的增值税专用发票上注明的不含税价格为1 000 000元，4月委托乡镇企业B加工成铅蓄电池，支付不含税加工费200 000元。B企业在5月初交付80%的铅蓄电池，剩下的月底完工交付。已知铅蓄电池的消费税税率为4%，试计算B企业应代收代缴的城市维护建设税。

2. 某工厂年初实际占地50 000平方米。其中，厂区内医院占地1 000平方米，小学占地500平方米，有100平方米土地无偿提供给公安局使用。另外，厂区内还有1 000平方米的绿化用地，已知该厂所在地区的城镇土地使用税年税额为3元/平方米。试计算该工厂当年应缴纳的城镇土地使用税。

3. 王老师与别人合资成立一家税务师事务所，由于公司发展需要，加大了投入：将原值30万元的一套自有旧房提供给事务所使用；委托外贸公司进口一辆轿车，海关核定的关税计税价格为25万元人民币，目前该车已经完成交付。已知轿车的进口关税适用税率为25%，消费税税率为5%，计算房屋余值的扣除比例为25%。

(1) 试计算进口轿车应缴纳的增值税。

(2) 试计算进口轿车使用环节应缴纳的车辆购置税。

(3) 若王老师无偿提供旧居，试计算税务师事务所本年应缴纳的房产税。

(4) 若王老师出租旧房作为员工宿舍，年租金为5万元（不含增值税），试计算他本年应缴纳的房产税。

4. 居民韩先生花40万元购买了一套70平方米的住房作为婚房。第二年因父母身体不便，韩先生打算与父母一起住。为了改善住宿条件，他决定花94.5万元（发票注明价款为90万元，增值税为4.5万元）购买第二套110平方米的住房。试计算：

(1) 第一次购房应缴纳的契税。

(2) 第二次购房应缴纳的契税。

5. 某高新技术企业成立，注册资金为100万元。当年的经营活动如下：

(1) 领受工商执照、房屋产权证、土地使用证各一份。

(2) 建账时共设立6个营业账簿，其中一个是资金账簿，记载实收资本100万元。

(3) 签订借款合同一份，记载金额50万元，当年支付利息0.8万元。

(4) 签订技术服务合同一份，记载金额60万元。

试计算以上四个业务分别需要缴纳的印花税。

（七）综合题

1. 位于县城的石油企业A为一般计税方法纳税人，5月发生了以下业务：

(1) 进口原油5 000吨，支付买价2 500万元，运抵我国境内输入地点起卸前的运输费用为60万元，保险费无法确定。

(2) 开采原油9 000吨，当月销售6 000吨，取得不含税销售收入3 000万元，同时还向购买方收取延期付款利息3.39万元。（已知原油的资源税税率为10%，进口关税税率为 1%，计算结果保留两位小数。）

根据上述资料，试计算：

（1）当月进口原油应缴纳的关税。

（2）当月进口原油应缴纳的增值税。

（3）当月销售原油的增值税销项税额。

（4）当月向税务机关缴纳的增值税。

（5）当月应缴纳的城市维护建设税、教育费附加和地方教育附加。

（6）当月应缴纳的资源税。

2. 某公司位于 A 镇，主要经营农产品种植和销售业务，公司占地 30 000 平方米（其中，农产品种植用地 25 000 平方米，办公用地及员工宿舍占地 0.5 万平方米）；房产原值总计 500 万元，2018 年 6 月该公司签订房屋租赁合同一份，将 2017 年其在 B 市购置的价值为 100 万元的办公室从 7 月 1 日起出租给他人使用，租期为 12 个月，月租金为 5 250 元，每月收取一次。（已知适用的城镇土地使用税税率为每平方米 5 元；公司所在省规定，计算房产余值的扣除比例为 30%；该公司选择简易计税方法计算不动产租赁的增值税。）根据上述材料，试计算该公司当年租赁房屋应缴纳的增值税、城镇土地使用税和房产税。

3. A 市某公司为一般计税方法纳税人，7 月发生如下业务：进口用于公司经营的轻型商务客车 2 辆，国外买价折合人民币 800 000 元；运抵我国入关前支付运费 80 000 元人民币，保险费为 40 000 元；入关后，运抵公司所在地，取得运输公司开具的增值税专用发票，注明的运费为 10 000 元，税额为 1 000 元。已知该轻型商务车的关税税率为 20%，消费税税率为 5%。根据上述资料，说明该公司是否需要缴纳关税、消费税和车辆购置税。试计算上述需要缴纳的税目的应纳税额。

4. A 企业发生如下业务：①1 月取得国有土地 4 000 平方米，签订了土地使用权转让合同，记载出让金额为 5 000 万元，约定当月交付；委托施工企业建造仓库，4 月工程竣工，5 月完成验收手续，仓库原值为 9 500 万元。②3 月因生产扩大，购置 B 企业的一处仓库，产权转移书据上注明的交易价格为 1 200 万元，企业固定资产科目上记载的原值为 1 200 万元，取得房屋权属证书。已知契税税率为 4%，城镇土地使用税税率为 20 元/平方米，产权转移书据的印花税税率为 0.5‰。试计算该公司这两项业务需要缴纳的契税和印花税合计数额。

5. 已知甲企业在某税务师事务所为其进行税务审核抽凭时发现如下凭证：

（1）甲企业当年签订了一份租房合同，租入一间仓库，年租金 70 万元、租期三年。甲企业在该合同上贴花 700 元。

（2）甲企业当年签订了一份以物易物合同，规定用 100 万元自产货物换取乙企业 95 万元的货物，乙企业需要另行支付 5 万元现金来弥补差价。甲企业在该合同上贴花 300 元。

（3）甲企业与运输公司签订了一份货物运输合同，注明的运输及保管费为 30 万元。甲企业在该合同上贴花 100 元。

根据上述资料分析甲企业出现的问题，试计算甲企业应补缴的印花税。

五、答案与解析

（一）术语解释

1. 专款专用是指在通常情况下，税收收入都直接纳入国家预算，由中央和地方政府根据需要，统一安排使用到国家建设和事业发展的各个方面，税法并不规定各个税种收入的具体使用范围和方向。但是，城市维护建设税的税款被要求用于城市公共设施和公用事业的建设及维护。

2. 城镇土地使用税是以国有土地或集体土地为征税对象，对拥有土地使用权的单位和个人征收的一种税。

3. 契税是以在中华人民共和国境内转移土地、房屋权属为征税对象，向产权承受人征收的一种财产税。

4. 房产税是以房屋为征税对象，按照房屋的计税余值或租金收入，向产权所有人征收的一种财产税。

5. 印花税是以在经济活动和经济交往中书立、领受应税凭证的行为为征税对象征收的一种税。印花税因其采用在应税凭证上粘贴印花税票的方法缴纳税款而得名。

（二）填空题

1. 城市维护建设税税额　增值税和消费税税额
2. 单位　个人
3. 从价计证　从租计征
4. 0.05‰　0.3‰　0.5‰　1‰
5. 汽车　有轨电车　汽车挂车　排气量超过150ml的摩托车
6. 转移土地　房屋权属　实际税收行政管辖
7. 优惠税率　普通税率

（三）判断题

1. √【解析】税法规定，仅对在中国境内开采或生产应税产品的单位和个人征收资源税，对进口的矿产品和盐不征收资源税。

2. ×【解析】城镇土地使用税的征税范围是在城市、县城、建制镇、工矿区内的国家和集体所有的土地。

3. ×【解析】应缴纳房产税。

4. ×【解析】印花税的纳税方法有自行贴花、汇贴或汇缴办法和委托代征方法。

5. √【解析】现行政策规定，纳税人自产、受赠、获奖和以其他方式取得并自用的应税车辆的计税依据，凡不能或不能准确提供车辆价格的，由主管税务机关依国家税务总局核定的、相应类型的应税车辆的最低计税价格确定。

6. ×【解析】土地使用权的转让不包括农村集体土地承包经营权的转移。

7. √【解析】根据契税优惠的特殊规定，在股权转让中，单位、个人承受企业股权，企业土地、房屋权属不发生转移，不征收契税。

（四）选择题（含单选、多选）

1. ACD【解析】进口应税产品不属于境内开采，不征收资源税。

2. D【解析】纳税人开采应税矿产品销售的，资源税的计税数量是开采或生产的应税资源的销售数量。

3. B【解析】资源税的计税数量按销售量而不是开采量，从量定额计算资源税，即 3.2 万元$\left(=\frac{8\,000\times4}{10\,000}\right)$。

4. B【解析】公园自用土地免征城镇土地使用税，但附设的营业单位使用土地不免税，所以选项 A 错；对非营利性医疗机构、疾病控制机构和妇幼保健机构等卫生机构自用的土地，免征城镇土地使用税，所以选项 C 错；免税单位无偿使用纳税单位的土地，免征城镇土地使用税，公安部门属于免税单位，所以选项 B 对；纳税单位无偿使用免税单位的土地，纳税单位应缴纳城镇土地使用税，因而生产企业应该缴纳城镇土地使用税，所以选项 D 错。

5. A【解析】由于政府机关自用土地免征城镇土地使用税，而征税单位与免税单位共同使用共有土地使用权的高层建筑，按各自占用建筑面积占总面积的比例来划分免税界线，城镇土地使用税的计税依据是占地面积，所以该律师事务所与该政府机构共计应缴纳的城镇土地使用税为：

$$0+10\,000\times\frac{3}{10}\times10=30\,000(\text{元})$$

6. ABCD【解析】耕地占用税的征税范围包括纳税人为建房或从事其他非农业建设而占用的国家所有和集体所有的耕地。建房包括建设建筑物和构筑物。耕地是指种植农业作物的土地，包括菜地、园地。其中，园地包括花圃、苗圃、茶园、果园、桑园和其他种植经济林木的土地。

7. C【解析】免征耕地占用税的情况为：①军事设施占用耕地。②学校、幼儿园、养老院、医院占用耕地。

8. B【解析】茶园改造为桑园用地的属性没变，还属于农业用地，不缴纳耕地占用税。占用耕地建造住宅应缴纳耕地占用税，对农村居民可以按照当地适用税额减半征收耕地占用税，所以该农户应缴纳的耕地占用税为：

税额$=200\times30\times50\%=3\,000$(元)

9. C【解析】学校、医院、军事设施占用耕地，免征耕地占用税。公路、铁路线路占用耕地，减按每平方米 2 元的税额征收耕地占用税。

10. B【解析】房地产开发企业建造的商品房，在出售前不征收房产税，所以选项 A 不征收；对出售前房地产开发企业已使用或出租、出借的商品房，应按照规定征收房产税，所以选项 B 征收房产税；建在室外的露天游泳池不属于房产，不征收房产税；我国现行房产税的征税范围不包括农村，所以选项 D 不属于征税范围。

11. ABCD【解析】产权所有人、承典人不在房屋所在地，或产权未确定及租典纠纷未解决的，由房地产代管人或使用人纳税。

12. C【解析】房产原值应包含地价、为取得土地使用权支付的价款、开发土地发生的成本及费用等，所以该企业征收房地产的房产原值为：

9 000＋3 000＝12 000(万元)

13. C【解析】对于融资租赁房屋的情况，在计征房产税时应以房产租金计算征收。

14. B【解析】以房产进行投资或股权转让，这种交易业务属于房屋产权转移，应根据国家房地产管理的有关规定，办理房屋产权交易和产权变更登记手续，视同房屋买卖，由产权承受方按契税税率计算缴纳契税，所以选项 B 需要缴纳契税；非法定继承人根据遗嘱继承死者生前土地、房屋权属需要征收契税，法定继承人继承房产不需要缴纳契税。

15. ACD【解析】以划拨方式取得土地使用权，经批准转让房地产时，由房地产转让者补交契税，计税依据为补交的土地使用权出让费用或者土地收益，所以选项 A 正确；采取分期付款方式购买房屋附属设施土地使用权、房屋所有权的，应按合同规定的总价款计征契税，所以选项 B 错误；房屋买卖以成交价格为契税的计税依据，所以选项 C 正确；土地使用权赠予、房屋赠予，由征收机关参照土地使用权出售、房屋买卖的市场价格核定，所以选项 D 正确。

16. C【解析】国家机关、事业单位、社会组织、军事单位承受土地、房屋用于办公、教学、医疗、科研和军事设施的，免征契税，所以选项 A 的房屋用于买卖不能享受减免契税，选项 C 可以享受。因房屋大小问题属于个人问题，所以选项 B 不享受减免契税；城镇职工按规定第一次购买公有住房，免征契税。选项 D 没有说明是第一次购买，所以不享受减免契税。

17. C【解析】纳税人自产、受赠、获奖或者以其他方式取得的自用应税车辆的计税价格由主管税务机关参照国家税务总局规定的最低计税价格核定。

18. D【解析】军队专用车辆免税，警用车辆免税，非机动车不属于车船税征税范围，企业班车属于车船税征税范围，应该缴纳车船税。

19. C【解析】专利申请权转让合同按技术合同征收印花税。

20. B【解析】船舶吨税由海关负责征收。

21. AB【解析】非机动船舶（不包括非机动驳船），免征船舶吨税，但非机动驳船是按相同净吨位船舶税率的 50%计征船舶吨税的；吨税执照期满后 24 小时内不上下客货的船舶，免征船舶吨税。

（五）简答题

1.【解析】(1) 合理调节资源级差收入，促进企业平等竞争。我国资源税属于比较典型的级差资源税，根据应税产品的品种、质量、开采方式以及企业所处地理位置和交通运输条件等客观因素的差异确定差别税率，从而使条件优越者税负较高；反之，税负较低。这种税率设计使资源税能够比较有效地调节由于自然条件差异等客观原因给企业带来的收入差别，促进企业平等竞争。

（2）促进对自然资源的合理开发。我国确立了国有资源有偿开采的原则，任何企业和个人只要开采国家规定的应税资源，都是资源税的纳税人，从而可以促进纳税人节约、合理地开发和利用自然资源，有利于我国经济可持续发展。

（3）为国家筹集财政资金。资源税的收入规模及其在税收收入总额中所占的比重都在相应增加，从而为国家筹集财政资金发挥了不可忽视的作用。

2.**【解析】**（1）促进土地资源的合理配置和节约使用，提高土地使用效益。就我国目前的国情而言，存在着土地资源的浪费，降低了土地资源的使用效率，开征城镇土地使用税可以对浪费土地资源的行为起到很好的遏制作用，从而提高土地使用效益。

（2）有利于调节土地级差收益，为土地使用者创造公平竞争环境。城镇土地使用税根据不同地区的经济发展状况制定了不同的税率，对经济发展较快地区实行较高税率，对经济发展较慢地区实行较低税率，从而为土地使用者创造了公平的竞争环境，并促使企业加强经济核算。

（3）有利于理顺国家与土地使用者之间的分配关系。我国土地为国有和集体所有，个人和企业只有使用权，而没有所有权，征收城镇土地使用税更加明确了这一分配关系。

3.**【解析】**（1）房产税属于财产税中的个别财产税。按征税对象的范围不同，财产税可分为一般财产税与个别财产税。一般财产税又称综合财产税，是对纳税人拥有的各类财产实行综合征收的税收。个别财产税又称单项财产税，是对纳税人拥有的土地、房屋、资本和其他财产分别征收的税收。房产税属于个别财产税，其征税对象只是房屋。

（2）征税范围限于城镇的经营性房屋。房产税在城市、县城、建制镇和工矿区范围内征收，不涉及农村。农村的房屋大部分是农民居住用房，为了不增加农民负担，农村的房屋没有纳入征税范围。另外，对某些拥有房屋但自身没有纳税能力的单位，如国家拨付行政经费、事业经费和国防经费的单位自用的房产，税法也通过免税的方式将这类房屋排除在征税范围之外。

（3）区别房屋的经营使用方式规定征税办法。拥有房屋的单位和个人，既可以将房屋用于经营自用，又可以把房屋用于出租、出典。房产税根据纳税人的不同经营形式，对前一类房屋按房产计税余值征收，对后一类房屋按租金收入计税，使征税办法符合纳税人的经营特点，便于平衡税收负担和征收。

4.**【解析】**（1）资金账簿的印花税。

第一，实行公司制改造的企业在改制过程中成立的新企业（重新办理法人登记的），其新启用的资金账簿记载的资金或因企业建立资本纽带关系而增加的资金，凡原已贴花的部分可不再贴花，未贴花的部分和以后新增加的资金按规定贴花。

第二，以合并或分立方式成立的新企业，其新启用的资金账簿记载的资金，凡原已贴花的部分可不再贴花，未贴花的部分和以后新增加的资金按规定贴花。

第三，企业债权转股权新增加的资金按规定贴花。

第四，企业改制中经评估增加的资金按规定贴花。

第五，企业其他会计科目记载的资金转为实收资本或资本公积的资金按规定贴花。

（2）各类应税合同的印花税。企业改制前签订但尚未履行完的各类应税合同，改制后需要变更执行主体的，对仅改变执行主体、其余条款未做变动且改制前贴花的，不再贴花。

（3）产权转移书据的印花税。企业因改制签订的产权转移书据，免予贴花。

（4）股权分置试点改革转让的印花税。股权分置改革过程中因非流通股股东向流通股股东支付对价而发生的股权转让，暂免征收印花税。

5.**【解析】**环境保护税应纳税额按照下列方法计算：

（1）应税大气污染物的应纳税额为污染当量数乘以具体适用税额。

（2）应税水污染物的应纳税额为污染当量数乘以具体适用税额。

（3）应税固体废物的应纳税额为固体废物排放量乘以具体适用税额。

（4）应税噪声的应纳税额为超过国家规定标准的分贝数对应的具体适用税额。

（六）计算题

1.**【解析】**由于没有市场同类应税消费品的价格，所以B企业代收代缴的消费税需要采用组成计税价格方式计算，故消费税的计税依据为 $(1\,000\,000+200\,000)\times\frac{80\%}{1-4\%}$。此外，在计算城市维护建设税时要使用代收代缴方所在地的适用税率，由于代收代缴方在县城，需要适用5%的税率，所以应代收代缴的城市维护建设税为：

$$(1\,000\,000+200\,000)\times\frac{80\%}{1-4\%}\times4\%\times5\%=2\,000(\text{元})$$

2.**【解析】**企业办的学校、医院、托儿所、幼儿园，其用地能明确区分的，免征城镇土地使用税；公安局属于免税单位。所以，该工厂当年需要缴纳的城镇土地使用税为：

$$(50\,000-1\,000-500-100)\times3=145\,200(\text{元})$$

3.**【解析】**（1）进口轿车消费税、增值税的组成计税价格为：

$$25\times\frac{1+25\%}{1-5\%}=32.9(\text{万元})$$

进口轿车应缴纳的增值税为：

组成计税价格×税率＝32.9×13%＝4.277(万元)

（2）进口轿车应缴纳的车辆购置税为：

组成计税价格×税率＝32.9×10%＝3.29(万元)

（3）若王老师无偿提供旧房，采用从价计征方式计征房产税，计税依据为：

30×(1－25%)＝22.5(万元)

则事务所应缴纳的房产税为：

22.5×1.2%＝0.27(万元)

（4）若王老师出租旧房，采用从租计征，计税依据为年租金5万元，则应缴纳的房产税为：

5×4%＝0.2(万元)

4.**【解析】**（1）根据规定，第一套70平方米的住房可以按照1%的税率征收契税，所以应缴纳的契税为：

$40\times1\%=0.4$(万元)

(2) 由于第二套110平方米的改善型住房超过了90平方米，需要按照2%的税率缴纳契税，所以应缴纳的契税为：

$90\times2\%=1.8$(万元)

5. **【解析】**(1) 根据规定，权利、许可证照等均按件贴花，所以领受工商执照、房屋产权证、土地使用证应缴纳的印花税为：

$5\times3=15$(元)

(2) 根据规定，营业账簿中按件贴花的其他账簿免征印花税，资金账簿适用0.5‰的比例税率减半征收，所以6个账簿应缴纳的印花税为：

$1\,000\,000\times0.5‰\times50\%=250$(元)

(3) 根据规定，借款合同适用0.05‰的比例税率，所以借款合同应缴纳的印花税为：

$500\,000\times0.05‰=25$(元)

(4) 根据规定，签订技术服务合同适用0.3‰的比例税率，所以借款合同应缴纳的印花税为：

$600\,000\times0.3‰=180$(元)

(七) 综合题

1. **【解析】**(1) 由于保险费不确定，需要按照一般进口规定确定保险费［即(货价＋运费)×3‰］并计入完税价格，所以进口原油应缴纳的关税为：

$(2\,500+60)\times(1+3‰)\times1\%=25.68$(万元)

(2) 增值税应把关税加入计税依据，所以进口原油应缴纳的增值税税额为：

$[(2\,500+60)\times(1+3‰)+25.68]\times13\%=337.14$(万元)

(3) 计算销项税额时要包括利息部分，所以销售原油的增值税销项税额为：

$\left(3\,000+\dfrac{3.39}{1+13\%}\right)\times13\%=390.39$(万元)

(4) 应向税务机关缴纳的增值税（＝销项税额－进项税额）为：

$390.39-337.14=53.25$(万元)

(5) 应向税务机关缴纳的城市维护建设税、教育费附加和地方教育附加为：

增值税额×相应税率$=53.25\times(5\%+3\%+2\%)=5.325$(万元)

(6) 应缴纳的资源税为：

销售额×税率(包括利息费用)$=\left(3\,000+\dfrac{3.39}{1+13\%}\right)\times10\%=300.3$(万元)

2. **【解析】**由题意可知，公司租赁房屋的租期为12个月，出租了6个月，所以应缴纳的增值税为：

$5\,250\times\dfrac{5\%}{1+5\%}\times6=1\,500$(元)

公司共占地3万平方米，其中直接用于种植、养殖、饲养的专业用地免征城镇土地使用税，所以应缴纳的城镇土地使用税为：

$$扣除后的面积\times税率=(30\,000-25\,000)\times5=25\,000(元)$$

应缴纳的房产税税额分为两部分：第一部分是自用的房产，采取从价计征；第二部分是出租的房产，采取从租计征。所以，该公司应缴纳的房产税税额为：

$$(5\,000\,000-1\,000\,000)\times(1-30\%)\times1.2\%+5\,250\times\frac{6}{1+5\%}\times12\%$$

$$+1\,000\,000\times(1-30\%)\times\frac{6}{12}\times1.2\%=33\,600+3\,600+4\,200=41\,400(元)$$

3. **【解析】**从境外购置商品需要缴纳关税。由于轻型商务客车属于消费税税目，因而需要缴纳消费税。与此同时，购车需要缴纳车辆购置税。所以，上述 3 种税都需要缴纳。

(1) 关税的完税价格为：

$$商品价+保险费+运费=800\,000+80\,000+40\,000=920\,000(元)$$

应纳关税税额为：

$$920\,000\times20\%=184\,000(元)$$

(2) 进口消费税的应纳税额为：

$$(关税+商品价+保险费+运费)\times税率=(920\,000+184\,000)\times5\%=55\,200(元)$$

(3) 应缴纳的车辆购置税为：

$$(关税+商品价+保险费+运费+进口消费税)\times税率$$
$$=(184\,000+920\,000+55\,200)\times10\%=115\,920(元)$$

4. **【解析】**购置土地使用权应缴纳的契税为：

$$不动产价格\times税率=5\,000\times4\%=200(万元)$$

购置仓库应缴纳的契税为：

$$1\,200\times4\%=48(万元)$$

所以契税合计为：

$$48+200=248(万元)$$

土地转让权合同应缴纳的印花税为：

$$5\,000\times0.5‰=2.5(万元)$$

购置仓库应缴纳的印花税为：

$$权属证书定额征税+比例税率征税=1\,200\times0.5‰+1\times5\times\frac{1}{10\,000}$$
$$=0.600\,5(万元)$$

所以，印花税合计为：

$$2.5+0.600\,5=3.100\,5(万元)$$

5. **【解析】**(1) 租房合同的期限为 3 年，租金合计为：

$$70\times3=210(万元)$$

应按照 210 万元计算印花税，即

$$210\times1‰=0.21(万元)=2\,100(元)$$

由于税额超过 500 元，所以应该以汇贴方式完税。

（2）易货合同的印花税应视同一方购买、一方销售，甲企业应缴纳的印花税为：

(1 000 000＋950 000)×0.3‰＝585(元)

由于税额超过 500 元，所以应该以汇贴方式完税。

（3）按照规定，一份合同有不同应税项目，应该区别计税；未分别记载不同项目金额的合同，以高税率项目计算。由于运输费税率小于保管费税率，所以按照保管合同税率贴花，即

300 000×1‰＝300(元)

综上所述，甲企业应该补缴的印花税金额为：

(2 100－700)＋(585－300)＋(300－100)＝1 885(元)

第九章

国际税收

一、学习目的与要求

本章是对税法学习的扩展，包括国际税收的定义、税收管辖权、国际重复征税、国际税收协定、国际避税与反避税等内容，旨在让学生初步了解国际税收的相关概念以及国际避税与反避税的内容。通过对本章的学习，学生应了解国际税收的定义、国际避税与反避税的内容和国际税收征管合作，重点掌握税收管辖权、国际重复征税和国际税收协定。

二、重点与难点

（一）税收管辖权

税收管辖权是指主权国家根据其法律所拥有和行使的征税权力。

国际上确定税收管辖权的原则包括：

（1）属人原则，又称属人主义，即以纳税人（包括自然人和法人）的国籍、登记注册所在地或者住所、居所和管理机构所在地为标准，确定其税收管辖权。一国有权对本国居民或公民的一切所得征税。按照属人原则确立的管辖权称为居民（公民）管辖权。

（2）属地原则，又称属地主义，即以一国的领土疆域范围为标准，确定其税收管辖权。一国有权对来源于本国境内的一切所得征税。按照属地原则确立的管辖权称为地域（或收入来源地）管辖权。

（二）国际重复征税

国际重复征税是指两个国家各自依据自己的税收管辖权按同一税种对同一纳税人的同一征税对象在同一征税期限内同时征税。

国际重复征税产生的原因包括：

（1）居民（公民）管辖权同地域管辖权的重叠。

（2）居民（公民）管辖权同居民（公民）管辖权的重叠。

（3）地域管辖权与地域管辖权的重叠。

（三）国际税收协定

（1）狭义的国际税收协定特指避免所得和财产双重征税的国际协定。从目前大多数国家的规定来看，当国际税收协定与国内税法不一致时，国际税收协定处于优先执行的地位。我国是主张国际税收协定应优先于国内税法的国家。

（2）1963年，经合组织首次公布《关于对所得和资本避免双重征税的协定范本》，即《经合组织范本》（《OECD范本》）。虽然《经合组织范本》在某些特殊方面承认收入来源国的优先征税权，但其主导思想强调的是居民管辖权原则，主要是为了促进经合组织成员之间签订双边税收协定。

（3）1979年，联合国通过《联合国关于发达国家与发展中国家间避免双重征税的协定范本》，即《联合国范本》（《UN范本》）。《联合国范本》较为注重扩大收入来源国的税收管辖权，主要目的在于促进发达国家和发展中国家之间签订双边税收协定，同时促进发展中国家相互间签订双边税收协定。

（四）反避税

1. 一般反避税

国家税务总局制定了《一般反避税管理办法（试行）》。税务机关应当以具有合理商业目的和经济实质的类似安排为基准，按照实质重于形式的原则实施特别纳税调整。主要的调整方法包括：

（1）对安排的全部或者部分交易重新定性。

（2）在税收上否定交易方的存在，或者将该交易方与其他交易方视为同一实体。

（3）对相关所得、扣除、税收优惠、境外税收抵免等重新定性或者在交易各方间重新分配。

（4）其他合理方法。

2. 税基侵蚀和利润转移项目行动计划

税基侵蚀和利润转移（BEPS）项目行动计划的具体内容见下表。

BEPS 15 项行动计划

类别	行动计划（15 项）
应对数字经济带来的挑战	数字经济
协调各国企业所得税税制	混合错配、受控外国公司规则、利息扣除、有害税收实践
重塑现行税收协定和转让定价国际规则	税收协定滥用、常设机构、无形资产、风险和资本、其他高风险交易
提高税收透明度和确定性	数据统计分析、强制披露原则、转让定价同期资料、争端解决
开发多边工具，促进行动计划实施	多边工具

（五）国际税收征管合作

1. 税收情报交换

税收情报交换的类型包括专项情报交换、自动情报交换、自发情报交换以及同期税务检查、授权代表访问和行业范围情报交换等。目前，我国的税收情报交换通过国家税务总局进行。

2.《海外账户税收遵从法案》

美国制定《海外账户税收遵从法案》（以下简称“FATCA”）的主要目的是追查全球范围内美国富人逃避缴纳税款的行为，属于美国国内法，但其适用范围远远超出了美国。美国公布了以政府间合作方式实施 FATCA 的两种协议模式：①模式一是通过政府开展信息交换，包括互惠型和非互惠型两种子模式；②模式二是金融机构直接向美国税务机关报送信息。

三、关键术语

税收管辖权是指主权国家根据其法律所拥有和行使的征税权力。

居民（公民）管辖权是指一国有权对本国居民或公民的一切所得征税。

地域（或收入来源地）管辖权是指一国有权对来源于本国境内的一切所得征税。

属人原则，又称属人主义，即以纳税人（包括自然人和法人）的国籍、登记注册所在地或者住所、居所和管理机构所在地为标准，确定其税收管辖权。

属地原则，又称属地主义，即以一国的领土疆域范围为标准，确定其税收管辖权。

国际重复征税是指两个国家各自依据自己的税收管辖权按同一税种对同一纳税人的同一征税对象在同一征税期限内同时征税。

狭义的国际税收协定特指避免所得和财产双重征税的国际协定。

《联合国范本》较为注重扩大收入来源国的税收管辖权，主要目的在于促进发达国家和发展中国家之间签订双边税收协定，同时促进发展中国家相互间签订双边税收协定。

虽然**《经合组织范本》**在某些特殊方面承认收入来源国的优先征税权，但其主导思想强调的是居民管辖权原则，主要是为了促进经合组织成员之间签订双边税收协定。

税基侵蚀和利润转移（BEPS）项目是G20领导人背书并委托经合组织推进的国际税改项目，也是各国携手打击国际逃避税，共同建立有利于全球经济增长的国际税收规则体系和行政合作机制的项目。

税收情报交换是一国与相关税收协定缔约国的主管当局为了正确执行税收协定及其所涉及税种的国内法而相互交换所需信息的行为。

四、习　题

（一）术语解释

1. 地域管辖权
2. 居民管辖权
3. 国际重复征税
4. 国际税收协定
5. 税收情报交换

（二）填空题

1. 国际税收的本质是______关系。
2. 税收管辖权是指主权国家根据其法律所拥有和行使的______权力。
3. 国际税收协定范本包括______和______。
4. 我国对外签订的第一个全面性的避免双重征税协定是______。
5. 税务机关实施特别纳税调整的原则是______。

（三）判断题

1. 国际重复征税是指两个国家各自依据自己的税收管辖权按同一税种对不同纳税人的同一征税对象在同一征税期限内同时征税。（　）

2. 我国是主张国内税法应优先于国际税收协定的国家。（　）

3.《联合国范本》强调居民管辖权原则，主要目的在于促进发达国家和发展中国家之间签订双边税收协定，同时促进发展中国家相互间签订双边税收协定。（　）

4. 除了协定的个别条款（无差别待遇条款、税收情报交换条款和政府职员的退休金

条款等）外，非缔约国居民不能享受协定的待遇。（　　）

5. 我国内地与香港、澳门两个特别行政区签署的税收安排已生效。（　　）

6. 税收情报交换是一国作为税收协定缔约国承担的一项国际义务。（　　）

7. 美国《海外账户税收遵从法案》的适用范围仅限于美国。（　　）

（四）单项选择题

1. 注重扩大收入来源国的税收管辖权，主要目的在于促进发达国家和发展中国家之间双边税收协定的签订，同时促进发展中国家相互间国际税收协定的签订，该税收协定范本是（　　）。

A. 《联合国范本》　　B. BEPS

C. 《经合组织范本》　　D. 避免双重征税的安排

2. 世界上最早的国际税收协定是（　　）。

A. 比利时和法国于1843年签订的　　B. 20世纪60年代的《OECD范本》

C. 《联合国范本》　　D. 第二次世界大战后出现的

3. 狭义的国际税收协定是指（　　）。

A. 避免所得和财产双重征税的国际协定　　B. 双边或单边缔结的关税协定

C. 国际运输互免税收协定　　D. 《经合组织范本》

4. 税收管辖权是（　　）的重要组成部分。

A. 税收管理权　　B. 税收管理体制

C. 国家主权　　D. 财政管理体制

（五）多项选择题

1. 国际上确定税收管辖权的原则包括（　　）。

A. 属物原则　　B. 属地原则

C. 属国原则　　D. 属人原则

2. 国际重复征税产生的原因包括（　　）。

A. 居民管辖权与居民管辖权重叠　　B. 地域管辖权与居民管辖权重叠

C. 地域管辖权与地域管辖权重叠　　D. 地域管辖权与国家管辖权重叠

3. 税收情报交换类型包括（　　）。

A. 行业范围情报交换　　B. 授权代表访问

C. 自发情报交换　　D. 同期税务检查

4. 我国确定纳税人采用的标准是（　　）。

A. 属人原则　　B. 属地原则

C. 实质重于形式原则　　D. 相关性原则

5. 在国际税收协定的规定中，除个人条款外，非缔约国居民不能享受协定的待遇，这些条款有（　　）。

A. 无差别待遇条款　　B. 税收情报交换条款

C. 非独立个人劳务所得条款　　D. 政府职员的退休金条款

6.《联合国范本》和《经合组织范本》均规定协定适用于下列税种（　　）。

A. 增值税　　B. 所得税

C. 财产税　　D. 关税

（六）简答题

1. 简述两种国际税收协定范本的区别。
2. 简述国际税收协定范本的主要内容。
3. 简述我国税务机关实施特别纳税调整的调整方法。

五、答案与解析

（一）术语解释

1. 地域（或收入来源地）管辖权是指一国有权对来源于本国境内的一切所得征税。

2. 居民（公民）管辖权是指一国有权对本国居民或公民的一切所得征税。

3. 国际重复征税是指两个国家各自依据自己的税收管辖权按同一税种对同一纳税人的同一征税对象在同一征税期限内同时征税。

4. 狭义的国际税收协定特指避免所得和财产双重征税的国际协定。

5. 税收情报交换是指一国与相关税收协定缔约国的主管当局为了正确执行税收协定及其所涉及税种的国内法而相互交换所需信息的行为。

（二）填空题

1. 国家之间的税收
2. 征税
3.《经合组织范本》　《联合国范本》
4. 中日税收协定
5. 实质重于形式原则

（三）判断题

1. ×**【解析】**国际重复征税是指两个国家各自依据自己的税收管辖权按同一税种对同一纳税人的同一征税对象在同一征税期限内同时征税。

2. ×**【解析】**我国是主张国际税收协定应优先于国内税法的国家。

3. ×【解析】《联合国范本》强调地域管辖权原则，主要目的在于促进发达国家和发展中国家之间签订双边税收协定，同时促进发展中国家相互间签订双边税收协定。

4. √

5. √

6. √

7. ×【解析】美国《海外账户税收遵从法案》的适用范围远远超出了美国。

（四）单项选择题

1. A
2. A
3. A
4. C

（五）多项选择题

1. BD
2. ABC
3. ABCD
4. AB
5. ABD
6. BC

（六）简答题

1.【解析】《联合国范本》较为注重扩大收入来源国的税收管辖权，主要目的在于促进发达国家和发展中国家之间签订双边税收协定，同时促进发展中国家相互间签订双边税收协定。

虽然《经合组织范本》在某些特殊方面承认收入来源国的优先征税权，但其主导思想强调的是居民管辖权原则，主要是为了促进经合组织成员之间签订双边税收协定。

2.【解析】在《经合组织范本》和《联合国范本》中主要包括：协定的适用范围、基本用语的定义、对所得和财产的征税、避免双重征税的办法、特别规定以及协定生效或终止的时间等。这两个国际税收协定范本都把协定包括的纳税人（包括自然人、公司、社团以及基金会等）限制在缔约国一方或同时成为缔约国双方的居民。两个国际税收协定范本规定：除了协定的个别条款（无差别待遇条款、税收情报交换条款和政府职员的退休金条款等）外，非缔约国居民不能享受协定的待遇。在两个国际税收协定范本中均规定协定仅适用于对所得和财产征收的各种直接税。

3.【解析】国家税务总局制定了《一般反避税管理办法（试行）》。税务机关应当以具有合理商业目的和经济实质的类似安排为基准，按照实质重于形式的原则实施特别纳税调整。主要的调整方法包括：

（1）对安排的全部或者部分交易重新定性。

（2）在税收上否定交易方的存在，或者将该交易方与其他交易方视为同一实体。

（3）对相关所得、扣除、税收优惠、境外税收抵免等重新定性或者在交易各方间重新分配。

（4）其他合理方法。

第十章

税收征收管理

一、学习目的与要求

本章主要介绍税收征收管理的概念、税务管理、征收制度、法律责任、行政复议和诉讼。本章的内容繁杂零散，需要记忆的知识点相对较多，学生应重点掌握税务登记管理、税款征收、税务行政复议和税务行政诉讼。

二、重点与难点

(一) 税务登记管理，账簿凭证管理

(1) 税务登记管理包括：设立税务登记，临时税务登记，变更、注销税务登记，停业、复业税务登记等。

1) 设立税务登记是指企业、单位和个人经国家市场监督管理部门或有关部门批准设立后所需办理的税务登记。

2) 临时税务登记是指从事生产经营的纳税人既未办理工商营业执照，又未经有关部门批准设立的，应当自纳税义务发生之日起 30 日内申报办理税务登记，税务机关发放临

时税务登记证及副本。

有独立的生产经营权、在财务上独立核算并定期向发包人或者出租人上交承包费或租金的承包（承租）人，应当自承包（承租）合同签订之日起30日内，向其承包（承租）业务发生地的税务机关申报办理税务登记，税务机关发放临时税务登记证及副本。

《国家税务总局关于税收征管若干事项的公告》（国家税务总局公告2019年第48号）规定，从事生产经营的个人应办而未办营业执照，但发生纳税义务的，可以按规定申请办理临时税务登记。

3）变更税务登记是指纳税人办理设立税务登记后，因登记内容发生了变化，需要对原登记内容进行更改，而向税务机关申报办理的税务登记。变更税务登记的适用情形主要包括：改变名称；改变法人代表；改变经济性质；增设或撤销分支机构；改变住所或经营地点（涉及主管税务机关变动的办理注销税务登记）；改变生产经营范围或经营方式；增减注册资本；改变隶属关系；改变生产经营期限；改变开户银行和账号；改变生产经营权属以及改变其他税务登记内容。

4）注销税务登记是指纳税人发生纳税义务终止或作为纳税主体的资格消亡，或因其住所、经营地点变更而涉及改变税务机关情形时，依法向原税务登记机关申报办理的税务登记。

5）停业、复业税务登记。实行定期定额征收方式的个体工商户需要停业的，应当在停业前向税务机关申报办理停业登记。纳税人在申报办理停业登记时，应如实填写停业复业报告书，说明停业理由、停业期限、停业前的纳税情况和发票的领、用、存情况，并结清应纳税款、滞纳金、罚款。税务机关应收存其税务登记证件及副本、发票领购簿、未使用完的发票和其他税务证件。纳税人的停业期限不得超过一年。

（2）账簿凭证管理。根据《税收征管法》及实施细则的规定，纳税人、扣缴义务人应当按照有关法律、行政法规和国务院财政、税务主管部门的规定设置账簿，根据合法、有效凭证记账，进行核算。

1）从事生产经营的纳税人应当自领取营业执照或者发生纳税义务之日起15日内，按照国家有关规定设置账簿。前款所称账簿，是指总账、明细账、日记账以及其他辅助性账簿。总账、日记账应当采用订本式。

2）生产经营规模小，确无建账能力的纳税人，可以聘请经批准从事会计代理记账业务的专业机构或者经税务机关认可的财会人员代为建账和办理账务；聘请上述机构或者人员有实际困难的，经县以上税务机关批准，可以按照税务机关的规定，建立收支凭证粘贴簿、进货销货登记簿或者使用税控装置。

3）扣缴义务人应当自税收法律、行政法规规定的扣缴义务发生之日起10日内，按照所代扣、代收的税种，分别设置代扣代缴、代收代缴税款账簿。

4）纳税人、扣缴义务人会计制度健全，能够通过计算机正确、完整计算其收入和所得或者代扣代缴、代收代缴税款情况的，其计算机输出的完整的书面会计记录，可视同会计账簿。

5）纳税人、扣缴义务人会计制度不健全，不能通过计算机正确、完整计算其收入和所得或者代扣代缴税款情况的，应当建立总账及与纳税或者代扣代缴、代收代缴税款有关的其他账簿。

（二）税款征收方式、税收保全措施和税收强制执行措施

（1）税款征收方式。

1）查账征收是指税务机关根据纳税人的会计账册资料，依照税法规定计算征收税款的一种方式。它适用于经营规模较大、财务会计制度健全、能够如实核算和提供生产经营状况以及正确计算应纳税款并认真履行纳税义务的纳税人。

2）查定征收是指税务机关根据纳税人的从业人员、生产设备、原材料耗用情况等因素，查核其在正常生产经营条件下应税产品的产量、销售额，并据以征收税款的一种方式。它适用于经营规模较小、产品零星、税源分散、会计账册不健全的小型厂矿和作坊。

3）查验征收是税务机关对某些难以进行源泉控制的征收对象，通过查验证照和实物据以征税而采取的一种征收方式。这种方式适用于对零星分散、流动性大的税源，如城乡集贸市场的临时经营和机场、码头等场外经销商品的税款征收。

4）定期定额征收是指税务机关按照法律、法规的规定，依照一定的程序，核定纳税人在一定经营时期内的应纳税经营额及收益额，并以此作为计税依据，确定其应纳税额的一种税款征收方式。这种税款征收方式适用于生产经营规模小，确实无建账能力，经主管税务机关审核批准，可以不设置账簿或者暂缓建账的小型纳税人。

（2）税收保全措施是指税务机关对可能由于纳税人的行为或者某种客观原因，致使以后税款的征收不能保证或难以保证的案件，采取限制纳税人处理或转移商品、货物或其他财产的措施。税收保全措施的两种主要形式为：

1）书面通知纳税人开户银行或其他金融机构暂停支付纳税人相当于应纳税款的存款。

2）扣押、查封纳税人的价值相当于应纳税款的商品、货物或其他财产。个人及其所扶养家属维持生活必需的住房和用品，不在税收保全措施的范围之内。

税收保全措施的期限一般不超过 6 个月；重大案件需要延长的，应当报国家税务总局批准。

（3）税收强制执行措施是指当事人不履行法律、行政法规规定的义务，有关国家机关采用法定的强制手段，强迫当事人履行义务的行为。税收强制执行措施的两种主要形式为：

1）书面通知其开户银行或其他金融机构从其存款中扣缴税款。

2）扣押、查封、拍卖其价值相当于应纳税款的商品、货物或其他财产，以拍卖所得抵缴税款。

（三）逃避缴纳税款、欠税、骗税、抗税的法律责任

（1）纳税人采取欺骗、隐瞒手段进行虚假纳税申报或者不申报，逃避缴纳税款数额较大并且占应纳税额 10%以上的，处 3 年以下有期徒刑或者拘役，并处罚金；数额巨大并且占应纳税额 30%以上的，处 3 年以上 7 年以下有期徒刑，并处罚金。

（2）纳税人欠缴应纳税款，采取转移或者隐匿财产的手段，妨碍税务机关追缴欠缴

的税款，由税务机关追缴欠缴的税款、滞纳金，并处欠缴税款50%以上5倍以下的罚款；构成犯罪的，依法追究刑事责任。

(3) 以假报出口或者其他欺骗手段骗取国家出口退税款的，由税务机关追缴其骗取的退税款，并处骗取税款1倍以上5倍以下的罚款；构成犯罪的，依法追究刑事责任。

对骗取国家出口退税款的，税务机关可以在规定期间内停止为其办理出口退税。

(4) 抗税除由税务机关追缴其拒缴的税款、滞纳金外，依法追究刑事责任。情节轻微、未构成犯罪的，由税务机关追缴其拒缴的税款、滞纳金，并处拒缴税款1倍以上5倍以下的罚款。自2018年5月1日起，对有履行能力但拒不履行的重大税收违法案件当事人，民航局按照规定程序，每月第一个工作日在指定的民航网站和“信用中国”网站发布限制乘机名单信息，对以上人员在一年内适当限制乘坐民用航空器。

(四) 税务行政复议的概念、申请、审查和决定

(1) 税务行政复议是指当事人不服税务机关及其工作人员做出的税务具体行政行为，依法向上一级税务机关（复议机关）提出申请，复议机关经审理对原税务机关具体行政行为依法做出维持、变更、撤销等决定的活动。

(2) 申请人可以在知道税务机关做出具体行政行为之日起60日内提出行政复议申请。申请人对“征税行为”不服的，应当先向行政复议机关申请行政复议；对行政复议决定不服的，可以向人民法院提起行政诉讼。申请人对“征税行为”以外的其他具体行政行为不服，可以申请行政复议，也可以直接向人民法院提起行政诉讼。

申请人按照上述规定申请行政复议的，必须依照税务机关根据法律、法规确定的税额、期限，先行缴纳或者解缴税款和滞纳金，或者提供相应的担保，才可以在缴清税款和滞纳金以后或者所提供的担保得到做出具体行政行为的税务机关确认之日起60日内提出行政复议申请。

申请人对税务机关做出逾期不缴纳罚款加处罚款的决定不服的，应当先缴纳罚款和加处罚款，再申请行政复议。申请人申请行政复议，可以书面申请。

(3) 复议机关应当自受理申请之日起60日内做出行政复议决定。对于情况复杂、不能在规定期限内做出行政复议决定的，经复议机关负责人批准，可以适当延长，但延长期限最多不超过30日。行政复议决定书一经送达，即发生法律效力。

具体行政行为有下列情形之一的，决定撤销、变更或者确认该具体行政行为违法；

第一，主要事实不清、证据不足的。

第二，适用依据错误的。

第三，违反法定程序的。

第四，超越职权或者滥用职权的。

第五，具体行政行为明显不当的。

决定撤销或者确认该具体行政行为违法的，可以责令被申请人在一定期限内重新做出具体行政行为。

（五）税务行政诉讼的概念、原则、受案范围、起诉和受理

（1）税务行政诉讼是指公民、法人和其他组织认为税务机关及其工作人员的具体税务行政行为违法或者不当，侵犯了其合法权益，依法向人民法院提起行政诉讼，由人民法院对具体税务行政行为的合法性和适当性进行审理并做出裁决的司法活动。

（2）税务行政诉讼的原则：

1）人民法院特定主管原则。

2）合法性审查原则。

3）不适用调解原则。

4）起诉不停止执行原则。

5）税务机关负举证责任原则。

6）由税务机关负责赔偿的原则。

（3）税务行政诉讼的受案范围：

1）税务机关做出的征税行为。

2）税务机关做出的责令纳税人提交纳税保证金或者进行纳税担保的行为。

3）税务机关做出的行政处罚行为。

4）税务机关做出的通知出境管理机关阻止出境行为。

5）税务机关做出的税收保全措施。

6）税务机关做出的税收强制执行措施。

7）认为符合法定条件，申请税务机关颁发税务登记证和发售发票，税务机关拒绝颁发、发售或者不予答复的行为。

（4）在税务行政诉讼等行政诉讼中，起诉权是单向性的权利，税务机关不享有起诉权，只有应诉权，即税务机关只能作为被告；与民事诉讼不同，作为被告的税务机关不能反诉。

纳税人、扣缴义务人等税务管理相对人在提起税务行政诉讼时，必须符合下列条件：

1）原告是认为具体税务行为侵犯其合法权益的公民、法人或者其他组织。

2）有明确的被告。

3）有具体的诉讼请求和事实、法律根据。

4）属于法院的受案范围和受诉人民法院管辖。

对税务机关的征税行为提起诉讼，必须先经过复议；对复议决定不服的，可以在接到复议决定书之日起 15 日内向人民法院起诉；对其他具体行政行为不服的，当事人可以在接到通知或者知道之日起 15 日内直接向人民法院起诉。

（六）纳税信用的概念、管理

（1）纳税信用是指对纳税人履行纳税义务能力的一种社会评价，是纳税人在特定的时间内所做的缴纳税款的承诺，即从税务登记、纳税申报、税款缴纳、发票管理、账簿管理等多方面对纳税人进行的综合诚信评价。

（2）纳税信用管理是指税务机关对纳税人的纳税信用信息开展的采集、评价、确定、发布和应用等活动，适用于已办理税务登记，从事生产经营并适用查账征收的企业纳税人。

第一，纳税信用信息采集。纳税信用信息采集工作由国家税务总局和省税务机关组织实施，按月采集。

纳税信用信息包括纳税人信用历史信息、税务内部信息、外部评价信息。

第二，纳税信用评价。纳税信用评价采取年度评价指标得分和直接判级方式。评价指标包括税务内部信息和外部评价信息。

年度评价指标得分采取扣分方式。直接判级适用于有严重失信行为的纳税人。

纳税信用级别设A、B、C、D、M五级。

第三，纳税信用评价结果的应用。

①对纳税信用评价为A级的纳税人，税务机关给予下列激励措施：主动向社会公告年度A级纳税人名单；一般计税方法纳税人可单次领取3个月的增值税专用发票用量，需要调整增值税专用发票用量时即时办理；普通发票按需领用；连续3年被评为A级信用级别（以下简称“3连A”）的纳税人，除享受以上措施外，还可以由税务机关提供绿色通道或专门人员帮助办理涉税事项。

②对纳税信用评价为B级的纳税人，税务机关实施正常管理，适时进行税收政策和管理规定的辅导，并视信用评价状态变化趋势选择性地提供《纳税信用管理办法（试行）》第二十九条的激励措施。

③对纳税信用评价为C级的纳税人，税务机关应依法从严管理，并视信用评价状态变化趋势选择性地采取纳税信用D级纳税人适用的管理措施。

④对纳税信用评价为D级的纳税人，税务机关应采取以下措施：公开D级纳税人及其直接责任人员名单，将直接责任人员注册登记或者负责经营的其他纳税人纳税信用直接判为D级；增值税专用发票领用按辅导期一般计税方法纳税人政策办理，普通发票的领用实行交（验）旧供新、严格限量供应；加强出口退税审核；加强纳税评估，严格审核其报送的各种资料；列入重点监控对象，提高监督检查频次，发现税收违法违规行为的，不得适用规定处罚幅度内的最低标准；将纳税信用评价结果通报相关部门，建议在经营、投融资、取得政府供应土地、进出口、出入境、注册新公司、工程招投标、政府采购、获得荣誉、安全许可、生产许可、从业任职资格、资质审核等方面予以限制或禁止。

⑤对纳税信用评价为M级的纳税人，税务机关实行以下措施：取消增值税专用发票认证；适时进行税收政策和管理规定的辅导。

三、关键术语

复议前置是指因税款征纳问题发生的争议，当事人在向人民法院提起行政诉讼前，必须先经过税务行政复议程序。

税款的退还是指纳税人多缴纳税款，税务机关发现后应当立即退还，纳税人自结算缴纳税款之日起3年内发现的，可以向税务机关要求退还多缴纳的税款并加算银行同期存款利息，税务机关及时查实后应当立即退还。

纳税担保是指经税务机关同意或确认，纳税人或其他自然人、法人、经济组织以保证、抵押、质押的方式，为纳税人应当缴纳的税款及滞纳金提供担保的行为。

核定税额征收是指为了保证税款足额征收，《税收征管法》赋予税务机关税款核定权，即在某些情形下，税务机关有权按照规定的方法核定纳税人的应纳税额，并按核定数额征收。

骗取出口退税罪是指《刑法》第二百零四条的规定：以假报出口或者其他欺骗手段，骗取国家出口退税款，数额较大的，处5年以下有期徒刑或者拘役，并处骗取税款1倍以上5倍以下罚金；数额巨大或者有其他严重情节的，处5年以上10年以下有期徒刑，并处骗取税款1倍以上5倍以下罚金；数额特别巨大或者有其他特别严重情节的，处10年以上有期徒刑或者无期徒刑，并处骗取税款1倍以上5倍以下罚金或者没收财产。

抗税罪是指《刑法》第二百零二条的规定：以暴力、威胁方法拒不缴纳税款的，处3年以下有期徒刑或者拘役，并处拒缴税款1倍以上5倍以下罚金；情节严重的，处3年以上7年以下有期徒刑，并处拒缴税款1倍以上5倍以下罚金。

虚假申报的法律责任是指纳税人、扣缴义务人编造虚假计税依据的，由税务机关责令限期改正，并处5万元以下的罚款。

征税行为包括确认纳税主体、征税对象、征税范围、减税、免税及退税、适用税率、计税依据、纳税环节、纳税期限、纳税地点以及税款征收方式等具体行政行为。

纳税信用管理是指税务机关对纳税人的纳税信用信息开展的采集、评价、确定、发布和应用等活动。

四、习　题

（一）术语解释

1. 逃避缴纳税款
2. 欠税
3. 骗税
4. 抗税
5. 纳税信用

（二）填空题

1. 税务管理登记包括______，______，______，______。

2. 查账征收适用于______、______、______以及正确计算应纳税款并认真履行纳税义务的纳税人。

3. 纳税担保的范围包括______、______和______、______。

4. 复议机关应当自受理申请之日起______日内做出行政复议决定。对于情况复杂、不能在规定期限内做出行政复议决定的，经______批准，可以适当延长，但延长期限最多不超过______日。行政复议决定书一经送达，即发生法律效力。

5. 对税务机关的征税行为提起诉讼，必须先经过复议；对复议决定不服的，可以在接到复议决定书之日起______日内向人民法院起诉；对其他具体行政行为不服的，当事人可以在接到通知或者知道之日起______日内直接向人民法院起诉。

6. 目前，我国纳税信用等级体系共分为______级。

（三）判断题

1. 纳税人的停业期限可以超过一年。（　　）

2. 查定征收适用于经营规模较小、产品零星、税源分散、会计账册不健全的小型厂矿和作坊。（　　）

3. 生产经营规模小又无建账能力的纳税人，聘请代理记账机构或人员有困难的，可以按照税务机关规定免于建账并免纳税款。（　　）

4. 从事生产经营的纳税人应当自领取营业执照或者发生纳税义务之日起20日内，按照国家有关规定设置账簿。（　　）

5. 纳税人、扣缴义务人会计制度健全，能够通过计算机正确、完整计算其收入和所得或者代扣代缴、代收代缴税款情况的，其计算机输出的完整的书面会计记录，可视同会计账簿。（　　）

6. 除法律、行政法规另有规定外，账簿、会计凭证、报表、完税凭证及其他有关纳税资料应当保存15年。（　　）

7. 当事人不履行法律、行政法规规定的义务，有关国家机关可以采用扣押、查封、拍卖其价值相当于应纳税款的商品、货物或其他财产，以拍卖所得抵缴税款，强迫当事人履行义务。（　　）

（四）选择题（含单选、多选）

1. 纳税人因住所、经营地址迁移而改变原主管税务机关的，要向原登记机关办理（　　）。

A. 外出经营报验登记　　B. 停业登记

C. 注销税务登记　　D. 变更税务登记

2. 税务登记的停业、复业登记适用于（　　）。
A. 扣缴义务人
B. 外商投资企业
C. 所有纳税人
D. 实行定期定额征收方式的个体工商户
3. 在税务机关采取的下列措施中，属于税收保全措施的有（　　）。
A. 查封纳税人的价值相当于应纳税款的商品
B. 拍卖纳税人的价值相当于应纳税额的商品用以抵缴税款
C. 对纳税人逃避纳税义务的行为处以 5 000 元以上的罚款
D. 书面通知银行从纳税人的开户行存款中直接扣款
4. 在下列关于税收强制执行措施的表述中，正确的是（　　）。
A. 税收强制执行措施不适用于扣缴义务人
B. 税收强制执行不可以书面通知纳税人的开户银行从其存款中扣缴税款
C. 家庭代步工具的轿车不在强制执行的范围内
D. 税务机关采取强制执行措施时可扣押、查封、拍卖其价值相当于应纳税款的商品、货物或其他财产，以拍卖所得抵缴税款
5. 在下列关于税款追征的表述中，正确的是（　　）。
A. 由于税务机关的责任，纳税人少缴纳税款，税务机关在 3 年内可要求纳税人、扣缴义务人补缴税款，并按银行同期利率加收滞纳金
B. 由于税务机关的责任，纳税人少缴纳税款，税务机关在 3 年内可要求纳税人、扣缴义务人补缴税款，但不得加收滞纳金
C. 纳税人偷税、抗税、骗税，税务机关可以在 20 年内追征其未缴或者少缴的税款、滞纳金或者骗取的税款
D. 纳税人、扣缴义务人计算失误，税务机关在 3 年内可以追征税款、滞纳金；有特殊情况的，追征期可以延长到 10 年
6. 在下列各项中，税务机关有权采取核定征收方式征税的是（　　）。
A. 未按期进行申报纳税
B. 外商投资企业的账簿、凭证和报表不使用中文的
C. 账册不健全，但能够控制原材料或进销货的纳税单位
D. 依照法律、行政法规的规定可以不设置账簿的
7. 在下列各项中，适用《税收征管法》的是（　　）。
A. 海关代征的消费税　　B. 关税
C. 教育费附加　　D. 车辆购置税
8. 纳税人应当办理变更税务登记的情形有（　　）。
A. 纳税人改变名称
B. 纳税人改变隶属关系
C. 纳税人改变经营地址而改变原主管税务机关
D. 纳税人银行账号改变
9. 申请人对税务机关做出的下列行为不服的，申请税务行政复议的前置程序有

（　　）。

A. 提供相应的担保　　B. 先行缴纳税款

C. 缴纳罚款　　D. 缴纳滞纳金

10. 在下列情形中，行政复议机构可以责令被申请人在一定期限内重新做出具体行政行为的是（　　）。

A. 滥用职权　　B. 适用法律依据不当

C. 按法定程序执行　　D. 主要事实阐述不清

11. 复议机关应当自受理申请之日起 60 日内做出行政复议决定。对于情况复杂、不能在规定期限内做出行政复议决定的，经复议机关负责人批准，可以适当延长，但延长期限最多不超过（　　）日。

A. 15　　B. 20　　C. 30　　D. 60

12. 对税务机关的征税行为提起诉讼，必须先经过复议；对复议决定不服的，可以在接到复议决定书之日起（　　）日内向人民法院起诉。

A. 15　　B. 20　　C. 30　　D. 60

13. 以下关于税务行政诉讼原则的表述，正确的是（　　）。

A. 人民法院特定主管原则　　B. 纳税人负举证责任的原则

C. 不适用调解原则　　D. 起诉可停止执行原则

14. 纳税人、扣缴义务人编造虚假计税依据的，由税务机关责令限期改正，并处（　　）万元以下的罚款。

A. 5　　B. 10　　C. 15　　D. 20

15. 纳税人、扣缴义务人等税务管理相对人在提起税务行政诉讼时，必须符合的条件有（　　）。

A. 有明确的被告

B. 原告是认为具体税务行为侵犯其合法权益的公民、法人或者其他组织

C. 有具体的诉讼请求和事实、法律根据

D. 属于法院的受案范围和受诉人民法院管辖

16. 税收保全措施的期限一般不超过（　　）个月；重大案件需要延长的，应当报国家税务总局批准。

A. 3　　B. 6　　C. 9　　D. 12

17. 经税务机关同意或确认，纳税人或其他自然人、法人、经济组织以保证、抵押、质押的方式，为纳税人应当缴纳的税款及滞纳金提供担保的行为叫作（　　）。

A. 纳税抵押　　B. 纳税担保

C. 纳税质押　　D. 纳税补偿

18. 纳税担保中实现税款、滞纳金的费用包括（　　）。

A. 抵押登记费用　　B. 质押登记费用

C. 质押保管费用　　D. 财产担保费用

19. 纳税信用评价周期是（　　）。

A. 一个纳税年度　　B. 一个纳税季度

C. 一个纳税月份　　D. 一个自然年度

（五）简答题

1. 简述税收的退还和追征制度。
2. 简述核定税额的方法及要求。
3. 简述税务行政诉讼的特点。
4. 简述变更税务登记的适用情形。
5. 税务行政复议和税务行政诉讼的比较。

（六）综合题

1. 3月，某公司的应纳税额为8万元，需要在4月10日前缴纳。由于该公司未按规定的期限缴纳税款，主管税务机关（县级）向其送达《催缴税款通知书》，责令其10日内缴纳上述税款。截至4月25日，该公司仍未缴纳税款。5月26日，税务机关填发了《查封扣押证》，以纳税人应缴税款、滞纳金、罚款和相关费用为基础，扣押了一辆10万元的小轿车和一辆生产载货用的货车，价值约5万元。你认为税务机关的执法行为恰当吗？请说明理由。

2. 7月15日，某基层税务所接到群众举报，其辖区内美丽服装厂（系个体工商户）开业两个月没有纳税。7月16日，税务所对美丽服装厂依法进行了税务检查。经查，美丽服装厂于当年5月8日办理了营业执照，5月10日正式投产，没有办理税务登记，共生产销售服装420套，销售额为100 000元，没有申报纳税。根据检查情况，税务所于7月18日拟做出如下处理建议：①责令美丽服装厂在7月25日前办理税务登记，并处以500元罚款。②按规定补缴税款、加收滞纳金，并对未缴税款在《税收征管法》规定的处罚范围内处以6 000元罚款。7月19日送达《税务行政处罚事项告知书》，7月21日税务所按上述处理意见做出了《税务处理决定书》和《税务行政处罚决定书》，同时下发《限期缴纳税款通知书》，限美丽服装厂于7月28日前缴纳税款和罚款，并于当天将两份文书送达美丽服装厂。美丽服装厂认为自己刚开业两个月，产品为试销阶段，回款率低、资金十分紧张，请求税务所核减税款和罚款，但被税务所拒绝。7月28日，美丽服装厂缴纳了部分税款。7月29日，税务所又下达了《催缴税款通知书》，催缴美丽服装厂欠缴的税款、滞纳金和罚款。在两次催缴无效的情况下，经税务所长会议研究决定，对美丽服装厂采取强制执行措施。8月2日，税务所扣押了美丽服装厂23套服装，以变卖收入抵缴部分税款和罚款。美丽服装厂在多次找税务所交涉没有结果的情况下，8月15日通过书面形式向税务所的上级机关某县税务局提出行政复议申请：要求撤销税务所对其做出的处理决定，并要求税务所赔偿因扣押服装给其造成的经济损失。试问：

（1）县税务局是否应予受理？

（2）税务所在执法方面存在哪些问题？

3. 某地板销售公司为一般计税方法纳税人，2018年已经缴纳增值税100万元，消费税200万元，城市维护建设税21万元，企业所得税50万元。2019年，税务机关发现该公司在2017年的账簿上虚列成本、费用100万元。不考虑除企业所得税以外的其他税费，试问税务机关对这种行为应如何处罚？

4. 根据“三证合一”登记制度和“五证合一”登记制度的关系，谈谈你对它们的了解。

五、答案与解析

（一）术语解释

1. 逃避缴纳税款是指纳税人采取欺骗、隐瞒手段进行虚假纳税申报或者不申报的行为。

2. 欠税是指纳税人、扣缴义务人超过征收法律法规规定或税务机关依照税收法律法规规定的纳税期限，未缴或少缴税款的行为。

3. 骗税是指纳税人以假报出口或者其他欺骗手段，骗取国家出口退税款的行为。

4. 抗税是指以暴力、威胁方法拒不缴纳税款。

5. 纳税信用是指对纳税人履行纳税义务能力的一种社会评价，是纳税人在特定的时间内所做的缴纳税款的承诺，即从税务登记、纳税申报、税款缴纳、发票管理、账簿管理等多方面对纳税人进行的综合诚信评价。目前，我国纳税信用等级体系共分为A、B、C、D、M共5级。

（二）填空题

1. 设立税务登记　临时税务登记　变更、注销税务登记　停业、复业税务登记
2. 经营规模较大　财务会计制度健全　能够如实核算和提供生产经营状况
3. 税款　滞纳金　实现税款　滞纳金的费用
4. 60　复议机关负责人　30
5. 15　15
6. 五

（三）判断题

1. ×【解析】根据规定，纳税人的停业期限不得超过一年。

2. √【解析】根据规定，查定征收适用于经营规模较小、产品零星、税源分散、会计账册不健全的小型厂矿和作坊。

3. ×【解析】根据规定，生产经营规模小，确无建账能力的纳税人，可以聘请经批准从事会计代理记账业务的专业机构或者经税务机关认可的财会人员代为建账和办理账

务；聘请上述机构或者人员有实际困难的，经县以上税务机关批准，可以按照税务机关的规定，建立收支凭证粘贴簿、进货销货登记簿或者使用税控装置。

4. ×【解析】根据规定，从事生产经营的纳税人应当自领取营业执照或者发生纳税义务之日起 15 日内，按照国家有关规定设置账簿。

5. √

6. ×【解析】除法律、行政法规另有规定外，账簿、会计凭证、报表、完税凭证及其他有关纳税资料应当保存 10 年。

7. √【解析】税收强制执行措施的两种主要形式为：①书面通知其开户银行或其他金融机构从其存款中扣缴税款；②扣押、查封、拍卖其价值相当于应纳税款的商品、货物或其他财产，以拍卖所得抵缴税款。

（四）选择题（含单选、多选）

1. C【解析】注销税务登记是指纳税人发生纳税义务终止或作为纳税主体的资格消亡，或因其住所、经营地点变更而涉及改变税务机关的情形时，依法向原税务登记机关申报办理的税务登记。

2. D【解析】实行定期定额征收方式的纳税人，在营业执照核准的经营期限内需要停业的，应当向税务机关提出停业税务登记。

3. A【解析】税收保全措施的两种主要形式为：①书面通知纳税人开户银行或其他金融机构暂停支付纳税人相当于应纳税款的存款。②扣押、查封纳税人的价值相当于应纳税款的商品、货物或其他财产。选项 C 属于行政处罚措施，但罚款金额不符合标准，选项 B 和选项 D 属于税收强制执行措施。

4. D【解析】税收强制执行适用于从事生产经营的纳税人、扣缴义务人、纳税担保人，选项 A 不正确。税收强制执行措施的两种主要形式为：①书面通知其开户银行或其他金融机构从其存款中扣缴税款；②扣押、查封、拍卖其价值相当于应纳税款的商品、货物或其他财产，以拍卖所得抵缴税款。选项 B 错误，可以书面通知开户行扣缴税款。选项 C 错误，轿车属于强制执行范围。

5. B【解析】由于税务机关的责任，纳税人少缴纳税款，税务机关在 3 年内可要求纳税人、扣缴义务人补缴税款，但不得加收滞纳金，所以选项 A 错、选项 B 对；纳税人偷税、抗税、骗税，税务机关可以无限期追征其未缴或者少缴的税款、滞纳金或者骗取的税款，所以选项 C 错误；由于纳税人、扣缴义务人计算失误，税务机关在 3 年内可以追征税款、滞纳金；有特殊情况的，追征期可以延长到 5 年，不是 10 年，所以选项 D 错误。

6. D【解析】根据《税收征管法》，纳税人有下列情形之一的，税务机关有权核定其应纳税额：

（1）依照法律、行政法规的规定可以不设置账簿的。

（2）依照法律、行政法规的规定应当设置但未设置账簿的。

（3）擅自销毁账簿或者拒不提供纳税资料的。

（4）虽设置账簿，但账目混乱或者成本资料、收入凭证、费用凭证残缺不全，难以查账的。

(5) 发生纳税义务，未按照规定的期限办理纳税申报，经税务机关责令限期申报，逾期仍不申报的。

(6) 纳税人申报的计税依据明显偏低且无正当理由的。

7. ABD【解析】《税收征管法》第二条规定：“凡依法由税务机关征收的各种税收的征收管理，均适用本法。”选项C属于费，不属于税，所以错误，其他三个选项都为税。

8. ABD【解析】变更税务登记的适用情形主要包括：改变名称；改变法人代表；改变经济性质；增设或撤销分支机构；改变住所或经营地点（涉及主管税务机关变动的办理注销税务登记）；改变生产经营范围或经营方式；增减注册资本；改变隶属关系；改变生产经营期限；改变开户银行和账号；改变生产经营权属以及改变其他税务登记内容。

9. ABCD【解析】申请人申请行政复议的，必须依照税务机关根据法律、法规确定的税额、期限，先行缴纳或者解缴税款和滞纳金，或者提供相应的担保，才可以在缴清税款和滞纳金以后或者所提供的担保得到做出具体行政行为的税务机关确认之日起60日内提出行政复议申请。申请人对税务机关做出逾期不缴纳罚款加处罚款的决定不服的，应当先缴纳罚款和加处罚款，再申请行政复议。申请人申请行政复议，可以书面申请。

10. ABD【解析】具体行政行为有下列情形之一的，决定撤销、变更或者确认该具体行政行为违法；决定撤销或者确认该具体行政行为违法的，可以责令被申请人在一定期限内重新做出具体行政行为。第一，主要事实不清、证据不足的。第二，适用依据错误的。第三，违反法定程序的。第四，超越职权或者滥用职权的。第五，具体行政行为明显不当的。

11. C【解析】复议机关应当自受理申请之日起60日内做出行政复议决定。情况复杂、不能在规定期限内做出行政复议决定的，经复议机关负责人批准，可以适当延长，但延长期限最多不超过30日。

12. A【解析】对税务机关的征税行为提起诉讼，必须先经过复议；对复议决定不服的，可以在接到复议决定书之日起15日内向人民法院起诉。

13. AC【解析】税务行政诉讼的原则：①人民法院特定主管原则。②合法性审查原则。③不适用调解原则。④起诉不停止执行原则。⑤税务机关负举证责任原则。⑥由税务机关负责赔偿的原则。

14. A【解析】纳税人、扣缴义务人编造虚假计税依据的，由税务机关责令限期改正，并处5万元以下的罚款。

15. ABCD【解析】纳税人、扣缴义务人等税务管理相对人在提起税务行政诉讼时，必须符合下列条件：①原告是认为具体税务行为侵犯其合法权益的公民、法人或者其他组织。②有明确的被告。③有具体的诉讼请求和事实、法律根据。④属于法院的受案范围和受诉人民法院管辖。

16. B【解析】税收保全措施的期限一般不超过6个月；重大案件需要延长的，应当报国家税务总局批准。

17. B【解析】纳税担保是指经税务机关同意或确认，纳税人或其他自然人、法人、经济组织以保证、抵押、质押的方式，为纳税人应当缴纳的税款及滞纳金提供担保的行为。

18. ABCD【解析】纳税担保的范围包括税款、滞纳金和实现税款、滞纳金的费用。费用包括抵押、质押登记费用，质押保管费用以及保管、拍卖、变卖担保财产等相关费用支出。

19. A【解析】《国家税务总局关于发布〈纳税信用管理办法（试行）〉的公告》（国家税务总局公告2014年第40号）第十七条规定："纳税信用评价周期为一个纳税年度。"

（五）简答题

1.【解析】纳税人多缴纳税款，税务机关发现后应当立即退还，纳税人自结算缴纳税款之日起3年内发现的，可以向税务机关要求退还多缴纳的税款并加算银行同期存款利息，税务机关及时查实后应当立即退还。

由于税务机关的责任，纳税人少缴纳税款，税务机关在3年内可要求纳税人、扣缴义务人补缴税款，但不得加收滞纳金。

由于纳税人、扣缴义务人计算失误而少缴纳税款，税务机关在3年内可以追征税款、滞纳金；有特殊情况的，追征期可以延长到5年。

纳税人偷税、抗税、骗税，税务机关可以无限期地追征其未缴或者少缴的税款、滞纳金或者骗取的税款。

2.【解析】根据《税收征管法》的规定，税务机关有权采用下列任何一种方法核定纳税人的应纳税额：

（1）参照当地同类行业或者类似行业中经营规模和收入水平相近的纳税人的税负水平核定。

（2）按照营业收入或者成本加合理的费用和利润的方法核定。

（3）按照耗用的原材料、燃料、动力等推算或者测算核定。

（4）按照其他合理方法核定。

采用上述所列的一种方法不足以正确核定应纳税额时，可以同时采用两种以上的方法核定。

3.【解析】（1）被告必须是税务机关，或经法律、法规授权的行使税务行政管理权的组织，而不是其他行政机关或组织。

（2）解决的争议发生在税务行政管理过程中。

（3）因税款征纳问题发生的争议，当事人在向人民法院提起行政诉讼前，必须先经税务行政复议程序，即复议前置。

4.【解析】变更税务登记是指纳税人办理设立税务登记后，因登记内容发生了变化，需要对原登记内容进行更改，而向税务机关申报办理的税务登记。变更税务登记的适用情形主要包括：改变名称；改变法人代表；改变经济性质；增设或撤销分支机构；改变住所或经营地点（涉及主管税务机关变动的办理注销税务登记）；改变生产经营范围或经营方式；增减注册资本；改变隶属关系；改变生产经营期限；改变开户银行和账号；改变生产经营权属以及改变其他税务登记内容。

5.【解析】税务行政复议是指当事人不服税务机关及其工作人员做出的税务具体行政行为，依法向上一级税务机关（复议机关）提出申请，复议机关经审理对原税务机关具体行政行为依法做出维持、变更、撤销等决定的活动。申请人可以在知道税务机关做出具体行政行为之日起 60 日内提出行政复议申请。

税务行政诉讼是指公民、法人和其他组织认为税务机关及其工作人员的具体税务行政行为违法或者不当，侵犯了其合法权益，依法向人民法院提起行政诉讼，由人民法院对具体税务行政行为的合法性和适当性进行审理并做出裁决的司法活动。

申请人对“征税行为”不服的，应当先向行政复议机关申请行政复议；对行政复议决定不服的，可以向人民法院提起行政诉讼。申请人对“征税行为”以外的其他具体行政行为不服，可以申请行政复议，也可以直接向人民法院提起行政诉讼。

（六）综合题

1.【解析】不恰当的地方如下：①税务机关采取了强制执行措施，但未经县以上税务局局长批准，因而不符合规定。②根据规定，税务机关可以扣押、查封纳税人的价值相当于应纳税款的商品、货物或其他财产。个人及其所扶养家属维持生活必需的住房和用品，不在税收保全措施的范围之内。因此，税务机关不应该扣押公司用于生产载货的货车。

2.【解析】（1）县税务局对补缴税款和加收滞纳金的复议申请不予受理，对处罚的复议申请应予受理。

第一，按照《税收征管法》第八十八条的规定：纳税人、扣缴义务人、纳税担保人同税务机关在纳税上发生争议时，必须先依照税务机关的纳税决定缴纳或者解缴税款及滞纳金或者提供相应的担保，然后可以依法申请行政复议。美丽服装厂未缴清税款和滞纳金，所以县税务局不能受理。

第二，按照《税收征管法》第八十八条的规定：当事人对税务机关的处罚决定、强制执行措施或者税收保全措施不服的，可以依法申请行政复议，也可以依法向人民法院起诉。由于美丽服装厂在法定的期限内（60 日）提出复议申请，县税务局应当受理。

（2）税务所在执法方面存在下列问题：第一，税务所的执法超出权限。《税收征管法》第七十四条规定：本法规定的行政处罚，罚款额在 2 000 元以下的，可以由税务所决定。税务所对服装厂因偷税罚款 6 000 元超越了执法权限，是越权行为。第二，执法程序不合法。税务所做出《税务行政处罚决定书》的时间不符合法律规定。国家税务总局制定的《税务行政处罚听证程序实施办法（试行）》第四条规定，要求听证的当事人，应当在《税务行政处罚事项告知书》送达后 3 日内向税务机关书面提出听证。逾期不提出的，视为放弃听证权利。税务所 7 月 19 日送达《税务行政处罚事项告知书》，7 月 21 日就做出了《税务处理决定书》，听证告知的时间只有 2 天，不符合法定程序。第三，扣押服装厂的服装不符合法定程序。根据《税收征管法》第四十条的规定：一是税务机关采取强制执行措施时，必须经县以上税务局（分局）局长批准，税务所没有经县税务局局长批准就对美丽服装厂采取了强制执行措施，是不符合法定程序的；二是税务机关对罚款采取强制执行措施不合法。根据《税收征管法》第八十八条的规定：当事人对税务机关的处罚决定逾期不申请行政复议也不向人民法院起诉、又不履行的，做出处罚决定的税务机关可以采取本法第四十条规定的强制执行措施。由于美丽服装厂在法定期限内申请了行政复议，因而税务机关就不能对罚款采取强制执行措施。

3. **【解析】** 纳税人伪造、变更、隐匿、擅自销毁账簿、记账凭证，或者在账簿上多列支出或不列、少列收入，不缴或少缴应纳税款的，都属于逃避缴纳税款行为。该公司逃避缴纳税款的金额为：

$100\times25\%=25$(万元)

占应纳税额的比例为：

$25\div(100+200+21+50+25)=6.3\%<10\%$

根据《税收征管法》的规定，逃避缴纳税款金额占应纳税额的比例不足 10%的，应由税务机关追缴其偷税款、滞纳金，处以偷税金额 50%以上 5 倍以下的罚款。

4. **【解析】** 两者都是“一照一码”登记制度的内容，“五证合一”登记制度是由“三证合一”登记制度演变而来的。

“三证合一”登记制度是指将企业在登记时依次申请，分别由市场监督管理部门核发的工商营业执照、质量技术监督部门核发的组织机构代码证、税务部门核发的税务登记证，改为一次申请、由市场监督管理部门核发一个营业执照的登记制度。该制度通过“一窗受理、互联互通、信息共享”，将由工商行政管理、质量技术监督、税务三个部门分别核发不同证照，改为由市场监督管理部门核发一个加载法人和其他组织统一社会信用代码的营业执照，即“一照一码”登记模式。自 2015 年 10 月 1 日起，工商营业执照、组织机构代码证和税务登记证“三证合一”，实行“一照一码”登记模式。

根据《国务院办公厅关于加快推进“五证合一、一照一码”登记制度改革的通知》(国办发［2016］53 号)，我国在全面实施工商营业执照、组织机构代码证和税务登记证“三证合一”登记制度改革的基础上，再整合社会保险登记证和统计登记证，从 2016 年 10 月 1 日起正式实施“五证合一、一照一码”制度。“五证合一”全面实行“一套材料、一表登记、一窗受理”的工作模式，申请人办理企业注册登记时只需填写“一张表格”，向“一个窗口”提交“一套材料”。登记部门直接核发加载统一社会信用代码的营业执照，相关信息在全国企业信用信息公示系统公示，并归集至全国信用信息共享平台。企业不再另行办理社会保险登记证和统计登记证。我国应积极推进“五证合一”申请、受理、审查、核准、发照、公示等全程电子化登记管理，加快实现“五证合一”网上办理。

第十一章

跨章节综合题

1. 某市某高档化妆品有限公司为一般计税方法纳税人，6 月发生以下业务：

(1) 从国外进口一批高档化妆品，成交价为 1 380 000 元，货物运抵境内输入地点起卸前的运费、保险费及相关费用为 20 000 元，支付货物进口后的保险费用 20 000 元。因管理不善，在自海关运往单位的途中，意外损失了 35%的高档化妆品，已经申报了保险赔偿。剩余的高档化妆品用于生产加工 A 类高档化妆品。

(2) 以价值 80 000 元的原材料委托县城的工厂加工 C 类高档化妆品，取得的增值税专用发票上注明的加工费为 55 000 元，受托方按规定代收代缴了税金。收回后全部销售，取得含税收入 282 500 元。

(3) 当月委托 B 公司代销 A 类高档化妆品，发出货物的不含税售价为 1 500 000 元。

(4) 当月为修建职工浴室耗用的上月购进的修理材料成本为 20 万元，其中运费成本为 2.8 万元（取得了增值税专用发票）。

(5) 销售 B 类高档化妆品 21 500 件，不含税单价为 58 元，发生不含税运费支出 2 000 元，取得了国有运输企业一般计税方法纳税人开具的增值税专用发票；将 1 000 件 B 类高档化妆品用于公益性捐赠，营业外支出账户按成本列支公益性捐赠发生额 7 000 元；购进材料，取得的防伪税控系统增值税专用发票上注明的销售额为 100 000 元、增值税为 13 000 元，该批材料月末未入库。

(6) 从自来水公司购进自来水，取得的增值税专用发票上注明的税额为 720 元，其中 20%的自来水用于职工浴室。

(7) 6 月底，因资金紧张，经过与 B 公司协商，就代销 A 类高档化妆品事宜提前支付 50%的款项，B 公司已将转账支票交付该公司。

(说明：进口关税税率为 20%；进口化妆品全部被化妆品生产车间领用；高档化妆品的消费税税率为 15%。)

根据上述资料，试计算下列问题，每问均需计算出合计数。

(1) 进口高档化妆品应缴纳的税金。

(2) 委托加工化妆品应代收代缴的税费。

(3) 本月增值税销项税额。

(4) 本月准予抵扣的增值税进项税额。

(5) 当月应缴纳的增值税。

(6) 本月应缴纳的消费税(不含进口环节和受托方代收代缴的消费税)。

(7) 本月应缴纳的城市维护建设税、教育费附加和地方教育附加。

2. 位于县城的某白酒生产企业为一般计税方法纳税人,8 月的生产经营业务如下:

(1) 进口仪器设备一台,国外买价为 64 000 元,运抵我国入关前支付的运费为 4 200 元、保险费为 3 800 元;入关后运抵企业所在地,取得运输公司开具的增值税专用发票,注明的运费为 1 600 元、税额为 144 元。

(2) 外购食用酒精 100 吨,每吨不含税价为 8 000 元,取得的增值税专用发票上注明的金额为 800 000 元、税额为 104 000 元;取得的运输业增值税专用发票上注明的运费为 50 000 元、税额为 4 500 元;取得的增值税专用发票上注明的装卸费为 30 000 元、税额为 1 800 元。

(3) 销售粮食白酒 60 吨给某专卖店,每吨的销售价格为 26 000 元、增值税销项税额为 3 380 元,共计应收含税销售额为 1 762 800 元。由于专卖店提前支付价款,企业给予专卖店 3%的销售折扣,实际收款 1 709 916 元。另外,取得运输公司开具的增值税专用发票,注明的运费为 120 000 元、税额为 10 800 元。

(4) 销售与业务 (3) 同品牌粮食白酒 50 吨给独立核算的全资子公司(销售公司),每吨售价为 20 000 元,开具增值税专用发票,取得销售额共计 1 000 000 元,税额为 130 000 元。

(5) 直接零售给消费者个人薯类白酒 25 吨,每吨售价为 32 318 元,开具普通发票,共计取得含税销售额 807 950 元。

(6) 月末盘存时发现,由于管理不善,当月购进的酒精被盗 2.5 吨。经主管税务机关确认,作为损失转营业外支出处理。(已知关税税率为 12%,白酒消费税税率为 20%加 0.5 元/500 克。)

该白酒生产企业自行计算的 8 月应缴纳的各项税费如下:

A. 进口设备应缴纳的增值税为:

$$(64\,000+4\,200+3\,800+1\,600)\times(1+12\%)\times13\%=10\,716.16(\text{元})$$

B. 可抵扣的进项税额为:

$$104\,000+144+4\,500+1\,800+10\,800+10\,716.16=131\,960.16(\text{元})$$

C. 销项税额为:

$$(1\,709\,916+1\,000\,000+807\,950)\times13\%=457\,322.58(\text{元})$$

D. 损失酒精转出的进项税额为:

$$2.5\times8\,000\times13\%=2\,600(\text{元})$$

E. 应缴纳的增值税为:

$$457\,322.58-131\,960.16+2\,600=327\,962.42(\text{元})$$

F. 应缴纳的消费税为:

(1 709 916＋1 000 000＋807 950)×20%＋(60＋50＋25)×2 000×0.5
＝703 573.2＋135 000＝838 573.2(元)

G. 应缴纳的城市维护建设税、教育费附加、地方教育附加为：
(327 962.42＋838 573.2)×(5%＋3%＋2%)＝116 653.56(元)

根据上述相关资料，按顺序回答下列问题，如有计算，每问均需计算出合计数。

(1) 按A至G的顺序指出该企业自行计算8月应缴纳税费的错误之处，并简要说明理由。

(2) 计算该企业进口设备应缴纳的增值税。

(3) 计算该企业8月可抵扣的进项税额。

(4) 计算该企业8月的销项税额。

(5) 计算该企业损失酒精应转出的进项税额。

(6) 计算该企业8月应缴纳的增值税。

(7) 计算该企业8月应缴纳的消费税。

(8) 计算该企业8月应缴纳的城市维护建设税、教育费附加和地方教育附加。

3. 某市大型商贸公司为一般计税方法纳税人，兼营商品加工、批发、零售和进出口业务，6月的相关经营业务如下：

(1) 进口高档化妆品一批，支付国外的买价为220万元、购货佣金为6万元、国外的经纪费为4万元；支付运抵我国海关地前的运输费用为20万元、装卸费用和保险费用为11万元；支付海关地再运往商贸公司的不含税运输费用8万元，已取得海关的完税凭证和一般计税方法纳税人开具的增值税专用发票。

(2) 受托加工高档化妆品一批，委托方提供的原材料不含税金额为86万元，加工结束向委托方开具普通发票，收取加工费和添加辅助材料的含税金额共计45.2万元。该化妆品无同类产品的市场价格。

(3) 收购免税农产品一批，支付收购价款70万元、不含税运输费用10万元（已取得一般计税方法纳税人开具的增值税专用发票），当月将购进免税农产品的30%用于公司饮食部。

(4) 购进其他商品，取得增值税专用发票，支付价款200万元、增值税26万元，支付运输单位的运输费用为20万元，运费金额为一般计税方法纳税人运输公司开具的增值税专用发票中注明的金额，待货物验收入库时发现短缺商品金额10万元（占支付金额的5%）。经查实，应由运输单位赔偿。

(5) 将进口化妆品的80%重新加工制作成套装化妆品，当月销售给其他商场并开具增值税专用发票，取得不含税销售额650万元；直接销售给消费者个人，开具普通发票，取得含税销售额67.8万元。

(6) 销售除高档化妆品以外的其他商品，开具增值税专用发票，应收不含税销售额300万元。由于月末前可将全部货款收回，给所有购货方的销售折扣比例为5%，实际收到金额285万元。

(7) 取得高档化妆品的逾期包装押金收入13.56万元。

(已知关税税率为20%，高档化妆品的消费税税率为15%；当月购销各环节所涉及的票据符合税法规定；不考虑地方教育附加。)

根据上述资料，计算下列问题，每问均需计算出合计数。

（1）该公司进口环节应缴纳的关税。

（2）该公司进口环节应缴纳的消费税。

（3）该公司进口环节应缴纳的增值税。

（4）该公司加工环节应代收代缴的消费税、城市维护建设税和教育费附加总和。

（5）该公司国内销售环节应缴纳的消费税总和。

（6）该公司国内销售环节实现的销项税额总和。

（7）该公司国内销售环节准予抵扣的进项税额总和。

（8）该公司国内销售环节应缴纳的增值税。

（9）该公司当月应缴纳的城市维护建设税和教育费附加总和。

4. 某市一家著名企业为一般计税方法纳税人，主要生产销售彩色电视机，假定本年度的有关经营业务如下：

（1）销售取得不含税收入 8 600 万元，与彩电配比的销售成本为 5 660 万元。

（2）出租设备取得租金收入 400 万元；接受原材料捐赠，取得的增值税专用发票上注明的材料金额为 50 万元、增值税进项税额为 6.5 万元；取得国债利息收入 30 万元。

（3）购进原材料共计 3 000 万元，取得的增值税专用发票上注明的进项税额为 390 万元。

（4）销售费用为 1 650 万元，其中广告费为 1 400 万元。

（5）管理费用为 850 万元，其中业务招待费为 90 万元。

（6）财务费用为 80 万元，其中含向非金融企业借款 500 万元所支付的年利息 40 万元（当年金融企业同期贷款的年利率为 5.8%）。

（7）营业外支出为 300 万元。

（增值税适用税率为 13%，不考虑地方教育附加。）

根据上述资料，计算下列问题：

（1）本年度企业应缴纳的增值税。

（2）本年度企业应缴纳的城市维护建设税和教育费附加。

（3）本年度企业实现的会计利润。

（4）广告费应调整的应纳税所得额。

（5）业务招待费应调整的应纳税所得额。

（6）财务费用应调整的应纳税所得额。

（7）本年度企业所得税的应纳税所得额。

（8）本年度企业应缴纳的企业所得税。

答案与解析

1. **【解析】**（1）进口高档化妆品应缴纳的关税为：

$$(1\,380\,000+20\,000)\times 20\%=280\,000(\text{元})$$

进口高档化妆品应缴纳的消费税为：

$$(1\,380\,000+20\,000+280\,000)\times \frac{15\%}{1-15\%}=296\,470.59(\text{元})$$

进口高档化妆品应缴纳的增值税为：

$$(1\,380\,000+20\,000+280\,000)\times \frac{13\%}{1-15\%}=256\,941.18(\text{元})$$

进口高档化妆品应缴纳的税金为：

$$280\,000+296\,470.59+256\,941.18=833\,411.77(\text{元})$$

（2）受托方代收代缴的消费税为：

$$(80\,000+55\,000)\times \frac{15\%}{1-15\%}=23\,823.53(\text{元})$$

受托方代收代缴的税费为：

$$23\,823.53\times(1+5\%+3\%+2\%)=26\,205.88(\text{元})$$

（3）销项税额为：

$$(282\,500\div 1.13+21\,500\times 58+1\,000\times 58+1\,500\,000\times 50\%)\times 13\%=299\,650(\text{元})$$

（4）进项税额转出额为：

$$(200\,000-28\,000)\times 13\%+28\,000\times 9\%=24\,880(\text{元})$$

准予抵扣的进项税额为：

$$256\,941.18\times 65\%+55\,000\times 13\%+2\,000\times 9\%+13\,000+720\times 80\%-24\,880$$
$$=163\,037.77(\text{元})$$

（5）应纳增值税为：

$$299\,650-163\,037.77=136\,612.23(\text{元})$$

（6）自 2016 年 10 月 1 日起，高档化妆品的消费税纳税人以外购、进口和委托加工收回的高档化妆品为原料继续生产高档化妆品，准予从高档化妆品消费税应纳税额中扣除外购、进口和委托加工收回的高档化妆品已纳消费税税款。将委托加工收回的高档化妆品加价销售的，要缴纳消费税，同时可以抵扣受托方代收代缴的消费税。

对外销售高档化妆品应缴纳的消费税为：

$$(21\,500\times 58+1\,000\times 58)\times 15\%+1\,500\,000\times 50\%\times 15\%-296\,470.59\times(1-35\%)$$
$$=115\,544.12(\text{元})$$

加工收回的高档化妆品销售时缴纳的消费税为：

$$282\,500\times \frac{15\%}{1+13\%}-23\,823.53=13\,676.47(\text{元})$$

本月应缴纳的消费税合计为：

$$115\,544.12+13\,676.47=129\,220.59(\text{元})$$

（7）本月应缴纳的城市维护建设税、教育费附加和地方教育附加为：

$$(136\,612.23+129\,220.59)\times(7\%+3\%+2\%)=31\,899.94(\text{元})$$

2. **【解析】**（1）该白酒生产企业自行计算的 8 月应缴纳税费的错误及理由说明如下：

A. 进口设备应缴纳的增值税计算错误，入关后运抵企业所在地发生的运费不能作为计算关税的基数。

B. 可抵扣的进项税额计算错误，由进口设备缴纳增值税计算错误导致错误。

C. 销项税额计算错误：一是销售折扣的金额在计算销项税额时不能扣除；二是应将销售粮食白酒的含税销售额换算为不含税销售额才能计算销项税额；三是零售薯类白酒的金额为含税销售额，应换算为不含税销售额后才能计算销项税额。

D. 损失酒精转出的进项税额计算错误，与损失相关的费用、装卸费的进项税额应一并转出。

E. 增值税应纳税额计算错误，因可抵扣的进项税额和销项税额计算错误。

F. 消费税计算错误：一是销售折扣的金额在计算消费税时不能扣除；二是销售给子公司50吨粮食白酒的价格未按照独立企业之间的业务往来作价，应按同类产品售价进行调整；三是应将含增值税的销售额换算为不含税销售额才能计算消费税。

G. 城市维护建设税、教育费附加、地方教育附加计算错误，因为应缴纳的增值税、消费税计算错误而引起错误。

（2）进口设备应缴纳的增值税为：

$$(64\,000+4\,200+3\,800)\times(1+12\%)\times13\%=10\,483.2(\text{元})$$

（3）可抵扣的进项税额为：

$$104\,000+4\,500+1\,800+10\,800+144+10\,483.2=131\,727.2(\text{元})$$

（4）销项税额为：

$$\left(\frac{1\,762\,800}{1+13\%}+26\,000\times50+\frac{807\,950}{1+13\%}\right)\times13\%=464\,750(\text{元})$$

（5）损失酒精转出的进项税额为：

$$2.5\times8\,000\times13\%+4\,500\div100\times2.5+1\,800\div100\times2.5=2\,757.5(\text{元})$$

（6）应缴纳的增值税为：

$$464\,750-131\,727.2+2\,757.5=335\,780.3(\text{元})$$

（7）应缴纳的消费税为：

$$\left(\frac{1\,762\,800}{1+13\%}+50\times26\,000+\frac{807\,950}{1+13\%}\right)\times20\%+(60+50+25)\times2\,000\times0.5$$
$$=850\,000(\text{元})$$

（8）应缴纳的城市维护建设税、教育费附加、地方教育附加为：

$$(335\,780.3+850\,000)\times(5\%+3\%+2\%)=118\,578.03(\text{元})$$

3.**【解析】**（1）购货佣金不能算入进口货物的完税价格，因此进口环节应缴纳的关税为：

$$(220+4+20+11)\times20\%=51(\text{万元})$$

（2）进口环节应缴纳的消费税为：

$$(255+51)\times\frac{15\%}{1-15\%}=54(\text{万元})$$

（3）进口环节应缴纳的增值税为：

$$(255+51)\times\frac{13\%}{1-15\%}=46.8(\text{万元})$$

（4）加工环节应代收代缴的消费税、城市维护建设税和教育费附加总和为：

$$[86+45.2\div(1+13\%)]\times\frac{15\%}{1-15\%}\times(1+7\%+3\%)=24.46(万元)$$

（5）国内销售环节应缴纳的消费税为：

$[650+67.8\div(1+13\%)+13.56\div(1+13\%)]\times15\%-54\times80\%=65.1$(万元)

（6）国内销售环节实现的销项税额为

$[45.2\div(1+13\%)+650+67.8\div(1+13\%)+300+13.56\div(1+13\%)]\times13\%$ $=138.06$(万元)

（7）国内销售环节准予抵扣的进项税额为：

$46.8+8\times9\%+(70\times10\%+10\times9\%)\times(1-30\%)+(26+20\times9\%)\times(1-5\%)$ $=79.46$(万元)

（8）国内销售环节应缴纳的增值税为：

$138.06-79.46=58.60$(万元)

（9）公司当月应缴纳的城市维护建设税和教育费附加为：

$(65.1+58.60)\times(7\%+3\%)=12.37$(万元)

4.【解析】（1）增值税销项税额为：

$8\,600\times13\%+400\times13\%=1\,170$(万元)

进项税额为：

$6.5+390=396.5$(万元)

应缴纳的增值税为：

$1\,170-396.5=773.5$(万元)

（2）应缴纳的城市维护建设税和教育费附加为：

$773.5\times(7\%+3\%)=77.35$(万元)

（3）会计利润为：

$8\,600-5\,660+400+50+6.5+30-1\,650-850-80-300=546.5$(万元)

（4）广告费的扣除限额为：

$(8\,600+400)\times15\%=1\,350$(万元)

应调增的应纳税所得额为：

$1\,400-1\,350=50$(万元)

调增的部分可结转下一年度扣除。

（5）业务招待费的扣除限额为：

$90\times60\%=54(万元)>(8\,600+400)\times5‰=45$(万元)

应调增的应纳税所得额为：

$90-45=45$(万元)

（6）向非金融企业借款的利息不得超过同期同类金融企业贷款的利息。

企业向非金融企业借款的利息为：

$$\frac{40}{500}=8\%$$

按同期同类金融企业贷款的利息计算出的利息为：

$500\times5.8\%=29$(万元)

财务费用应调整的应纳税所得额为：

40－29＝11(万元)

(7) 本年度企业所得税的应纳税所得额为：

546.5＋50＋45＋11－30＝622.5(万元)

(8) 本年度应缴纳的企业所得税为：

622.5×25％＝155.625(万元)

图书在版编目（CIP）数据

税法（第七版）学习指导书/梁俊娇主编. --北京：中国人民大学出版社，2020.9
“十三五”普通高等教育应用型规划教材. 财税系列
ISBN 978-7-300-28540-5

Ⅰ.①税… Ⅱ.①梁… Ⅲ.①税法-中国-高等学校-教学参考资料 Ⅳ.①D922.22

中国版本图书馆 CIP 数据核字（2020）第 171027 号

“十三五”普通高等教育应用型规划教材·财税系列
税法（第七版）学习指导书
主　编　梁俊娇
副主编　王怡璞
Shuifa (Di-qi Ban) Xuexi Zhidaoshu

出版发行　中国人民大学出版社
社　　址　北京中关村大街 31 号　　**邮政编码**　100080
电　　话　010－62511242（总编室）　010－62511770（质管部）
　　　　　010－82501766（邮购部）　010－62514148（门市部）
　　　　　010－62515195（发行公司）　010－62515275（盗版举报）
网　　址　http://www.crup.com.cn
经　　销　新华书店
印　　刷　北京鑫丰华彩印有限公司
规　　格　185 mm×260 mm　16 开本　　**版　　次**　2020 年 9 月第 1 版
印　　张　18.5　　**印　　次**　2020 年 9 月第 1 次印刷
字　　数　430 000　　**定　　价**　42.00 元

教学支持说明

1. 教辅资源获取方式

为秉承中国人民大学出版社对教材类产品一贯的教学支持，我们将向采纳本书作为教材的教师免费提供丰富的教辅资源。您可直接到中国人民大学出版社官网的教师服务中心注册下载——http://www.crup.com.cn/Teacher。

如遇到注册、搜索等技术问题，可咨询网页右下角在线 QQ 客服，周一到周五工作时间有专人负责处理。

注册成为我社教师会员后，您可长期根据您所属的课程类别申请纸质样书、电子样书和教辅资源，自行完成免费下载。您也可登录我社官网的"教师服务中心"，我们经常举办赠送纸质样书、赠送电子样书、线上直播、资源下载、全国各专业培训及会议信息共享等网上教材进校园活动，期待您的积极参与！

2. 赠送"经管之家"论坛币

经管之家(http://www.jg.com.cn)于 2003 年成立，致力于推动经济学科的进步，传播优秀教育资源，做最好的经管教育。目前已经发展成国内最大的经济、管理、金融、统计类在线教育平台，也是国内最活跃和最具影响力的经济类网站。

为了更好地服务于教学一线的任课教师，凡使用中国人民大学出版社经济分社教材的教师，注册成为我社教师会员后，可填写以下信息调查表，发送电子邮件或者邮寄或者传真给我们，我们将会向您赠送经管之家论坛币 200 个。

教师信息表
姓名：
学校：
论坛 ID：
教授课程：
使用教材：
论坛识别码：pinggu_com_1501511_8899768

3. 高校教师可加入下述学科教师 QQ 交流群，获取更多教学服务

经济类教师交流群：一群：140105952（已满），或二群：809471792
财政金融教师交流群：一群：182073309（已满），或二群：766895628
国际贸易教师交流群：162921240
税收教师交流群：119667851

4. 购书联系方式

网上书店咨询电话：010－82501766
邮购咨询电话：010－62515351
团购咨询电话：010－62513136

中国人民大学出版社经济分社
地址：北京市海淀区中关村大街甲 59 号文化大厦 1506 室　100872
电话：010－62513572　010－62515803
传真：010－62514775
E-mail:jjfs@crup.com.cn